ミネルヴァ経済学テキストシリーズ
国際経済学

秋葉弘哉［編著］

ミネルヴァ書房

「ミネルヴァ経済学テキストシリーズ」刊行によせて

　今日において世界の動きを理解するためには、経済に関する知識および経済学的な考え方が不可欠になる。なぜ世界的に同時不況が生じ失業が増大するのか、貧困や所得格差の原因は何か、という経済問題をはじめ、日本でしばしば指摘されてきた医師不足・医療制度の崩壊などの社会問題から地球温暖化という環境問題にいたるまで、これらの問題を解決するための対策を考察するためには、経済学的な厳密な分析が重要になる。しかしこうしたさまざまな問題に対処するためには、初歩的な知識や入門経済学だけでは不十分であり、本格的に経済学に取り組む必要がある。本シリーズはこうした要請に応えようとするテキストである。
　近年、経済学を親しみやすくするため入門経済学のテキストが多く刊行されてきた。それらの教科書では、経済学を理解する上で避けて通ることのできない数学的分析にはあまり触れず、できるだけ直感的に理解できるように工夫がなされている。しかし経済問題を正確に理解し分析しようとする読者、またより高度な経済学に挑戦しようとする読者は、数学的な分析に慣れておかなければならないであろう。本シリーズは、そうした読者を対象にした中級レベルのテキストを目指している。

　本テキストシリーズは、『マクロ経済学』（秋山太郎・浅子和美編著）、『ミクロ経済学』（成生達彦・酒井良清編著）、『金融論』（藪下史郎著）、『公共経済学』（跡田直澄・須賀晃一編著）、『国際経済学』（秋葉弘哉編著）の全5巻からなっている。読者には、これらのテキストを学ぶことによって経済学の基礎と分析能力を身につけて、さらなる発展を目指して欲しい。なお、本シリーズの監修に際して残念なことは、秋葉教授と共に『国際経済学』の編集に携わっていた、われわれの長年の友人かつ同僚である清野一治教授の急逝（2009年6月）である。ご冥福を祈りたい。

平成21(2009)年9月

監修者　藪下史郎

はしがき

　中級レベルの「国際経済学」のテキストを執筆するように打診されたのは 2008 年の春であった．爾来 2 年余の間，国際経済はこれまでにも増して様々な国際問題に直面した．特に 2008 年秋のリーマン・ブラザーズ破綻を契機とし，それに続く世界的な不況は，その発端となったアメリカ経済のみならず世界の多くの国々に，程度の差はあるものの，短期的にさまざまな影響を及ぼし，現代の各国経済が相互依存関係の下にあることを実感させた．このような事例一つをとっても，国際経済の諸問題を分析する「国際経済学」の重要性はますます高まっていることが分かる．

　従来，国際問題を話題にする場合には，暗黙のうちに国境の存在を意識していたのであるが，前世紀半ば以降，国境を明確に意識せず，地球レベルで考えなければならないような問題，すなわちグローバルな（あるいはボーダーレスな）問題も多発している．海外直接投資，海外ポートフォリオ投資，地球環境問題などはその例であろう．各国間のヒト・モノ・カネの流れが複雑化・高度化するに連れて，このグローバリゼーション（地球化）がますます重要な問題になってきている．本書ではこのような現代の各国を取り巻く状況の変貌に対応して，国際的問題のみならず，地球的問題をも解説する．

　「国際経済学」は「国際貿易論」と「国際金融論」に大別されるため，本書でもこの二分法に従い編集されている．その理由は二つあり，第一に，前者「国際貿易論」では主として経済の実物面（モノ）の流れに注目して分析し，後者「国際金融論」では主として経済の貨幣面（カネ）の流れに焦点を合わせるからである．しかし両者は一国経済の一定期間の取引を集計的・体系的に要約した「国際収支表」（第 1 章参照）から見れば，表裏一体の関係にある．すなわち国際経済学の多くのテーマは，それをモノの側から見るかカネの側から見るかという問題に行き着くことが多い．たとえば経済統合という現代の国際貿易論における重要問題は，国際金融論でも取り上げられる重要問題の一つになっている．

　第二の理由は，分析手法に関して言うと，「国際貿易論」が主としてミクロ

経済学的な分析手法を多用するのに対して，「国際金融論」では主としてマクロ経済学的な分析手法を多用することにある．そのため，最近では前者を「国際ミクロ経済学」，後者を「国際マクロ経済学」と呼ぶようになってきている．

本書では第Ⅰ部「国際マクロ経済学」の第1章から第7章までが主として「国際金融論」にかかわる部分であり，第Ⅱ部「国際ミクロ経済学」の第8章から第12章までが主として「国際貿易論」を取り扱っている．以下に各章で取り上げるテーマの内容の概要を説明する．

第1章の「グローバリゼーションと日本の国際収支」では，第2章から第7章までに説明する国際金融論ではどのような内容のテーマを取り扱うかについて説明し，国際金融市場の定義，概要，市場参加者，取引の種類，さらにフローの取引を体系的にまとめて要約した国際収支表と，それに対応したストックとしての対外資産残高表を説明する．また第二次世界大戦後のわが国の国際収支の歴史的な変遷を簡単に概観する．

第2章「外国為替市場と為替レート」においては，まず世界最大の市場と言われる外国為替市場の現況が国際決済銀行（BIS）のデータに基づいて説明され，外国為替取引の動機，取引に使用する世界通貨なども説明されている．次いで為替取引にかかわる価格である各種の為替レート，その調整と，国際収支（貿易収支）に関する為替市場の安定条件としてのマーシャル＝ラーナー条件，さらに為替レートの動きから予想される国際収支の変化方向が予想外の方向に向かう可能性（Jカーブ効果）などが解説されている．

第3章「為替レートの決定理論」においては，資産の国際間の自由取引，すなわち国際資本移動を前提とすれば成立するであろうと考えられる資産収益率間の裁定条件としての先物カバー付き，およびカバーなし金利平価条件を説明する．さらに，2国間為替レートは資産としての貨幣の相対価格であり，したがってその相対的価値は貨幣の相対的購買力に見合うように決まるであろうとする購買力平価説が説明される．これを用いたマネタリー・アプローチでは，2国における貨幣市場の均衡条件式を用いて為替レート決定式が導出される．また各国資産は不完全代替的である点に注目してリスク・プレミアムを考慮したポートフォリオ・バランス・アプローチによる為替レート決定式も導出されている．これらのマクロ的な為替レート決定式が現実の為替レートの動きを余り良く説明できないという批判を受けて，近年注目されてきている為替市場のミクロ的構造に注目した為替レート決定論も解説されている．

第4章「開放マクロ経済モデルの基礎」では，財・サービス市場に注目して，まず開放経済における国民所得決定論を解説する．閉鎖マクロ経済モデルの乗数に対応した外国貿易乗数と，2国モデルに拡張した場合に考慮すべき，外国からの反響効果を考慮した外国貿易乗数も提示されている．開放経済では財・サービスに需給不均衡が発生する場合には経常収支（貿易収支）をつうじて外国との貸借が可能である．しかしこの貸借関係はいずれは清算されなければならないことを考慮すれば，合理的な主体から構成される国は，割引生涯効用を最大化するように消費（したがって貸借）の決定を行う筈である．そのような場合に満たすべき最適条件についても解説がされている．

第5章「開放経済下の財政金融政策」においては，ケインズ経済学による閉鎖経済における国民所得と利子率の同時決定モデル（IS-LM分析）を開放経済に拡張して，国際収支の均衡式を加えた同時決定モデル（マンデル＝フレミング・モデル）を提示している．為替レート制度に関しては，固定制と変動制に大別し，資本移動性の高低に従って小国の裁量的（金融及財政）政策の，国民所得水準に及ぼす影響が有効か否かが検討されている．小国が対内均衡と対外均衡という二つの政策目標を持つ場合には，少なくとも二つ以上の政策手段を持たなければならないという事実から，固定レート制の場合は，どちらの目標に財政政策と金融政策のどちらの手段を割り当てるべきかを検討した，支出変更政策によるポリシー・ミックスを説明する．次いで，同様の二つの目標がある場合に，為替レートという手段による支出転換政策と，財政金融政策によるアブソープション変更政策の二つの手段がある場合の，スワン図として知られているポリシー・ミックスを解説している．

第6章「国際金融制度」では，国際金融論の重要で基本的な問題の一つである制度について，第二次世界大戦後のわが国の歴史を中心にして，その変遷を振り返りながら説明している．1980年代以降に発生した金融・通貨・経済危機とその影響についても概略の説明がある．為替制度が危機の遠因となったとする見方もあり，為替レート制度の選択基準，さらに最も厳格な固定レート制の一形態である通貨同盟と，その理論的基礎となる最適通貨圏の理論を説明し，欧州で進む通貨統合の動き，通貨同盟形成のアジアでの動きとその可能性も言及されている．このような動きがある一方で，国際通貨としての役割を担ってきた米ドルと米経済は，2008年秋のリーマン・ブラザーズの破綻で明らかになったサブプライムローン問題による株価下落の後，その影響が世界的に伝播

し景気後退を引き起こしたこと，またそのような国際金融上の問題に対する国際通貨基金（IMF）の対応についても説明がなされている．

第7章「国際マクロ経済政策協調」では，サミット（主要国首脳会議）やG7（先進7カ国財務大臣中央銀行総裁会議）あるいは最近ではG20などの議題として取り上げられることが多い国際政策協調が説明されている．各国のマクロ経済政策間には国際的な相互依存関係が存在し，ある国の採用する政策が他国の経済状態に影響を及ぼすというスピルオーバー効果（溢出効果，均霑効果）が認識される．ここでは簡単な2国モデルを仮定し，一国の社会的効用関数をインフレ率と経済成長率に依存すると仮定し，クールノー・ゲームやシュタッケルベルグ・ゲームの場合の均衡の特徴，さらにパレート最適性などが説明されている．後半部分ではマクロ経済政策を決定する場合のナッシュ交渉解，繰り返しゲームとそれに伴うトリガー戦略なども解説されている．

第II部の第8章から第12章までは「国際貿易論」のさまざまなテーマを説明する．まず第8章「貿易理論と比較優位論」では，国際貿易が発生するための必要条件である閉鎖経済の均衡相対価格の違いを，ミクロ経済学的手法によって説明している．各国間の相対価格に差がある場合には，自由貿易を行うことによって貿易利益が必ず発生することを説明している．次いで最も基本的な通商政策手段である関税と数量割当の同値性命題，さらに輸出税と輸入税の対称性（ラーナーの対称性定理）を証明している．また2国（大国）を想定して，閉鎖経済における均衡相対価格に違いがあるときには，比較優位の原則に基づく貿易パターンが決定されることが説明されている．最後に，この貿易発生の必要条件である閉鎖経済における均衡価格の違いの発生源を，1要素を用いた生産技術の各国間格差に求めたリカードの比較優位論，そして貿易利益が解説されている．

第9章「貿易政策と成長の経済効果──HOSモデルの基本構造」では，技術の違い以外に貿易を発生させる十分条件としての諸要因の中から，特に生産要素賦存量の違いに注目したヘクシャー＝オリーン＝サミュエルソン・モデル（HOS）が，2国2財2要素の一般均衡モデルによって説明されている．このHOSモデルは，含意されるストルパー＝サミュエルソン定理，リプチンスキー定理，要素価格均等化定理といった一連の明快な定理で特徴づけられ，これらの証明も与えられている．最後に要素賦存量が外生的に増加して，結果的に生産量の供給が増加する場合，またその結果としての交易条件の不利化から

発生する窮乏化成長の議論が説明されている．

第10章「不完全競争と貿易政策」では，国際貿易市場に不完全性が存在する場合を分析している．まず，外国の独占企業が存在する場合を考察するが，その場合に外国の独占企業が手にするレントは，関税を賦課することにより自国に取り戻すことが可能であることを示すレント奪取関税が説明されている．さらに外国の独占企業と競争するが，限界費用で劣位にある国内企業が存在する場合には，レント奪取関税の理論で得られた結論がどのような修正を迫られるかを検討している．また自国に独占企業が存在する場合，国際貿易の開始は競争促進的効果を持ち，その場合に関税政策がどのような影響を及ぼすかも検討されている．第8章の完全競争下の理論で関税と割当政策の同値性命題を証明済みであるが，不完全競争下では多少の変更が必要となることも説明されている．最後に寡占競争の例として，複占モデルを用いてクールノー的な数量競争をする場合のモデルが説明されている．

第11章「国際相互依存と貿易政策」では，各種貿易制限政策を用いて交易条件を変更できる大国の場合を分析対象としている．純便益が最大化される場合を最適と定義すれば，最適な輸出入制限政策はどのようにして決定され，その結果は自由貿易の場合に比べてどのように異なるかが説明されている．このような場合には貿易相手国による報復行動が予想されるから，その場合のクールノー・ナッシュ均衡を，関税と割当の場合に分けて検討し，両者間に同値性の命題が成立しないことを示している．また，各国が関税を撤廃することに合意する自由貿易地域（FTA）という経済統合を形成する場合の経済的な影響についても検討がなされている．

第12章「地球環境問題」では，最近特に世界の耳目を集めている地球温暖化というテーマを中心に，それを巡るさまざまな問題（外部性，公共財的特徴等）を考慮した費用便益分析を取り上げて論じている．またCO_2排出問題のような問題に関しては，その取引制度と経済的な効果，また課税による制限を課す炭素税のような政策との比較考量が行われている．さらに，一国が排出規制を行うと，他国でその排出量がかえって増加するというリーケージの問題も説明されている．環境が負の外部性とともに公共財的な側面を強く持つことから，これらを制限することの難しさが説明されている．

最後に本書の完成までの経緯を，この場を借りて記しておく．本書は当初，

同僚の清野一治教授と私との共同編著という案で，執筆を依頼された．私が担当した第 I 部の編集が終わりかけ，清野教授の編著する第 II 部の完成を待つ段になって，2009 年 6 月 28 日，清野教授が 52 歳という若さで急逝された．まさに青天の霹靂とはこのようなことであろうと誰もが思った．私どもは，未完の仕事を残して急逝された清野教授の無念に思いを馳せ，悲嘆落涙止み難き中，その遺志を受け継いで，野辺送り直後から本書の完成に邁進した．清野教授は研究者としても，また教育者としても類い稀な傑出した人物であったから，その薫陶を受けた何人かが，既に独立した研究者として活躍中であった．彼らは清野教授の構想を生かしつつ，第 II 部「国際ミクロ経済学」の部分を分担執筆して完成させてくれた．したがって国際貿易論の部分には，清野教授の意向が色濃く反映されているはずである．また第 I 部「国際マクロ経済学」の部分の分担執筆者たちも，大学院時代をつうじて清野教授から多大な影響を受けた者たちばかりである．ここに生前に清野教授から受けた数々の教えに対する私どもの御礼の意味も込めて，謹んでご冥福を祈りつつ，本書を故清野一治教授に捧げる．

　このような紆余曲折を経て本書が完成に至ったのは，監修者である藪下史郎教授から適切な忠告，また拙い草稿に対して親切・詳細・適切なコメントを頂くことができたからである．ここに記して御礼申し上げる．またミネルヴァ書房の水野安奈氏からも，全体のスケジュールが遅れがちであった中，不慣れな私どもに忍耐強くいろいろとご忠告・ご協力を頂いた．記して謝意に代える．

2010 年 8 月

執筆者を代表して　秋葉弘哉

国際経済学

目　次

はしがき

第Ⅰ部　国際マクロ経済学

第1章　グローバリゼーションと日本の国際収支 ……………………… 3
- **1.1** 国際金融市場の特徴　4
- **1.2** 国際収支　14
- **1.3** 日本の国際収支　25

第2章　外国為替市場と為替レート ……………………………………… 35
- **2.1** 外国為替取引　35
- **2.2** 為替レートの決定——フロー・アプローチとアセット・アプローチ　48
- **2.3** 為替レートの変動が貿易収支にもたらす影響　50
- **2.4** Jカーブ効果　53

第3章　為替レートの決定理論 …………………………………………… 57
- **3.1** 伝統的な為替相場の決定理論　58
- **3.2** 最近の為替レート決定理論——マイクロストラクチャー・モデル　72
- **3.3** マイクロストラクチャー・アプローチとオーダー・フロー　79

第4章　開放マクロ経済モデルの基礎 …………………………………… 85
- **4.1** 国民所得の決定メカニズム　85
- **4.2** 2国モデルによる反響効果——大国の場合　102
- **4.3** 異時点間の消費決定　105

第5章　開放経済下の財政金融政策 ……………………………………… 113
- **5.1** 閉鎖経済下での財・貨幣市場の均衡——IS-LM 分析　114
- **5.2** 開放経済の均衡　119
- **5.3** 政策割当問題とポリシー・ミックス——支出変更政策　138
- **5.4** スワン図による対内・対外同時均衡——支出転換政策の考慮　143

第6章　国際金融制度　149
- **6.1** ドル中心の国際金融制度と IMF の役割　150
- **6.2** 為替レート制度の選択とリージョナリズム　161
- **6.3** 21世紀の国際金融危機と国際金融制度　176

第7章　国際マクロ経済政策協調　185
- **7.1** マクロ経済政策協調の意義　185
- **7.2** マクロ経済の相互依存関係　187
- **7.3** マクロ経済政策の政策ゲーム　189
- **7.4** マクロ経済政策協調の理論分析　195
- **7.5** マクロ経済政策協調の現実　202

第Ⅱ部　国際ミクロ経済学

第8章　貿易理論と比較優位論　209
- **8.1** 閉鎖経済の生産・消費──2財1要素モデル　210
- **8.2** 自由貿易均衡と貿易利益　222
- **8.3** 小国における関税と割当の同値性　226
- **8.4** ラーナーの対称性定理　230
- **8.5** 大国間貿易と比較優位　231
- **8.6** リカードの比較生産説　236

第9章　貿易政策と成長の経済効果──HOS モデルの基本構造　241
- **9.1** ヘクシャー＝オリーンの要素賦存比率理論　242
- **9.2** 生産物価格変化とストルパー＝サミュエルソン定理　246
- **9.3** 要素賦存量の変化とリプチンスキー定理　252
- **9.4** 窮乏化成長の理論　254

第10章　不完全競争と貿易政策　259
- **10.1** 外国独占下の貿易　260
- **10.2** 国内独占下の貿易──貿易の競争促進効果　269
- **10.3** 独占における関税と割当の非同値性　274
- **10.4** 寡占競争と輸出促進政策　277

第 11 章　国際相互依存と貿易政策 ……………………………………………… 285
11.1　大国間貿易と最適輸出入量　286
11.2　大国における関税と割当の非同値性　291
11.3　経済統合　298

第 12 章　地球環境問題 ……………………………………………………………… 311
12.1　国際公共経済学　311
12.2　外部性と公共財　315
12.3　費用便益分析　318
12.4　費用効率性　321
12.5　排出規制　329
12.6　炭素リーケージ　337

索引

第Ⅰ部　国際マクロ経済学

第 1 章

グローバリゼーションと日本の国際収支

キーワード：国際金融取引，為替レート，金利裁定，国際収支，対外資産負債残高

　本章では国際金融とはどのようなものであるかを解説することから出発し，国際金融市場とはどのようなものかを概説する．国際金融市場に参加する経済主体には，家計，企業，政府に加えて海外と呼ばれる主体も考慮する必要がある．これらの主体の国際金融市場での取引について説明する．外国為替市場と内外の資金市場との間には，利子率をつうじて密接な関係があり，金利裁定と言われる条件が成立することを説明する．

　一国のある期間にわたっての対外取引を体系的に表したものを国際収支と呼ぶ．この内容について解説するとともに，一国の予算制約条件から，経常収支と資本収支の合計は原理的にはゼロとなることを説明する．さらに国際収支と国民所得との間の関係について説明し，国際収支が貨幣供給量とどのような関係にあるかも解説する．

　第二次世界大戦以降の日本の国際収支の推移は，為替レート制度の変遷や，資本取引規制の逐次的な緩和政策と密接に関係があり，それらの歴史的経緯についても簡単に説明する．

1.1　国際金融市場の特徴

　国際経済学の主として実物面を扱う貿易論に対して，本章から第7章においては金融面を取り扱う．具体的に取り扱う研究対象は国際収支，為替レート，さらに一国の対外部門に影響を及ぼす財政・金融政策等とマクロ変数の関係，政策協調，国際金融制度などを巡る問題である．

1.1.1　国際金融市場

　国際金融取引が行われる場を国際金融市場と言い，その取引に関する基本的なメカニズムは国内の金融取引と基本的に変わるところはない．大きく異なる点は次の二つである．

（1）表示通貨の違い

　取引は自国通貨表示とは限らず，外国通貨表示で行われることがある．したがって取引に関しては，通貨間の相対価格（これを為替レートと言う）が重要な役割を果たす．

（2）国境を超えた取引

　これは貿易についても同様で，経済発展段階や市場規模，法制度の違いなどを金融取引でも考慮する必要がある．特に金融取引においては取引主体に注目して市場を定義することが多い．

　具体的には①居住者と②非居住者の区別がある．これは自国人と外国人という区別ではなく，前者はその経済的な利害がその国にあると見なされる個人・法人を指し，そうでない場合は後者に分類する．この取引主体と取引通貨によって表1-1のように取引を分類することができる．

　（1）は国内金融市場である．これに対して国際金融論では（2），（3），（4），の取引を取り扱い，その取引の場を国際金融市場と定義する．各国についてこの国際金融市場での取引を集計した世界全体の市場規模は，ある通貨（たとえば米ドル）を基準として金額で測れば膨大になる[1]．

表1-1 国際金融市場

		取引主体	
		居住者	非居住者
取引通貨	自国通貨	(1)	(2)
	外国通貨	(3)	(4)

1.1.2 国際金融取引

1.1.2.1 経済主体にとっての国際金融取引

国際化，あるいはグローバリゼーションが進行すれば，その金融取引も当然増加するはずである．そのような金融取引の内容は，各経済主体にとってどのようなものであろうか．閉鎖経済のマクロ経済学では経済主体を家計，企業，政府と3分類するが，開放経済ではそれに加えて「海外」という主体を加えて四つの主体を考慮する．以下に主体ごとの国際金融取引を考えてみよう．

1.1.2.1a 家計の国際金融取引

まず家計であるが，最近ではインターネットの普及で個人による輸入も行われるようになり，決済には銀行小切手（バンカーズチェック），郵便為替（ポスタルオーダー）などに加えてクレジット・カードによる決済も進んでいる．これらは銀行や郵便局が最終的に非居住者との決済を行う限り，国際金融取引である．また最近では夏や冬の休暇中に大学生がバックパッカーと呼ばれるような気軽な旅人となって海外に出ているが，事前に銀行などで旅行小切手（トラベラーズチェック）や外貨を準備して出かけることが多い．これも同様に考えれば家計の国際金融取引の一例である．

1.1.2.1b 企業の国際金融取引

企業の国際金融取引も，家計の取引と基本的な原理に変わるところはない．ただし企業の海外取引は一般に高額になるため，家計のような簡単な決済が可能ではないことが多い．決済には銀行が重要な役割を果たすことを例で示しておく．今，日本のA社が外国のB社にある品物を輸出するケースを想定して

---

1) BIS（国際決済銀行）による詳細な統計データの解説は第2章に譲る．

図1-1 貿易取引と決済関係

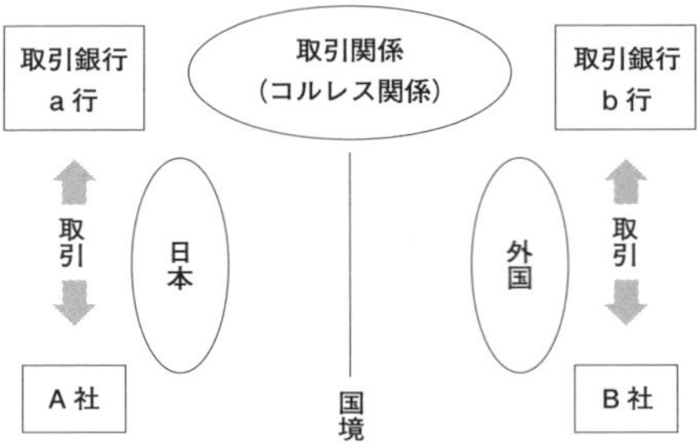

みよう．まず両社間で輸出契約が交わされ，輸出品の詳細はもとより，金額（建値，単価，合計金額等），決済の詳細（出荷日，輸送方法，船積日，船積港，決済方法等）が合意される．両国間では法制度が異なるのが普通であるから，付随する法的問題もクリアーするように契約が交わされる．一般には契約後に生産が行われるから，為替レートが変動する場合には輸出企業は契約日から輸出後の決済日まで，為替変動のリスク（**為替リスク**）を負う．為替レートが固定されていれば，その変動によるリスクはない．

決済方法は通常は各企業の取引銀行を通じて行われる．この場合，支払い側の外国のB社は取引銀行b行に契約に添った支払い金額の信用状（L/C, Letter of Credit）を発行してもらうことが多い．これはb銀行がB社の契約額の支払いを保証するものであり，これを受けたA社は取引銀行a行にそれを告げて，必要とあれば決済までの資金繰り（貿易金融という）を依頼することもできる．契約通り無事に船積が終わった後，A社は必要書類をa銀行に持ち込み，a行から輸出金額を受け取る．この一連の取引は図1-1に示されている．

最終的には取引関係にあるa行とb行でL/Cに基づいた決済が行われる．つまり，国内の取引と異なるのは国境の存在と通貨の問題だけで，銀行が重要な役割を果たすことも国内取引と大きく変わることはない．しかしここで為替リスクの問題があることに気が付く．

（1）契約から生産，出荷，船積，決済の時間差

この時間差から，為替レートが変動する場合には企業には先に指摘した為替損益のリスクが発生する．

図1-2 社債発行額

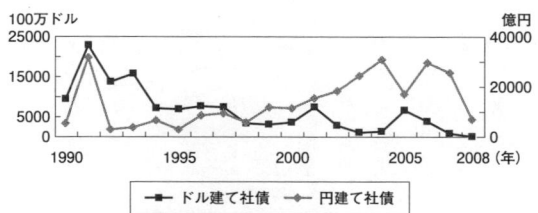

(出所) 日本銀行，公社債発行額（海外起債分）データより作成．

(2) 取引銀行での為替リスク

L/C がたとえば米ドル表示であれば，それを手にした a 銀行は，取引関係（これをコルレス関係と呼ぶ）にある b 銀行に対してドル債権を持つ．為替レートが変動する場合には a 行はここで為替リスクを負う．a 行がまったく同額，同満期日の反対取引による債務を持っていれば，為替リスクは相殺される（これを**マリー**という）．一般にはこの米ドルの手持ち金額により a 行は為替リスクにさらされる（**エクスポージャー**と言う）．この例の場合，a 行はドル為替の「**買い持ち**（overbought）」あるいは「買い持ちポジション（long position）」にあると言う．反対の場合は「**売り持ち**（oversold）」あるいは「売り持ちポジション（short position）」にあると言う．ポジション（持ち高）がゼロのときは**スクエア**（square）と言い，銀行はリスクにエクスポーズされていない[2]．

また企業は生産などの目的で資金を国内金融市場のみならず海外で調達することがある．特に海外で社債等を発行することは，以前から行われている資金調達方法の一つである．図1-2には1990年以降のドル建てと円建ての社債による海外資金調達の推移を示しておいた．円建てで起債する場合には為替リスクはないから，その分だけ安全な資金調達方法である．図から分かるように，ドル建ての社債は傾向的に減少しているが，円建て社債の発行は増加傾向にある．

1.1.2.2 政府の国際金融取引

政府の海外との国際金融取引も，基本的に家計や企業の取引と変わるところはないが，最大の違いは家計の効用最大化や企業の利潤最大化のような目的が，

---

[2] 為替リスクにはいくつかの回避方法がある．その詳細については後述する．

図1-3 日本のODAの推移

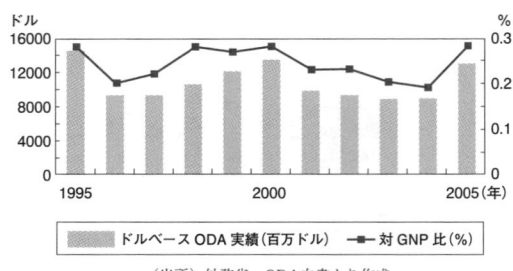

（出所）外務省、ODA白書より作成．

図1-4 ドル建ての公債発行額（海外起債分）

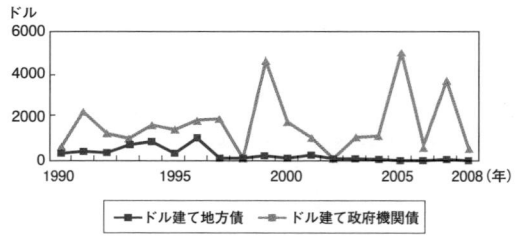

（出所）日本銀行，公債発行額（海外起債分）より作成．

政府の場合はあまり明確ではないことである．実は政府の海外との金融取引は，国際機関との取引などのため多額に上るが，以下では重要な部分を占める「政府移転」（例えば政府開発援助，ODA，Official Development Assistance）と，起債による海外からの資金調達について見てみよう．

利潤最大化などが目的ではない政府活動には，無償の援助（政府のODAのほか，海外の天変地異等に対する緊急援助等）をつうじて，物資のみならず資金援助も含まれる．これらの原資は税金をつうじて資金調達され海外に提供される．ODAについては，2005年実績で131億ドル（国民所得の約1.3%）であった．その最近の推移は図1-3に示されている．

政府による海外での起債による資金調達の推移は，ドル建てについてのみであるが図1-4に示しておいた．ユーロが導入されて以来，マルクによる起債は行われていないが，代わってユーロ建ての起債も行われている．

以上概観したように，家計，企業，政府は海外部門とさまざまな国際金融取引を通じて密接な依存関係を持っていることがわかる．

第1章 グローバリゼーションと日本の国際収支　　9

図1-5　直物市場，先物市場，利子率

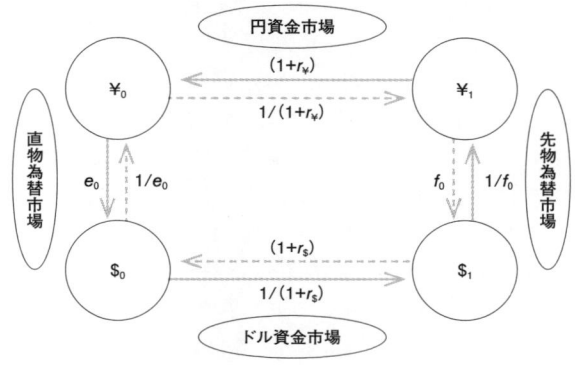

1.1.3　利子率と直物為替レート，先物為替レートの関係 [3]

　ここでは外国為替市場と内外の資金市場との間には利子率をつうじて密接な関係があることを説明する．説明を明確にするために，具体的な例として「現在」の円／ドルと「将来」の円／ドルと いう2期間2通貨の取引を想定する．「現在」時点の変数は添字0，「将来」時点の変数は添字1で識別する．円資金，ドル資金，直物為替レート，先物為替レート，円の利子率，ドルの利子率をそれぞれ￥, \$, e, f, $r_\$$, $r_¥$ とし，為替レートは自国通貨建てとする [4]．図1-5において，横軸方向には時間の差を，縦軸方向で資金（上が円，下がドル）の種類を示すものとする．また簡単化のためにあらゆる取引費用は捨象する．

　図の横軸方向に沿った矢印は，同一資金の0時点と1時点の間の取引を示している．したがって左（0時点）から右（1時点）への矢印で示した資金移動は，

---

[3] 詳細は Deardorf, Alan V. [1979] "One-Way Arbitrage and Its Implications for the Foreign Exchange Markets", *Journal of Political Economy* 87 (2), April, pp.351-364, Levi, Maurice D. [2005] *International Finance* (4th ed.). London: Routledge, 深尾光洋 [1990]『実践ゼミナール国際金融』（東洋経済新報社），Sercu, Piet *International Finance* [2009] *Theory and Practice. Princeton*, N.J. Princeton University Press. などを参照のこと．直物為替レートとは契約から受渡までが2営業日以内の取引に適用される為替レートであり，それを超えた決済に適用されるレートを先物（あるいは先渡し）為替レートという．詳しくは第2章を参照のこと．
[4] 自国通貨建て為替レートとは，外国通貨（たとえば米ドル）1単位が，自国通貨でいくらになるかを示した為替レートである．詳しくは第2章を参照のこと．

0時点の資金で1時点の資金を買うこと，すなわち資金運用を示している．0時点で1単位の資金を運用すれば，1時点で元利合計が $1+r$ となるから，$1/(1+r)$ で割引いた価格で買うことができる．反対に右（1時点）から左（0時点）に向かう矢印で示した資金移動は，1時点の資金で0時点の資金を購入すること，すなわち資金調達を示している．0時点の1単位の資金の1時点での元利合計が $1+r$ 単位であるから，1時点に1単位となる資金は0時点では $(1+r)$ の価格で購入されることになる．

他方，縦軸方向の矢印は，同一時点において，矢印の元の通貨から矢印の先へ通貨を交換するときの，元の通貨表示の価格を示している．たとえば0時点の場合には直物市場において，円でドルを買う場合には，その価格は e_0 円であることを示している．このように，図1-5における矢印には，通貨の交換に伴う矢印の元の通貨から矢印の先の通貨を買う場合の，矢印の元の通貨で表示した「価格」が明示されている．

この図1-5に示された4市場の関係から，次のような重要な事実が示される．今，たとえば¥$_0$からスタートして，右回りに四つの市場を辿ってみよう．たとえば1円を交換する取引の場合，円資金市場で先物の円を $1/(1+r_¥)$ 円で買い，その先物円を先物為替市場で f_0 円で売って先物ドルに交換し，その先物ドルでドル資金市場において $(1+r_\$)$ ドルで直物ドルを買い，その直物ドルで直物為替市場において $(1/e_0)$ ドルで円資金を購入することにより，再び円資金を手にすることができる．すなわちこの四つの市場を用いて，¥$_0$を再び¥$_0$に交換することができる．このときの費用を考えてみると，それはこの四つの市場をつうじる取引の価格を掛け合わせることで計算できる．もしその費用が1より小さければ，つまり1円以下で再び1円を手にすることができれば，この取引は利益があることになる．その条件は，(1.1) 式のようになる．

$$\frac{1}{1+r_¥} f_0 (1+r_\$) \frac{1}{e_0} < 1 \qquad (1.1)$$

同様のことは，\$$_0$からスタートして，先の円の場合とは逆に左回りに四つの市場を辿ることでも示される．たとえば0時点での1ドルを，ドル資金市場で $1/(1+r_\$)$ ドルで先物ドルを買い，その先物ドルを先物為替市場で $1/f_0$ ドルで売り先物円を買い，その先物円を円資金市場で $(1+r_¥)$ 円で0時点の円を買い，その直物円を直物為替市場において e_0 円で売って直物ドルを購入す

ることにより，再び0時点のドル資金を手にすることができる．すなわちこの四つの市場を用いて，$\$_0$ を再び$\$_0$に交換することができる．このときの費用もまた，この四つの市場をつうじる取引の価格を掛け合わせることで計算できて，もしその費用が1より小さければ，つまり1ドル以下で再び1ドルを手にすることができれば，この取引は利益があることになる．その条件は，次のようになることを示すことができよう．

$$\frac{1}{1+r_\$}\frac{1}{f_0}(1+r_¥)\,e_0<1 \qquad (1.2)$$

この簡単な例から，次のような四つの重要な事実が明らかになる．すなわち，

(1) 取引から為替リスクが排除可能なこと

たとえば，$¥_0$ で $¥_1$ を購入するときの価格は $1/(1+r_¥)$ であるが，この$¥_1$はまた，$¥_0$ から左回りに三つの市場をつうじて購入することも可能である．すなわち直物為替市場で0期の円で e_0 の価格でドルを買い，そのドルで $1/(1+r_\$)$ の価格で1期のドルを買い，そのドルを先物為替市場で売って$¥_1$の円にすることができる．この$¥_1$を手にする3市場をつうじる取引では，直物ドルが先物市場で売られていて，為替リスクは存在しない．初めの$¥_0$から$\$_0$の取引ではドルを持つ（買い持ち）ため，そのまま投資していては直物為替レートが1期までに変動するリスクにさらされる（エクスポージャー）が，その1期のドル金額を先物の外国為替市場で売って円を買うために，その段階で為替リスクは消滅している．このように先物外国為替市場で為替リスクを排除することを**ヘッジ**という．

(2) 複数の取引の可能性

図1-5の$¥_0$から$¥_1$の円取引を考えてみよう．この取引は，上の（1）に説明した①直物為替市場取引（$¥_0 \to \$_0$），②外国資金市場取引（$\$_0 \to \$_1$），さらに③先物為替市場取引（$\$_1 \to ¥_1$）という三つの取引を行うことでも可能となる．このように円を外貨（ドル）に交換し，それを運用し，先物市場取引をつうじて実質的に円の運用を行って利益を得ようとする取引は，為替リスクを先物市場で排除する（これを**カバー**と呼ぶ）ことによる**金利裁定取引**という．どちらの取引が有利かは，e_0, f_0, $r_\$$, $r_¥$ を考慮して決定することができる．

(3) 金利裁定の成立

たとえば (1.1) 式が成立していて，図1-5の破線で示した取引を経由すれば利益が得られることが分かったとしよう．e_0, f_0, $r_\$$, $r_¥$ は全て 0 時点で観察可能であるから，全ての投資家にとってこの三つの取引を経由することが有利になる．全ての人がこの三つの取引を行えば，両国の利子率はさしあたり変わらないという仮定の下では，先物外国為替市場での先物円売り先物ドル買いにより，先物円の価値は下がり，先物ドルの価値が上昇する力が市場に発生し，f_0 は上昇する．また直物外国為替市場で，全ての投資家が直物ドルを売り直物円を買うことになるから，直物ドルの価値は低下し，直物円の価値は上昇し，直物市場では e_0 が低下する．このようにして全ての投資家による行動で，(1.1) 式の左辺の値は徐々に上昇することになる．

類似のメカニズムをつうじて，(1.2) 式の場合にも，その不等号の左辺は徐々に上昇するであろうことが確かめられよう．このように，費用差，あるいはより一般的に価格差を利用して利益を上げようとする取引を**裁定**（arbitrage, **鞘取り**）取引という．この裁定取引により，ここでの仮定の下では，最終的にはこのような取引から利益が得られなくなる関係，すなわち (1.1) 式と (1.2) 式の不等式は等号で成立することになる．その式を変形すれば次の関係

$$1 = \frac{1+r_\$}{1+r_¥} \frac{f_0}{e_0} \quad (1.3)$$

が成立する．この式をまず $(1+r_¥)/(1+r_\$) = f_0/e_0$ と変形し，両辺から1を引くと $(r_¥ - r_\$)/(1+r_\$) = (f_0 - e_0)/e_0$ が得られる．利子率は普通は小さい値なので $1/(1+r_\$) \fallingdotseq 1$ と近似すれば

$$r_¥ - r_\$ = \frac{f_0 - e_0}{e_0} \quad (1.4)$$

が成立する．すなわちドルの先物為替レートと直物為替レートの乖離の直物為替レートに対する比（**直先スプレッド**という）は，円とドルの金利格差に近似的に等しくなる．この式のことを（カバー付きの）**金利裁定式**と呼ぶ．

この式から，次の重要なことがわかる．すなわち $r_¥ > r_\$$ になっていれば，(1.4) 式から $f_0 > e_0$ が成立する．つまり先物のドルが直物のドルに対して高く

第1章　グローバリゼーションと日本の国際収支　　　13

なっている．これを「ドルの先物は直物に対して**プレミアム**」にあるという．これは円の先物が直物よりも安くなっていることに対応しているため，「円の先物は直物に対して**ディスカウント**」にあるということもある．反対に $r_¥ < r_\$$ になっていれば，プレミアムとディスカウントの関係が逆になる．

(4) 直先スワップ取引

現実の先物カバー付きの金利裁定取引においては，直物為替と先物為替の取引が独立に行われること（これを**アウトライト取引**という）は相対的に少ない．たとえば2007年の外国為替取引の日次取引額で，先物のアウトライト取引はわずかに11.3％に過ぎず，53.4％が**スワップ取引**であった．このスワップ取引というのは，外国為替の直物買いと先物売り，あるいは直物売りと先物買いが組み合わされた取引である．図1-5では，二つの直先スワップ取引が示されている．①一つは「ドルの直物買いとドルの先物売り」の取引であり，実線で示された直物ドル買い [$¥_0 \to \$_0$] 取引と先物ドル売り [$\$_1 \to ¥_1$] 取引の組み合わせである．②もう一つは「ドルの先物買いとドルの直物売り」の取引であり，破線で示された先物ドル買い [$¥_1 \to \$_1$] 取引と直物ドル売り [$\$_0 \to ¥_0$] 取引の組み合わせである．

このようなスワップ取引の内容を精査してみると，次のような興味深いことが分かる．すなわち外国為替のスワップ取引は，実は円とドルの資金の運用と調達を組み合わせた取引と見なすことも可能であるということである．①のスワップ取引は，[$¥_0 \to \$_0$] と [$\$_1 \to ¥_1$] の組み合わせであるが，これを [直物ドル買い（$¥_0 \to \$_0$）＋先物ドル売り（$\$_1 \to ¥_1$）] ＝ [円資金の運用（$¥_0 \to ¥_1$）＋ドル資金の調達（$\$_1 \to \$_0$）] と書き換えることが可能である．すなわち，[$¥_0 \to ¥_1$] で円資金を1期まで運用し，ドル資金を [$\$_1 \to \$_0$] の取引で0期に資金調達していると見なすことも可能である．②のスワップ取引は，先物ドル買い [$¥_1 \to \$_1$] と 直物ドル売り [$\$_0 \to ¥_0$] の組み合わせであるが，これを [先物ドル買い（$¥_1 \to \$_1$）＋直物ドル売り（$\$_0 \to ¥_0$）] ＝ [円資金の調達（$¥_1 \to ¥_0$）＋ドル資金の運用（$\$_0 \to \$_1$）] と書き換えることが可能である．すなわち円資金を [$¥_1 \to ¥_0$] で0期に資金調達して，ドル資金を [$\$_0 \to \$_1$] で1期まで運用していると見なすこともできる．この考え方にしたがえば，直先スワップ取引は，内容的には資金取引と同値であって，直先スプレッドが資金取引における金利格差と類似の役割を果たしていると見なせる

のである．

1.2 国際収支

1.2.1 国際収支とは何か

国際収支とは，「一定期間内における一国のあらゆる対外経済取引を体系的に記録した統計」と定義される．取引は居住者と非居住者間の取引である．現在では国際通貨基金（IMF）による「国際収支マニュアル第5版」にしたがって各国が統計を公表している．この統計には次のような特徴がある．

(1) フローの統計

一定期間を区切った統計であることから，定義によりフローの統計である．日本では1カ月，3カ月，6カ月，1年の統計が財務省から公表されている．

(2) 複式簿記の体系

国際収支は複式簿記の原理にしたがって，取引ごとに貸方と借方に別々に計上する．そのシステムは保有高の減少を貸方，増加を借方に計上することになっている．たとえば輸出は貸方に，輸入は借方に計上する．

(3) 取引価格評価

評価方法は取引時の取引価格で評価する．

(4) 発生主義会計原則

計上する取引は当該取引が発生した時点で計上する．

(5) 市場為替レート評価

外貨建ての取引は市場為替レートを用いて自国通貨換算する．

「国際収支マニュアル第5版」にしたがい，国際収支は「**経常収支**，current account」，「**資本収支**，capital & financial account」，および「**外貨準備増減**，changes in reserve assets」に大別される．

「経常収支」は海外との財貨・サービスの取引を計上する．これはさらに「**貿易収支**，trade balance」（輸出マイナス輸入），「**サービス収支**，services」（輸送，旅行，通信，建設，保険，金融，情報，特許等使用料），「**所得収支**，income」（雇用者報酬，投資収益（利子，配当など）），「**経常移転収支**，current transfers」（無償取引（政府間無償援助，国際機関拠出金，労働者送金））に細分化される．

「資本収支」は資産または負債の受払を計上していて，これはさらに「**投資収益**，financial account」（直接投資，証券投資，金融派生商品，その他投資）と「**その他資本収支**，capital account」（投資収益項目や外貨準備資産に該当しない資本取引）に分割して計上される．

外貨準備増減は通貨当局（わが国では中央銀行である日本銀行）の管理下にあり，即時的に利用可能な対外資産ストックの増減を計上している．具体的には貨幣用金，SDR（IMF 特別引出権），IMF リザーブポジションが含まれる[5]．

このうち特に注意を要するのは資本収支である．すでに説明したとおり，国際収支統計では保有高の減少を貸方，保有高の増加を借方に計上する．その理由は資産を売却して保有高が減少すると，それに見合う資本が外国から流入（資本流入）し，他方資産を購入して保有高が増加すると，それに見合う資本が日本から流出（資本流出）することを意味するからである．すなわち，

　　資本収支＝資産売却－資産購入＝資本流入－資本流出＝資本の純流入

となっているのである．

個人の予算制約条件と同様に，一国についての予算制約を考えてみると，財貨・サービスおよび資産の売却で得た収入が，その支出金額に等しいと表現することができるから，

　　　　（収入面＝）輸出＋資産売却＝輸入＋資産購入（＝支出面）

---

5) SDR（Special Drawing Right，特別引出権）は，アメリカ以外の世界各国が国際決済のための流動性不足に陥った 1969 年に，準備資産の不足を補完する目的で創設された資産で，IMF により割当が行われる．金を補完するという意味からペーパーゴールドとも言われる．IMF リザーブポジションは，リザーブトランシュ（IMF への出資金中，自国通貨以外の通貨で払い込んだ部分で，加盟国は引き出し可能）と対 IMF 貸付債権の合計．2010 年 3 月現在，日本の外貨準備の構成は 94.99％が外貨であり，金が 2.63％，SDR は 1.95％，IMF リザーブポジションは 0.39％で，その他が 0.04％となっている．

と表すことができる．これを書き換えると

$$(輸出 - 輸入) + (資産売却 - 資産購入) = 0$$

となる．いま，輸出 - 輸入 = 貿易収支 = TA と置き，資産売却 - 資産購入 = 資本収支 = KA と置けば，上の予算制約式は

$$TA + KA = 0 \qquad (1.5)$$

と表すことができる．あるいは $TA = -KA$ であるから，

$$輸出 - 輸入 = 資本流出 - 資本流入$$

と書き換えることもできる．

　資本収支がマイナス（プラス）であることは資本の純流入がマイナス（プラス）であり，したがって資産売却額＜（＞）資産購入額を意味するから，資産保有が増加（減少）していることを意味するのである．たとえば2007年の日本の資本収支は約23兆円の赤字となったが，これは大量の資本純流出があり，この金額に相当する資産を購入したことを示している．

　表1-2には1985年から2007年までのわが国の国際収支の推移が示されている．この標本期間中，経常収支は一貫して黒字，また資本収支は2003年と2004年を除き，赤字で推移している．なおわが国では国際収支の長期時系列データが公表されていて，1946年から1994年まで，IMFの旧マニュアルに基づく経常収支，資本収支，誤差脱漏，金融勘定の4項目として国際収支の統計が公表されている．誤差脱漏は統計上の不突合の調整項目であり，統計全体から見れば重要項目ではない．経常，資本，誤差脱漏を合計した収支が「総合収支」と呼ばれ，金融勘定は外貨準備増減が主要項目であった．この長期時系列データによる「総合収支」と「外貨準備高」は，為替レートの推移とともに図1-6に示しておいた．1990年代からわが国の外貨準備高は急増し，1995年の1828億2千万ドルから2005年末の8468億9700万ドルと，約4.6倍に驚異的な増加を示している．

　国際収支の統計は，1.2.1で述べたようにフローの統計である．したがって一国のある**期間**にわたっての対外経済活動は把握できても，ある**時点**でのその国の対外的な経済状況（ストック）は把握できない．しかし原理的にはフロー量の蓄積はストック量となるため，ストックの統計を作ることはできる．日本

第1章 グローバリゼーションと日本の国際収支

表1-2 国際収支の推移（暦年）

	経常収支	貿易・サービス収支	貿易収支	（輸出）	（輸入）	サービス収支	所得収支	経常移転	資本収支	投資収支	その他資本	外貨準備増減	誤差脱漏
1985	119,698	106,736	129,517	415,719	286,202	−22,781	16,036	−3,077	−130,134	−129,115	−1,024	602	9,836
1986	142,437	129,607	151,249	345,997	194,747	−21,640	15,675	−2,842	−122,503	−121,644	−857	−24,834	4,897
1987	121,862	102,931	132,319	325,233	192,915	−29,389	23,483	−4,553	−61,511	−60,379	−1,133	−55,492	−4,857
1988	101,461	79,349	118,144	334,258	216,113	−38,800	26,436	−4,323	−83,420	−82,122	−1,297	−21,255	3,214
1989	87,113	59,695	110,412	373,977	263,567	−50,713	31,773	−4,354	−74,651	−72,776	−1,873	18,487	−30,950
1990	64,736	38,628	100,529	406,879	306,350	−61,899	32,874	−6,768	−48,679	−47,149	−1,532	13,703	−29,761
1991	91,757	72,919	129,231	414,651	285,423	−56,311	34,990	−16,150	−92,662	−91,045	−1,614	11,391	−10,487
1992	142,349	102,054	157,764	420,816	263,055	−55,709	45,125	−4,833	−129,165	−127,525	−1,641	−753	−12,432
1993	146,690	107,013	154,816	391,640	236,823	−47,803	45,329	−5,651	−117,035	−115,387	−1,650	−29,973	318
1994	133,425	98,345	147,322	393,485	246,166	−48,976	41,307	−6,225	−89,924	−88,004	−1,920	−25,854	−17,648
1995	103,862	69,545	123,445	402,596	279,153	−53,898	41,573	−7,253	−62,754	−60,609	−2,144	−54,235	13,127
1996	71,532	23,174	88,486	435,659	347,173	−65,312	58,133	−9,775	−33,425	−29,888	−3,537	−39,424	1,317
1997	117,339	57,680	120,979	495,190	374,211	−63,299	70,371	−10,713	−151,323	−146,445	−4,879	−7,660	41,645
1998	155,278	95,299	157,526	488,665	331,139	−62,227	71,442	−11,463	−170,821	−151,508	−19,313	9,986	5,558
1999	130,522	78,650	137,783	457,948	320,165	−59,133	65,741	−13,869	−62,744	−43,655	−19,088	−87,963	20,184
2000	128,755	74,298	123,719	495,257	371,537	−49,421	65,052	−10,596	−94,233	−84,287	−9,947	−52,609	18,088
2001	106,523	32,120	84,013	465,835	381,821	−51,893	84,007	−9,604	−61,726	−58,264	−3,462	−49,364	4,567
2002	141,397	64,690	115,503	494,797	379,294	−50,813	82,665	−5,958	−84,775	−80,558	−4,217	−57,969	1,348
2003	157,668	83,553	119,768	519,342	399,575	−36,215	82,812	−8,697	77,341	82,014	−4,672	−215,288	−19,722
2004	186,184	101,961	139,022	582,951	443,928	−37,061	92,731	−8,509	17,370	22,504	−5,134	−172,675	−30,879
2005	182,591	76,930	103,348	626,319	522,971	−26,418	113,817	−8,157	−140,068	−134,579	−5,490	−24,562	−17,960
2006	198,488	73,460	94,643	716,309	621,665	−21,183	137,457	−12,429	−124,665	−119,132	−5,533	−37,196	−36,627
2007	247,938	98,253	123,223	797,253	674,030	−24,971	163,267	−13,581	−225,383	−220,653	−4,731	−42,974	20,419

（出所）財務省.
（注）資本収支および外貨準備増減のマイナス（−）は資本の流出（資産の増加，負債の減少）を示す.

図1-6 わが国の総合収支,外貨準備高,為替レートの長期的な推移

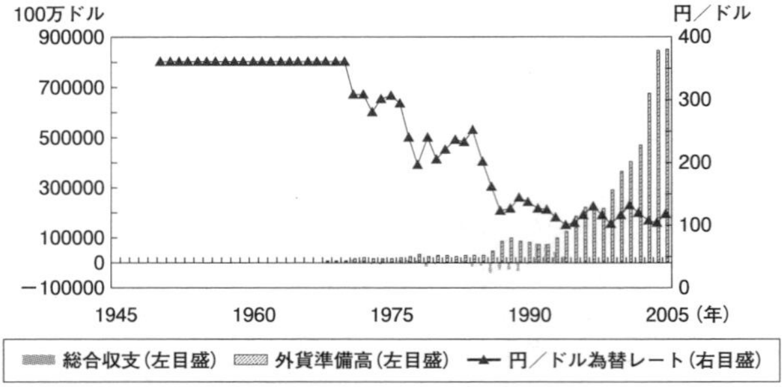

(出所) 財務省データより筆者作成.

ではフロー統計に評価増減の調整等を施して,**対外資産負債残高**というストック統計が財務省から公表されている．表1-3は2007年末のわが国の対外資産負債残高である．これによると日本の対外純資産は約250兆円であり，1億2600万人の人口で割ると国民1人当たりの対外純資産は約200万円である．

1.2.2 開放経済の国際収支と国民所得

1.2.2.1 国民所得：総需要と総供給

ここでは国際収支と国民所得の関係について考えてみる．いずれもフローの統計量であり，国際収支は貿易収支（輸出－輸入）をつうじて国民所得の決定に重要な役割を果たしている．また経常収支は資金循環をつうじて貨幣供給量に影響を及ぼすことを明らかにする．

開放経済における財貨・サービスの総供給 (AS) は，国内総生産量 (Y) と海外から輸入 (IM) される部分から成るから，

$$AS = Y + IM \qquad (1.6)$$

となる．国内総生産は総付加価値を示しているから，生産過程での中間投入財は全て差し引かれていて，最終生産物の市場価格評価額を表している．一方総需要 (AD) は，家計，企業，政府，海外という4部門の需要を集計したものであり，消費 (C)，投資 (I)，政府支出 (G)，輸出 (EX) の4項目に集約されるから，

第1章　グローバリゼーションと日本の国際収支

表1-3　2007年末対外資産負債残高
(単位：10億円)

資　産				負　債			
1. 直接投資			61,858	1. 直接投資			15,145
2. 証券投資			287,687	2. 証券投資			221,487
	株　式		65,376		株　式		142,031
		公的部門	0				
		銀行部門	1,543			銀行部門	9,185
		その他部門	63,832			その他部門	132,847
	債　券		222,311		債　券		79,456
	中長期債		219,430		中長期債		60,203
		公的部門	565			公的部門	47,782
		銀行部門	65,335			銀行部門	3,382
		その他部門	153,531			その他部門	9,040
	短期債		2,881		短期債		19,253
		公的部門	7			公的部門	19,162
		銀行部門	1,351			銀行部門	0
		その他部門	1,523			その他部門	90
3. 金融派生商品			4,442	3. 金融派生商品			4,964
		公的部門	―			公的部門	―
		銀行部門	1,877			銀行部門	2,420
		その他部門	2,564			その他部門	2,544
4. その他投資			146,227	4. その他投資			118,674
	貸　付		97,191		借　入		84,909
		公的部門	16,521			公的部門	1,475
		銀行部門	52,200			銀行部門	48,218
		その他部門	28,470			その他部門	35,216
	［長　期］		35,012		［長　期］		16,393
	［短　期］		62,179		［短　期］		68,516
	貿易信用		6,450		貿易信用		2,676
		公的部門	826			公的部門	―
		その他部門	5,625			その他部門	2,676
	［長　期］		1,418		［長　期］		126
	［短　期］		5,032		［短　期］		2,550
	現・預金		25,289		現・預金		10,515
		公的部門	0			公的部門	20
		銀行部門	16,806			銀行部門	10,495
		その他部門	8,483				
	雑投資		17,297		雑投資		20,573
		公的部門	5,968			公的部門	386
		銀行部門	9,310			銀行部門	16,790
		その他部門	2,018			その他部門	3,397
	［長　期］		11,823		［長　期］		1,488
	［短　期］		5,474		［短　期］		19,086
5. 外貨準備			110,279				
資　産　合　計			610,492	負　債　合　計			360,271
				純資産合計			250,221
				公的部門純資産			65,340
				民間部門純資産			184,881
				うち銀行部門			57,933

(出所) 財務省.
(注)「証券投資」及び「その他投資」は、証券貸借取引残高を除く計数.

$$AD = C + I + G + EX \tag{1.7}$$

となる．開放経済における均衡国民所得は AD と AS が等しくなる Y の水準と定義されるので，$AD = AS$ から

$$Y = C + I + G + EX - IM \tag{1.8}$$

となる．これを書き換えて，さしあたり所得収支と経常移転収支を捨象すれば経常収支（CA）は貿易収支（$EX - IM$）と等しくなるため，

$$CA = EX - IM = Y - (C + I + G) = Y - A \tag{1.9}$$

と表すことができる．ただし $A = C + I + G$ であり，**アブソープション**（**吸収**，いわゆる**内需**）と呼ばれている．経常収支は総供給のうち，国内で吸収されなかった残りと解釈される．

国民経済の貯蓄（S）は，所得から税金 T を差し引いた可処分所得（$Y - T$）から消費を差し引いたものと定義される．

$$S = (Y - T) - C \tag{1.10}$$

これと（1.8）式から次の関係式が得られる．

$$(S - I) + (T - G) + [-(EX - IM)] = 0 \tag{1.11}$$

この式の意味していることを考えてみよう．（$S - I$）は民間部門での資金余剰を示している．同様に（$T - G$）は政府部門での資金余剰を示している．ところで第3項であるが，海外部門を * で示すものとすると，輸出 EX は海外部門の輸入 IM^*，輸入 IM は海外部門の輸出 EX^* であることに気がつけば，$-(EX - IM) = EX^* - IM^*$ を表しているから，海外部門の資金余剰を示していることがわかる．すなわち（1.11）式は，均衡国民所得水準の下では，民間（家計と企業），政府，海外部門の資金余剰の和は，ゼロになっていなければならないという当然のことを意味しているのである．これは**資金循環勘定**における各部門の資金過不足は，原理的には合計すると恒等的にゼロになっていなければならないという自明の原理を示している．図1-7には日本の資金過不足の推移を示しておいた．資金の出し手としての家計の役割は低下傾向にあるが，海外部門は一貫して取り手になっている．

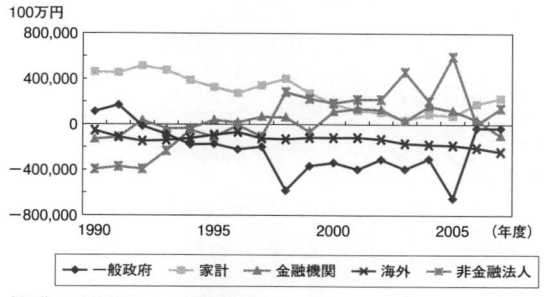

第1章 グローバリゼーションと日本の国際収支

図1-7 日本の資金循環

(出所) 日本銀行データより筆者作成.

この資金過不足を，民間と政府に大別し，また中央銀行を政府とは別の主体として取り扱って考察してみよう[6]．まず民間の貯蓄超過 S－I の源泉は，民間の保有する公債の持ち分の増加（ΔB），現金保有の増分（ΔCs），中央銀行の準備預金の増分（ΔRs）の合計から，中央銀行の民間向け信用の増分（ΔL）を差し引き，さらに民間の保有する純対外資産の増分（ΔF）を加えたものになっているはずである．すなわち次式が恒等的に成立する．

$$S-I = \Delta B + \Delta Cs + \Delta Rs - \Delta L + \Delta F \qquad (1.12)$$

一方政府の予算制約条件は，貯蓄超過から見れば民間に供給した公債の増分（ΔB）および中央銀行に供給した公債の増分（ΔD）の合計から，中央銀行の負債である政府預金の増分（ΔDc）を差し引いたものになっている．

$$G-T = \Delta B + \Delta D - \Delta Dc \qquad (1.13)$$

さらに中央銀行のバランス・シートから，資産の増分は $\Delta L + \Delta D$ に，中央銀行保有の外貨準備増分（純対外資産の増分，ΔR）を加えたものであり，他方その債務の増分は $\Delta Dc + \Delta Cs + \Delta Rs$ から構成されている（図1-8参照）．
したがって次式が恒等的に成立する．

$$\Delta L + \Delta D + \Delta R = \Delta Dc + \Delta Cs + \Delta Rs \qquad (1.14)$$

---

[6] 以下の説明に関しては日本銀行国際収支統計研究会［2000］『入門国際収支』（東洋経済新報社）（第2章），河合正弘他［1993］『ゼミナール国際金融』（東洋経済新報社）（第2章）を参照のこと．

図1-8 中央銀行のバランス・シート

資産		負債
国内銀行向信用 (L)	日銀貸出	政府預金 (Dc)
	他	現金預金 (Cs)
政府向信用 (D)	公債	準備預金 (Rs)
	他	
純対外資産 (R)		

これらの関係式（1.12），（1.13），（1.14）を整理して資金過不足の恒等的な関係式（1.11）に代入し，（1.5）式を考慮すると，結果として次式が得られる．

$$TA = EX - IM = \Delta F + \Delta R = -KA \qquad (1.15)$$

すなわち，ここでの仮定の下での貿易収支（TA）は，中央銀行が保有する対外純資産の増分（外貨準備増減，ΔR）と民間が保有する対外純資産の増分（ΔF）との和に等しくなっていて，それは資本収支（KA）の符号を変えたものに等しくなっている．

1.2.2.2 国際収支と貨幣供給量

貨幣供給量と国際収支との間には，次のような関係がある．中央銀行の対民間負債である $Cs + Rs$ を**ハイパワードマネー**（H）と言う．いま簡単化のために貨幣乗数を1とすれば，名目貨幣供給量 M^S は H に等しい．したがって中央銀行のバランス・シートから次式が得られる．

$$M^S = H \, (= Cs + Rs) = L + D + R - Dc \qquad (1.16)$$

この式の1階の階差形は次のようになる．

$$M^S = M^S_{-1} + \Delta L + \Delta D + \Delta R - \Delta Dc$$

ただし M^S_{-1} は前期の名目貨幣供給量であり，中央銀行保有の対外資産変化分 ΔR が，ΔM^S の一部となることを示している．中央銀行としては，名目貨幣供給量の変化はさまざまな国内金融政策（たとえば反インフレ政策）と矛盾することになるかもしれず，必ずしも好ましいとは限らない．そこで，中央銀行保有の外国資産増分（ΔR）が，国内信用の増分（ΔL）の一定割合に自動的に影響を及ぼすような，次のような調整を仮定してみる．

$$\Delta L = -(1-\alpha)\Delta R \qquad (1.17)$$

この $(1-\alpha)$ は中央銀行の外国為替市場への介入政策を示していて，「不胎化係数」と呼ばれ，国際収支の ΔR（対外資産変化分）が M^S の変化にフィードバックされる効果を不胎化する政策スタンスを示している．α は $1 \geqq \alpha \geqq 0$ と考えられていて，$\alpha = 0$ ならば $\Delta L = -\Delta R$ となり，国際収支による外貨準備増減は同額の L の変化で相殺される（これを完全不胎化という）．他方 $\alpha = 1$ ならば国際収支によって L は影響を受けず，不胎化介入は存在しない．

貨幣市場に注目すれば，貨幣市場の均衡は実質貨幣需要（m^D）が実質貨幣残高 M^S/P に等しくなっているときに達成される．したがって P で一般物価水準を表すとし，簡単化のために $\Delta D = \Delta Dc = 0$ と仮定すれば次式がしたがう．

$$\frac{M^S_{-1} + \alpha \Delta R}{P} = m^D \qquad (1.18)$$

このようにして国際収支における中央銀行保有の外貨資産増分 ΔR は貨幣市場の均衡に影響を及ぼすことになる．

1.2.2.3　国際収支の調整

この項では，まず経常収支 CA を名目金額で表してみる．単純化してサービス，所得，経常移転の項目を捨象すれば $TA = CA$ となり，また輸出は自国通貨建て，輸入は外国通貨建てで貿易されているとすれば，自国通貨表示の CA は $P \cdot EX - eP^* \cdot IM$ と表すことができる．ここで P^* は外国の P（一般物価水準）とし，為替レート e は自国通貨建てである．為替レートの減価は，通常 EX（IM）を上昇（低下）させると考えられるので，短期的に EX と IM が e のみの関数とすれば，$dEX/de > 0$ で $dIM/de < 0$ である．初期に単位を適切に測って $P = P^* = 1$ とすれば，$CA = EX - e \cdot IM$ であり，これが初期に均衡していてゼロであるとしよう．このような状況下では簡単な微分計算から，初期値の近傍で次式が得られる．

$$dCA/de = IM(\eta_M + \eta_{M^*} - 1) \qquad (1.19)$$

ここで η_M と η_{M^*} は自国と外国の輸入需要の為替レート弾力性である[7]．為替レートの減価が CA を改善させるような調整をするとすれば，右辺のカッコ

内は正でなければならず，この条件を**マーシャル＝ラーナー条件**という．(1.15) 式の $TA(=EX-IM)=\Delta F+\Delta R$ から，$TA+(-\Delta F)=\Delta R$ となる．固定レート制では国際収支が均衡してこの式が満たされるような裁量的政策や為替レートの調整政策（例えば切り下げ）等が必要になるが，他方自由変動レート制では，$\Delta R=0$ が満たされるように為替レートが変動する．

1.2.2.4　国際収支の意義

　国際収支の統計は，複式簿記の原理にしたがってフローの取引金額が記帳されるため，資産と負債は恒等的に等しく，その意味で常に「均衡」している．したがって「不均衡」というような言葉が使われる場合には，必然的にそのどれかの勘定について述べているはずである．たとえば貿易収支が黒字であるというような場合である．それが経済学的に好ましいものであるかどうかは，まったく別の問題である．

　貿易収支が黒字であれば，それはどれか他の勘定が赤字になっていることを自動的に意味している．たとえば (1.9) 式からそれはアブソープションが生産額よりも小さく，消費や投資水準が生産額に比べて低く，したがって国民経済の厚生水準は低すぎるレベルにあると見ることもできる．貿易収支の黒字は決して好ましいものではないかもしれない．これを (1.15) 式から見れば，貿易収支の黒字は民間と中央銀行が保有する外国資産が増えていることを意味している．中央銀行保有の大部分が収益率が低い外国の資産で運用されているから，他のもっと有利な資産で運用すれば獲得できた収益を犠牲にしているという意味で，膨大な機会費用が発生していて，貿易収支の黒字は国民経済的に見るとコストが大きいと言えるかもしれない．

　しかし貿易収支の黒字をもう少し長いホライゾンで見れば，それが外国に対する現在の貸出であり，将来は利子がついて返済されるものであるということも認識すべきである．このように一国全体が動学的な最適化の結果，貿易収支の黒字を選択して，現在余っているものを貸し出して，将来返済してもらうことによって将来世代の厚生水準を高めるとか，不測の事態に備えて現状レベルの厚生水準を将来も維持するという行動は（消費の）**平準化**行動と言われ，

---

7) 為替レート弾力性は $\eta_M = \dfrac{e}{EX}\dfrac{dEX}{de}$，$\eta_M = -\dfrac{e}{IM}\dfrac{dIM}{de}$ と定義されている．詳細に関しては，第2章を参照のこと．

きわめて合理的な行動として理解可能である．

このように，国際収支のある勘定の不均衡をどう解釈するかは，その国特有の経済環境（為替レート制度，歴史的な経緯，経済発展段階等）に依存している．したがって国際収支の意義を考える場合には，そのようなことを超えて，各勘定の時間的な推移とか，それらの他国との比較，あるいは国民所得水準との比較等の検討に集中すべきである．これが国際収支統計の限界と言われる内容である．

ちなみにわが国の場合，2007 年の GDP は 515 兆 2928 億円で，輸出は 92 兆 2260 億円，輸入は 84 兆 1988 億円であった．それぞれの対 GDP 比は 17.90％と 16.34％であったから，貿易収支の 8 兆 272 億円は GDP の 1.6％に過ぎない．

1.3 日本の国際収支

本節では，第二次世界大戦終了後（1945 年）から今日までのわが国の国際収支構造の変遷を概観してみる．この期間は国際金融制度の視点から見れば，大きく二つの時期に分けて考えられる．一つは固定レート制の期間（1946〜73 年）の IMF・ブレトンウッズ体制と言われた約 27 年間と，変動レート制の期間（1973 年以降今日まで）の約 35 年間である．

第二次世界大戦前の世界経済は，戦争が近づくにつれて固定為替レートの切り下げ競争，厳格化した為替管理，貿易障壁などによるブロック経済化などにより国際貿易量が縮小してしまった．戦後の国際金融はこの反省に立って，1944 年 7 月，米国ニューハンプシャー州ブレトンウッズで「連合国通貨金融会議」が開催された．会議の目的は世界貿易の拡大を達成するための制度構築であり，「国際通貨基金（IMF，International Monetary Fund）」と「国際復興開発銀行（略称「世界銀行」，IBRD, International Bank for Reconstruction and Development）」の創設が調印され，1945 年 12 月に発効し，IBRD は 1946 年 6 月から，IMF は 1947 年 3 月から業務を開始した[8]．

IMF はその世界貿易拡大という理念の達成のための具体的な目標として①

---

[8] 貿易の分野では「貿易と関税に関する一般協定（GATT, General Agreement on Tariffs and Trade）」（1947 年）や「国際貿易機構（ITO, International Trade Organization）」（1948 年）などが創設された．日本の IMF 加盟は 1952 年 8 月である．

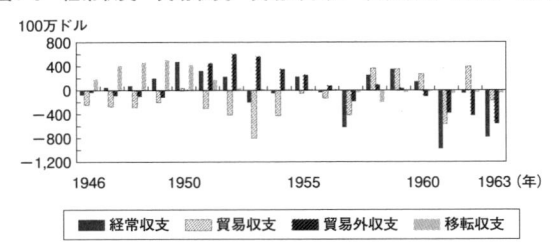

図1-9 経常収支・貿易収支・貿易外収支・移転収支（1946～63年）

自由貿易の確立，②為替レートの安定，③高所得と高雇用の達成を掲げた．この目標に沿ってIMFはさまざまな機能を果たした．特に戦後の国際金融制度について考察する場合，為替レートの安定化，為替取引の自由化，さらに外貨資金の供与などのために固定レート制下で果たしたIMFの役割は大きかったが，1973年に世界の主要先進国が変動レート制に移行した後は，その役割も限定されたものとなってしまった．

1.3.1　日本の国際収支構造

1.3.1.1　固定レート制下の国際収支（1945～73年）
1.3.1.1a　第二次世界大戦終了後から1963年までの国際収支

第二次世界大戦終了直後のわが国の貿易は基本的にアメリカの管理下に置かれた．生産設備が破滅的な打撃を受けたために輸出は振るわず，他方，食料生産も追いつかなかったために食糧輸入が多く，貿易収支は赤字であり，それをアメリカからの経常移転（援助）で埋め合わせるという悲惨な経済状況であった[9]．輸出の振興と輸入の抑制を図る目的で，為替レート制度は複数為替レート制が採用されていた．また戦後のインフレを解消する目的で財政・金融政策は引締め政策がとられ，均衡財政を意図したドッジ・ラインが実施され，1949年になって1ドル360円の単一為替レートが設定された[10]．図1-9からこのような当時の状況がうかがわれる．1951年から52年にかけての朝鮮戦争により，アメリカ軍が日本から軍需物資を買い付けた「特需景気」のため，当時の

---

[9] 生産の復興には石炭と鉄鋼の重点的に資源配分を行う「傾斜生産方式」が採用された．連合国（軍）最高司令官総司令部（GHQ, General Headquarters，総司令部と略す）による支配下で，対日援助はガリオア資金（占領地救済資金）のうちのエロア資金（占領地経済復興資金）の援助が得られた．

第1章 グローバリゼーションと日本の国際収支

図1-10 日本の経常収支と外貨準備増減（1946〜63年）

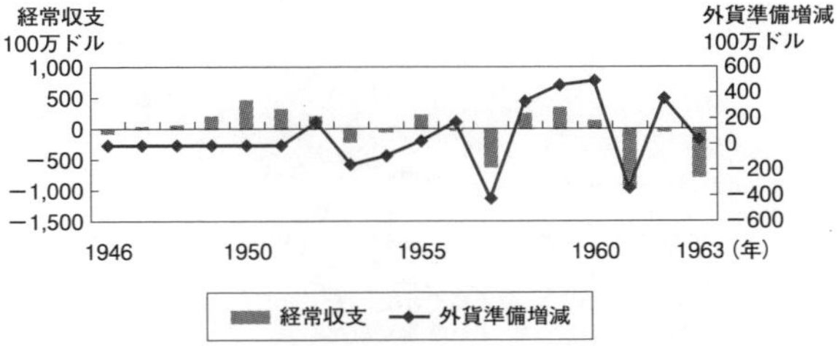

（出所）総務省データにより筆者作成.

貿易外収支が大幅黒字となっている.

図1-10には経常収支と外貨準備増減の関係が図示されている．この期間，日本は外貨蓄積不足の理由で，「外国為替予算制度」により資本取引が禁止されていたために，経常収支不均衡は政府の外貨保有の増減となっていた．図からも両者間の強い相関がうかがわれる．その後1964年になって日本はIMFの8条国へ移行し，「外国為替予算制度」による外貨割り当て制度は廃止された.

1.3.1.1b IMF8条国下の国際収支（1964〜73年）

以上のように1963年までわが国の為替取引は「外国為替予算制度」の厳しい管理下にあった．それも一因となって，1952年にIMFに加盟して以来，円の為替レートの調整が必要な状況はなかった．しかしこの「外国為替予算制度」を撤廃し対外経常取引に対する為替管理を自由化することは，（それまでの14条国から）8条国への移行を意味した．世界的に見ると，西ヨーロッパ諸国は1961年にはこの8条国へ既に移行し，為替管理を撤廃していた．8条国の内容は，①経常支払いに対する制限の回避，②差別的通貨指定の回避，③外貨保有残高の交換可能性などであった．8条国への移行により経常取引をファイナンスするための資本取引がある程度自由化されたので，輸入は以前に比べて容易になった.

図1-11にはこの期間の国際収支状況が示されている．特徴的なことは，（1）

---

10) ドッジ・ラインとは，当時のデトロイト銀行総裁で，1949年2月よりGHQ経済顧問として来日したジョセフ・ドッジによる「経済安定9原則」を指す．ドッジは，日本経済は「竹馬に乗った」経済で，一方の脚はアメリカからの援助，他方の脚は国内補助金に依存していて危険であると忠告を発し，対策としてインフレの沈静化のための緊縮的な財政金融政策等を立案・勧告した.

第Ⅰ部　国際マクロ経済学

図1-11　日本の国際収支（1964～72年）

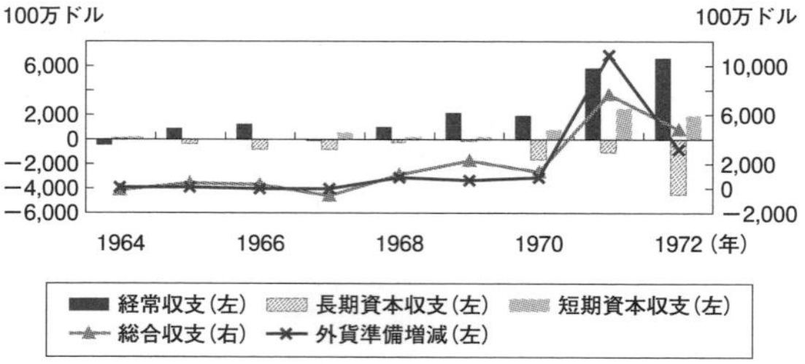

（出所）総務省データにより筆者作成.

経常収支が黒字拡大的なトレンドをもってきたことである．貿易外収支（概して赤字）を相殺して余りある貿易収支の拡大が寄与していた．また（2）この時期に日本は資本輸出国に転じ，特に長期資本収支が流出超となっていることである．また（3）総合収支と外貨準備増減との間には強い正の相関があることがわかる．

　他方アメリカはこの時期にベトナム戦争が拡大して景気が過熱し，図1-12に示したように1971年には貿易収支，経常収支ともに戦後初めて赤字となった．
　国際的な決済手段を「国際流動性」と呼ぶが（今日では金，ドル，SDR，ゴールド・トランシュと呼ぶ．IMF拠出金など），IMF・ブレトンウッズ体制のこの期間をつうじて，アメリカは各国中央銀行と金1オンス＝35ドルでの交換性を原則とし，各国の為替レートはこれにリンクしてドルとの為替レート（「平価」と呼ぶ）を設定し，調整可能な釘付と言われる固定レート制を採用していた．IMFの加盟各国はこの平価を（この時期は±1％以内に）維持する義務を負っていた．しかし何らかの理由により，加盟国の中には国際収支の不均衡を継続的に記録する国も現れた．そのような国にはいくつかの不均衡是正策があった．一つは（1.19）式のマーシャル＝ラーナー条件が満たされていることを前提に，為替レートを切り下げて経常収支を改善する方法であり，もう一つはIMFから決済手段の供与を受けることであった．もちろん国際流動性を潤沢に保有している国は，このような必要はなかった．金の埋蔵量には限りがあり，短期的にはその供給は固定されている．したがってアメリカの債務だけが金と交換されるIMF体制では，国際流動性は実質的にアメリカの国際収支赤字によってのみ追加的に供給されるシステムであった．アメリカの国際収支赤字は国際流動性の増加という意味では望ましいものではあったが，それは同時

図1-12 アメリカの経常収支,貿易収支（1964〜72年）

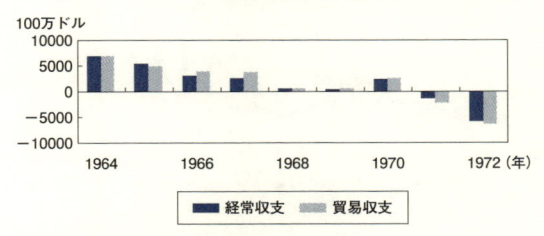

（出所）OECDデータにより筆者作成.

にストック量が一定の金との交換性に対する疑問に結びつく．このような制度上の矛盾は「流動性のジレンマ」と呼ばれた．

　1970年代に入ると国際金融市場は混乱を極めた．まず1970年にカナダ，1971年に西ドイツとオランダが変動レート制に移行し，これが円の切り上げ予想を引き起こして日本に大量の資本が流入した（図1-11）．このような状況下で1971年8月15日にアメリカはドル防衛策として金とドルとの交換性の（一時的）停止を行い（ニクソン・ショックと呼ばれる），主要国は相次いで変動レート制に移行し，日本も同年8月27日に移行した．しかし混乱は収まらず，4カ月後にワシントンのスミソニアン博物館で主要先進10カ国の蔵相会議が開催され，一時的に固定レート制に復帰するとともに固定レートの調整が行われ，金1オンス＝38ドルとドルが切り下げられ，それに伴い日本の円レートも1ドル308円に切り上げられ，変動幅も±2.5％と拡大された（スミソニアン合意）．金との交換性が停止された固定レートはもはや「平価」ではなく，「セントラル・レート」と呼ばれた．図1-11から推察できるように，日本は外貨準備高の保有残高を低下させる目的で資本流入を規制し，反対に資本流出の緩和を行ったため長期資本の流出トレンドが強まった．

1.3.1.2　変動レート制下の日本の国際収支
1.3.1.2a　変動レート制移行と国際収支（1973〜80年）

　スミソニアン合意で国際金融市場の混乱は一時的な小康状態を得たが，アメリカの経常収支の赤字による世界的なドル過剰状態は続き，1973年になると投機的な資金の移動から国際金融市場は再び混乱に陥った．このような中，主要先進国は相次いで変動レート制に移行し，日本も1973年2月14日，1ドル271.20円で変動レート制に移行した．

図1-13 日本の国際収支（1973〜89年）

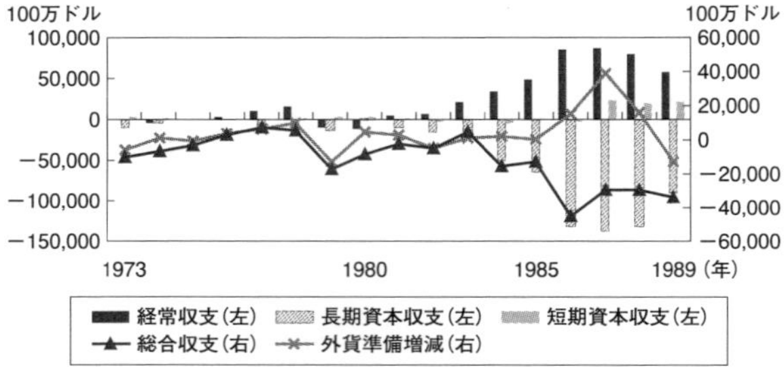

（出所）財務省データにより筆者作成．

　変動レート制下と固定レート制下での取引の違いの一つは，変動レート制下は外貨建て資産・負債を保有することが，キャピタル・ゲイン（あるいはロス）を生み出す為替リスクを負担することになるという点である．このような為替リスクを念頭に置いて国際収支の推移を見てみよう．既に示した図1-6でも分かるように，変動レート制移行後，しばらくの間為替レートは比較的安定的に推移した．しかし1973年の第1次オイルショックなどから，経常収支は1974年に赤字化し，日本経済は不況に陥った．しかし図1-13に示されている1973年以降89年までの国際収支の推移を見れば，この変動レート制下の標本期間全体としては比較的安定していたことが分かる．

　その後，円が一時的に減価したために1977年には資本の流出規制が緩和される一方，資本流入規制が強化されたために長期資本収支の赤字，短期資本収支の黒字が観察された．また1979〜80年には第2次オイルショックが発生し，総合収支は大きく赤字化し外貨準備も減少したが，1980年ころまでは各勘定は全体としてみれば安定的に推移した．

　図1-13から一目瞭然のとおり，1980年代には経常収支の黒字拡大的，長期資本収支の赤字拡大的なトレンドが顕著になってくる．これは1980年12月の**新外国為替管理法**の施行という制度変更があったことに起因する．これによって外国為替取引は長い間の原則禁止という理念を放棄し，原則自由という理念に立った新しい法体系下で実行されることになった．自由化に伴い長期資本流出が拡大していったが，その理由の一つはアメリカの高金利であった．図1-6からも分かるように，その結果として円の対米ドル為替レートは減価し続け，そのため経常収支の黒字も顕著となっていった．

1.3.1.2b　1980年代の国際収支──新外国為替管理法の施行

日本の経常収支の黒字とともに，世界的には西ドイツの黒字，アメリカの大幅赤字が存在し，貿易摩擦問題とともに「日本たたき」が発生した．1985年9月，G5がニューヨークのプラザホテルで開催され，日，米，西ドイツ（当時）が為替市場で協調介入を実施し円とマルク高（ドル安）政策を実施することが22日に合意された（プラザ合意）[11]．この介入政策は為替レートを円高・マルク高に誘導したという意味で成功した．しかし日本はそれに伴う「円高不況」に陥り，その対策として実施された（輸出主導型から）内需主導型経済を志向した政策運営は成功したかのように見えた．1987年からの「平成景気」の始まりであり，日本経済はバブル経済に突入していった．

1.3.1.2c　1990年代以降の日本の国際収支──金融政策の急転換

1990年代に入ると世界のグローバリゼーションはますます進行し，東欧諸国は相次いで社会主義から市場経済に復帰，中国では改革・開放路線の定着，アジアでは新興経済諸国の急速な成長などが見られた．日本ではバブル経済を終息させるために，それまでの拡張的金融政策を1990年に転換し，急激な金融引締政策を実施した．この状況下で，金融制度の効率性・安定性の低下に対抗するため，日本型ビッグバンといわれた制度改革が実施された．その理念はFree（自由な市場），Fair（透明で信頼性のある市場），Global（国際的な市場）であり，国際収支に関しては，外国為替取引に関する規制が1998年4月より実質的に廃止された．図1-14を見ると分かるように，1990年以降，経常収支は一貫して黒字，資本収支は一時期を除き流出となっている．

図1-15にはこの期間の経常収支と為替レートの推移を示した．両者の動きには相反する動きが弱いながら観察される．しかし為替レートは2002年以降1ドル110円から120円できわめて安定している．

近年の国際収支動向の特徴は，経常収支の黒字拡大が続く一方で，資本収支の変動の激しさであろう．国際的な資本移動が活発化する中で，資本収支の変動が大きくなる傾向がある．資本収支の太宗は投資収支であるので，図1-16

---

11) G5とはThe Group of Fiveの略称であり，IMF出資金の割当額が最大の先進主要国のグループで，フランス，西ドイツ（当時），日本，英国，米国を指す．日本では「先進5カ国蔵相・中央銀行総裁会議」と呼ぶ．

図1-14　日本の国際収支（1990〜07年）

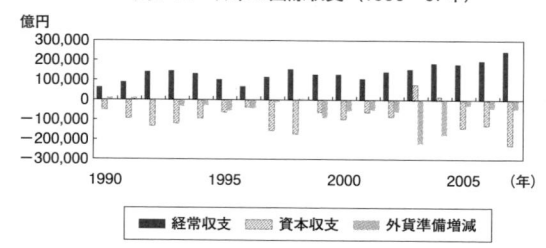

（出所）財務省データにより筆者作成．

図1-15　日本の経常収支と為替レート（1990〜2007年）

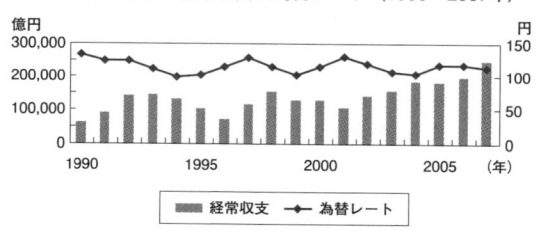

に最近の投資収支をプロットしてみた．

投資収支はさらに①直接投資，②証券投資，③金融派生商品，④その他投資と細分化されているが，2003年と2004年の資本収支の黒字を導いた投資収支の要因には違いがある．2003年の黒字要因は「その他投資」が大幅黒字となったことが主たる要因であった[12]．しかし2004年には，このころから黒字傾向を示す「証券投資」の黒字が資本収支の黒字要因である．しかし2005年以降，「その他投資」が大幅赤字傾向を示したことにより，全体として赤字が増加している．世界的な資本取引の自由化トレンドは今後も進展すると思われるから，今後も証券投資は活発化するであろう．ポートフォリオの分散化が世界的レベルで行われれば，その取引額もますます増加するから，その動きには注目しておく必要がある．

なお資本収支はストックとしての性格を強く持つ直接投資，証券投資が主たる項目であるが，対外取引のフローの面を重視する国際収支表ではその経済的

---

[12] 資本収支の中の投資収支のうち、「その他投資」では貿易信用、貸付・借入、現預金、雑投資、さらに非貨幣用金の取引も含む。

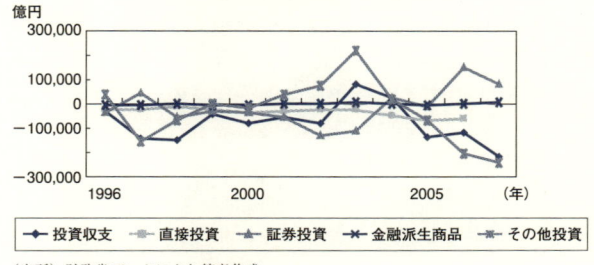

第1章　グローバリゼーションと日本の国際収支　　　33

図1-16　最近の投資収支の動向

(出所) 財務省データにより筆者作成.

な意義が十分把握できないという面がある．1980〜90年代の通貨危機などを振り返ると，各国の対外債権・債務のストック状況等に関するデータの必要性は，資本移動の活発化に伴い大きく高まっている．このような必要性に応えて，IMFでは国際収支の報告の仕方（現在は1993年のマニュアル第5版に基づく）を見直し，ストック面を重視する「対外資産負債残高」（表1-3）を次のマニュアルに含め，「国際収支統計」を「国際勘定統計」にすることが検討されている．

もっと学びたい人のために──参考文献

　国際金融市場の概説に関しては，須田美矢子［1996］『ゼミナール国際金融入門』（日本経済新聞社）や橋本優子ほか［2007］『国際金融論をつかむ』（有斐閣）などを参照されたい．
　外国為替市場と内外の資金市場が利子率の裁定をもたらすような関係にあることに関しては，Deardorf, Alan V.［1979］"One-Way Arbitrage and Its Implications for the Foreign Exchange Markets", *Journal of Political Economy* 87（2），April, pp.351-364, Levi, Maurice D.［2005］International Finance（4th ed.）. London: Routledge, 深尾光洋［1990］『実践ゼミナール国際金融』（東洋経済新報社）などの優れた著作がある．
　国際収支に関しては，その詳しい内容は，日本銀行［2000］『入門 国際収支』（東洋経済新報社）に解説されている．河合正弘［1993］『ゼミナール国際金融 基礎と現実』（東洋経済新報社）では，国際収支と国民所得との関係が詳しく解説されている．
　わが国の戦後の国際収支の変遷に関しては，上記の深尾（1990），さらに原信［1992］『国際金融概論（新版）』（有斐閣），上川孝夫・矢後和彦編［2007］『国際金

融史』(有斐閣) などを参照されたい. 世界の為替レート制度と国際収支の関係については Reinhart, Carmen M. and Rogoff, Kenneth S. [2004] "The Modern History of Exchange Rate Arrangements: A Reinterpretation", *The Quarterly Journal of Economics* 119 (1), April, pp.1-48 などをあげておく.

第 2 章

外国為替市場と為替レート

キーワード：外国為替市場，為替レート，マーシャル＝ラーナー条件，Jカーブ効果

　本章では，まず外国為替取引のしくみを概観し，どのような動機に基づいて外国為替取引がなされるのかについて解説する．その上で，そうした外国為替取引の結果生み出される為替レートの変動が，どのように国際貿易に影響をもたらすのかについて解説する．

2.1　外国為替取引

　日本では円，米国では米ドル，ドイツではユーロ，英国ではポンド，中国では人民元と，世界のさまざまな国でさまざまな通貨が用いられている．外国為替市場では，そうしたさまざまな通貨を交換する（たとえば，円を売って米ドルを買う）取引が行われている．異なる通貨を交換する取引のことを**外国為替取引**と呼び，異なる通貨を交換するときの交換比率（たとえば，1ドルが何円と交換されるか）を**為替レート**と呼ぶ[1]．ここでは外国為替市場のしくみや参加者について概観し，為替レートについて詳しく解説する．

---

[1] 本章でのドルは米ドルを指す．

表 2-1　世界貿易総額と外国為替取引高　　　　　　　（兆ドル）

	1995	1998	2001	2004	2007
1年間の世界全体の貿易高	5.18	5.40	6.14	9.10	13.75
1営業日当たりの外国為替市場の取引高	1.15	1.65	1.42	1.97	3.21

2.1.1　外国為替市場での取引

　2007年4月時点で，外国為替取引の総額は1営業日当たり3兆2100億ドルである[2]．2007年の世界全体の貿易額が1年間で13兆7477億ドルに過ぎないことを考えると[3]，たったの1営業日に3兆2100億ドルもの外国為替取引という数字がいかに巨大なものかがよく分かる（表2-1参照）．1年分の世界全体の貿易総額を超える取引が，外国為替市場ではたったの5日間でなされるのである．この事実は，外国為替取引は貿易に伴って発生する取引だけではないことを明瞭に示している．

　外国為替市場といっても，中央卸売市場などのような物理的な取引所があってそこに参加者が集まって商品の取引（外国為替取引）が行われているわけではない[4]．外国為替市場の参加者はコンピュータの端末や電話を使って外国為替取引をする．参加者同士がコンピュータの端末や電話でつながったネットワーク全体が外国為替市場なのである．よくテレビや新聞のニュースなどでロンドン外国為替市場，ニューヨーク外国為替市場，東京外国為替市場といった言葉を聞くことがあるが，これはそれぞれの地域に取引所があるわけでも，各市場に境界線があるわけでもない．また，それぞれの市場は何時にオープンして何時に閉まるというものでもない．その地域の多くの銀行が参加し始めてその地域の市場がオープンし，徐々に取引が減っていってその地域の市場が閉まる．時差の関係で，ある地域の市場が閉まる頃には別の地域の市場がオープンする．こうして1日24時間，世界のどこかで市場がオープンしているので，外国為替市場とは眠らない市場でもある．

　すると，どこに住んでいても1日24時間，世界のどこかの市場に参加でき

---

2) Bank of International Settlements (BIS) [2007] *Triennial Central Bank Survey of Foreign Exchange and Derivatives Market Activity* を参照．
3) ジェトロ世界貿易マトリクス（http://www.jetro.go.jp/world/statistics/）を参照．
4) 小口幸伸 [2005]『入門の金融　外国為替のしくみ』（日本実業出版社）を参照．

表 2-2　外国為替取引　市場の取引高のシェア　（%）

	1998年	2001年	2004年	2007年
イギリス	32.5	31.2	31.0	34.1
アメリカ	17.9	15.7	19.2	16.6
台湾	4.2	4.4	3.3	6.1
シンガポール	7.1	6.2	5.2	5.8
日本	6.9	9.1	8.2	6.0
香港	4.0	4.1	4.2	4.4
その他　計	100	100	100	100

(出所) BIS (2007).

図2-1　EBSシステムに記録された1時間あたり価格（外国為替レート）の変化回数と取引回数

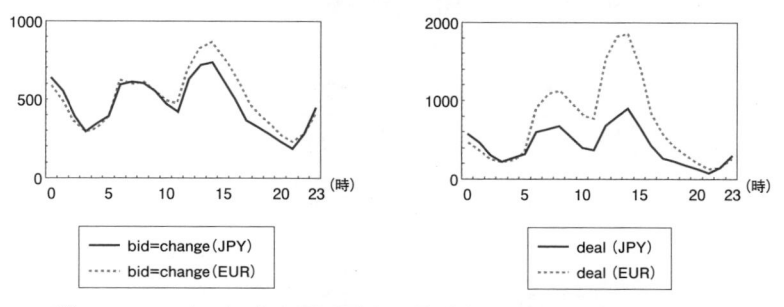

(注) bid = change (JPY)：ビッド価格（円売りドル買い注文におけるドルの価格）の変化
bid = change (EURO)：ビッド価格（ユーロ売りドル買い注文におけるドルの価格）の変化
deal (JPY)：円とドルの取引件数（取引高ではない）
deal (EURO)：ユーロとドルの取引件数（取引高ではない）

ることになる．たとえば，外国為替市場での円とドルの交換のピークは1日に3回訪れ（日本時間の午前9時頃，正午頃，午後11時頃の3回），日本時間の深夜になっても円とドルの交換は行われている．これは，日本時間の深夜であってもロンドン外国為替市場やニューヨーク外国為替市場がオープンしているので，たとえ東京の市場参加者であってもネットワークを通じてそこに参加して外国為替取引をできるからである（図2-1参照）[5]．このように世界中のさまざまな地域で外国為替取引が行われているが，歴史的な経緯もあってイギリスでの

---

[5] このグラフは2005年10月のEBSデータを用いて北村が作成した．EBSシステムとはEBS (Electronic Broking Service) 社が提供している電子ブローキングシステムのことである．横軸はGMT (Greenwich Mean Time, 世界標準時) である．GMTに9を足したものが日本時間となる（たとえば，GMTの0時が日本時間の午前9時）．

表 2-3 外国為替取引の通貨ペア別シェア　　(%)

	2001	2004	2007
米ドル / ユーロ	30	28	27
米ドル / 日本円	20	17	13
米ドル / 英ポンド	11	14	12
米ドル / オーストラリアドル	4	5	6
米ドル / スイスフラン	5	4	5
米ドル / カナダドル	4	4	4
米ドル / スウェーデンクローナ	…	…	2
米ドル / その他の通貨	17	16	19
ユーロ / 日本円	3	3	2
ユーロ / 英ポンド	2	2	2
ユーロ / スイスフラン	1	1	2
ユーロ / その他の通貨	2	2	4
その他の通貨 / その他の通貨	2	2	4
合計	100	100	100

表 2-4 外国為替市場取引の使用通貨のシェア　　(%)

通貨	2001 年	2004 年	2007 年
米ドル	90.3	88.7	86.3
ユーロ	37.6	36.9	37.0
円	22.7	20.2	16.5
英ポンド	13.2	16.9	15.0
スイスフラン	6.1	6.0	6.8
その他　計	200	200	200

(注) 取引は 2 通貨で行われるため合計は 200％となる.
(出所) BIS (2007).

取引が世界全体の外国為替取引のうち 1/3 を占めている（表2-2参照）．またさまざまな理由から，最近のアジアでは日本での取引シェアが低下している反面，台湾やシンガポールでの取引シェアが増えている．

外国為替市場でどの通貨とどの通貨が交換されているのか，通貨ペアごとの取引シェアを見てみると（表2-3参照），ドルとユーロの交換が全体の4分の1以上を占めており，他にもドルと円の交換，ドルとポンドの交換など，外国為替取引ではドルとの交換が圧倒的なシェアを占めていることがわかる．

また使用通貨のシェアを見ると（表2-4参照），以前と比べドルの使用シェアは徐々に低下してきているが，それ以上に円のシェアは低下してきていることもわかる．

2.1.2 外国為替市場の参加者と参加動機

外国為替市場の参加者は大別して以下の四つに分けられる．民間銀行，民間銀行の顧客（一般企業や個人），ブローカー（仲介業者），中央銀行である．民間銀行は，顧客の求めや自らの判断によって外国為替市場に参加する．銀行同士が外国為替取引を行う市場をインター・バンク市場（銀行間市場）と呼ぶ[6]．銀行同士はインター・バンク市場で直接取引（direct dealing）をすることもあれば，ブローカーを通じて間接取引をすることもある．ブローカーには沢山の銀行が買い注文や売り注文を出しており，ブローカーはそれぞれの注文を結びつける役割を果たしている．間接取引にはコンピュータにより自動的に取引を成立させる電子ブローキング（Electronic Broking）と，電話を使って取引を成立させるボイスブローキング（Voice Broking）とがある．現在では，使い勝手の良さや売買時のミスの少なさなどから電子ブローキングによる取引が圧倒的多数を占めているが，コンピュータのシステム障害が発生して電子ブローキングができなくなるリスクに備え，ボイスブローキングによる取引も行われている[7]．中央銀行は，為替レートに影響を与えることを目的として外国為替市場に参加することがあり，中央銀行による参加を市場介入（market intervention）と呼ぶ．

外国為替市場に参加する動機は参加者によってさまざまであるが，動機に応じて外国為替取引を分類すると，大きく分けて①経常取引，②資本取引，③投機取引，④公的部門の為替取引の四つの取引に分けることができる．これら四つの取引が外国為替市場で各々の通貨に対する需要と供給を生み出し，変動レート制の下で各々の通貨の値段（すなわち為替レート）を決定する．ある通貨に対する需要が多くなれば，その通貨の値段は上昇するし，供給が多くなればその通貨の値段は下落する．

①の経常取引とは，貿易（財・サービスの輸出入）などに伴う外国為替取引のことである．たとえば，トヨタが米国へ自動車を輸出して代金としてドルを受け取り，そのドルを円に交換したい場合，外国為替市場でドルを供給して円

---

[6] これも，物理的な取引所を指すのではなく，銀行間を結ぶネットワークのことである．
[7] 電子ブローキングシステムを提供している会社として EBS（Electronic Broking Service）社やロイター社がある．円とドルやユーロとドルの取引では，EBS 社の提供するシステムを通じた取引がロイター社のそれよりも圧倒的に多い．

表2-5 国際通貨の条件

機能	源泉	民間取引	公的取引
国際交換手段	取引費用	取引・決済通貨	介入通貨
国際計算手段	情報費用	契約・表示通貨	基準単位
国際価値保蔵手段	安定的価値	資産通貨	準備通貨

を需要することになる．

②の資本取引とは，海外の株式や債券などに投資するために行われる外国為替取引のことである．たとえば，米国の投資銀行の株式を日本の民間銀行が購入する場合，外国為替市場で円を供給してドルを需要し，株式の購入代金に充てる．

③の投機取引とは，為替レートの変動から収益（為替差益）を得るために行われる外国為替取引のことである．たとえば，円に対するドルの価値が将来上昇するとあるトレーダーが予想した場合，今のうちに（安いうちに）ドルを買っておいて，将来ドルが値上がりしたときに売れば為替差益を得ることができる．その場合，そのトレーダーは外国為替市場で円を供給してドルを需要し，将来ドルが値上がりしたときにドルを供給して円を需要することになる．

④の公的部門の為替取引とは，通貨当局（政府や中央銀行）による為替政策の一環であり，通貨当局が適正と考える為替レートを実現するために行う外国為替取引のことである．たとえば，通貨当局が急激な円高・ドル安を是正するために市場に介入する場合，外国為替市場で円を供給してドルを需要することになる．

経常取引や資本取引は実体的な経済取引（財・サービスの輸出入や海外証券への投資など）という裏付けをもっているため，実需取引とも言われる．これに対して，投機取引はそうした裏付けをもっていない．投機取引では，たとえば円を売ってドルを購入するとその日のうちに今度はドルを売って円を買い戻すなど，短期間のうちに反対側の取引をすることが多い．実需取引では，そういった反対側の取引はしないか，仮にするとしても数ヶ月後から1年以上後になってからである．

2.1.3 国際通貨の条件

表2-3や表2-4に示したように，外国為替市場では米ドルをつうじた取引が

世界全体の取引の約半分近くにも上っており，米ドルは国際通貨としての役割を果たしている．国際的な取引の決済に使用される国際通貨は，「支払い（交換）手段」，「計算手段」，「価値保蔵手段」という三つの機能を備えていなければならない．国際的な取引における機能に注目してそれらを一覧表にすれば，表 2-5 のように要約することができる．

交換手段としての通貨の機能は，国際貿易などの各種取引の決済に用いられることである．決済時に通貨の受け渡しが拒否されては決済が不能となってしまうため，当事者間で当該通貨が一般受容性を備えていなければならないことを意味している．

計算単位としての通貨の機能は，経済的な価値を測る場合の共通の尺度としての機能であり，これにより価値の国際間比較が可能になる．

価値保蔵手段としての通貨の機能は，国際貸借取引などにおいて当該通貨が将来の購買力を安定的に保持していなければならないとする機能である．

国際的な取引においてこれらの三つの機能を果たしうる通貨が市場により認められて，国際通貨となる．20 世紀初めには英ポンドが国際通貨として市場により認められていたが，第二次世界大戦後は米ドルが英ポンドに取って代わった．しかし 1970 年代以降は米ドルの国際通貨としての地位も低下し始めている．

2.1.4　為替レートの分類

為替レートは異なる基準によってさまざまに分類することができ，その分類の仕方は以下のように少なくとも 7 種類ある．

（基準 1）外国為替レート制度による分類

ある国が固定レート制と変動レート制のどちらを採用するかによって，その国の通貨の為替レートも**固定レート**と**変動レート**のいずれかに分類される．しかし後に詳説するように，この両者間には中間的なさまざまな制度がある．もう少し細分類すると固定レート，限定的伸縮レート，管理フロートレート，自由変動レートなどに分類可能である．しかし分類に関しては，厳密な固定と自由フロートという両極の間のさまざまな制度と為替レートが，必ずしも明確な基準に基づいて分類されてはいないという問題がある．

(基準 2) 為替レート政策の実施による分類

これは各国の為替政策を実施する為替当局と呼ばれる機関（日本であれば日本銀行）の実際の政策運営を重視するか，あるいはその機関が国際機関（たとえば国際通貨基金）などに報告した制度のどちらを重視するかにより分類する方法で，前者を de facto 為替レート，後者を de jure 為替レートと呼ぶ．たとえば実際には固定レートのための政策を実施していても，国際機関には管理フロートのための政策を実施していると報告しているような場合には，de facto 為替レートは固定レート，de jure 為替レートは管理フロートレートである．

(基準 3) 外国為替取引における通貨の受渡までの時間による分類

通貨を交換する契約を結んでから実際に通貨をいつ受渡しするのかによって交換比率（為替レート）が異なる．通貨を売買することを契約してから 2 営業日後までに通貨の受払いをする場合に適用される為替レートのことを**直物為替レート**（スポット・レート）と呼び，契約してから 3 営業日以降の指定された期日に通貨の受払いをする場合に適用される為替レートのことを**先物為替レート**（フォワード・レート）と呼ぶ．ここでは先物為替レートとは forward exchange rate を指すものとするが，本来は先渡し為替レートと呼ばれる性質のものである．日本では spot exchange（直物為替）に対するものとして forward exchange（先物為替）という呼び方で先物という言葉が使われ，後述する為替リスク回避の一手段としての「先物為替予約」は古くから広範に採用されてきた取引であるが，取引の内容は「先渡し」取引である．すなわち，1 対 1 の相対取引であって，その権利の行使は原則としてその先物為替予約の受渡期日になるまで待たなければならない．

直物取引は，すぐに通貨の受払いが必要な参加者が行う．たとえば，読者のあなたが米国に海外旅行するためにドルが必要となり，旅行の直前に民間銀行や国際空港の両替所で円をドルに交換した場合，あなたは直物取引をしたことになる．

先物取引（フォワード取引）としての「先物為替予約」は，将来の直物レートが不確実であることから生じる為替リスクを回避するために行われることが多い．たとえば，あなたが外貨定期預金として 1 万ドル預けていて，1 年後の満期時には元利合計で 1 万 100 ドルが返ってくるとする．1 年後に 1 万 100 ドルを円に交換すると何円になるかは，そのときの直物レートによって決まって

表2-6　世界の外国為替市場規模　平均日次取引高　　　　(10億ドル)

年	1992	1995	1998	2001	2004	2007
合計	820	1,190	1,490	1,200	1,900	3,210
内訳直物	394	494	568	387	631	1,005 (31.3)
先物	58	97	128	131	209	362 (11.3)
スワップ	324	546	734	656	954	1,714 (53.4)
報告遅れ	44	53	60	25	106	129 (4.0)

(注) カッコ内はパーセント．
(出所) BIS (2007)．

くる．しかし，満期時の直物レートは現時点では不明（満期時までに円安・ドル高が進んで為替差益を得られるかもしれないし，円高・ドル安が進んで為替差損を被るかもしれないし，そのどちらにもならないかもしれない）なため，外貨定期預金には為替リスクが伴うことになる．あなたがこの為替リスクを回避するためには，現時点で先物為替予約を結んでしまえばよい．1年後のドルと円の交換に適用される先物（フォワード）レートが1ドル=90円だとすると，この先物為替予約により，1年後に1万100ドルを90万9000円（=10100×90）に交換できる．先物為替予約を結ぶのは今日だが，実際に通貨の交換をするのは1年後であり，これにより，1年後の元利合計の円換算額を現時点で確定できることになる．つまり，あなたはこの先物為替予約の契約により為替リスクを回避できることになる．

　外国為替取引の内訳を見てみると，1992年当時は約半分が直物取引であったが，その比重は2007年で1/3以下になった（表2-6参照）．これに反して先物取引（フォワード）とスワップ取引の比重が増していることがわかる．

　　フォワード（先渡し）取引とよく似た取引にフューチャーズ（futures，先物）取引がある．フォワード（先渡し）取引と同様に，フューチャーズ（先物）取引でも将来の指定された期日に通貨の受払いをする契約をする．フォワード（先渡し）取引は相対取引であるのに対して，先物取引は1972年5月16日にシカゴのCME（Chicago Mercantile Exchange）が開設されたことにより行われるようになった取引である．CMEの一部として国際通貨市場IMM（International Monetary Market）が設立され，当初は7通貨の通貨先物の市場取引が行われ，

その後ロンドンやシンガポールなどでも通貨先物取引（フューチャーズ）が行われるようになった．フォワードと異なり，CME などの金融先物取引所では不特定多数の主体と取引が行われ，（対象通貨，金額，受渡し条件等が）標準化された取引が行われる上場取引であるという違いがある[8]．また，フォワード取引とは異なり，フューチャーズの契約は受渡し期日前にそうした契約自体を買い戻したり転売したりして，差金による清算が可能である．この場合に適用される為替レートが先物為替（フューチャーズ）レートである[9]．

（基準 4）為替レートの数による分類

一国の為替レートが一つであるとは限らず，複数同時に存在する場合がある．そのときの経済状態や歴史的な経緯から複数の為替レートを採用することは珍しいことではない．特に対外決済のための外貨準備が不足気味の国では，**公的レート**（中央銀行間の取引に適用）と，現実の市場決済の場合に適用されるレート（**並行レート**，あるいはブラックマーケットレート）が共存することがある．並行レートによる取引は合法的であるが，ブラックマーケットレートによる取引は，通常は違法である[10]．

（基準 5）建値による分類

外国通貨 1 単位当たりの自国通貨建ての為替レートを**自国通貨建てレート**（邦貨建てレート）と呼び，反対に自国通貨 1 単位当たりの外国通貨建ての為替レートを**外国通貨建てレート**（外貨建てレート）と呼ぶ．つまり，自国通貨建てレートは外国通貨 1 単位が自国通貨何単位分に相当するかを示しており，外国通貨建てレートは自国通貨 1 単位が外国通貨何単位分に相当するかを示している．わが国では自国通貨建てが慣例として用いられているが，2 国間為替

---

[8] 標準化という意味は，CME では取引される通貨が当初は 7 種に限られていて，1 契約はたとえばドル－ポンドの場合は 6 万 2500 ポンド，円－ドルの取引契約は 1250 万円などと固定額で決まっていることを意味する．

[9] 通貨先物取引（フューチャーズ）が普及するに伴い，先物と呼ばれてきたフォワードの取引を最近では「先渡し」と呼んで区別することもあるので，注意されたい．

[10] 1950 年には 153 カ国中の 53％（つまり 81 カ国）が並行レートを採用していたことが知られている（Reinhart and Rogoff, 2004 参照）．イギリスでさえも 1950 年から 64 年まで並行レートが存在した．第二次世界大戦後の日本でも，経済復興のために輸出品のレートは円安に，インフレ回避のために輸入品には円高のレートが設定されていた．この状態は 1949 年のドッジラインで 1 ドル 360 円に一本化されるまで続いた（第 1 章参照）．

レートの両者は互いに逆数関係にあるから，内容に差がある訳ではない．

(基準6) 取引者による分類

銀行間では外貨建て預金だけを電信で取引していて，その取引に適用されるレートを**銀行間レート**という．輸出入業者などの顧客に適用する**対顧客レート**はこの銀行間レートを基準として建てられている[11]．

(基準7) 実質か名目かによる分類

ある一つの外国の通貨に対する自国通貨の相対価格は2国間の**名目為替レート**と呼ばれ，異なる通貨を交換するときの交換比率であり，ある通貨で測った別の通貨の価格のことである．たとえば，1ドル＝100円という名目為替レートは，外国為替市場で1ドルを購入するためには100円支払わなければならず，100円を購入するためには1ドル支払わなければならないことを示している．つまり，円で測った1ドルの価格が100円で，ドルで測った1円の価格は0.01（＝1/100）ドルになっている．

ここで，名目為替レートが上昇して，1ドルが100円から200円になったとしよう．この場合，1ドルの価格が100円から200円に値上がりし（ドルが円に対して相対的に高くなった），1円の価格が0.01ドルから0.005（＝1/200）ドルに値下がりした（円がドルに対して相対的に安くなった）ことになるので，名目為替レートはドル高・円安になったことになる．このようにある通貨が別の通貨に対して相対的に高くなる（価値が増大する）ことを増価と呼び，相対的に安くなる（価値が減少する）ことを減価と呼ぶ．円安・ドル高は円の減価・ドルの増価である．

これに対してその為替レートに両国の物価水準による通貨の購買力で調整した為替レートを**実質為替レート**と呼ぶ．すなわち実質為替レートとは，ある国と別の国の相対物価をあらわしたものである．自国の物価水準をP，外国の物価水準をP^*，自国通貨建ての名目為替レートをEとすると，実質為替レートZは以下のように定義される．

---

[11] なお現実の対顧客為替取引では期限付き為替レート，一覧払い（参着）為替レート，電信為替レートの区別がなされている．また，日本の場合には米ドルとの取引が重要なため，これを基準レートと呼び，他の国々間のレートをクロス・レートと呼ぶ．二つのクロス・レートから計算して導出される為替レートは裁定レートと呼ぶ．

$$Z = \frac{\text{自国通貨単位に換算した外国の物価水準}}{\text{自国の物価水準}} = \frac{EP^*}{P}$$

物価水準とは，個別の財・サービスの価格ではなくさまざまな財・サービスの総合的な価格を表したものなので，実質為替レートはさまざまな財・サービスの総合的な価格を外国と自国とで比較したものということができる．実質為替レートが上昇したら，それは外国でのさまざまな財・サービスの総合的な価格（外国の物価水準）が自国でのそれ（自国の物価水準）に比べて相対的に高くなったことを意味する．以下では，自国のさまざまな財・サービスの集合体を自国財，外国のさまざまな財・サービスの集合体を外国財と呼ぶことにする．

実質為替レートは，外国財1単位が自国財何単位分に相当するかをあらわしている．たとえば，外国財の価格が160ドル，自国財の価格が8000円，名目為替レートが1ドル＝100円だとすると，実質為替レートは以下のように計算できる．

$$\text{実質為替レート} = \frac{100 \times 160}{8000} = \frac{16000}{8000} = 2$$

ここで，外国財を1単位販売して得られる160ドルを外国為替市場で円に交換して1万6000円を入手すれば，その1万6000円で自国財を2単位購入することができる．つまり，実質為替レートが2に等しいということは，外国財1単位が自国財2単位分に相当するということを表している．

実質為替レートの上昇は，自国財が外国財に比べて相対的に安くなったことを示す．たとえば，実質為替レートが2から3に上昇したとする．これは今までは外国財1単位が自国財2単位分に相当していたのが，この上昇によって今度は外国財1単位が自国財3単位分に相当するようになったことを意味する．つまり，外国財が自国財に比べて相対的に高くなった（言い換えると，自国財が外国財に比べて相対的に安くなった）ことになる．逆に，実質為替レートの下落は，自国財が外国財に比べて相対的に高くなったことを示す．

なお，一国の貿易の国際競争力の一つの尺度として，すべての貿易相手国との2国間為替レートを，その貿易量シェアで加重平均したものを**実効為替レート**と呼ぶ．為替レートとは異なる通貨の交換比率のことなので，円ドル間の為替レート，円ユーロ間の為替レート，円ウォン間の為替レートなど，世界のさ

まざまな通貨の数だけ円との間の為替レート（2国間為替レート）が存在する．一口に為替レートが変動したと言っても，その結果円がある通貨に対しては円高になり，同時に別の通貨に対しては円安になっていることもある．たとえば円がドルに対して増価する（円高・ドル安）と同時にユーロに対して減価する（円安・ユーロ高）場合があるが，このとき円ドル間の2国間為替レートと円ユーロ間の2国間為替レートを眺めているだけでは総合的に見て円が増価したかどうかは分かりにくい．総合的に見た円の価値を把握するために，2国間為替レートを加重平均して算出されるのが実効為替レートである．日本の実効為替レートを算出する際には，日本とその国との間でどれくらい貿易がなされているかをウェイトとして用いている[12]．その結果として，日本とあまり貿易していない国との間の為替レートの変動は日本の実効為替レートにはあまり影響を与えない一方で，日本との貿易が盛んな国との間の為替レートの変動は日本の実効為替レートに大きな影響を与えることになる．たとえば基準時点で円／ドルレートが100円，円／ユーロレートも100円であったとして，測定時点で円／ドルレートが10%円安，円／ユーロレートが10%円高になったとすると，日本の対アメリカ貿易量の方が対欧州貿易量よりも多ければ，実効為替レートは基準年よりも円安となる．名目2国間為替レートの加重平均値を算出したものが**名目実効為替レート**，実質2国間為替レートの加重平均値を算出したものが**実質実効為替レート**である．また，2国間為替レートは外貨1単位に対する円の価格（たとえば，1ドル＝100円）として表示することが一般的だが，実効為替レートを算出する際には円1単位に対する外貨の価格（たとえば，1円＝0.01ドル）を用いている．実効為替レートの上昇（実効為替レートの数値が大きくなったとき）が円高，下落が円安に対応している．

なお，為替レートの動きに関しては，日本のように自国通貨建てで為替レート"E"を表示している場合には表2-7のように呼ぶ．

---

12) 具体的には日本の輸出額に占める当該相手国・地域の割合をウェイトとして用いている．

表2-7 為替レートの動きの呼びかた

Eの値	固定レート制	変動レート制
上昇	自国通貨の切り下げ devaluation 外国通貨の切り上げ revaluation	自国通貨の減価 depreciation 外国通貨の増価 appreciation
下落	自国通貨の切り上げ revaluation 外国通貨の切り下げ devaluation	自国通貨の増価 appreciation 外国通貨の減価 depreciation

2.2 為替レートの決定――フロー・アプローチとアセット・アプローチ

　自由変動為替レート制下の為替レートは，民間部門（民間銀行，一般企業，個人，ブローカー）による外国為替の需要と供給が一致するように決定される．言い換えると，為替レートが民間部門による外国為替の需要と供給により決定される為替制度のことを変動為替レート制度という．民間部門だけでなく公的部門も市場に参加して，公的部門が望ましいと考える水準に為替レートを固定してしまう制度のことを固定為替レート制度という．固定為替レート制度とは，民間部門で自国通貨に対する超過需要が発生しているときには通貨当局が自国通貨を売って外国通貨を購入し，超過供給が発生しているときには通貨当局が自国通貨を買って外国通貨を売ることによって，為替レートをある水準から動かないようにする制度である．

　為替レートの需給関係がどのような要因に基づいて生じると考えるのかについては大きく分けて二つのアプローチがある．一つは**フロー・アプローチ**と呼ばれ，経常収支，資本収支，外貨準備増減に集約される，ある一定期間（たとえば，1年間）になされる取引（フロー取引）に基づく需給関係から為替レートが決定されると考える．もう一つは**ストック・アプローチ**と呼ばれ，国際的に金融資産の取引が可能な状況において，ある時点の資産ストックを最適なものにするための取引（ストック取引）に基づく需給関係から為替レートが決定されると考える．

　外国為替取引に厳しい規制がかけられていた時代には実需取引が大半を占めていたためにフロー・アプローチに基づく考え方が主流であったが[13]，規制

---

13) たとえば，日本では外国為替取引をするには実需の裏付けが必要（実需原則）で，銀行以外の市場参加者による投機取引は禁止されていた．1984年4月にこうした実需原則が撤廃され，銀行以外の市場参加者も投機取引ができるようになった．

緩和が進んで投機的な取引が大半を占めるようになった現在ではストック・アプローチにもとづく考え方が主流となっている．ただし，為替レートの変動の大まかな方向性をとらえる上では，フロー・アプローチに基づく考え方も依然として有益である．投機取引によって為替レートが動いた場合，短期間のうちに反対側の取引が行われて逆方向に為替レートが動くことが予想されるため，為替レートの長期的な方向性はとらえにくい．しかし実需取引ではそうした短期間での反対側の取引は行われないために，実需取引によって為替レートが動いた場合にはすぐ逆方向に為替レートが動くとは考えにくいので，為替レートの長期的な方向性を判断する際に役立つのである．

ここではフロー・アプローチを簡単に説明する[14]．第1章で解説したように，国際収支勘定では，経常収支（CA）と資本収支（KA）を足し合わせたものは予算制約から恒等的にゼロとなり，経常収支と資本収支のそれぞれの動きが為替レートの変動をもたらす．第一に，経常収支の黒字（たとえば，貿易黒字）が大きくなればなるほど，それだけ自国による外貨の支払（輸入代金）よりも受取（輸出代金）が大きくなる．受け取った外貨は外国為替市場で自国通貨に交換される（外貨の供給が増える）ので，それだけ外貨は減価傾向になる．第二に，資本収支の黒字（資本流入が資本流出を上回っている状態）が大きくなればなるほど，それだけたくさんの外貨が外国為替市場で自国通貨に交換される（外貨の供給が増える）．つまり，外貨は減価傾向になる．（1.15）式に示したように，資本収支（KA）は中央銀行の外貨準備増減額（$-\Delta R$）と民間保有の対外純資産の増分（$-\Delta F$，投資収支とその他資本収支の合計）の和であり，移転収支などを捨象して経常収支（CA）を貿易収支（TB）で近似すれば，$CA + (-\Delta F - \Delta R) = 0$，すなわち国際収支は恒等的関係から

$$国際収支＝経常収支＋資本収支＝0$$

となる．この関係が成立しているときに，外国為替取引における需給が一致している（外国為替市場が均衡している）ことになる[15]．仮に通貨当局が一切市場に介入しないとすると（$-\Delta R = 0$），経常収支と民間保有の対外純資産の増分の和がゼロとなるときに外国為替市場は均衡することになる．

---

14) ストック・アプローチなどその他の為替レートの決定理論について詳しくは第3章に譲る．
15) 財・サービス市場，貨幣市場，外国為替市場の同時均衡については第5章を参照．

2.3 為替レートの変動が貿易収支にもたらす影響

為替レートの変動がどのように貿易収支に影響を与えるかを理解することは，政府や中央銀行が為替政策を遂行する上でもきわめて重要である．ここでは為替レート変動が貿易収支にもたらす短期的な影響と長期的な影響を考える．

2.3.1 マーシャル＝ラーナー条件

まず，実質為替レートが上昇したとしよう．これは自国財の価格が外国財の価格よりも相対的に安くなったことを意味する．すると外国の消費者は自国財の購入を増やし，自国から外国への輸出量が増える（数量効果）と考えられる．自国の消費者は外国財の購入を減らして，自国の外国からの輸入量は減る（数量効果）と考えられる．輸出量が増えて輸入量が減るのだから，一見すると実質為替レートの上昇は常に貿易収支の改善（貿易黒字の拡大，あるいは貿易赤字の縮小）につながるように見えるが，実はそうとは限らない．なぜならば，実質為替レートの上昇は，外国財の輸入量を減らす（数量効果）と同時に，外国財1単位が自国財何単位分に相当するかを増やしている（価格効果）からである．ここで，実質為替レートが2から3に上昇した結果，外国財の輸入量が100単位から70単位に減少したとしよう．外国財の輸入量が自国財何単位分に相当するかを見てみると，実質為替レートが2のときの輸入量（外国財100単位）は自国財200単位分に相当するのに対して，実質為替レートが3のときの輸入量（外国財70単位）は自国財210単位分に相当する．つまり，自国財単位で測ると，実質為替レートの上昇が輸入を増やしていることになる．言い換えると，実質為替レート上昇の輸入に対する数量効果を価格効果が上回っているため，実質為替レートの上昇が輸入を増やしている．

実質為替レートの上昇が貿易収支を改善させるための条件を数学的に示したものが**マーシャル＝ラーナー条件**と呼ばれるものである．以下にこれを導出してみよう．

自国の貿易収支 TA は以下のように表すことができる．

$$TA = P \cdot EX - E \cdot P^* \cdot IM$$

ここで，EX は自国財の輸出数量，IM は自国による外国財の輸入数量である．この式から明らかなように，TA は自国通貨単位での貿易収支の名目額ということになる．両辺を自国の物価水準 P で割ると，自国財単位で測った貿易収支の実質額が以下のように得られる．

$$\frac{TA}{P} = EX - \frac{EP^*}{P} \cdot IM = EX - Z \cdot IM$$

ここで，Z は実質為替レートであり $\left(Z = \frac{EP^*}{P}\right)$，実質為替レートが上昇すると EX は増大し $\left(\frac{dEX}{dZ} > 0\right)$，$IM$ は減少する $\left(\frac{dIM}{dZ} < 0\right)$ とする．

実質為替レートの変化が実質貿易収支にもたらす影響を数量効果と価格効果とに分けて詳しくみてみよう．両辺を Z で微分すると，以下の式が得られる．

$$\frac{d}{dZ}\left(\frac{TA}{P}\right) = \frac{dEX}{dZ} - \frac{d}{dZ}(Z \cdot IM)$$

$$= \frac{dEX}{dZ} - \left(\frac{dZ}{dZ} \cdot IM + Z \cdot \frac{dIM}{dZ}\right)$$

$$= \frac{dEX}{dZ} - Z \cdot \frac{dIM}{dZ} - IM$$

ここで，右辺のうち最初の2項は，実質為替レートの変化が輸出入にもたらす数量効果を表している．右辺第1項は自国財の輸出量の変化，右辺第2項は自国財単位に換算した外国財の輸入量の変化である．$\frac{dEX}{dZ} > 0$ と $\frac{dIM}{dZ} < 0$ という性質により，$\frac{dEX}{dZ} - Z \cdot \frac{dIM}{dZ} > 0$ となる．右辺第3項は，実質為替レートの変化が輸入にもたらす価格効果を表している．輸入量は外国財単位で IM 単位なので，実質為替レートが1だけ上昇すると，自国財単位に換算した輸入量は IM 単位だけ増えることになる．輸入が存在する限り $-IM < 0$ であるので，数量効果が価格効果を上回れば $\frac{dEX}{dZ} - Z \cdot \frac{dIM}{dZ} - IM > 0$ となり，下回れば $\frac{dEX}{dZ} - Z \cdot \frac{dIM}{dZ} - IM < 0$ となる．

ここで，当初は貿易収支がバランスしていた（$EX = Z \cdot IM$）と仮定して，

実質為替レートの上昇が貿易収支を改善させるための条件を見てみよう．

$$\frac{d}{dZ}\left(\frac{TA}{P}\right) = \frac{dEX}{dZ} - Z \cdot \frac{dIM}{dZ} - IM$$

$$= \left(\frac{dEX}{dZ} \cdot \frac{Z}{EX} - Z \cdot \frac{dIM}{dZ} \cdot \frac{Z}{EX} - IM \cdot \frac{Z}{EX}\right) \cdot \frac{EX}{Z}$$

$$= \left(\frac{\frac{dEX}{EX}}{\frac{dZ}{Z}} - Z \cdot \frac{dIM}{dZ} \cdot \frac{Z}{Z \cdot IM} - IM \cdot \frac{Z}{Z \cdot IM}\right) \cdot \frac{EX}{Z}$$

$$= \left(\frac{\frac{dEX}{EX}}{\frac{dZ}{Z}} - \frac{\frac{dIM}{IM}}{\frac{dZ}{Z}} - 1\right) \cdot \frac{EX}{Z}$$

$$= (\eta^{EX} + \eta^{IM} - 1) \cdot \frac{EX}{Z}$$

ここで $\eta^{EX} = \dfrac{\frac{dEX}{EX}}{\frac{dZ}{Z}}$, $\eta^{IM} = -\dfrac{\frac{dIM}{IM}}{\frac{dZ}{Z}}$ とおいている．η^{EX} は実質為替レートが 1％変化した時に自国財の輸出量が何％変化するかを表したもの（自国財輸出の価格弾力性[16]）であり，η^{IM} は実質為替レートが 1％変化した時に外国財の輸入量が何％変化するかを表したもの（外国財輸入の価格弾力性）である．

この式から分かる通り，以下の条件が成立すれば実質為替レートの上昇は実質貿易収支を改善する $\left(\dfrac{d}{dZ}\left(\dfrac{TA}{P}\right) > 0\right)$ ということが言える．

$$\eta^{EX} + \eta^{IM} > 1$$

この条件がマーシャル＝ラーナー条件と呼ばれるものであり，自国財輸出の価格弾力性と外国財輸入の価格弾力性を足し合わせたものが 1 を超えれば，実

---

16) ここでの価格とは，実質為替レートのことである．

質為替レートの上昇の結果実質貿易収支は改善することを示している.

マーシャル＝ラーナー条件が実際に成立しているかどうかを，1960年から92年までの年次データを用いて検証した研究によると，日本も含め多くの国で自国財輸出の価格弾力性と外国財輸入の価格弾力性を足し合わせたものが1を超えている．つまり，多くの国で長期的にはマーシャル＝ラーナー条件が成立していることになる．

2.4　Jカーブ効果

マーシャル＝ラーナー条件が長期的には成立していても，短期的には実質為替レートの上昇が実質貿易収支の改善をもたらさない場合がある．それどころか，実質為替レートが上昇しても短期的には実質貿易収支が改善せずに悪化してしまい，実質貿易収支が改善するのにはある程度時間がかかる場合もある．これを図にするとアルファベットの「J」に似た曲線を描くことから**Jカーブ効果**と呼ばれる（図2-2参照）．Jカーブ効果が生じる理由として，輸出入の契約が締結されてから履行するまでにタイムラグが存在することと，輸入の支払いは自国通貨建てではなく外国通貨建てでなされる場合が多いことが挙げられる．

実質為替レートの上昇が貿易収支にもたらす影響を短期的なものと長期的なものに分けて考えてみよう．

$$TA_t = P_t \cdot EX_t - E_t \cdot P_t^* \cdot IM_t$$

添え字の t は第 t 期の変数であることを表している．ここで，輸出代金は自国通貨建てで受け取り，輸入代金は外国通貨建てで支払うという契約をあらかじめ結んでおり，第 t 期に実質為替レートが上昇したとしよう．以下のようなプロセスでJカーブ効果が生じる．

（1）短期的には自国の物価水準（P_t）も外国の物価水準（P_t^*）も固定されているので，第 t 期の実質為替レートの上昇は名目為替レートの上昇によってもたらされる．

（2）第 t 期に履行される輸出入契約は実質為替レートが上昇する以前に締結されており，第 t 期の自国通貨建ての輸出額（$P_t \cdot EX_t$）と外国通貨建ての

図2-2　Jカーブ効果

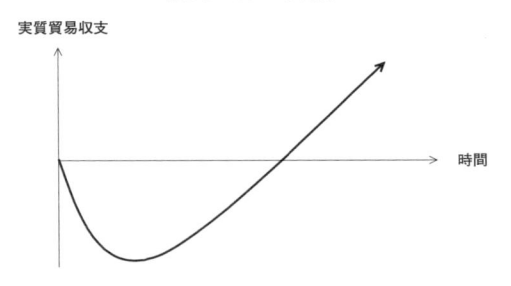

輸入額（$P_t^* \cdot IM_t$）は既に決まっている．
(3) 実質為替レートの上昇（この場合は名目為替レートの上昇でもある）は自国通貨建ての輸出額にはまったく影響を与えない一方で，自国通貨建ての輸入額（$E_t \cdot P_t^* \cdot IM_t$）を増加させるので，第 t 期の貿易収支は悪化する．
(4) 第 $t+1$ 期以降に結ばれる輸出入契約については，実質為替レートの上昇を考慮に入れて結ばれるので，マーシャル＝ラーナー条件が成立していれば貿易収支は改善する．

つまり，実質為替レートの上昇は短期的（第 t 期）には貿易収支を悪化させるが，長期的（第 $t+1$ 期以降）には貿易収支を改善させる効果があることになる．

　Jカーブ効果が実際に存在するかどうか，存在するとしたら実質為替レートの上昇から貿易収支が改善するまでにどのくらいの時間がかかるかは，さまざまな要因に依存している．たとえば，輸入代金を外国通貨建てではなく自国通貨建てで支払うことになっていれば，第 t 期の輸出額も輸入額も自国通貨建てであらかじめ決められていることになり，実質為替レートが上昇しても第 t 期の貿易収支は悪化せず，第 $t+1$ 期以降に改善していくのでJカーブ効果は存在しない．また，実質為替レートの上昇は一時的なものに過ぎず，実質為替レートはまた元のレベルにすぐに戻ると輸出業者や輸入業者が見なした場合，第 $t+1$ 期以降にも実質為替レートの上昇は輸出入契約に反映されず，貿易収支は改善しないかもしれない．さらに，石油などのように他では代替することが難しい財・サービスを輸入している場合には，実質為替レートが上昇してもそれほど輸入量が減らず，なかなか貿易収支が改善しないかもしれない．実質為替レートが上昇して自国財への需要が増加しても，自国財を供給する側がそ

れに応えるために工場などの生産設備を増強するのには時間がかかるために，輸出量はなかなか増えずに貿易収支は改善しないかもしれない．

Jカーブ効果が実際に存在するかどうかを，さまざまな国の経済データを用いて実証的に検証する研究は膨大に存在しているが，いまだに決定的な結論は出ていない．それは，貿易収支といっても，ある国と世界全体との間の貿易収支を見るのか，ある国と別の国の2国間の貿易収支を見るのか[17]，ある国の産業ごとの貿易収支を個別に見るのか，ある国のすべての産業を足し合わせた貿易収支を見るのか，などによっても結論は異なってくるからである．たとえば，仮に日本とドイツとの間の貿易収支にJカーブ効果が存在していても，日本と米国との間にはJカーブ効果が存在していない場合，日本と世界全体との間の貿易収支を見た場合には後者に前者が相殺されてしまってJカーブ効果は観察されないかもしれない．同様に，ある国のある産業の貿易収支についてはJカーブ効果が存在していても，その国のすべての産業を足し合わせた貿易収支を見るとJカーブ効果は観察されないかもしれない．さらに，実証的に検証するときに用いる経済データの測定方法や統計手法（計量経済学的な手法）が違うと結論が異なってくる場合もある．

実質為替レートの上昇が貿易収支にもたらす短期的な影響と長期的な影響について，現時点での学界のコンセンサスはそれぞれ以下のとおりである．

(1) 実質為替レートの上昇が短期的に貿易収支にもたらす影響には世界共通のパターンは存在せず，国によっても産業によっても異なる．
(2) 実質為替レートの上昇が長期的に貿易収支を改善する効果があるかどうかは，ある国と世界全体の間の貿易収支を見るよりも，ある国と別の国の2国間の貿易収支を見るほうが改善効果は観察されやすい．

もっと学びたい人のために──**参考文献**

外国為替のしくみについてのわかりやすい解説書として，小口幸伸［2005］『入門の金融 外国為替のしくみ』（日本実業出版社）がある．世界各国の中央銀行が外国

---

17) ある国と世界全体の間の貿易収支を見る場合には実質実効為替レートと貿易収支の関係を，ある国と別の国の2国間の貿易収支を見る場合にはその2国間の実質為替レートと貿易収支の関係を，それぞれ見ることになる．

為替市場での取引について報告したもののまとめとして，Bank of International Settlements (BIS) [2007] *Triennial Central Bank Survey of Foreign Exchange and Derivatives Market Activity* がある．

de fact 為替レート，de jure 為替レート，公的レート，並行レート，ブラックマーケットレートなどのさまざまな為替レートの分類については Carmen M. Reinhart and Kenneth Rogoff [2004] "The Modern History of Exchange Rate Arrangements: A Reinterpretation", *Quarterly Journal of Economics* 119 (1), pp.1-48, February を参照．

マーシャル＝ラーナー条件と J カーブ効果についてより詳しくは須田美矢子 [1996]『ゼミナール国際金融入門』（日本経済新聞社）を参照．

第 3 章

為替レートの決定理論

キーワード：金利平価条件，購買力平価仮説，マネタリー・アプローチ，ポートフォリオ・バランス・アプローチ，マイクロストラクチャー・アプローチ

　本章では，為替レートの代表的な決定理論に関する理解を深めることを目的とする．まず，貨幣市場および財市場の均衡条件から名目為替レートが導出されることを示す複数の代表的マクロモデルについて説明する．次に，近年注目されるようになってきたマイクロストラクチャー・アプローチについて説明する．後者のマイクロストラクチャー・アプローチが近年注目されるようになった背景には，先に解説するマクロモデルでは予想出来ない名目為替レートの動きが現実に観察されることが頻繁にあるといった事実がある．後に詳しく解説するが，マイクロストラクチャー・モデルは，外国為替市場における個々の参加者の行動様式が為替レートに及ぼす影響を理論および実証面から分析するものである．秒単位の為替取引を記録した高頻度データを利用し，実証面から市場参加者の詳細な行動様式を分析することが近年可能となっていることも，マイクロストラクチャー・モデルが注目される大きな要因である．

3.1 伝統的な為替相場の決定理論

　ここでは現代の国際金融論で重視されている為替レート決定に関する理論を解説する．以下で紹介する理論は，貨幣市場および財市場で決定される諸変数が名目為替レートに及ぼす影響についての理解に有用であり，国際マクロ経済モデルにおいても重要な役割を担う．

3.1.1　金利平価条件

　金利平価条件では，自国ならびに外国の利子率の変化が名目為替レートに及ぼす影響が分析される．最近では，利子率の低い国から高い国へ資金を移動させるといった，内外金利差を利用した裁定取引により利益を追求するヘッジファンド等の国際資本取引が大々的に報道されるように，国際資本取引において内外金利差は無視し得ないものである．また為替市場での取引は国際資本取引に付随するものであるから，為替市場での取引が内外金利差に大きく影響されることも容易に理解されよう．さらにまた IS-LM 分析で明らかにされるように，自国の財政政策や金融政策の変更によって自国利子率は変化する．この場合，外国の利子率を一定とすれば，自国の財政政策や金融政策の変更は自国利子率の変化をもたらし，その結果内外金利差に変化が生ずる．その内外金利差の変化に反応する形で，名目為替レートも変化する．このことからも分かるように，裁量的な財政政策や金融政策と名目為替レートの関係を理解するためには，利子率と為替レートの関係を理解することが必要である．

　以下では，金利平価条件を為替リスクが先物市場取引で排除される場合とそうでない場合に分けて，金利平価条件を解説する．なお，カバー付き金利平価条件式に関しては，本書第 1 章 1.1.3 でも詳しく解説されている．

3.1.1.1　カバー付き金利平価条件

　国際間で完全に自由な資本移動が認められ，取引費用が存在しない無リスク資本市場での国際投資を考える．この状況下においては，異なる国で同額の資金運用をしたとき，それぞれの運用から得られる収益は等しくなければならない．

第3章　為替レートの決定理論

たとえば，外国の利子率が自国のそれを上回るといったような状況下では，ここでの仮定の下では将来価値の変動といった不確実な要素が存在しないため，より高い収益をもたらす外国に無限の資本移動が生じてしまう．その結果，利子率の高い外国の資本市場では資本の超過供給が発生し，外国資本市場での資本の価格の役割を果たす外国利子率は低下する．一方で，資本流出に直面した自国の資本市場では資本の超過需要が発生し，その結果自国の利子率は上昇する．

このように，国際間資本移動に伴う費用並びに為替レートの変化を無視した場合，自国と外国双方の資本収益率は均等化すると考えられる．なぜならば，利子率の低い自国資本市場で資金を借り入れ，それを外国の資本市場で貸し付けることで無リスクでの利益達成が実現することとなり，上述したように両国の資本市場で資本の超過需要と超過供給がそれぞれ発生する．資本市場で価格の役割を担う利子率が外国では低下，自国では上昇することにより，それぞれの資本市場における資本の超過供給と超過需要が解消される．その結果，資本の需給一致が実現されるという意味での均衡状態においては2国間の利子率は均等化すると考えられる．

為替レートの影響を無視した場合，無リスク資本市場の利子率は2国間で一致することは以上の議論から明らかである．ここで，為替レートの影響を考えた場合，2国間の利子率の関係はどのようになるかを考えてみよう．現在の自国通貨建て直物為替レートをE_t，現在から1年後に決済される先物為替レートをF_tとする．さらに自国と外国の無リスク資本市場の利子率をそれぞれr_t，r_t^*とする．為替レートが自国通貨建てで表わされているとし，自国の通貨単位で表示される資本Xを外国資本市場で運用しようとする投資家を考える．現在の直物為替レートを用いてXを外国通貨表示すれば，

$$X\text{の外国通貨表示額} = \frac{X}{E_t} \quad (3.1)$$

となる．しかしこの投資家がXを外国資本市場で1年間運用した場合，その1年後の元利合計は，

$$X(\text{外国通貨表示額})\text{の1年後の元利合計} = (1 + r_t^*) \times \frac{X}{E_t} \quad (3.2)$$

である．これを1年後に決済される先物為替レート F_t で，自国の通貨単位に換算するとその元利合計は，

$$X(\text{自国通貨表示額})\text{の1年後の元利合計} = (1+r_t^*) \times \frac{X}{E_t} \times F_t \quad (3.3)$$

となる．(3.3)式は，自国通貨表示の X を外国通貨に交換し外国資本市場で1年間運用することで，無リスクで得られた元利合計の自国通貨表示額である．一方で，X を自国資本市場で運用して得られた元利合計の自国通貨表示額は以下のようになる．

$$X(\text{自国通貨表示額})\text{の1年後の元利合計} = (1+r_t) \times X \quad (3.4)$$

ここで，外国資本市場で運用することで生じる費用が自国資本市場での運用の場合のそれと等しいとすれば，双方とも無リスク資本市場での運用であるから，(3.3)式と(3.4)式の元利合計は等しくなければならない．そうでなければ，より高い収益をもたらす国へ資本流出が生じて2国間の資本市場に不均衡が生じてしまい，両国の利子率および為替レートの調整を通じて，2国間の資本市場における均衡が再び達成されることになる．したがって，均衡状態においては，以下の式が成立する．

$$(1+r_t) = (1+r_t^*) \times \frac{F_t}{E_t} \quad (3.5)$$

ただし，上式では(3.3)式と(3.4)式に共通する X は除されている．

(3.5)式は資本市場の均衡条件から導出されるものであるが，逆に言えば，(3.5)式を成立させるように，2国間の利子率，為替レートが決定されるとも考えられる．ここで自国と外国双方が大国であると仮定すれば，両国の利子率はそれぞれの国内資本市場で決定されるから，(3.5)式で利子率 r_t, r_t^* は所与（外生変数）である．また，現時点の為替レート E_t が外生的に与えられれば，(3.5)式で唯一の内生変数は F_t となり，(3.5)式は先物為替レートの決定式として解釈される．

なお，本書第1章の1.1.3と同様の方法によって，(3.5)式を本書第1章の(1.4)式に変形できることを読者は確かめられたい．

さらにここでは，自然対数の性質を利用して，(3.5)式を変形してみよう．

自然対数の性質により，小さな r に対して近似的に $\ln(1+r) \approx r$ が知られている．また，$\ln\left[(1+r_t^*)\times\dfrac{F_t}{E_t}\right] = \ln(1+r_t^*) + \ln\left[\dfrac{F_t}{E_t}\right]$，$\ln(F_t/E_t) = \ln F_t - \ln E_t$ であるから，（3.5）式は以下のように表せる．

$$\ln F_t - \ln E_t = r_t - r_t^* \tag{3.6}$$

（3.6）式の導出で用いた $\ln(1+r) \approx r$ の関係は，利子率 r がゼロに近いとき近似的に成立する性質であり，本書第1章の（1.4）式の導出に用いた条件と同様である．（3.6）式はの左辺は対数表示の直先スプレッド $\ln F_t - \ln E_t$ とよばれ，それが2国間の金利格差 $r_t - r_t^*$ と近似的に等しいことを意味する．

3.1.1.2 カバーなし金利平価条件

カバー付き金利平価条件では，1年後の先物為替レートが予め決定されており，それを用いて1年後の為替変動リスクが「カバー」されていた．これに代わって，カバーなし金利平価条件では，1年後の為替レートとして現在における1年後の直物為替レート期待値 E_{t+1}^e が用いられる．その理由は，投資家が為替リスクのカバーを取らないからであり，1年後の直物為替レート E_{t+1} の実現値は投資家にとって現段階では不確定である．

ここで，先のカバー付き金利平価条件の説明における（3.3）式で先物為替レート F_t を1年後の直物為替レートの期待値 E_{t+1}^e に置き換え，将来の為替レート変動といった不確実性に対し投資家の行動が影響を受けないと仮定すれば（リスク中立の仮定），カバー付き金利平価条件での議論と同様にして，以下の式が導出される．

$$(1+r_t) = (1+r_t^*) \times \dfrac{E_{t+1}^e}{E_t} \tag{3.7}$$

ここで，なぜ（3.7）式が成立するかを考えてみよう．いま両国の利子率と E_{t+1}^e が所与であるとしよう．たとえば，（3.7）式で右辺が左辺を上回るとき，自国から外国への資本流出が生じてしまい，それは現在の自国通貨の売り圧力になる．よって，E_t は自国通貨の減価方向へと動き，それは右辺と左辺の差を縮小させるので，結果として（3.7）式が成立するように右辺が低下する．

同様に，(3.7) 式で左辺が右辺を上回る場合でも，(3.7) 式が結果的に成立することを示すことができる．

ここで，本書第1章の1.1.3と同様の方法によって (3.7) 式を変形すれば，以下の式が導出される．

$$r_t - r_t^* = \frac{E_{t+1}^e - E_t}{E_t} \qquad (3.8)$$

(3.8) 式では，将来の直物為替レートの期待値と直物為替レートの乖離の直物為替レートに対する比は，内外金利格差に近似的に等しくなることを意味する．この式のことを「カバーなしの金利平価条件式」と呼ぶ．

さらに (3.6) 式の導出と同様に，(3.7) 式を対数表記すれば以下のようになる．

$$\ln E_{t+1}^e - \ln E_t = r_t - r_t^* \qquad (3.9)$$

3.1.1.3　国際金融の未解決問題――フォワードプレミアム・パズル

ここでは，利子平価条件に関連する国際金融の未解決問題，**フォワードプレミアム・パズル**について解説する．

(3.6) 式と (3.9) 式の右辺が等しいことから，以下の関係式が導出される．

$$\ln E_{t+1}^e = \ln F_t \qquad (3.10)$$

(3.10) 式は，1年後の直物為替レートの現在における期待値が，1年後の先物為替レートに等しいことを意味する．すなわち，先物為替レートは将来の直物為替レートの平均的に偏りのない値（不偏推定量）であるということになり，これは統計的に検定すべき仮説となる．

ここで，1年後の直物為替レート（対数値）が，予測可能な部分 $\ln E_{t+1}^e$ とそうでない予測不可能な要素の単純和で構成されるとしよう．更には，予測不可能な要素は平均ゼロ，分散 σ^2 の正規分布に従う無作為（ランダム）な確率変数 ε_{t+1} で示されるとすれば，1年後の直物為替レートの実現値は以下のように表記される．

$$\ln E_{t+1} = \ln E_{t+1}^e + \varepsilon_{t+1} \qquad (3.11)$$

(3.11) 式に (3.10) 式を代入すると以下の関係が得られる．

$$\ln E_{t+1} = \ln F_t + \varepsilon_{t+1} \qquad (3.12)$$

ここで，先に説明した仮説を検定するために，(3.12) 式の推定を行う際に，統計的に扱いやすくするため両辺から現在の直物レート（対数値）$\ln E_t$ を引くと以下のような式が得られる．

$$\ln E_{t+1} - \ln E_t = \ln F_{t+1} - \ln E_t + \varepsilon_{t+1} \qquad (3.13)$$

ここで，(3.13) 式を統計的に検定するための回帰式を，パラメータ a, b を用いて以下のように仮定する．

$$\ln E_{t+1} - \ln E_t = a + b\,(\ln F_t - \ln E_t) + \varepsilon_{t+1} \qquad (3.14)$$

もし (3.10) 式が示すように，先物為替レートは将来の直物為替レートの不偏推定量であれば，(3.13) 式より $a = b$ と $b = 1$ が同時に成立しなければならない．すなわち，予測不可能な要素 ε_{t+1} が時点 において平均的にゼロであることから，先物レートと現在直物レートの差であるフォワードプレミアム $\ln F_t - \ln E_t$ は時点 t において平均的に (3.13) 式左辺で表される1年後の為替レート変化率 $\ln E_{t+1} - \ln E_t$ に等しくなっていなければならない．この仮説が成立するとき，フォワードプレミアムは将来の為替レート変化率の不偏推定量であるという．

しかしながら，(3.14) 式を実際のデータを使って推定した場合，パラメータ a, b は，その結合帰無仮説である $a = 0$ と $b = 1$ が統計的に棄却されてしまうことが広く知られている（フォワードプレミアム・パズル）．このことは，(3.13) 式で示されるフォワードプレミアムの不偏性が実際には成立しないことを意味する．不成立の理由としてはカバーなし利子平価条件の不成立とか，リスクプレミアムの存在によって予測不可能な要素 ε_{t+1} が完全にランダムな確率変数ではないなど，(3.13) 式の成立を阻害するさまざまな要因が研究されているが，いまだ結論には至っていないため，パズルと呼ばれている．

3.1.2 購買力平価仮説

3.1.2.1 基本的な考え方

購買力平価仮説とは，自国，外国貨幣の購買力（purchasing power）の比率

が通貨の交換比率(名目為替レート)に等しくなると考えるものである．ここで話を単純化するために，自国，外国の同質的な財 X について，その価格をそれぞれ P, P^* とする．この場合，自国，外国の価格はそれぞれの国の通貨単位で表示される財 X の絶対価格である．自国，外国のそれぞれの通貨1単位(円，ドルといった単位)で購入可能な X 財の数量，すなわち貨幣1単位の「購買力」は次のように表すことができる．

$$\text{自国通貨の購買力} = \text{自国通貨1単位で購入可能なX財} = \frac{1}{P} \quad (3.15)$$

$$\text{外国通貨の購買力} = \text{外国通貨1単位で購入可能なX財} = \frac{1}{P^*} \quad (3.16)$$

ここで外国通貨1単位の購買力に対する自国通貨のそれの比率を考えよう．

$$\frac{\text{外国通貨の購買力} = \text{外国通貨1単位で購入可能なX財}}{\text{自国通貨の購買力} = \text{自国通貨1単位で購入可能なX財}} = \frac{\frac{1}{P^*}}{\frac{1}{P}} \quad (3.17)$$

(3.17)式は，外国通貨1単位の購買力が自国通貨のそれの何倍であるかを示すものである．いま，たとえば(3.17)式の値が2であるとしよう．この場合，外国通貨1単位の購買力が自国通貨のそれの2倍であることを意味する．自国通貨と他国通貨の交換を行う場合，財 X の価値を基準にその交換比率を決定するならば，外国通貨1単位に対して自国通貨は2単位支払われるべきである．なぜならば，外国通貨1単位と自国通貨2単位で購入できる X 財の量は等しいからである．したがって，名目為替レートが各国間通貨の交換比率であることに注意すれば，この場合自国通貨建て名目為替レートは2とならなければならないことが分かる．

自国通貨建て名目為替レートを E として，以上の議論を一般化すれば以下の式が成立する．

$$\frac{\frac{1}{P^*}}{\frac{1}{P}} = E \quad (3.18)$$

すなわち，購買力平価仮説では，名目為替レートは2国間の通貨の購買力比率に等しくなる水準に決定されると考える．このことを為替レートの絶対購買力平価説と呼ぶ．（3.18）式を変形すれば，以下の式が得られる．

$$P = EP^* \qquad (3.19)$$

すなわち，自国，外国の物価を同一通貨単位で表記した場合，両者は名目為替レートをつうじて等しくなっていることを意味する．購買力平価仮説の成立は，ある条件の下で，同質の財には同一の価格設定が行われるとする「一物一価の法則」を国際間の物価水準に適用したものである．なお，この（3.19）式は裁定条件式に過ぎず，物価水準が為替レートを決めるとか，あるいは逆に為替レートが内外相対価格を決定するというような因果関係を示すものではないことを強調しておく．

3.1.2.2 成立条件

ここでは，購買力平価の成立条件について考えてみよう．**自国，他国の物価は2国間で共通の2財** p_x，p_y **の個別価格の加重平均で構成されるものとする**（仮定1）．ただし，以下の上添え文字の＊（アスタリスク）は外国の変数であることを意味する．また自国通貨建て名目為替レートを E とし，2財において国際的に**一物一価が成立**していれば（仮定2），以下の関係式が成立する．

$$p_x = E p_x^* \qquad (3.20)$$
$$p_y = E p_y^* \qquad (3.21)$$

自国の物価に占める2財のウエイトをそれぞれ W_x，W_y とする．他国のそれは W_x^*，W_y^* とする．この場合，自国，他国の物価はそれぞれ以下のように表すことができる．

$$P = W_x p_x + W_y p_y \qquad (3.22)$$
$$P^* = W_x^* p_x^* + W_y^* p_y^* \qquad (3.23)$$

（3.20）式と（3.21）式で表される一物一価の法則が成立する場合，購買力平価 $P = EP^*$ が成立するには（3.22）式と（3.23）式でどのような条件が必要であろうか．

（3.20）式と（3.21）式の両辺にそれぞれ，W_x，W_y を掛けて，それらを加え

ると以下の式が導出される.

$$W_x p_x + W_y p_y = E \times (W_x p_x^* + W_y p_y^*) \qquad (3.24)$$

ここで,(3.22)式より,(3.24)式の左辺は自国物価Pであることがわかる. $W_x = W_x^*$,$W_y = W_y^*$の**条件が成立**すれば(仮定3),このとき(3.24)式の右辺のカッコ内の項は(3.23)式より外国の物価P^*で置き換えることができる. すなわち(3.24)式は絶対購買力平価仮説$P = EP^*$を意味する.

以上の議論では,三つの仮定をおくことで絶対購買力平価が成立することを示した.このことを逆に言えば,それら三つの仮定が絶対購買力平価成立の条件であると考えられる.すなわち,

1. 自国,他国の物価は同一財の価格で構成される(仮定1)
2. 自国,他国の物価構成要素である各財において一物一価の法則が成立(仮定2)
3. 自国,他国の物価における各財価格のウエイトは2国間で等しい(仮定3)

といった以上三つの条件が絶対購買力平価の成立には必要となる.たとえば,輸送費用などの取引費用が存在することで同一財の異なる価格差を利用して利益を得る裁定取引が不可能である場合,仮定2の一物一価は成立せず,したがって購買力平価条件も成立しない.裁定取引による利益は$|P - EP^*|$であり,裁定取引の諸費用がこの値を上回るならば,裁定取引はなされない.したがって,2国の同一財の絶対価格の格差が縮小することはない.これに関連して,絶対購買力平価仮説に関する実証分析の一部では,国際間の財取引に伴う取引費用が購買力平価不成立の一要因であることが実証されている.

絶対購買力平価説は,以上のようにいくつかの仮定の下で,名目為替レートの絶対水準が,内外相対物価水準に等しくなることを示している.,この仮説は,上で説明したように,かなり厳しい仮定の下で成立するものである.これに対して,これを変化率で表した同等の仮説として,「相対購買力平価説」と言われるものがあり,$\Delta E = \Delta (P/P^*)$で表される.この相対購買力平価説の方が成立条件が緩やかであることは,絶対購買力平価説が相対購買力平価説を意味する反面,逆は必ずしも成立しないことからも明らかであろう.

3.1.3 マネタリー・アプローチ

マネタリー・アプローチでは，購買力平価式の成立を前提として，名目為替レートは貨幣市場の均衡条件により決定されると考える．以下では，マネタリー・アプローチによる為替レートの導出手順について解説し，導出された為替レートの経済学的な意味について考える．自国もしくは外国の金融政策の変更によって，自国と外国の貨幣供給量の相対的な比率は変化する．この比率の変化に依存して，名目為替レートの変化が生じることがマネタリー・アプローチで示される．

3.1.3.1 マネタリー・アプローチによる為替レートの導出

まず貨幣市場の均衡条件を考えてみよう．P, M, y を自国の物価，名目貨幣量，そして実質総生産とする．上付きの＊で示される各変数は，外国の変数であることを意味する．ここで貨幣需要は所得にのみ依存すると仮定し，自国および外国の t 時点における実質貨幣需要量 L_t/P_t，L_t^*/P_t^* は，それぞれ以下の関数で表せるとする．

$$\frac{L_t}{P_t} = ky_t \qquad (3.25)$$

$$\frac{L_t^*}{P_t^*} = ky_t^* \qquad (3.26)$$

ただし，k は実質貨幣需要の実質所得に対する感応度を示す正のパラメータ（マーシャルの k）で，それは自国，他国で共通の正値を取るものとする．ここで，自国と外国の名目貨幣供給量をそれぞれ M_t，M_t^* とすれば，自国，外国における貨幣市場の均衡条件は以下のように表すことができる．

$$\frac{M_t}{P_t} = ky_t \qquad (3.27)$$

$$\frac{M_t^*}{P_t^*} = ky_t^* \qquad (3.28)$$

また，絶対購買力平価（先出の (3.18) 式）が成立していると仮定し，(3.28) 式の両辺を (3.27) 式で除し，それに (3.18) 式より得られる $E_t = P_t/P_t^*$ を

代入すれば，以下の式が得られる．

$$E_t = \frac{y_t^*}{y_t} \frac{M_t}{M_t^*} \tag{3.29}$$

ただし，E_t は t 期の自国通貨建て名目為替レートである．ここで，（3.27）式と（3.28）式は自国，外国の貨幣市場の均衡条件にそれぞれ対応するから，それらの連立式から導かれた（3.29）式の名目為替レート E_t は自国，外国の貨幣市場を均衡させている．

3.1.3.2 マネタリー・アプローチの経済学的な意味

さて，（3.29）式の経済学的な含意を考えてみよう．左辺の t 時点の為替レート E_t は，自国と外国の①名目貨幣供給および，②実質総生産の内外相対比率によって決定されることがわかる．他の条件を一定とした場合，自国の名目貨幣供給が外国のそれを上回るほど（3.29）式の右辺の値が大きくなり，自国通貨建て為替レートの減価（E_t の上昇）が生じる．この場合，比率 M_t/M_t^* が大きくなることは自国通貨の相対的な供給過剰の状態に等しく，自国の相対的通貨価値が下落して自国建て為替レートは減価するのである．一方で，自国の実質総生産が外国のそれを相対的に上回るほど，（3.29）式の右辺の値が小さくなり自国通貨建て為替レートは増価（E_t の下落）する．このことは，外国に比べて自国の実質所得が相対的に大きくなり，自国所得の大きさに比例して必要とされる自国貨幣量が増加することに関連する．すなわち，貨幣の取引動機により自国の通貨は相対的に多く需要されるので，この場合自国通貨建て名目為替レートは増価する．

3.1.4 ポートフォリオ・バランス・アプローチ

ポートフォリオ・バランス・アプローチでは，自国の資産と他国のそれとが**不完全代替**であると仮定する．まずこの仮定の内容を考えてみよう．

為替レートの影響を無視し，自国資産と外国のそれとが各国資産市場における価格変動リスクならびに期待利回りが等しい場合，それら二つは同一の期待収益が同リスクで実現するため，無差別に保有される．つまり両資産は投資家にとって完全代替関係にあると考えられる．一方，将来の為替レート変動を考えた場合，自国資産と異なり，外国資産の保有には為替レートの変動リスクが

伴うため，自国資産と外国資産との関係は投資家にとって不完全代替となる．

為替変動リスクや各市場に特有のリスク（たとえばカントリー・リスク）の差異などから，自国資産と外国資産が不完全代替関係にある場合，投資家はリスクを軽減するために内外資産に分散投資することで，内外資産で構成されるポートフォリオを保有する．すなわち，内外資産の不完全代替性を仮定することで，投資家が内外の資産に富を分散投資するポートフォリオを構成することが説明される．

t 期の自国通貨建て資産供給残高を B_t，外国通貨建てのそれを B_t^*，そして t 期の自国通貨建て為替レートを E_t とする．それぞれの資産の利子率を r_t，r_t^* とする．この場合，自国資産供給残高と外国のそれとの比率は自国通貨表示で $B_t/(E_t B_t^*)$ となる．資産市場において均衡が成立するためには，資産需要においてもその比率（ポーフォリオ構成比）が成立する必要がある．資産需要側のポーフォリオ構成比は，自国資産収益率と外国のそれとの差である超過収益率（前出，カバーなし利子平価条件の説明を参照）の増加関数であると考えること

$$\underset{\text{自国資産収益率}}{r_t} - \underbrace{\left(r_t^* + \frac{E_{t+1}^e - E_t}{E_t} \right)}_{\text{外国資産収益率}} \qquad (3.30)$$

ができる．すなわち，為替変動リスクなどのリスクにさらされる外国資産をより多く保有するには，それに見合った外国資産の超過収益率（**リスクプレミアム**）が必要になると考えるのが一般的である．なお，リスクプレミアムについては，本書第 5 章 5.2.2 の詳細な説明を参考とされたい．

ここで，ポートフォリオ需要関数の形状を（3.30）式で定義されるリスクプレミアムの線形の増加関数であると特定化すると，資産市場の均衡条件は以下のように表すことができる．

$$\frac{B_t}{E_t B_t^*} = \alpha - \beta \left(r_t - r_t^* - \frac{E_{t+1}^e - E_t}{E_t} \right) \qquad (3.31)$$

ただし，α, β は正値のパラメータである．（3.31）式を名目為替レート E_t について整理すると，以下の式が得られる．

$$E_t = \frac{B_t - \beta E^e_{t+1} B^*_t}{[\alpha + \beta(r_t - r^*_t + 1)] B^*_t} \quad (3.32)$$

(3.32) 式で為替レート E_t 以外の変数の値が外生的に与えられれば，(3.32) 式は名目為替レートの決定式と見なすことができる．この場合，不完全代替関係にある複数の資産市場を均衡させるように為替レート E_t が決定されると解釈される．(3.32) 式から，$\partial E_t / \partial B_t > 0$, $\partial E_t / \partial B^*_t < 0$ となる．前者の不等式は，他の条件を一定として自国通貨建て資産供給残高 B_t が増加した場合，名目為替レートの減価が生じることを意味する．これは，自国通貨建て資産市場で生じた相対的な供給過剰状態を解消するには，自国資産収益率が相対的に上昇することで自国資産に対する需要を増加させる必要があることを意味する．このことは，(3.30) 式のリスクプレミアムが大きくなることに等しく，リスクプレミアムを大きくするように，名目為替レートの値は上昇するのである．

一方で，後者の不等式は他の条件を一定として，外国通貨建て資産供給残高が増加した場合，自国通貨建て名目為替レートの増価が生じることを意味する．これは，外国通貨建て資産市場で生じた相対的な供給過剰状態を解消するため，外国資産収益率が相対的に大きくなる必要性を意味する．これは，(3.30) 式のリスクプレミアムが小さくなることに等しく，そのために自国通貨建て名目為替レート E_t の値は低下するのである．

3.1.5 アセット・マーケット・アプローチの意義

マネタリー・アプローチやポートフォリオ・バランス・アプローチによる為替レート決定理論は，為替レートは外国為替という資産の（相対）価格であるという点を強調していることから，アセット・マーケット・アプローチと総称される．資産価格であれば，財の価格に比べてその変動性（ボラティリティ）が大きいことも容易に理解可能であろう．資産の価格であるという側面に注目すれば，為替レートは理論的には将来のファンダメンタルズ（基礎的条件）の割引現在価値の期待値に等しくなるはずであり，その意味で「前向き (forward-looking)」な性質を持っていなければならないという重要な命題が推論される．このアセット・マーケット・アプローチの意義を，3.1.3 で説明したマネタリー・アプローチを援用して以下に説明しておく．したがって，各

第3章 為替レートの決定理論

国資産は国際的に完全代替的であると仮定されている．

完全代替的資産の仮定から，(3.9) 式のカバーなし金利平価が成立する．これを $r_t - r_t^* = \Delta e_{t+1}^e$ と表し，e は為替レートの対数値，Δ で変化率を表すものとする．一方，自国の貨幣市場は (3.25) 式の需要関数を利子率にも依存するように変形し，$l_t^D - p_t = \alpha_0 y_t - \alpha_1 r_t$ と表すことにする．小文字の l と p はそれぞれ L と P の対数値とする．ここでは y も対数値の所得としておく．対応する外国の需要関数 (3.26) 式についても同様に考える．

ここでパラメータ α_0 と α_1 は正であり，この定式化によればそれぞれ貨幣需要の所得弾力性と利子率に関する半弾力性である．貨幣市場では均衡が連続的に達成されていると仮定すれば，$l_t^D = m_t^S = m_t$，外国に関しても $l_t^{*D} = m_t^{*S} = m_t^*$ となる．これらを用いて相対価格を計算すれば

$$p_t - p_t^* = m_t - m_t^* - \alpha_0 (y_t - y_t^*) + \alpha_1 (r_t - r_t^*) \qquad (3.33)$$

が得られる．ここで価格は伸縮的で，絶対購買力平価 (3.19) 式を常に満たすと仮定し，その対数を取った $e_t = p_t - p_t^*$ の右辺に (3.33) 式を代入すれば，

$$e_t = m_t - m_t^* - \alpha_0 (y_t - y_t^*) + \alpha_1 (r_t - r_t^*) \qquad (3.34)$$

となる．

さてここで，金利格差はカバーなし金利平価により $r_t - r_t^* = \Delta e_{t+1}^e = e_{t+1}^e - e_t$ であったから，これを (3.34) 式に代入すると

$$e_t = m_t - m_t^* - \alpha_0 (y_t - y_t^*) + \alpha_1 (e_{t+1}^e - e_t) \qquad (3.35)$$

が得られる．これを逐次代入法によって解くと，為替レートの解は (近似的に)

$$e_t = \left(\frac{1}{1+\alpha_1}\right) \sum_{j=0}^{\infty} \left(\frac{\alpha_1}{1+\alpha_1}\right)^j Z_{t+j}^e \qquad (3.36)$$

となる．ただし $Z_t = m_t - m_t^* - \alpha_0 (y_t - y_t^*)$ で，ファンダメンタルズに対応する変数である．この式の意味は重要で，現行為替レートは将来のファンダメンタルズの割引現在価値（割引因子は貨幣需要の利子半弾力性）を示す資産価格に他ならないから，資産価格がもつ「前向き」の期待に依存するという性質を明示している．さらに興味深いことは，現行為替レートは，将来の遠いファンダメンタルズの期待値よりも，現行ファンダメンタルズにより大きく影響さ

れることである．

3.2　最近の為替レート決定理論──マイクロストラクチャー・モデル

3.2.1　マイクロストラクチャー・モデル

　本項では，為替レート決定理論における（私的）情報の役割に注目したマイクロストラクチャー・アプローチについて説明する．以下で考察の対象とする情報とは，その情報を利用することでより高精度な為替レートの将来値予測が可能となるといった条件を満たすものとする．なお，厳密なモデル展開はテキストレベルを超えるので，ここではモデルの基本的な考え方のみを説明する[1]．

　先述したマネタリー・アプローチが明らかとするように，相対的貨幣供給量などのマクロ変数が名目為替レート決定に及ぼす重要性は実証的にも支持されている．しかしながら同時に，貨幣供給量などのマクロ変数が為替レートの動きを説明できるのは，1年間隔といった比較的長期における名目為替レートの趨勢に限定されるといった事実が明らかとなっている．つまり，名目為替レートは短中期的に経済の基礎的条件から乖離した動きを見せ，またその乖離は持続的であることが明らかとなっている．この事実は，名目為替レートの重要な決定要因を見落としているという従来のマクロ・アプローチの欠陥を示唆しており，新たな理論的視点を導入する必要性が認識されるようになった．つまりは，マクロ変数など経済の基礎的条件以外の為替レート決定要因を理論的に明らかにする必要性が認識されるに至った．たとえばドーンブッシュは，物価水準は短期的に硬直的である一方，為替レートは外生的な貨幣的ショックに対して即時的に反応するというスピード差を導入することで，たとえ人々が合理的期待に基づいて経済の基礎的条件を反映した長期的な名目為替レートの値を予測したとしても，短期的な名目為替レートの水準はその長期的水準から乖離することを示した（オーバーシュティング・モデル）．このオーバーシュティング・モデルは為替レートが日々急激に動くといった事実に対して，一定の説明

---

[1] 厳密なモデル展開に関しては，たとえば Lyons, Richard K.［2001］*The Microstructure Approach to Exchange Rates*, Cambridge, Mass, MIT Press. の第4章などを参照されたい．

を与えうると考えられるが，為替レートの短期的変動を説明するモデルとしてはいまだ不完全である．

そこで最近では，市場参加者の異質性に注目して，短期的な為替レートの動きを説明しようとする試みが，理論・実証的に行われるようになった．前節で紹介したマネタリー・モデルをはじめとして，マクロ経済モデルを前提とした伝統的な為替レート決定理論では，為替市場に到達する情報は全ての市場参加者にとって同時的に利用可能であり（**情報の対称性**），加えて，その到達情報が為替レートにどのような影響を及ぼすかについての解釈はすべての市場参加者で一致するとしている．具体的には，マネーサプライといったマクロ経済指標は，すべての市場参加者に対して同時に公表され，かつその公表された情報が為替レートにどのような影響を及ぼすかに関しての予想は，すべての市場参加者で同一であるとしている．それに対して，1990年代半ばごろから市場のマイクロストラクチャーに注目する新たなアプローチを採用した研究が活発に行われている．マーケット・マイクロストラクチャーとは，異なる予算制約や情報制約に直面している各市場参加者にとっての合理的な行動とはどのようなものか，またそうした市場参加者の行動がどのようにして資産価格形成に反映されるのか，といったメカニズム全般を指すものである[2]．

代表的個人の存在を前提とする伝統的マクロ経済モデルに基づくアプローチ（以下，マクロ・アプローチと呼ぶ）では，市場参加者が情報の非対称性に直面するといったことは無視されている．その意味で，市場に到達した情報は市場参加者全員にとって利用可能なものとして扱われている．加えて，代表的個人の形成する期待は単一のものであり，市場参加者が形成する期待はすべて同じであるとされている．

一方，マイクロストラクチャー・アプローチ（以下，マイクロ・アプローチと略す）では，異なるタイプの市場参加者が存在することを前提とし，その市場参加者間に存在する情報の非対称性に注目する．さらに，たとえ市場に到達した情報がすべての市場参加者に利用可能であっても，それに対して形成される期待は市場参加者間で必ずしも一致するものではないとされる．また，各市場参加者がどのような期待形成を行ったのかはその当人のみが知り得る情報であ

---

[2] 馬場直彦［2002］「システミック・リスクの発生・伝播メカニズムについて――中央銀行共催リサーチ・コンファレンスの概要」『日本銀行マーケットレビュー』の定義にしたがった．

表3-1 マクロ,マイクロ・アプローチの特徴

アプローチ	市場参加者	情報の非対称性	注目する情報
マクロ	代表的個人	存在しない	公的情報
マイクロストラクチャー	複数	存在する	私的情報

り,その意味で期待は私的な情報である.そして,後で説明するように,為替レートを研究対象としたマイクロ・アプローチでは,公的情報に基づき各市場参加者が形成する異なった期待といった,私的情報に注目する.

ここで,マクロ,マイクロ・アプローチそれぞれの特徴を要約すれば,表3-1 のようになる.

伝統的なマクロ・アプローチでは,経済指標などの市場に到達した公的情報に対する為替レートの反応を,前節で紹介したマネタリー・モデルなど,特定の構造モデルから予想し,それが実際の為替レート変化を正しく説明するかどうかに注目する.代表的個人の存在を前提とするマクロ・アプローチでは異なるタイプの市場参加者の存在は考慮されていないので,インサイダー情報など一部の市場参加者のみに利用可能な私的情報が存在する可能性は排除されている.加えて,マクロ・アプローチでは,代表的個人が形成する期待そのものが市場全体の期待に等しく,各市場参加者の形成する期待が参加者間で異なるといった状況も排除される.したがって,公的情報に基づいて市場参加者が形成する期待は常に同一であり,他の市場参加者がどのような期待形成を行ったのかが不透明であるといった状況は存在しない.ゆえに,マクロ・アプローチでは,公的情報が市場に到達しその公的情報に基づき形成される市場参加者の期待といった,当人もしくはその取引相手のみしか知り得ない私的情報は発生しない.

一方で,マイクロ・アプローチでは,一部の市場参加者のみに利用可能な私的情報と為替レートとの関係が注目される.後述するように,複数の異なるタイプの市場参加者を前提とするマイクロ・アプローチでは,インサイダー情報,もしくは各市場参加者の期待といったものが私的情報とされる.特に後者の市場参加者の期待といった私的情報が発生するのは,マイクロ・アプローチが,それぞれが独自に期待形成を行うといった**市場参加者の異質性**(heterogeneity)を前提とすることによる.このことは,大部分のマクロ・アプローチが代表的個人といった唯一の市場参加者を仮定することとは対称的である.複数の市場参加者は,市場に到達した公的情報を基にして,それぞれ独自に新たな期待形成を行う.そして,各市場参加者が形成した期待は,当人もしくは取引を行っ

た相手のみにしか利用可能でない私的情報である．つまりマイクロ・アプローチでは，公的情報が市場に到達し，それによって市場参加者の期待といった私的情報が二次的に発生すると考えるのである．そして，各参加者の期待が一致するか否かで，それら個々の期待が為替レートに及ぼす影響も異なったものとなる[3]．

以上で説明したように，マクロ，マイクロ・アプローチは，それぞれ公的，私的な情報に注目するものである．そこで以下では，情報を公的ものと私的なものに分けることで，マクロ，マイクロ・アプローチが，それぞれどのように情報と為替レートの関係に着目してきたかについて考えてみる．

3.2.2 公的情報と為替レート

為替レートと情報に関する既存の研究の多くは，ある特定のマクロ・モデルに基づき，マネーサプライなどのマクロ経済変数と為替レートの関係を検証するというものである．たとえば，代表的なものに，金利，マネーサプライといった為替レートに影響を及ぼすと考えられる経済変数に注目し，それらの実現値の事前予測値からの乖離が為替レートにどのような影響を及ぼすかに注目するものがある[4]．すなわち，経済諸変数の実現値が事前の予測値から乖離する場合，その乖離をサプライズとし，そのサプライズに対する市場の反応が為替レートの事前予測値からの乖離をもたらすと考える．

さらには，失業，物価に関するものなど，情報の種類を詳細に分類し，それぞれの情報の為替レートに及ぼす影響度の違いに注目する研究も多数存在する．また最近では，データベース利用性の向上に伴って，高頻度（high-frequency）

---

3) マクロ・アプローチにおいても，市場参加者は必ずしも全て同質的であるとする分析ばかりではない．特に，為替レートの予測に関しては，ファンダメンタルズ（基礎的条件）に基づいて予想形成する合理的な市場参加者（ファンダメンタリスト）と，短期的にはむしろ市場や為替レートのトレンド（チャート）を重視してテクニカルな予想を形成する市場参加者（チャーティスト）に大別して理論的・実証的分析が行われてきている．為替レート制度との関係で言うと，固定レート制下の国と変動レート制下の国で，ファンダメンタルズの短期の変動性には大差がないが，為替レートの変動性は変動レート制の方が大きい．この事実は為替レートの「分離パズル（disconnect puzzle）」として知られていて，そのパズルの解答の一つとして異質なチャーティストの存在が指摘されている．

4) これはフランケル，伊藤・ロレイ（Frenkel, Jacob A. [1981] "Flexible exchange rates, prices, and the role of 'news': lessons from the 1970s", *Journal of Political Economy*, 89(4), pp.665-705, Ito, Takatoshi. and Roley, V. Vance. [1987] "News from the US and Japan: which moves the Yen/Dollar exchange rate ? ", *Journal of Monetary Economics*, 19(2), pp.255-277）らによって構築された方法である．

データを用いた分析が広く行われている．たとえば，チャン－テイラー[5]は，60, 30, 15, 10, 5分間と，それぞれの短い間隔での対ドルのマルク為替レート変化率と，それぞれの間隔内に市場に到達したマクロ経済に関連した情報の関係について検証した．チャン－テイラーは，それぞれの時間間隔内にロイター社が報道した，①ヘッドライン，②米国のマクロ経済関連，③ドイツのマクロ経済関連，④連邦準備銀行（Fed）の金融政策，⑤ドイツ中央銀行（ブンデスバンク）の金融政策の五つのカテゴリーに分けられたニュース（情報）を，対ドルのマルク為替レート変化率のボラティリティ（変動）方程式の説明変数とした．その結果，米国のマクロ経済関連，ブンデスバンク（ドイツの中央銀行）の金融政策に関する情報の為替レートに対する影響力が統計的に有意であることが報告されている．

ライオンズ[6]の定義にしたがえば，従来のマクロ・アプローチで扱われる公的情報とは，以下の性質を満たすものとされている．

(1) それぞれの市場への到達情報に対応する為替レートの変化方向に関し，公の理解は一致している．
(2) 為替レートに影響する情報は，すべての市場参加者に利用可能である．

1番目の性質は，伝統的な為替レート決定理論の大部分が特定のマクロ・モデルを仮定することに対応する．すなわち，マクロ・モデルでは代表的個人の存在が前提とされ，したがって，代表的個人が特定のマクロ・モデルに基づき形成する期待はただ一つしかあり得ない．たとえば，為替レートを貨幣市場との関連で議論するマネタリー・モデルでは，他の条件を一定とすれば，自国の貨幣供給の増加は自国通貨の減価を予測する．したがって，自国貨幣供給を説明変数，為替レート（自国通貨建て）を被説明変数とした回帰式を考えた場合，マネタリー・モデルを前提とすれば，自国貨幣供給の符号条件は正であると事前に想定される．もし仮に，実証結果で得られた符号条件が，事前に想定されたものと異なるものであれば，モデルに新たな変数を追加するとか，あるいは

---

5) Chang, Yuanchen. and Taylor, Stephen J. [2003] "Information arrival and intraday exchange rate volatility", *Journal of International Financial Markets*, Institutions & Money ,13（2），pp.85-112.
6) 本章注1）を参照のこと．

新たな制約条件を課すといった方法によって問題の解決が試みられてきた．

　2番目の性質は，伝統的な為替レート決定理論の多くが，公に発表されるマクロ経済変数のみに注目することに対応する．このことは，為替レート経済学が，主としてマクロ経済理論を基礎として発展を遂げてきたことに関連すると言えよう．逆に言えば，為替レート経済学の分野では，マイクロ・ベースでの議論が不十分であると言えよう．たとえば特定の企業価値を反映した株価の場合などとは異なり，インサイダー情報などといった私的情報の存在が為替レートの分野では具体的にイメージされにくい．株式の場合であれば，企業の製品開発，決算に関する情報などがインサイダーの情報として容易に思い浮かぶが，各国通貨の交換比率である為替レートには私的情報がイメージしにくい．そのような理由で，インサイダー情報等によって生じる情報の非対称性が，さほど為替市場では重要視されてこなかった．したがって，株式市場の分析などに比べると，情報の非対称性（私的情報）に注目するマイクロ・アプローチは，為替レート経済学の分野では具体性が乏しく，注目度が低かったと考えられる．

3.2.3　私的情報と為替レート

　マイクロ・アプローチとは，従来のマクロ・ベースでの研究で採用されてきた情報は全て公的であるとする仮定を緩めることによって，為替レートを私的情報との関連で考察するものである．マイクロ・アプローチが為替レートとの関連で重要視する私的情報とは，以下のような特徴を持った情報であるとライオンズ[7]では定義される．

(1) 為替レートに影響する情報は，一部の市場参加者にのみ利用可能．
(2) その情報を利用することで，公的情報のみを利用する場合よりも多くの利益の獲得が可能．

　これら二つの特徴を満たす私的情報は，為替レートに及ぼす影響が長期的であるものを「ファンダメンタルズ（経済の基礎的条件）」に関するもの，その影響が短期間であれば「半（semi-）ファンダメンタルズ」なものとして，伊

---

[7] 本章注1) を参照のこと．

藤・ライオンズ・メルビンらの研究[8]では分類されている．

　前者の「ファンダメンタルズ」に関する私的情報の例としては，通貨当局による為替介入，公表前のマクロ経済指標に関するものが挙げられている．通貨当局の為替介入による為替取引の注文は，特定の市場参加者に対してなされる．したがって，その通貨当局からの注文は一部の市場参加者にのみ利用可能な情報である．そして，通貨当局による為替介入の効果が認められるとすれば，必ず介入によって為替レートは新たな水準へと変化するので，上述の私的情報2番目の特徴が満たされる．すなわち，通貨当局の為替介入に関するオーダーを事前に受けた市場参加者は，その介入によって為替レートが変動することを事前に察知できるので，投機的取引を行うことで利益を得る．ゆえに，通貨当局からの為替介入に関連した注文を受けた市場参加者は，その注文と同時に私的情報をも得たことになる．なお，公表前のマクロ経済指標にアクセス可能な人は限定されており，前にも述べたように，為替市場におけるインサイダー情報は具体性に乏しいと言わざるを得ない．

　マイクロ・アプローチでは，主として，「半ファンダメンタルズ」な私的情報が注目されている．ここで言う「半ファンダメンタルズ」な私的情報の具体例としては，各市場参加者のポジション（為替持ち高）状態，公表されたマクロ経済指標に関する各市場参加者の解釈などが挙げられる．すなわち，各市場参加者は，自らの通貨ポジションを反映した流動性動機に基づく取引を行ったり，または，公表経済指標から将来の為替レートを予測し，その予測に基づいた投機的な動機から取引を行う．当然のように，それぞれの取引にはその取引を行う動機が存在し，したがって，なぜ取引をするのかといったことは取引を行う当事者のみにしか知り得ない情報である．また仮に，相手の取引が投機的な動機によるものであることが分かったとしても，相手がどの程度の為替レートの変化を予測しているかといったことまでは知り得ない．よって，それぞれの取引には，その市場参加者の「半ファンダメンタルズ」な私的情報が反映されていると考えるのが自然であろう．

　各自の形成する期待が市場参加者間で異なる状況下では，市場に到達した情報を他の市場参加者がどのように解釈するかを知る必要がある．つまり各市場

---

[8] Ito Takatoshi., Lyons, Rechard K. and Melvin, Micheal T. [1998] "Is there private information in the FX market？ the Tokyo experiment", *Journal of Finance*, 53 (3), pp.1111-1130.

参加者が為替レートの変化に関してどのような期待を形成しているか，そして市場全体の期待は自国通貨の減価・増価のいずれの方向に偏っているかを察知する必要がある．そうすることで，将来の為替レート変化方向をより正確に予測しうるからである．各市場参加者の期待は，参加者自身にしか知り得ない情報であるから私的情報として分類され，市場参加者は，その私的情報を収集・集計することで為替レート変化に関する市場全体の期待を察知し，それに基づき取引戦略を立てるといった市場参加者の行動様式がマイクロ・アプローチではモデル化される．

ライオンズは，その一連の研究で，各市場参加者の期待を市場全体で集計したものは**オーダー・フロー**（order flow，注文）に表れると考え，為替レート経済学におけるオーダー・フローの重要性を強調している．

3.3 マイクロストラクチャー・アプローチとオーダー・フロー

3.3.1 オーダー・フロー

（インター・バンク）為替市場参加者は，その直接取引（direct dealing）において，相手からの要求に対してクォート（売買呼値）を提示し，または，相手にクォートの提示を求めて取引を行う．一般的に，クォートを提示する前者は**マーケット・メーカー**（market maker），クォートの提示を求める後者は**マーケット・ユーザー**（market user）と呼ばれる．マーケット・メーカーは，取引相手にクォートの提示を求められるという意味で，受身的な取引を行うことになる．それに対して，後者のマーケット・ユーザーは，他の市場参加者に対して，積極的にクォートの提示を求めるといった自発的な取引を行う．したがって，マーケット・ユーザーの取引には，流動性動機，投機的動機といった当人しか持ち得ない動機に基づいて自発的な取引を行うと考えられる．それゆえマーケット・ユーザーの取引は，取引動機といった私的情報を内包したものである．

さらに，ブローカー経由の間接取引においてもオーダー・フローは発生する．つまり，ライオンズの研究[9)]では，その時々で提示された価格に対し売買を行う取引からオーダー・フローは計算されている．たとえば，電子ブローキン

グの場合であれば，モニター上に提示されたレートに対して取引を行った場合，それが買い注文であればプラス，売り注文の場合はマイナスのオーダー・フローがそれぞれ発生する．電子ブローキングとは，マーケット・メーカーが端末経由で売値買値を不特定多数の取引参加者に提示し，それら提示された値に対してマーケット・ユーザーが売買注文を行う取引のことである．

　ライオンズは一連の研究で，各マーケット・ユーザーの取引を集計したオーダー・フローの概念を導入することで，為替レートと私的情報の関係を分析した．ここで言うオーダー・フローとは，各マーケット・ユーザーの売買を集計した市場全体でのネット・ベースでの買いを指す．たとえば，円ドル市場での1日のマーケット・ユーザーによるドル買いが1万回，ドル売りが5000回であったとすれば，この日に発生したドルを基準とした円ドルのオーダー・フローは5000（＝1万－5000）となる．逆に，ドル買いが5000回，ドル売りが1万回であったとすれば，オーダー・フローはマイナス5000となる．したがって，オーダー・フローの値が大きい（小さい）ほど，それは対円でのドル買い（売り）圧力となり，対円レートでのドルの増価（減価）が実現すると考えられる．

　たとえば，米国のマネーサプライが増加したという情報が市場に到達したとしよう．この公的情報に基づいて，各市場参加者はそれぞれドルの増価もしくは減価といった期待形成を行うが，それは当人もしくは取引相手のみにしか知り得ない私的情報である．つまり米国のマネーサプライ増加に関する公的情報から，各市場参加者の期待といった私的情報が二次的に発生する．この場合，オーダー・フローがマイナスに大きければ，米国のマネーサプライの伸びが市場の予想以上に大きく，近い将来円高ドル安が実現すると期待されていることになる．将来の円高ドル安期待に対しての投機的動機がマーケット・ユーザーの円買いドル売りを誘発する場合は，マイナスのオーダー・フローが実現していて，この市場全体の投機的動機に基づく円買い圧力がオーダー・フローを介して円の増価をもたらすように為替レートへと反映されることになる．このように，個々のマーケット・ユーザーの取引の背後にある個々の期待といった私的情報はオーダー・フローへと集約され，それが為替レートに影響を及ぼすと考えられる．

---

9) 本章注1) を参照のこと．

3.3.2 オーダー・フローと為替レート

　ここでは，マイクロ・アプローチにおけるオーダー・フローの役割について具体例を用いて解説する．ここで重要なのは，インター・バンク市場におけるディーラーの行動様式である．一般的に，インター・バンク市場のディーラーは極めて短期間（数分）のうちに自らの外貨持ち高を清算する傾向にある．このことは，通常各ディーラーが在籍する組織（銀行等）から外貨を在庫として翌日に持ち越すといったことを認められていないことによる．このようなことから，インター・バンク市場のディーラーはきわめて短期間の間に自らの外貨持ち高を清算する傾向にある．

　図3-1は，あるディーラー（ディーラーA）がそのインター・バンク外の顧客（輸出入企業等）から，100万ドルのドル売り・円買い注文を受けた場合を例示したものである．顧客からドル売り注文を受けたディーラーAのドルの持ち高は100万ドルとなる（ラウンド1）．このインター・バンク外からの100万ドルのドル売り注文はドルの追加的供給をもたらし，将来的にはドルの減価が生じるとしよう．図3-1のラウンド1時点でその情報を知るのはディーラーAのみであり，したがって顧客による100万ドルのドル売りは私的情報である．ラウンド1で私的情報を得たディーラーAは，自らの持ち高を清算し，私的情報を利用するかたちでディーラーBの提示する買い（bid）レートでディーラーBに対し100万ドル＋α（アルファ）のドル売りを行う（ラウンド2）．なお，ディーラーBにとってディーラーAの保有する私的情報は利用可能でないので，ディーラーBの提示する買いレートはこの時点では将来のドル減価を織り込んだものではない．したがって，ディーラーAはドルが減価したときに改めてドルをα分だけ買い戻すことで，ドルの持ち高を抱えることなく利益を確定できる．ディーラーAとの取引でドルの在庫を抱えたディーラーBは，ディーラーCとの取引でその持ち高を清算する．ラウンド2の一連の取引で，提示された売買レートの買いサイドで成立した取引は2，売り（ask）サイドのそれはゼロである．したがってラウンド2で生じたオーダー・フローはマイナス2と計算される．このマイナスのオーダー・フローから，将来のドル減価に対する私的情報を察知したディーラーDは，その設定レートをドル減価方向へと改定する（ラウンド3）．最終的に，自らの持ち高を清算する必要のあるディーラーCは，ドル減価を織り込んだ改定後の買いサイドでの100万ドル

図3-1 円ドル直物為替市場

顧客が100万ドル売りを行った場合（→はドルの流れ）

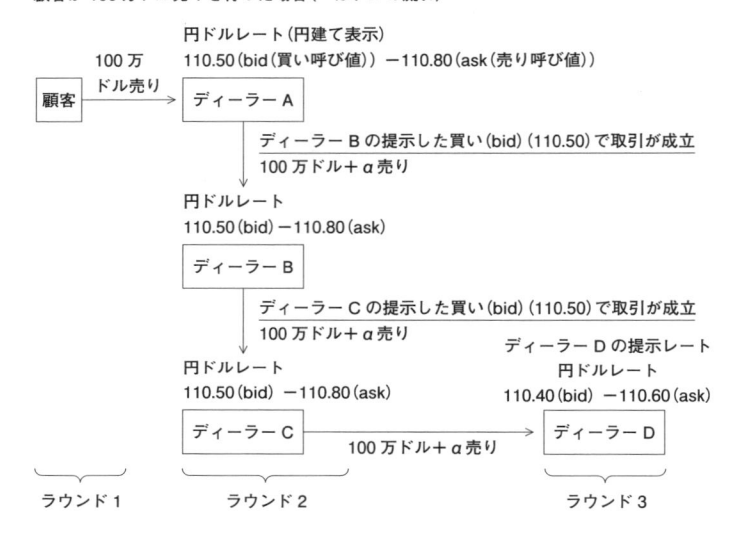

```
                       円ドルレート(円建て表示)
           100万      110.50(bid(買い呼び値))−110.80(ask(売り呼び値))
           ドル売り
  顧客  ─────────→  ディーラーA
                          │ ディーラーBの提示した買い(bid)(110.50)で取引が成立
                          │ 100万ドル＋α売り
                          ▼
                       円ドルレート
                       110.50(bid)−110.80(ask)
                       ディーラーB
                          │ ディーラーCの提示した買い(bid)(110.50)で取引が成立
                          │ 100万ドル＋α売り
                          ▼
                       円ドルレート                  ディーラーDの提示レート
                       110.50(bid)−110.80(ask)      円ドルレート
                                                    110.40(bid)−110.60(ask)
                       ディーラーC ──100万ドル＋α売り──→ ディーラーD
  └─ラウンド1─┘  └──ラウンド2──┘                    └──ラウンド3──┘
```

オーダー・フロー＝ディーラー市場（ラウンド2）での売りサイドでの取引数（0）−買いサイドでの取引数（2）＝−2
オーダー・フロー＞0 ⇒ ドルの買い圧力大（ドル高）オーダー・フロー＜0 ⇒ ドルの売り圧力大（ドル安）

＋αだけのドル売り取引を受け入れ，ドル減価が実現するのである．

上の例では，オーダー・フローが私的情報のシグナルとなり，私的情報が為替レートに反映される過程を単純に示した．この一連の過程をより厳密な経済モデルによって説明するのが，マイクロストラクチャー・アプローチである．

最後に，マイクロ・モデルの為替レート予測力をカバーなし利子平価条件のそれと比較することで，前者の予測力の高さを示そう．図3-2-1，図3-2-2は縦軸に円ドル為替レートの日次変化率（対数差分，年率換算％表示）と，横軸にそれぞれ日本と米国の内外金利差，オーダー・フローを測った散布図である．使用データはエバンス−ライオンズの研究[10]により使用されたものである．

図3-2-1は，カバーなし利子平価条件の実際の説明力がどの程度であるかを示すものであるが，このことを以下で簡単に説明する．先出のカバーなし利子平価条件（3.9）式の期待為替レート（対数値）$\ln E^e_{t+1}$を（3.11）式で置き換える．1年後の直物為替レート（対数値）の予測不可能な要素 ε は平均ゼロであ

第3章 為替レートの決定理論

図3-2 円ドル為替レートの日次変化率と内外金利差

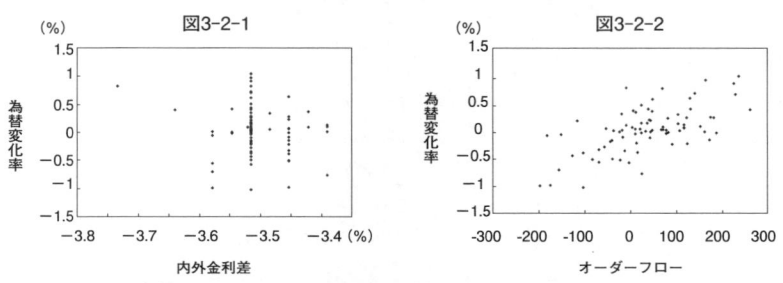

図3-2-1 / 図3-2-2

データ出所 http://www9.georgetown.edu/faculty/evansm1/

るから，カバーなし利子平価条件が成立するとき**平均的**に以下の関係式が成立すると考えられる．

$$\ln E_{t+1} - \ln E_t = r_t - r_t^* \tag{3.33}$$

つまり（3.33）式の経済学的な意味は，カバーなし利子平価条件が成立する場合，左辺の為替変化率は右辺の2国間金利差に平均的に等しくなることである．この場合，図3-2-1の散布図において，為替レート変化率と金利差の各組み合わせは平均的に45度線上に位置し，それら2変数間に明確な正の相関関係が観察されるべきであるが，実際は異なる．つまりは，現実には（3.33）式で示されるような関係が内外金利差と為替レート変化率の間には存在せず，図3-2-1の結果はカバーなし利子平価条件の説明力に疑問を呈するものである．

一方で，図3-2-2はマイクロ・アプローチの為替レートに対する説明力を示すものとして解釈できる．つまりは，マイクロ・アプローチが為替レート予測に有用な情報を含むとして注目するオーダー・フローと為替レート変化率との間には明確な正の相関関係が存在し，オーダー・フローの為替レート変化に対する説明力がうかがえる．このように，実証的な当てはまりの良さもマイクロ・アプローチが注目される一要因である．

---

10) Evans, Martin D. and Lyons, Richard K. [2002] "Order flow and exchange rate dynamics", *Journal of Political Economy*, 110(1), pp.170-180.

もっと学びたい人のために──参考文献

本章で扱った為替レート決定理論に関して，より発展的な学習を進めたい方にはピーター・アイザルド［2001］『為替レートの経済学』（東洋経済新報社）や MacDonald, Ronald［2007］*Exchange Rate Economics: Theories and Evidence*, London, Routledge がある．各為替レート決定理論に関する原著論文が数多く紹介されており，発展的な学習を希望する方はそれらにもチャレンジしてほしい．

マネタリー・アプローチ，ポートフォリオ・バランス・アプローチに関してより詳しく知りたい方には深尾光洋［1983］『為替レートと金融市場 変動相場制の機能と評価』（東洋経済新報社）を薦める．購買力平価仮説の成立を実証面から解説したものとしては P.R. クルグマン，M. オブズフェルド［1996］『国際経済 理論と政策』（新世社）がある．

マイクロストラクチャー・モデルに関して更に理解を深めたい人は Lyons, Richard K.［2001］*The Microstructure Approach to Exchange Rates*, Cambridge, Mass, The MIT Press にチャレンジしてほしい．第 1, 2 章では，数学的な記述を用いることなく，マイクロストラクチャーに関して詳細な説明がなされている．

第 4 章

開放マクロ経済モデルの基礎

キーワード：国民所得決定のメカニズム，IS バランス・アプローチ，アブソープション，異時点間モデル，小国，大国，45度線分析

本章では，貨幣の存在を考慮しない世界を想定し，開放マクロ経済下での財市場にのみ焦点を当てた分析を行う．そのため，金利，物価や為替レートなどは全て所与として取り扱われる．

本章の構成は以下のようになっている．4.1 では，自国の経済活動が他の国に影響を与えない，したがって自国の金利は残余の世界金利にまったく影響を及ぼさないとする小国の仮定のもとで，国民所得がどのように決定されるかについて説明を行う．4.2 では，小国の仮定を修正し，自国と外国の経済活動が相互に依存しあう大国を前提として，2国モデルの反響効果について議論する．

4.1 国民所得の決定メカニズム

本節では，開放マクロ経済の下で，どのように国民所得水準が決定されるかを考える．はじめに，国民所得決定を議論するために必要な三面等価の原則について説明し，次に外国部門を考慮しない閉鎖経済下での国民所得水準の決定を示す．そして最後に外国部門を考慮した開放経済モデルに拡張する．

4.1.1 閉鎖経済下の国民所得決定

4.1.1.1 GDP と三面等価の原則

国内総生産（GDP, Gross Domestic Product）とは，ある国（経済）で一定期間（たとえば，1年間）内に生産された財やサービスの**付加価値**の総額を示したものである．GDP には三つの異なる表記の方法，すなわち（1）生産面から見た GDP，（2）支出面から見た GDP，（3）分配面から見た GDP がある．ここでは，これら三つの見方について簡単に説明する．

まず生産面から見た GDP は，各産業が生産活動を通して生み出した付加価値を全て合計し，一国全体のある期間にわたる総生産とするものである．付加価値とは，企業や産業などが自己の生産活動を通じて新たに「付け加えられた」産出総額のことであり，各産業の生産額から原材料などの中間生産物を差し引いた額のことを言う．

次に支出面から見た GDP は，最終的に生産された財やサービスは，必ず誰かの手にわたる（つまり，需要される）いう考え方に基づくものである．経済学では，この「誰か」を**経済主体**と呼び，通常，家計，企業，政府，外国の四つの部門に大別する．そして生産された財やサービスを，この 4 部門の需要項目ごとに集計化して考える．つまり，家計によって購入された財・サービスは民間消費支出，民間企業が設備増強のために工場や機械を購入したり，在庫として原材料を購入すれば民間投資支出，政府が道路建設や公共サービスのために財・サービスを購入すれば政府支出となる．また外国部門が国内で生産された財やサービスを購入することは輸出と呼ばれる．

本項では最後の外国部門を除いた閉鎖経済を仮定しているので，ある国の需要項目の合計，すなわち**国内総支出**（GDE, Gross Domestic Expenditure）は，民間消費額 C，民間投資額 I，政府支出額 G に等しくなる[1]．

これらを式で表すと，

$$Y = C + I + G$$

となる．これは一国の総需要に他ならない．

---

[1] 実際の国民経済計算（SNA 統計）では，2006 年度から表記を，国内総支出から国内総生産（支出側）と変更し，国内総生産（支出側）＝民間最終消費支出＋政府最終消費支出＋国内総固定資本形成＋在庫品増加＋財貨・サービスの輸出－財貨・サービスの輸入となっている．

最後に，GDPが必ず家計，企業，政府のいずれかの所得として分配されている点に着目したのが，分配面から見たGDPである．各企業や産業は，生産設備，土地建物を借りたり，従業員を雇って生産活動を行う．そのような場合，設備，地代への賃貸料や従業員への賃金の支払いが生じる．また企業が株式会社であれば，得られた利潤を株主への配当として（再）分配したり，税金として政府に支払うであろう．すなわち，各企業が生産活動から得た収入は，必ず誰かに所得として分配されているはずなので，GDPは**国民所得**（市場価格表示）に等しくなる[2]．

以上のように，生産面から見たGDP，支出面から見たGDP，分配面から見たGDPは，GDPを異なる側面から集計しているだけで，事後的に見れば三者間には恒等関係が成立する[3]．この事実は**三面等価の原則**と呼ばれる．

4.1.1.2 均衡国民所得と45度線分析

国民所得の均衡水準は，一国の総需要と総供給が等しくなる水準に決定される．総供給額は，閉鎖経済の場合，一国の経済全体で生産された産出額に等しくなり，これは前項で説明したようにGDP（外国部門を考慮しない）に相当する．そして三面等価の原則からも分かるように，このGDPは国民所得に等しいので，総供給をY^s，国民所得をYとすると，

$$Y^s = Y \tag{4.1}$$

となる．この式を縦軸に総供給Y^s，横軸に国民所得Yをとると，図4-1のようにちょうど45度になる直線ASが描ける．

しかしこれだけでは国民所得の水準は決まらない．そもそもある国のGDPは，労働や資本などの生産要素がどのくらい投入されるか，またそのような生産要素を使う技術水準がどの程度であるかに依存して決定される．ある国に存在する労働や資本を最大限に使って生産できる産出量は**潜在GDP**と呼ばれるが，いつも労働や資本を最大限に使って生産が行われているわけではない．つまり少なくとも短期的には，失業や遊休設備が存在する不完全雇用の状態にあ

---

[2] 実際のSNA統計では，国民所得（市場価格表示）＝ GDP －固定資本減耗＋海外からの所得純受取 となっている．
[3] 実際には、この三者の若干の不一致は避けられないが、SNA統計ではこの不一致を「統計上の不突合」という項目で計上し調整している．

図4-1 45度線分析

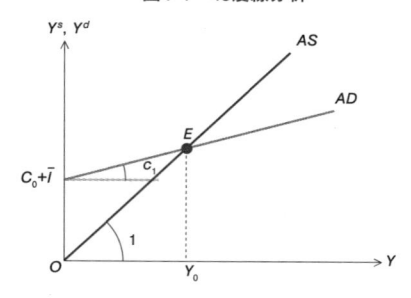

ると考えられる．このような状況下では，一国の GDP は需要の大きさによって決定される．

それでは一国の総需要はどのように決まるのであろうか．総需要とは各経済主体の需要項目の合計であるから，総需要の決定は各需要項目がどのように決まるかに依存する．ここでは単純化のために，経済主体として家計と企業のみを考え，それぞれの主たる需要項目である消費と投資について考えてみる．

まず消費 C は，次のような単純なケインズ型の消費関数を想定しよう．

$$C = C_0 + c_1 Y \tag{4.2}$$

C_0 は**基礎消費**と呼ばれ，所得 Y が全くなくても支出される消費水準を表す．c_1 は**限界消費性向**と呼ばれ，所得が1単位増加した場合にどれだけ消費が増加するかを表している．消費は，所得が増加すれば少しは増加するであろうし，また増加した所得以上には増えないと考えられるので，通常 $0 < c_1 < 1$ と仮定される．増加した所得のうち消費に回らなかった分の $1 - c_1 (\equiv s)$ は，貯蓄に回されるので**限界貯蓄性向**と呼ばれる．

次に企業による投資は，本節では外生的に与えられるものとして，

$$I = \bar{I} \tag{4.3}$$

とする．よって総需要 Y^d は，（4.2）式と（4.3）式の合計となるので，

$$\begin{aligned} Y^d &= C + I \\ &= C_0 + c_1 Y + \bar{I} \end{aligned} \tag{4.4}$$

と表すことができる．この総需要を図示すると，図4-1のように，傾き c_1，切

片 $C_0 + \bar{I}$ の右上がりの直線として表すことができる．これをここでは AD 線と呼ぶこととする．

総供給と総需要が等しくなる点を均衡点と定義すると，総需要を示す AD 線と総供給を表す AS 線（45 度線）の交点 E が均衡点となる．そしてこの E 点に対応する国民所得水準が均衡国民所得水準 Y_0 である．ここで $0 < c_1 < 1$ であることを思い出してほしい．傾きを表す c_1 は 1 より小さいので，45 度線よりも傾きが小さくなる．したがって交点は必ず一つ存在する．またこの傾き，つまり限界消費性向が大きい方が均衡国民所得も大きくなることが分かる．

以上の国民所得の決定を数式で表すならば，均衡条件は

$$Y^s = Y^d$$

であり，（4.1）式と（4.4）式を代入することにより，均衡国民所得水準

$$Y = C_0 + c_1 Y + \bar{I}$$
$$Y = \frac{C_0 + \bar{I}}{1 - c_1}$$

が求まる．以上の分析は国民所得決定の **45 度線分析** として知られている．

4.1.1.3 政府支出乗数と投資乗数

次に経済主体として政府も加えてみよう．政府は租税を徴収し，それを公共財の供給や財・サービスの消費に充てる．政府の需要項目は政府支出と呼ばれ，総需要を表す（4.4）式には政府支出 G が追加される．

$$Y^d = C + \bar{I} + G \qquad (4.5)$$

また（4.2）式の消費関数にも変更が生じる．政府の収入である租税 T が所得に一括で課されるとすると，

$$C = C_0 + c_1 (Y - T) \qquad (4.6)$$

となる．ここでの $Y - T$ は可処分所得と呼ばれる．（4.6）式を（4.5）式に代入して，経済主体として家計，企業，政府を想定した場合の総需要は次のようになる．

$$Y^d = C_0 + c_1 (Y - T) + \bar{I} + G \qquad (4.7)$$

図4-2 政府支出の効果

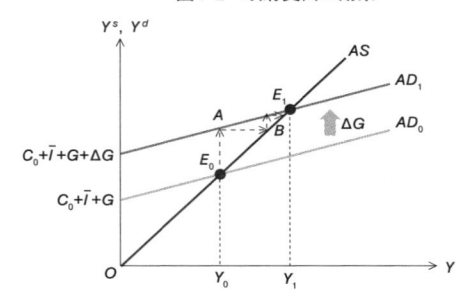

これを図4-2のAD_0線として示している.

　政府支出や租税は, 一般に政府が景気対策などで増加させたり, 減少させたりするので, 外生的に扱われることが多い. いま, 政府が政府支出をΔGだけ増加させたとしよう. その結果AD_0線はAD_1線へと上方にシフトし, 均衡はE_0点から新しい均衡E_1点へと移動する. またそれに対応して, 均衡国民所得はY_0からY_1へと増加する. 図4-2を見ると, 国民所得はΔG分だけ増加するのではなく, ΔG以上に大きくなっていることが分かる. これは政府支出には波及効果があるためであり, これをもう少し詳しく説明してみよう.

　当初経済がE_0点で均衡していたとする. ここで政府支出が発動され総需要が増加し, 経済はA点に移動する. 総需要が増加すると, 企業はそれに見合う生産を行い, 総供給が増加する. 生産が増加すれば, 分配される国民所得も増加する. 所得が増加すれば家計は限界消費性向分だけ消費を増加させるため, 総需要がさらに増加する……といった波及プロセスをたどり, 最終的にE_1点に行き着いて均衡に達する. この総需要の増加分を式で表すと,

$$\Delta G + c_1 \Delta G + c_1 \times (c_1 \Delta G) + c_1 \times (c_1 \times c_1 \Delta G) + \cdots \cdots \quad (4.8)$$

となる. ここでもc_1が1より小さいため, 波及効果は次第に小さくなり最終的には0になって効果がなくなる. このような波及メカニズムは政府支出の乗数効果として知られている.

　政府支出のΔG分の増加が最終的にどのくらい国民所得を増加させるのかは, (4.8)式から分かる. ここでは, その数式の導出は本章末尾の補論に回し, 結果だけを示せば次のようになる.

第4章 開放マクロ経済モデルの基礎

$$\Delta Y = \frac{1}{1-c_1} \Delta G$$
$$= \frac{1}{s} \Delta G \qquad (4.9)$$

すなわち政府支出 ΔG の増加は、限界消費性向 s の逆数分だけ国民所得を増加させることが分かる。この $\frac{1}{1-c_1} = \frac{1}{s}$ は**政府支出乗数**と呼ばれる。政府支出乗数は、限界消費性向が大きいほど大きくなる。もしも限界消費性向が1であれば、その波及効果は理論上は永遠に続くことになる。

投資の増加は、国民所得にどのような影響を与えるであろうか。ここでは投資が ΔI 分増加したとしよう。これは政府支出が増加した場合と同様の波及経路をたどり、最終的には、

$$\Delta Y = \frac{1}{1-c_1} \Delta I$$
$$= \frac{1}{s} \Delta I$$

となる。ここでの $\frac{1}{s}$ は**投資乗数**と呼ばれる。

最後に減税が行われた場合を考える。ΔT 分減税されると、可処分所得が上昇し、消費が c_1 分増加するため総需要が増加する。この総需要の増加によって総供給の増加が引き起こされる。以降の波及経路は政府支出や投資の上昇と同様であり、説明は省略する。最終的な減税の効果は次のようになる。

$$\Delta Y = \frac{c_1}{1-c_1} \Delta T$$
$$= \frac{c_1}{s} \Delta T$$

この減税の乗数効果と（4.9）式によって示された政府支出の乗数効果を比較すると、同じ額の減税あるいは政府支出の増加を行った場合、政府支出のほうが国民所得に対して大きな効果があることがわかるであろう[4]。

4.1.1.4　*IS* バランス・アプローチ

次に，今までの 45 度線分析による均衡国民所得の決定について，別の方法で分析してみよう．経済主体は家計と企業のみであるとすると，国民所得は一般的には，消費に回されるか，あるいは貯蓄に回されて処分される．すなわち，

$$Y = C + S \qquad (4.10)$$

である．ところで総供給 Y^s が国民所得 Y に等しく、また総需要（Y^d）－総供給（Y^s）＝（$C+I$）－Y^s＝$I-(Y^s-C)$＝$I-S$ であるから，$Y^d = Y^s$ を満たす均衡国民所得水準の下では

$$I = S$$

となる．すなわちこれは，財市場において総需要と総供給が一致する均衡状態にあるときには，投資と貯蓄が等しくなっているということを表している．また左辺の I は経済循環における所得の**注入項**（injection），右辺の S は所得の**回収項**（withdrawal）と呼ばれる．

明示的に国民所得を得るために，右辺と左辺の項が別々の経済主体によって決定されることを考慮して，それぞれ別々の関数として考える[5]．左辺の投資は，前項と同様に外生的に与えられる独立投資を仮定するので，縦軸に投資と貯蓄，横軸に国民所得を測った図 4-3 では，横軸に対して水平の直線 I として表すことができる．

次に右辺の貯蓄関数は，前項と同じくケインズ型消費関数（4.2）式を想定すると，（4.10）式から，

$$Y = C_0 + c_1 Y + S$$
$$S = -C_0 + (1 - c_1) Y$$

---

[4]　租税 T は政府支出 G を資金調達するために徴収されるとすれば，政府の予算が均衡している限り $T = G$ が成立する．いま，政府支出の増加分が全て租税の増加で資金調達されるとすれば，$\Delta Y = (1/s)\Delta G - (c/s)\Delta T$ となるから，$\Delta G = \Delta T$ と $1 - c = s$ により $\Delta Y = 1$ となる．この事実は**均衡予算乗数の定理**として知られている．

[5]　すなわち左辺の投資は主として企業によって決定され，右辺の貯蓄は主として家計によって決定されるとする．

第4章 開放マクロ経済モデルの基礎

図4-3 閉鎖経済下のISバランス・アプローチ

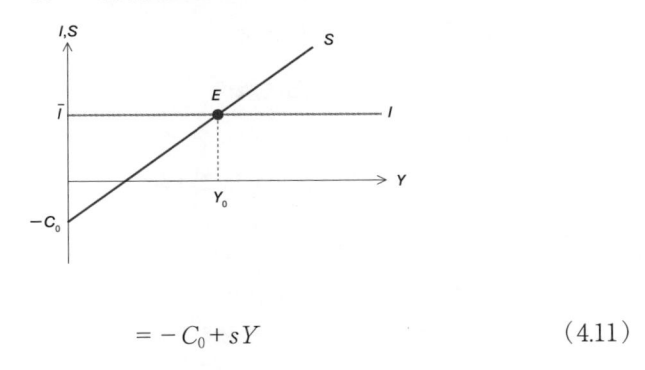

$$= -C_0 + sY \tag{4.11}$$

となり，切片が$-C_0$，傾きが限界貯蓄性向sとなる右上がりの直線となる．これを図4-3のS線として表すと，投資直線Iと貯蓄直線Sの交点Eで，均衡国民所得Y_0が決定されることが分かる．この所得決定理論は，投資（Investment）と貯蓄（Saving）の英語の頭文字から **ISバランス・アプローチ** と呼ばれている．

ISバランス・アプローチからは，もう一つ重要な恒等関係の成立が説明される．第1章においても紹介されているが，ここでもこの点について再考してみよう．

政府部門の考慮を加えると，（4.10）式に租税が追加され，総需要は（4.5）式で表されるので，

$$Y^d = Y^s$$
$$C + I + G = C + S + T$$
$$I + G = S + T$$

となり，これをさらに，

$$S - I = G - T$$

と変形する．左辺は民間貯蓄超過，右辺は財政赤字を表している．つまり民間部門で貯蓄が投資を上回るならば，政府部門ではその同額だけ政府支出が租税収入を上回っていることを意味する．すなわち均衡点においては，政府による支出超過が，民間部門の貯蓄超過でちょうど埋め合わされていると解釈される．

4.1.2 開放経済下の国民所得決定

4.1.2.1 開放経済下での均衡国民所得

今までの議論に外国部門を加えることで，開放経済下の国民所得決定に拡張できる．開放経済下でも，基本的に総需要と総供給が一致するところで均衡国民所得が決定されることには変わりはない．ただし総需要と総供給の中の各項目に変更が生じる．外国部門が存在すれば，総供給 Y^s は，国民所得に等しい一国の産出水準 Y だけでなく，外国で生産された財やサービスの輸入 IM も考慮される．輸入は外国で生産された財やサービスに対する自国の需要であるから，消費と同じように，自国の国民所得が増加すれば輸入も増加すると考えられる．そのためここでは，所得の増加関数として次のように仮定する．

$$IM = mY \tag{4.12}$$

$m\,(0 < m < 1)$ は**限界輸入性向**と呼ばれ，国民所得が1単位増加した場合に輸入がどれだけ増加するかを示している．つまり限界輸入性向が大きければ，輸入は自国の国民所得に大きく反応することになる．したがって開放経済下での総供給は，

$$\begin{aligned} Y^s &= Y + IM \\ &= Y + mY \\ &= (1+m)Y \end{aligned} \tag{4.13}$$

となる．

一方総需要の方も，国内で生産された財やサービスに対する外国部門からの需要，すなわち輸出 EX が追加になるので，(4.5) 式は

$$Y^d = C + I + G + EX \tag{4.14}$$

と変更される．したがって均衡条件 $Y^d = Y^s$ を満たす国民所得水準 Y として，

$$Y = C + I + G + (EX - IM) \tag{4.15}$$

が得られる．ここで，$C + I + G$ は国内の需要なので**内需**，あるいは**国内アブソープション**（吸収），経常収支を表す $EX - IM$ は，内需に対応して外国からの需要なので**外需**と呼ばれる[6]．

第4章　開放マクロ経済モデルの基礎

図4-4　開放経済下での均衡国民所得

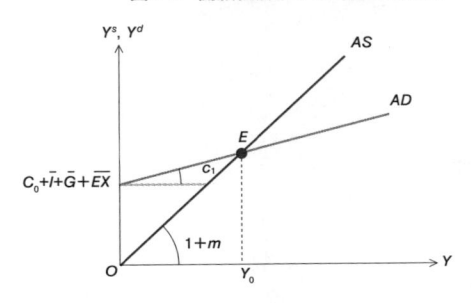

次に開放経済下での財市場の均衡を図示してみよう（図4-4参照）．縦軸に総需要と総供給，横軸に国民所得を測ると，（4.13）式から総供給は45度線よりも限界輸入性向分だけ大きな傾きとなることが分かるであろう．総需要サイドは，閉鎖経済の場合と比較するために，消費はケインズ型の消費関数，投資と政府支出は外生変数とする．つまり，

$$C = C_0 + c_1 Y$$
$$I = \bar{I}$$
$$G = \bar{G}$$

である．開放経済の場合のみ登場する輸入と輸出については，輸入関数は先ほどの（4.16）式によって決定され，輸出関数は次のように決定されるものとしよう．

$$EX = \overline{EX}$$

つまりここでの輸出は，投資や政府支出と同様に独立変数として仮定されており，輸出が自国の経済主体の決定項目ではなく，外国の経済主体の需要項目であるということを反映している．

以上の需要項目を（4.14）式に代入すると，

$$Y^d = C_0 + c_1 Y + \bar{I} + \bar{G} + \overline{EX} \qquad (4.16)$$

---

6) 経常収支は，正確には貿易収支，サービス収支，所得収支，および経常移転収支の合計である．詳しくは第1章を参照のこと．

となる。これは総需要と国民所得の関係を表しており，切片が $C_0 + \bar{I} + \bar{G} + \overline{EX}$，傾きが c_1 の直線となる．この（4.16）式と総供給を表す AS 線を図4-4に示すと，総需要と総供給が一致する均衡点は，二つの直線の交点である E 点となり，E 点に対応する Y_0 が均衡国民所得水準となる．

4.1.2.2 外国貿易乗数

開放経済の下で政府支出が増加すると国民所得はどれだけ増加するであろうか．ここでは開放経済下での政府支出乗数を考えてみよう．財市場の均衡条件（4.15）式に，各需要項目を考慮して整理し，Y について解けば，

$$Y^d = C_0 + c_1 Y + \bar{I} + \bar{G} + \overline{EX} - mY$$
$$(1 - c_1 + m)Y = C_0 + \bar{I} + \bar{G} + \overline{EX}$$
$$Y = \frac{1}{1 - c_1 + m}(C_0 + \bar{I} + \bar{G} + \overline{EX})$$

となるから，閉鎖経済の下での政府支出乗数の導出と同様に，

$$\Delta Y = \frac{1}{1 - c_1 + m} \Delta G$$

であることが分かる．すなわち，政府支出が ΔG 分増加すると均衡国民所得は，ΔG の $\frac{1}{1 - c_1 + m}$ 倍だけ増加することが分かる．この $\frac{1}{1 - c_1 + m}$ は**外国貿易乗数**と呼ばれ，限界消費性向 c_1 が大きくなるほど，あるいは限界輸入性向 m が小さくなるほど貿易乗数は大きくなる．閉鎖経済の下での政府支出乗数と比較すると，分母に m がある分だけ小さくなることがわかる．つまり開放経済下では，自国が財政拡張政策を行ったとしても，その効果の一部が経済循環から外国に**漏れ**（leakage）てしまうことになる．

4.1.2.3 開放経済下での IS バランス・アプローチ

ここでは閉鎖経済下で行った IS バランス・アプローチを開放経済モデルとして拡張する．

政府部門を考慮した場合，開放経済の下でも国民所得 Y は，消費するか，貯蓄に回すか，あるいは税金を支払うことに充てられるので，

第4章 開放マクロ経済モデルの基礎

$$Y = C + S + T$$

となる．また開放経済下の総供給 Y^s は，国民所得に等しい一国の産出水準 Y に，外国で生産された財・サービスの輸入 IM を加えた額，すなわち，

$$Y^s = Y + IM$$

となる．一方の総需要は（4.14）式で与えられていたから，財市場の均衡条件 $Y^d = Y^s$ を用いると，

$$C + I + G + EX = C + S + T + IM \tag{4.17}$$

となる．さらに上の式を変形すると，次のようになる．

$$I + G + EX = S + T + IM \tag{4.18}$$

この式の左辺の各項は，開放経済下における経済循環への所得の**注入項**（injections）と呼ばれ，自国の国民所得とは無関係に決定される項である．他方，右辺の各項も開放経済下における経済循環からの所得の**回収項**（withdrawals）と呼ばれ，それらは国民所得の水準に影響される．この場合の均衡国民所得水準は，この注入項の合計と回収項の合計が等しくなるところで決定される．

それでは具体的に均衡国民所得は，どのように決定されるのかを見てみよう．ここでは閉鎖経済下での IS バランス・アプローチと同様に，右辺と左辺を別々の方程式として考える．つまり左辺を IJ，右辺を WD として，

$$IJ = \bar{I} + \bar{G} + \overline{EX} \tag{4.19}$$
$$WD = S + T + IM \tag{4.20}$$

とおく．縦軸に IJ，横軸に国民所得を測ると，（4.19）式の投資，政府支出，輸出は国民所得とはまったく無関係に外生的に与えられているので，図4-5のように横軸に水平な直線 IJ_0 となる．一方の（4.20）式の各項目は所得の増加関数と仮定することができる．いま，租税関数を次のように仮定しよう．

$$T = \tau Y \tag{4.21}$$

（4.21）式の τ は税率であり，所得の一定割合が税金として徴収されることを

図4-5 開放経済下のISバランス・アプローチ

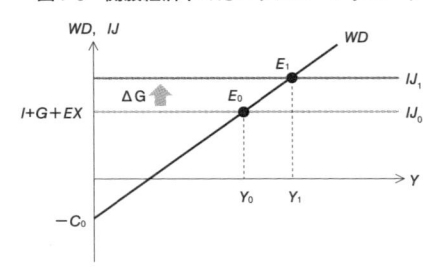

図4-6 外国貿易乗数の変化

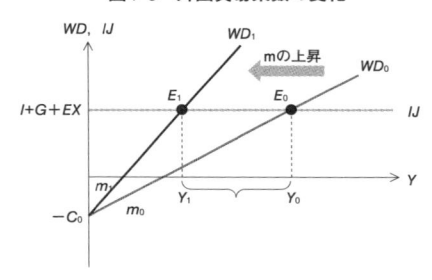

表している。さらに貯蓄関数は（4.11）式，輸入関数は（4.12）式のように仮定してあったので，

$$WD = -C_0 + (s + \tau + m)Y$$

が得られる。これは縦軸に WD，横軸に国民所得を測ると，切片が $-C_0$，傾きが $s + \tau + m > 0$ となるので，図4-5では右上がりの直線 WD として示される。したがって均衡点は，IJ_0 線と WD 線が交差する E_0 点となる。

図4-5を用いて，開放経済下での政府支出の増加の効果について考えてみよう。政府支出の増加は IJ_0 線を上方にシフトさせるので，新しい均衡点は WD 線と IJ_1 線の交点 E_1 となる。

限界輸入性向が上昇した場合はどうなるであろうか。これは図4-6のように WD 線の傾きが m_0 から m_1 へと大きくなることを意味する。したがって，新しい均衡は E_1 で示されており，当初の均衡国民所得よりも（$Y_0 - Y_1$）分だけ減少する。これは限界輸入性向の上昇によって，国内の所得の一部が経済循環から外国に漏れてしまった結果である。

閉鎖経済の下での IS バランス・アプローチと同様に，(4.18) 式を次のように変形することで，開放経済下の民間貯蓄超過と財政赤字および経常収支の間の恒等関係を説明することができる．

$$S - I = (G - T) + (EX - IM) \quad (4.21)$$

この式の左辺は民間貯蓄超過，右辺第1項は財政赤字，第2項は経常収支を表しており，この式全体では，民間の貯蓄超過額は財政赤字と経常収支の和に等しい，つまり民間部門で投資を上回る貯蓄部分は，政府による支出超過か外国部門への支出超過のいずれかとなっていることを示している．またこのことは第1章で示したマネーフロー表では，民間部門の貯蓄超過は，政府に対する債権か外国部門に対する債権かのいずれかの形で保有されるということと対応する．1980年代にアメリカ経済が直面した**双子の赤字**とは，(4.21) 式の右辺の二つの項，つまり財政赤字と経常収支赤字が並存していた状態のことを言うが，左辺が一定の場合に政府支出を増加させると，経常収支も同時に赤字化することを証明した例であると言えるであろう．

4.1.3 アブソープション・アプローチ

経常収支と均衡国民所得の間にはどのような関係があるか考えてみよう．開放経済下での均衡条件は (4.15) 式で表されている．ここで国内アブソープション（内需）を

$$A \equiv C + I + G$$

と定義すると，(4.15) 式は，

$$Y - A = EX - IM \quad (4.22)$$

と変形できる．(4.22) 式は，均衡においては国内で生産された産出量水準から，国内で需要された分を引いたものが，経常収支に等しいことを示している．つまりアブソープション・アプローチでは，経常収支は国内生産と国内支出の差として決定され，均衡国民所得を所与とすれば，経常収支を改善させるためには一国の内需（アブソープション）を減らす必要があることが分かる．たとえば，多くの発展途上国やアメリカのように経常収支赤字にある国にとっては，経常収支を均衡させるためには緊縮的財政政策の発動，一方，日本のように経

第Ⅰ部　国際マクロ経済学

図4-7　アブソープション・アプローチ

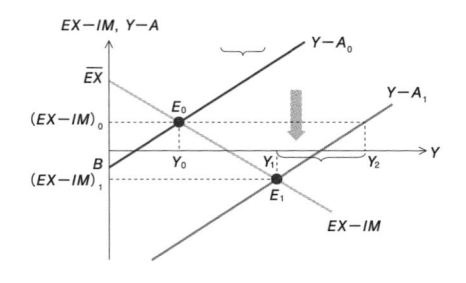

常収支黒字の国にとっては，拡大的財政政策の発動が求められることを意味している．

以上のことは図4-7によって示されている．(4.22) 式の A に，消費関数 (4.6) 式を代入し，投資と政府支出は独立変数とすると，

$$Y - A = (1 - c_1) Y - (C_0 - c_1 T + \bar{I} + \bar{G})$$

となる．これは，切片 $B \equiv (C_0 - c_1 T + \bar{I} + \bar{G})$，傾き $(1 - c_1)$ の右上がりの直線 $Y - A_0$ となる．また (4.22) 式の右辺は経常収支なので，輸出は独立変数，輸入は (4.12) 式と仮定すると，

$$EX - IM = \overline{EX} - mY$$

となる．図4-7では切片 $\overline{EX}$，傾き $-m$ の右下がりの直線 $EX - IM$ となり，所得の減少関数であることが分かる．均衡は (4.22) 式が成立する点，すなわち直線 $Y - A_0$ と直線 $EX - IM$ の交点である E_0 点で表される．

ここでたとえば，政府支出（あるいは民間投資）が増加したとしよう．これは A の上昇を意味するから，図4-7の直線 $Y - A$ を下方へシフトさせる．均衡は E_1 となり均衡国民所得は Y_0 から Y_1 へ上昇し，経常収支は $(EX - IM)_0$ から $(EX - IM)_1$ へと減少する．図4-7では経常収支が赤字となることが示されている．これは政府支出の増加によって国内需要（アブソープション）が上昇し，それに伴う国民所得の増加が輸入の増加をもたらし，経常収支が悪化することを表している．政府支出の増加は，もし輸入が国民所得の増加に反応しないならば（すなわち経常収支が一定ならば），国民所得は Y_2 まで上昇したかもしれない．しかし，国民所得の上昇によって輸入が増加し，経常収支が悪化する

図4-8 輸出の拡大——アブソープション・アプローチ

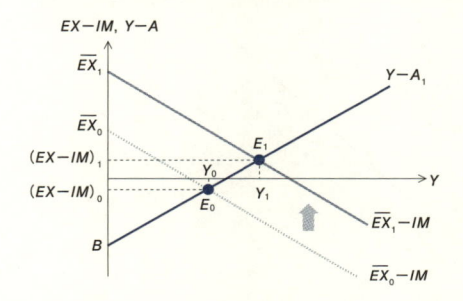

ため均衡国民所得の増加は Y_1 までとなる．これは，政府支出の増加による国民所得の上昇（$Y_2 - Y_0$）のうち，（$Y_2 - Y_1$）分は経常収支の悪化によって相殺され，経済循環から外国に漏れていることを示している．この相殺された国民所得の上昇分も直線 $EX - IM$ の傾き，すなわち限界輸入性向の大きさに依存していることが分かる．

図4-8は輸出が増加した場合の経常収支と国民所得の関係を示している[7]．輸出が $\overline{EX}_0$ から $\overline{EX}_1$ へと外生的に増加した場合，経常収支を表す直線は $\overline{EX}_0 - IM$ から $\overline{EX}_1 - IM$ へと上方にシフトする．したがって均衡国民所得の上昇と経常収支の改善をもたらす．

今までの議論は不完全雇用を想定していた．もし経済が完全雇用状態にある場合にはどうなるであろうか．自国が失業や遊休設備の存在しない完全雇用の状態にある場合は，国内生産は外生的になり，完全雇用国民所得は図4-9の Y^F で表され，この Y^F に対応して国内アブソープションが決まるので，経常収支も自動的に決定される．たとえば当初の均衡が E_0 にあったとしよう．政府が政府支出の拡大を行った場合，直線 $Y - A_0$ がちょうどその分下方シフトするだけで，国民所得は完全雇用水準以上には増加しないから，均衡は E_1 点とはならずに E_2 点となる．それゆえ経常収支の黒字が $(EX - IM)_1$ に低下するだけで，政府支出の拡大は全て外国に流出してしまい，所得の増加につながらないことが分かる．

---

[7] 本節では貨幣の存在を考慮していないため，為替レートや物価などは明示的には取り扱わないが，輸出の増加は，一般的には実質為替レートの減価や外国所得の増加などによって生じるとされる．

図4-9 完全雇用下でのアブソープション・アプローチ

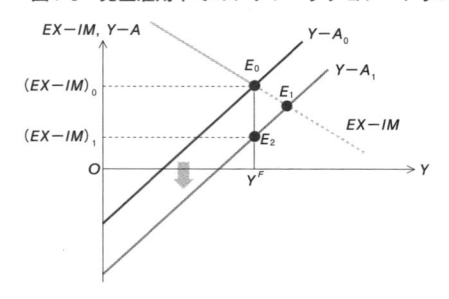

4.2 2国モデルによる反響効果——大国の場合

　前節までは，一国の経済政策や経済状況の変化が，他の国への経済活動に影響を与えることがないくらい経済規模の小さい国を前提とした**小国**の仮定を置いていた．しかし現実には，ある国の輸入は他の国の輸出であるので，ある国の輸入が増加すれば，他の国では輸出が増加し総需要が増えることもあるであろうし，他の国の総需要の増加が，さらに自国の輸出を刺激するかもしれない．つまり実際には，一国の経済状況の変化は，他の国の経済状況に影響を与え，さらには他国の経済状況の変化が自国に跳ね返って，自国の経済状況にも影響を与える可能性がある．本節では，このような2国間に経済的相互依存関係が存在する**大国**の場合について検討する．

　ここでは，世界が2国のみから構成されていて，両国とも経済主体としては家計，企業，政府部門および相手国とする．自国の需給均衡条件は，(4.17) 式であるから，外国においても (4.18) 式と同様の式が成立しているとすると

$$S^* + T^* + IM^* = I^* + G^* + EX^*$$

と表すことができる．ただし＊は外国の変数を表す．

　外国の輸入は自国の輸出であり，外国の輸出は自国の輸入であることに注意すると，

$$IM^* = EX$$
$$EM^* = IX$$

第4章 開放マクロ経済モデルの基礎

となるので，これを考慮した自国と外国の均衡条件は，以下のようになる．

$$S + T + IM = I + G + IM^*$$
$$S^* + T^* + IM^* = I^* + G^* + IM$$

さらに自国の貯蓄関数，輸入関数，租税関数については，(4.11) 式，(4.12) 式および (4.21) 式を仮定し，外国についても対称的に，

$$S^* = -C_0^* + s^* Y^*$$
$$IM^* = m^* Y^*$$
$$T^* = \tau^* Y^*$$

とすると，自国の均衡国民所得水準は，

$$Y = \frac{1}{s + m + \tau} (C_0 + I + G + m^* Y^*) \qquad (4.23)$$

となり，他方，外国の均衡国民所得水準は，

$$Y^* = \frac{1}{s^* + m^* + \tau^*} (C_0^* + I^* + G^* + mY) \qquad (4.24)$$

となる．すなわち (4.23) 式から分かるように，外国の国民所得 Y^* が上昇すると，その $\frac{m^*}{s + m + \tau}$ 倍だけ自国の国民所得が増加する．また同様に (4.24) 式から，自国の国民所得の増加も，外国の国民所得に影響を与えることがわかる．このように自国の国民所得や外国の国民所得の増加や減少が，相手国の国民所得にも影響を与えることは，一国の好景気や不景気が他国に伝播することを示している．このような効果は**スピルオーバー（溢出）効果**と呼ばれ，国際的な政策協調の必要性の一つの根拠となっている．

図4-10では，縦軸に自国の国民所得 Y，横軸に外国の国民所得 Y^* を測り，このスピルオーバー効果を説明している．自国の均衡国民所得を表す (4.23) 式は，切片 $\frac{C_0 + I + G}{s + m + \tau}$，傾き $\frac{m^*}{s + m + \tau}$ の右上がりの直線 L_0 で表され，外国の均衡国民所得を表す (4.24) 式は，切片 $\frac{-(C_0^* + I^* + G^*)}{m}$，傾き $\frac{s^* + m^* + \tau^*}{m}$ の

図4-10 反響効果

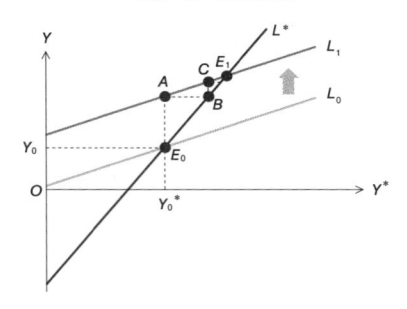

右上がりの直線 L^* で表されている．両国が同時に均衡するのは，この直線 L_0 と L^* の交点 E_0 であり，このときの自国の均衡国民所得は Y_0，外国の均衡国民所得は Y_0^* に決定される．この均衡解を求めるには，(4.23) 式と (4.24) 式を連立させて，内生変数 Y と Y^* に関して解けば良い．その結果自国の均衡国民所得

$$Y = \frac{1}{qq^* - mm^*}(aq^* + a^*m^*) \qquad (4.25)$$

と，外国の均衡国民所得

$$Y^* = \frac{1}{qq^* - mm^*}(aq + am)$$

が得られる．ただし $q = s + m + \tau$，$q^* = s^* + m^* + \tau^*$，$a = C_0 + I + G$，$a^* = C_0^* + I^* + G^*$ である．

このような大国の場合，自国が政府支出 G を増加させると均衡はどのようになるであろうか．自国の政府支出の増加は，直線 L を上方シフトさせる．E_0 点から A 点への移動は，外国の国民所得を所与とした時の自国の国民所得の増加を示している．次に A 点から B 点への移動は，自国の国民所得の増加に伴って自国の輸入が増加したため，外国の輸出が増加し外国の国民所得が増えたことを示している．同様に B 点から C 点へは，外国の国民所得の増加によって自国の輸出が増加し，自国の国民所得が増加することを示している．最終的に新しい均衡は E_1 点となり，この点では両国の均衡国民所得が双方とも増加していることが分かる．このように両国の国民所得の増加が互いに影響し

合う効果を**反響効果**と呼ぶ．

　この反響効果により，小国の仮定の下での政府支出増加の効果よりも大国モデルの方が効果が大きくなることが図4-10からもうかがわれる．このことは次のようにして確かめることができる．自国の政府支出の増加が，どのくらい自国の国民所得を増加させるかは，(4.25) 式から

$$\Delta Y = \frac{q^*}{qq^* - mm^*} \Delta G$$

であることが分かる．すなわち自国の政府支出1単位の増加は，自国の国民所得を $\frac{q^*}{qq^* - mm^*}$ だけ増加させる．この $\frac{q^*}{qq^* - mm^*}$ が反響効果を考慮した**2国モデルの場合の外国貿易乗数**である．これを小国開放経済での結果と比較するために，小国の場合の外国貿易乗数を求めてみよう．小国の場合は外国の反響効果がないから，$m^* = 0$ を上式に代入すれば，小国モデルの外国貿易乗数が導出される．この小国モデルの外国貿易乗数を2国モデルでの外国貿易乗数から引くと，

$$\frac{q^*}{qq^* - mm^*} - \frac{1}{q} = \frac{mm^*}{q(qq^* - mm^*)} > 0$$

となり，$qq^* - mm^* > 0$ なので，2国モデルの下での外国貿易乗数の方が大きいことが分かる．

　本節では，世界に2国しか存在しないものとして外国貿易乗数を導出したが，実際には外国は複数存在する．それらの国の間でも貿易が行われていれば，他の外国へも所得が経済循環から漏れてしまうため，外国への波及効果や反響効果はここで想定するよりも小さくなる．

4.3　異時点間の消費決定

　前節までの分析では，国民所得や経常収支を決定する要因，すなわち消費や投資や生産を考える上で，各経済主体の「現時点」での経済活動にのみ注目していた．しかしながら人々は通常，現時点の消費や所得だけでなく，将来得ら

れるであろう所得や将来必要になる消費の水準などを考えながら，現在の経済活動を行う．そこで本節では，経済主体が時間を通じた所得と支出の動向も考慮しながら経済活動を行うとされる**異時点間モデル**を考える．簡単化のために，現在と将来の2期間しか存在しないと仮定して，まず閉鎖経済の下での消費と貯蓄の決定を考え，次に開放経済モデルに拡張して消費と経常収支の決定を考えてみる．

4.3.1 閉鎖経済下での2期間モデル

経済活動の計画期間が2期間の場合は，1期目（現在と呼ぶ）に消費されなかった財は何らかの形で貯蓄され，2期目（将来と呼ぶ）で全て消費すると仮定する．また閉鎖経済の場合には，財の貸借は国内のみで行われる．そして経済主体は，1期目の消費 c_1 と2期目の消費 c_2 からそれぞれ効用を得ており，経済的に合理的な主体であれば、それらの効用の合計である**生涯効用**を最大にするよう現在の消費水準を決定することになる．ここではある経済主体の生涯効用水準を U と置き，

$$U = u(c_1) + \beta u(c_2), \quad 0 < \beta < 1 \qquad (4.26)$$

と表し，$u(c_1)$ は1期目の現在消費から得られる効用，$u(c_2)$ は2期目の将来消費から得られる効用を指すものとする[8]．また β は**主観的割引因子**と呼ばれ，現在効用と将来効用を比較する場合，将来効用を現在時点で評価する（割引く）ために用いられ，現在の効用を1とした場合の将来効用のウェイトとして解釈される．β は**時間選好率** ρ に依存し，両者の間には，

$$\beta = \frac{1}{1+\rho}$$

という関係が存在する．時間選好率とは，経済主体が「現在」をどれだけ重要視しているかという程度を表しており，ρ が大きいほど（つまり β が小さくなるほど），将来効用の割引現在価値 $\beta u(c_2)$ は小さくなり，現在の効用のウェイトが相対的に高くなるので，現在の消費をより強く選好することになる．逆に ρ

---

[8] このような効用関数は，時間に関して分離可能（time-separable）な効用関数と呼ばれる．

が小さいほど（つまり β が大きいほど），将来効用の割引現在価値が大きくなるので，将来効用に対するウェイトが相対的に高いことが分かる．

また**期間効用関数** $u(c_t)$ $(t=1,2)$ は消費 c_t に関して厳密な意味で凹の増加関数，すなわち $u'(c_t)>0$, $u''(c_t)<0$ を満たすものとする．

一方の所得に関しても，消費と同様現在だけでなく将来の所得も考慮する．したがって，1期目の所得を上回って消費することもあれば，その逆に現在所得を下回る分しか消費しない場合もある．前者の場合，1期目で借入を行って将来得られる所得から返済することになり，後者の場合は，現在は貯蓄を行い，2期目でその貯蓄を消費することになる．つまり所得の予算制約も2期間にわたって考慮する必要がある．これをモデルで説明してみよう．まず現在所得を y_1 とすると，貯蓄 S は現在所得のうち1期目に消費されなかった部分と定義されるから，

$$S = y_1 - c_1 \tag{4.27}$$

である．仮定により，将来はこの貯蓄と貯蓄から得られる収益の合計（元利合計）と2期目で得られる所得 y_2 の合計を全て消費し尽すので，第2期の消費は，

$$c_2 = y_2 + (1+i)S$$

となる．ただし i は利子率（収益率）である．（4.27）式を上式に代入して整理すると，次のようになる．

$$c_2 = y_2 + (1+i)(y_1 - c_1)$$
$$c_1 + \frac{c_2}{1+i} = y_1 + \frac{y_2}{1+i} \tag{4.28}$$

これは**異時点間の予算制約式**と呼ばれ，左辺は現在消費と将来消費の割引現在価値の合計，右辺は現在所得と将来所得の割引現在価値の合計となっている[9]．

各経済主体は，（4.28）式を制約条件として（4.26）式を最大化するように現在消費 c_1 を選択する．この最適化問題の1階の条件は**異時点間のオイラー方程式**と呼ばれ，

$$\frac{\beta u'(c_2)}{u'(c_1)} = \frac{1}{1+i} \tag{4.29}$$

となる．この式の左辺は，現在消費から得られる限界効用と将来消費から得られる（割引かれた）限界効用の比率である**異時点間の限界代替率**を示しており，現在の消費を1単位増加させた時に，一定の効用水準を保つのに必要な将来消費の減少量を表している．また（4.29）式の右辺は，第1期の消費で換算した第2期の消費の相対価格（交換比率）という意味を持っている．これは現在消費を1単位増加させると，貯蓄が1単位減少するが，その減少した貯蓄1単位分とそこから生じる収益（利息）を失うため，$(1+i)$ を現在消費の相対価格と見なすことができるからである．したがって（4.29）式全体では，最適点において異時点間の消費の限界代替率が，現在消費と将来消費の価格比に等しくなければならないことを示している．

最適な消費水準は，この（4.29）式と予算制約式（4.28）式を組み合わせることで導出される．また時間選好率と利子率が等しいとき，つまり

$$\beta = \frac{1}{1+\rho} = \frac{1}{1+i}$$

となる場合，（4.29）式は $u'(c_1) = u'(c_2)$ となるから，経済主体は現在の消費と将来の消費を一定（$c_1 = c_2$）に保とうとする傾向をもつ．この傾向は**消費の平準化**と呼ばれる [10]．例として $u(c_1) = \ln c_1$，$u(c_2) = \ln c_2$ と仮定すると，1期目の消費の最適水準 $\hat{c}_1$ は以下のようになる．

$$\hat{c}_1 = \frac{(1+i)y_1 + y_2}{2+i}$$

このような2期間モデルによる最適消費の決定を図4-11によって説明しよう．横軸に現在消費 c_1 と現在所得 y_1，縦軸に将来消費 c_2 と将来所得 y_2 を測ると，異時点間の予算制約式（4.28）は，切片 $(1+i)y_1 + y_2$，傾き $-(1+i)$ の直線 I として描ける．今，1期目の所得と2期目の所得が，I 線上の Q 点の水準にあるとする．他方，（4.26）式から得られる無差別曲線 U は，原点に対して凸の曲線として描け，最適な消費水準はこの U と直線 I の接点 E_0 に対応する $\hat{c}_1$ および $\hat{c}_2$ で決定される．図4-11のように，1期目の所得 y_1 が $\hat{c}_1$ より

9）本節では将来所得の水準に不確実性がない完全予見を仮定している．
10）このように，各期の消費水準が等しい状態（あるいは消費の変化率が一定の状態）を**定常状態**と呼ぶ．

第4章 開放マクロ経済モデルの基礎

図4-11 閉鎖経済下での2期間モデル

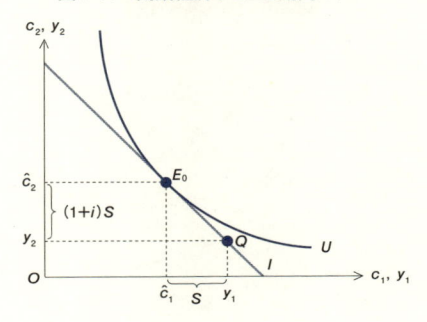

大きい場合，現在は S だけ貯蓄し，将来はその S の元利合計と y_2 を消費することになる．

4.3.2 小国開放モデルの下での2期間モデル

次に2期間からなる貸借が国際間でも可能な小国開放モデルを考えてみよう．一国の全ての経済主体が同じ性質を持つ（homogeneous）ならば，前項における各経済主体の消費決定の分析は，一国全体の集計化された消費と所得に置き換えて議論することができる．つまり，一国全体の消費を集計化した t 期の総消費を C_t ($t = 1, 2$)，国民所得（あるいは総所得）を Y_t ($t = 1, 2$) とし，一国の人口を1に基準化すれば，$c_t = C_t$，$y_t = Y_t$ と置き換えられる．また，ここでは小国の仮定をおいているので，自国利子率 i は外国の資本市場で決定される．

まず将来にわたって国民所得が一定の場合（$Y_1 = Y_2 = \overline{Y}$）を考えてみよう．もし $\beta < \dfrac{1}{1+i}$ が成立する様な場合，(4.29) 式から均衡では $u'(C_1) < u'(C_2)$ となり，将来消費の効用よりも現在消費の効用の方が相対的に大きい状態である．又，**限界効用逓減の法則**から，$C_1 > C_2$ となることがわかる．したがって1期目は ($C_1 - Y_1$) 分だけ総消費が国民所得を上回り，その超過分全てを外国から借入れるため経常収支 CA_1 は赤字となる．またこの国は2期目には，借入の元利合計を外国に返済しなければならないので，経常収支は黒字，そして将来の消費は $C_2 = Y_2 - (1+i)(C_1 - Y_1)$ となる．このことは図4-12 に示されている．

図4-12 開放経済下での2期間モデル

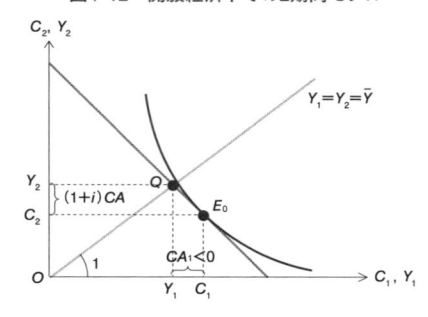

図4-13 消費の平準化の下での経常収支決定

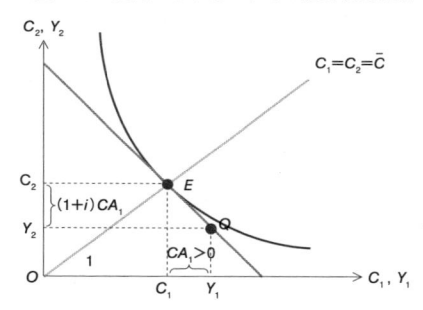

このように主観的割引因子 β の低い国,すなわち現在消費の効用が将来消費の効用よりも相対的に大きい国は,第1期に経常収支が赤字になる傾向があり,逆に主観的割引因子の高い国は経常収支が黒字になる傾向があることが分かる.したがって国民所得が将来にわたって一定の場合,1期目の経常収支が赤字になるか黒字になるかは,その国の主観的割引因子に依存している.

次に1期目の消費と2期目の消費が一定の場合($C_1 = C_2 = \bar{C}$)を考えてみよう.このような場合,$\beta = \dfrac{1}{1+i}$ が成立している.ここで $Y_1 > Y_2$ のとき,経常収支はどうなるであろうか.図4-13に表されているように,1期目では国民所得が総消費を超過しているので,余った国民所得を外国に貸出し,2期目でその元利合計の返済を受け取り,それを2期目の国民所得とともに消費する.つまり1期目では経常収支は黒字,2期目では経常収支が赤字となる.したがって消費の平準化の傾向が強い国では,現在の国民所得と将来の国民所得の大小

第4章 開放マクロ経済モデルの基礎

関係で，現在の経常収支が赤字になるか，あるいは黒字になるかが決定される．

補論　乗数効果の計算

　政府支出乗数のような乗数効果の議論は，経済学の中ではさまざまなところに見出せる．ここでは，その乗数効果の計算手法についてまとめておく．計算手法は三つ紹介するが，どれを使っても同じ結論に到達する．

　第一の方法は，当初の需要増加を A（本文では ΔG）とすると，2次の追加的需要は cA，3次の追加的需要は cA に c を掛けたもの，……と無限に続いていく．その総和を S とすると

$$\begin{aligned}S &= A + cA + c\times(cA) + c\times(c\times cA) + \cdots\cdots \\ &= A + cA + c^2 A + c^3 A + \cdots\cdots\end{aligned} \quad (\text{A.1})$$

と表すことができる．この両辺に c を掛けると以下のようになる．

$$cS = cA + c^2 A + c^3 A + c^4 A + \cdots\cdots$$

上式から下の式を引き，

$$\begin{array}{l}S = A + cA + c^2 A + c^3 A + \cdots\cdots \\ cS = \phantom{A+{}} cA + c^2 A + c^3 A + \cdots\cdots \\ \hline (1-c)S = A \\ S = \dfrac{1}{1-c} A\end{array}$$

を得る．すなわち需要増加 A が次から次へと新しい需要を生む場合，その効果を集計すると，最終的に当初の需要増加 A の $\dfrac{1}{1-c}$ 倍となることが分かる．

　しかし高校の数学で等比級数を学んだ読者にとっては，以上の手順を追わなくても，(A.1) 式を見れば，S が初項 A，公比 c の無限等比級数になっていることに気づくかもしれない．等比級数の公式は，$A \times \dfrac{1-c^n}{1-c}$ であるので，n

を無限大にすると，$0 < c < 1$ のとき c^n がゼロに収束する．したがって $\dfrac{1}{1-c}$ の A となることが分かる．これが第二の方法である．

最後に，均衡での政府支出の効果に着目する方法を紹介する．均衡条件 $Y^S = Y^D$ より，均衡国民所得は以下のように表される．

$$Y = C_0 + cY + \bar{I} + \bar{G}$$
$$Y = \frac{1}{1-c}(c_0 + \bar{I} + \bar{G})$$

ここで，政府支出の増加が均衡国民所得に与える影響を分析するために，Y を G で微分すると，

$$\frac{\Delta Y}{\Delta \bar{G}} = \frac{1}{1-c}$$

となり，政府支出の1単位の増加によって，均衡国民所得は $\dfrac{1}{1-c}$ だけ増加することが分かる．

もっと学びたい人のために——参考文献

異時点間の国民所得決定を本格的に学びたい人には，Blanchard, Olivier Jean and Fischer, Stanley [1989] *Lectures on Macroeconomics.* Cambridge, MA, The MIT Press がある．これを開放経済下での大国モデルにまで拡張して解説したテキストとしては，Obstfeld, Maurice and Rogoff, Kenneth [1996] *Foundations of International Macroeconomics.* Cambridge, MA, The MIT Press がある．

第 5 章

開放経済下の財政金融政策

キーワード：IS 曲線，LM 曲線，貨幣需要曲線，完全雇用国民所得，BP 曲線，資本移動性，マンデル＝フレミング・モデル，ポリシー・ミックス，政策割当問題，効果的市場分類の原理，スワン図

　本章では IS 曲線，LM 曲線に加えて，開放経済では固定レート制であれば国際収支，変動レート制であれば為替レートが内生変数となることに注目して，小国の短期的な均衡を分析したマンデル＝フレミング・モデルの解説をする．そのために，まず IS 曲線と LM 曲線を解説する．次いで国際収支が均衡している BP 曲線と呼ぶ曲線を定義し，為替レート制度を固定制と変動制に二分し，それぞれの制度下における短期の安定化のための政策効果を検討する．この政策効果の分析では，国際資本移動が重要な役割を示すことも解説する．
　固定レート制下で，政策目標が対内均衡と対外均衡という二つがある場合に，それを同時達成させるためには少なくとも二つの独立した政策手段が必要となるが，それをどのように「割当」てたら良いかという問題は，ポリシー・ミックスの問題として知られている．これを解説し，次いで為替レートが可変的である場合の，二つの政策目標の同時達成を検討したスワン図を解説する．

5.1 閉鎖経済下での財・貨幣市場の均衡 —— *IS-LM* 分析

第4章では，貨幣が存在しないものと仮定してマクロ経済の均衡を考えてきたが，本章では，貨幣の存在を考慮したマクロ経済の均衡を考える．貨幣が存在すると，貨幣の交換が行われる貨幣市場や貨幣保有の機会費用である利子率の総需要項目への影響を含めて，マクロ経済を分析する必要がある．そこで本節ではまず，閉鎖経済の下で利子率の影響を考えた財市場の均衡と，第5章から新たに加わる貨幣市場の均衡，および財市場と貨幣市場の同時均衡を分析するためのツールの一つである *IS-LM* 分析についての説明を行う．なお 5.1 を通して，物価を一定と仮定した短期を想定して分析を行う．

5.1.1 財市場の均衡 —— *IS* 曲線の導出

第4章では総需要を，主として家計部門の支出項目である消費，企業部門の支出項目である民間投資，政府部門の支出項目である政府支出の合計として定義した．このうち特に企業による民間投資は，第4章では独立投資として扱われていたが，実際には利子率の影響を大きく受けていると考えられている．一般に投資に必要な資金は，銀行から借入れる（あるいは債券や株式を発行する）ことによって調達される．そのため利子率が上昇すると，借入の利払い（資金調達コスト）が増加するので，企業は投資を控えることになる．逆に利子率が下落すると資金調達コストが低下するため，投資を行うインセンティブが高くなると考えられる．したがって本章では投資 I を，利子率 i に依存するものと仮定する．すなわち投資関数は，

$$I = I(i), \qquad \frac{dI}{di} < 0$$

と表される．その他の総需要項目である消費と政府支出に関しては，第4章と同様とした上で，第4章の (4.5) 式の総需要が国民所得（総供給）Y と等しいときを均衡と定義すれば，均衡条件は

第5章 開放経済下の財政金融政策

図5-1 *IS*曲線の導出

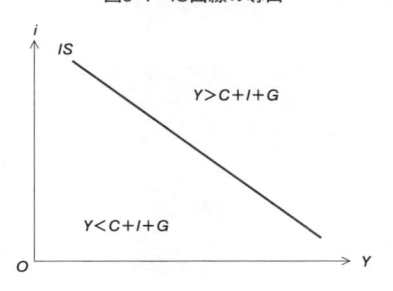

$$Y = C(DY) + I(i) + G$$
$$= \{C_0 + c_1(Y-T)\} + I(i) + G, \quad C_0 > 0, \quad 0 < c_1 < 1, \quad \frac{dI}{di} < 0 \quad (5.1)$$

と表すことができる．ここでの DY は可処分所得 $Y-T$ を表している．(5.1)式は i と Y の間に負の関係があることを示しており，これを縦軸に利子率 i，横軸に国民所得 Y を測ると図5-1のような右下がりの曲線が描ける．これは **IS 曲線**と呼ばれ，財市場を均衡させる利子率と所得の組み合わせの軌跡と定義される．

IS 曲線上の任意の点では財市場が均衡しているが，IS 曲線上以外の領域では不均衡の状態にある．たとえば IS 曲線の右側の領域では，総需要 $C+I+G$ が総供給 Y を下回っている超過供給状態にある．また IS 曲線の左側の領域では，同様の理由から財市場の超過需要となっている．

ここで財政政策の効果を考えてみる．他の条件を一定として，政府が政府支出 G を拡大させると総需要が増加し，それに見合うように産出量と国民所得が増加するため IS 曲線は右方向にシフトする．また増税 $\Delta T > 0$ は，可処分所得 DY の減少を通して消費を減らす．そのため総需要が低下し IS 曲線は左方向にシフトする．

5.1.2 貨幣市場の均衡──*LM* 曲線の導出

次に貨幣市場について考えるが，その前に貨幣を定義しておこう．日常生活の中で使用される貨幣という言葉からは，紙幣や硬貨などの現金通貨がイメー

ジされるが，マクロ経済学の中では，現金通貨以外に預金通貨も含めて貨幣と呼ぶ[1]．

貨幣市場の均衡も，他の市場と同様に，貨幣量の需要と供給が等しい水準で決定される．まず貨幣供給に関して，ここでは簡単化のために，貨幣供給量 M を通貨当局が完全にコントロールできるものと仮定し，

$$M = \bar{M} \quad (5.2)$$

とする．ここで $\bar{M}$ は所与の値であることを意味する．

貨幣需要は，一般に貨幣保有には三つの動機，すなわち**取引動機**，**予備的動機**，**資産動機**があるとされる．取引動機とは，家計や企業などの経済主体が財やサービスを購入するときの支払手段として貨幣を需要することを言い，所得が高くなるほど貨幣需要は増加する．予備的動機は，経済主体が予測しない病気や事故，あるいは突然の失業などによる大幅な所得減少に備えて，ある程度の資産を貨幣の形で保有しておきたいと思う動機のことを言う．この動機に基づく貨幣需要 M^d は，取引動機に基づく貨幣需要と同様に，所得 Y の増加関数となる[2]．

最後の資産動機に基づく貨幣需要は，複数の資産をどのようにどれだけ保有するかという**資産選択**（ポートフォーリオ・セレクション）の問題から発生する．金融資産として貨幣と債券の2種類の資産しか存在せず，したがって資産を取引する市場も貨幣市場と債券市場しかない場合，経済主体は保有する資産を貨幣と債券にどのように配分するであろうか．経済主体がどの資産をどれだけ保有するかを考えるとき，一般的には各資産のリスクと収益率を比較してその配分を決めるであろう．貨幣の名目価値は変動しないのでリスクは存在しないがその分収益率も低い．一方の債券は価格が日々変動するためリスクも相対的に大きく，収益率も貨幣よりは大きい．ここでリスクは不変のままで債券の収益率だけが上昇すると，経済主体は資産を債券に配分する割合を多くし，貨幣へ

---

[1] 預金通貨にも普通預金，定期性預金，当座預金などさまざまあるが預金の種類によって，M1，M2，M3に分類される．詳しくはミネルヴァ経済学テキストシリーズの藪下史郎［2009］『金融論』を参照のこと．
[2] 予備的動機による貨幣需要は，所得だけではなく利子率にも依存するとされる分析も多数存在する．詳しくはデーヴィッド・E・W・レイドラー，今井譲・石垣健一ほか訳［1989］『貨幣の経済学』第6章（昭和堂）などを参照のこと．

第5章 開放経済下の財政金融政策　　　　　　　　　117

図5-2　LM曲線の導出

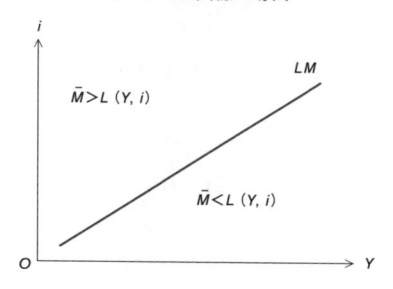

$\bar{M} > L(Y, i)$

$\bar{M} < L(Y, i)$

LM

の配分を少なくすると考えられる．すなわち，債券需要が増加し貨幣需要は低下することになる．逆に収益率だけが下落すれば，債券に配分される割合は小さくなり，貨幣への配分は大きくなる．このことから次の二つのことが分かる．一つは，債券需要が債券収益率の増加関数であり，貨幣需要はその減少関数であるということである．また二つ目は，債券需要と貨幣需要はいつでも反対の動きをするため，どちらか一方の市場のみを考えればよく，ここでは貨幣市場のみを考えれば事足りることになる．後者は一般均衡分析における**ワルラスの法則**に対応するものである．2資産の場合，債券の収益率は利子率と考えて良いから，取引動機，予備的動機，投機的動機の3つの動機に基づく貨幣需要は，一般物価水準を一定と仮定すると，

$$M^d = L(Y, i), \quad \frac{\partial L(Y, i)}{\partial Y} > 0, \quad \frac{\partial L(Y, i)}{\partial i} < 0 \quad (5.3)$$

と表すことができる．(5.3) 式は**貨幣需要関数**と呼ばれる．

貨幣市場の均衡条件は，その需要と供給が均等化することであるから $M^d = M$ と表され，(5.2) 式と (5.3) 式を用いれば，

$$\bar{M} = L(Y, i), \quad \frac{\partial L(Y, i)}{\partial Y} > 0, \quad \frac{\partial L(Y, i)}{\partial i} < 0 \quad (5.4)$$

が得られる．これを IS 曲線と同様に，縦軸に利子率，横軸に国民所得を測って描いたものが図5-2の **LM 曲線**である．LM 曲線は，貨幣市場を均衡させる国民所得と利子率の組み合わせの軌跡と定義される．(5.4) 式から利子率と国民所得の間には正の関係があることが分かる．また LM 曲線上の点以外の領

域では，貨幣市場の需給不一致が生じている．たとえば LM 曲線の右側の領域では，貨幣需要 $L(Y, i)$ が所与の貨幣供給 $\bar{M}$ を上回っており，貨幣の超過需要状態にある．LM 曲線の左側の領域ではその逆の状態，すなわち貨幣の超過供給が生じている．

物価が一定の短期においては，通貨当局が貨幣供給量を増加させた場合，それに見合うように利子率が低下（あるいは国民所得が上昇）し，貨幣需要量が増加するため，LM 曲線は下（右）方向にシフトする．逆に通貨当局が貨幣供給量を縮小させた場合，LM 曲線は上（左）方向にシフトする．

物価が伸縮的な長期の場合には，名目値と実質値の相違が重要な影響を与える．たとえば貨幣量が一定であっても物価が著しく上昇した場合，貨幣の実質的な価値は低下する．またその逆で物価が下落する場合には貨幣の実質価値は高くなる．したがって物価を P とすると，LM 曲線も以下のように実質値変数に変形することができる．

$$\frac{\bar{M}}{P} = L(y, i), \qquad \frac{\partial L(y, i)}{\partial y} > 0, \qquad \frac{\partial L(y, i)}{\partial i} < 0 \qquad (5.5)$$

(5.5) 式の左辺は**実質貨幣量（残高）**と呼ばれる．また実質貨幣需要を示す右辺は実質国民所得 y と名目利子率 i に依存する[3]．

5.1.3　財市場と貨幣市場の同時均衡

前項までで，財市場と貨幣市場のそれぞれが均衡する条件と，その条件を満たす曲線を導出した．それでは，財市場と貨幣市場が同時に均衡する国民所得と利子率はどのような水準になるであろうか．それは図 5-3 における IS 曲線と LM 曲線の交点 E_0 で決定され，この均衡点 E_0 に対応する Y_0 を**均衡国民所得**，i_0 を**均衡利子率**という．この均衡国民所得は，必ずしも**完全雇用国民所得**と一致しているとは限らないことに留意されたい．完全雇用国民所得 Y^F とは，遊休設備や失業が存在しない国民所得水準を意味するが，IS-LM 分析の下での均衡国民所得は，財市場と貨幣市場の 2 市場が均衡していれば十分である．したがって，均衡国民所得が完全雇用国民所得を下回る場合には**失業**が存在する．

---

[3] 詳しくはミネルヴァ経済学テキストシリーズの藪下史郎［2009］『金融論』を参照されたい．

第5章 開放経済下の財政金融政策

図5-3 財・貨幣市場の同時均衡

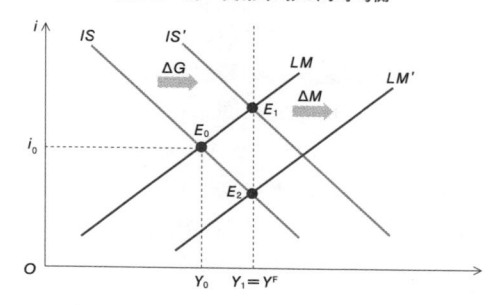

図 5-3 において経済が当初 E_0 にあったとして，失業を解消し完全雇用国民所得 Y^F を達成するために，政府が財政政策を発動する場合を考えてみよう．政府が政府支出を増加させると，IS 曲線は IS' 曲線へ右にシフトして新しい均衡点は E_1 となる．この E_1 点に対応する均衡国民所得 Y_1 が Y^F に等しくなれば，完全雇用が達成される．

次に通貨当局が金融政策を発動した場合を考える．当初経済が均衡点 E_0 にあり，このとき通貨当局は，完全雇用を達成するために金融を緩和し貨幣供給量を増加させたとしよう．増加した貨幣供給量に見合うだけの貨幣需要の増加は，国民所得の増加との利子率の低下によって引き起こされる．これは LM 曲線の右（あるいは下）へのシフトとなって表れ，新しい均衡点は E_2 となる．この E_2 点に対応する均衡国民所得 Y_1 が Y^F に等しくなれば，完全雇用が達成される．

5.2 開放経済の均衡

5.2.1 マンデル＝フレミング・モデル

閉鎖経済では財・サービス市場の均衡を表す IS 曲線と貨幣市場の均衡を表す LM 曲線が同時に満たされるときに閉鎖経済の（国内）均衡が達成された．開放経済ではこれに加えて海外部門の均衡を考慮する必要がある．それは既に学んだ国際収支の均衡で表すことができる．このようにして開放経済の短期的な均衡を考察するモデルの代表的なものにマンデル＝フレミング・モデルと呼ばれるものがあり，本節ではこれを説明する．

国際収支の均衡という場合には，経常，資本，外貨準備増減等の全勘定を加えると恒等的にゼロとなるように誤差脱漏で調整しているので，国際収支表のどこかで勘定を切って均衡を定義する必要がある．つまり経常移転等を無視すれば，原理的には第1章の（1.15）式に明示したように，貿易収支（TA）が近似的に経常収支（$CA = EX - \text{IM}$）とされる場合，それと民間保有の対外純資産増分（$-\Delta F$）の合計が外貨準備増減（ΔR）になり，$(EX - \text{IM}) - \Delta F = \Delta R$ となる．また資本収支（KA）の定義から，$\Delta R + \Delta F = -KA$（資本収支）であり，$TA + KA \equiv 0$，すなわち国際収支が常にゼロとなっていなければならなかったことを想起されたい．マンデル＝フレミング・モデルでは，この（1.15）式を変形した，$TA - \Delta F = \Delta R$ となるときを国際収支の「均衡」と定義する[4]．この「均衡」において，固定レート制の場合には ΔR はゼロである必要はなく，変動レート制の場合には $\Delta R = 0$ となるように為替レートが自由に変動するとしている．

経常移転等を無視したことにより，経常収支（CA）は貿易収支（TA）で近似され，輸入は短期的には所得水準（Y）と（自国通貨建て）為替レート（E）に依存するものと考えると，自国の輸出は外国の輸入であるから，これも外国の所得水準と為替レートに依存することになる．すなわち輸入は $\text{IM} = \text{IM}(Y, E)$，また輸出は $EX = \text{IM}^* = \text{IM}^*(Y^*, E)$ と表すことができる．したがって経常収支 $CA = EX - \text{IM}$ は

$$CA = CA(Y, Y^*, E) \tag{5.6}$$

で，$CA_Y < 0$，$CA_{Y}^* > 0$ であり，さらに第1章（1.19）式のマーシャル＝ラーナー条件を仮定すれば $CA_E > 0$ である．

他方，$-\Delta F$ の資本収支に関しては，さしあたり短期的に各国資産の内外収益率格差にのみ依存して国際間の資本移動が生じた結果であると仮定しよう．各国には収益率ゼロの貨幣以外にもう一つだけ資産があり，その自国と外国（たとえば米国）の資産をそれぞれ自国債券 B と米国債券 B^* としよう．いま B

---

[4]（$-\Delta F$）と（$-\Delta R$）は，それぞれ民間と政府・中央銀行が保有する対外準備資産の増分を表しているから，これらがいずれもゼロでなければ将来時点で金利の受払が発生する．したがってここで定義した「均衡」とは，短期的な意味での均衡に過ぎないことに注意されたい．マンデル＝フレミング・モデルの国際収支の均衡の定義については，たとえば Argy, Victor [1994] *International Macroeconomics*, London: Routledge を参照されたい．

の収益率（利子率）を i とし，外国利子率は i^* としよう．B と B^* は表示通貨だけが異なり，他の特性（たとえば満期等）は同一で政府が発行し，デフォルトリスク等は無視できるとする．将来と現在で E が異なる（固定制なら切り上げか切り下げ，変動制なら増価か減価）と，たとえば B^* を保有している自国投資家が満期後に外貨を自国通貨に変換したときの収益率は現在の収益率と異なる．たとえば現在 $E_t = 100$ 円のとき B^* 1 単位当たり 1 ドルの収益のある B^* を保有していれば，E_{t+1} が 110 円に減価すると，$t+1$ 期にそれを円に変換すると $(E_{t+1} - E_t)/E_t = 10\%$ だけ得をする．E_{t+1} は現時点では分からないから，投資家はこれについて主観的な期待値 E^e_{t+1} を念頭に置いて投資を行うことになる．この期待形成は全ての投資家にとり同じであるとし，投資家は，内外の期待収益率が等しければどちらの資産を保有しても無差別という意味で，危険中立的であると仮定しておく．

5.2.2 資産の代替性

自国と外国の投資家の現実の投資決定は，$\varepsilon = (E^e_{t+1} - E_t)/E_t$（期待減価率）のほかに，以下に説明する**リスクプレミアム**にも依存することになる．もしも投資家たちが B と B^* を完全代替資産と考えていれば，両国資産の実質的な収益率が均等化し，

$$i = i^* + \varepsilon \tag{5.7}$$

が成立するところまで国際資本移動が生ずるはずである．この式を「（カバーなしの）利子裁定式」と言う．しかし両者が完全代替資産と見なされていない不完全代替の場合には，以下に定義されるリスクプレミアムという追加的な要因が考慮されなければならない．

いま外貨建て資産市場における民間の資産ストック供給（すなわち B^*）が与えられている場合，それに対する需要を考えてみよう．民間投資家のポートフォリオ選択は，次のような需要関数により表されると仮定する．

$$\gamma (i^* + \varepsilon - i) W$$

ここで W は $W = EB^* + B$ と定義されていて，民間保有の外貨建て資産（B^*）と自国通貨建て資産（B）の合計である．γ は内外金利格差（$i^* + \varepsilon -$

i）に依存する連続関数で，他の条件を一定にして，外貨建て資産からの実効収益率格差（$i^* + \varepsilon - i$）が大きくなれば，外国通貨建て資産の需要が増加すると考えられるから，$\gamma' > 0$ である．したがって外貨建て資産市場の均衡条件は

$$EB^* = \gamma (i^* + \varepsilon - i) \, W \qquad (5.8)$$

となる．簡単化のために，γ という関数を正の定数と考えよう．このとき，(5.8) 式を実効金利格差について解くと，

$$i^* + \varepsilon - i = (1/\gamma)(EB^*/W) = \rho (EB^*/W) \qquad (5.9)$$

と表すことができる．ここで（$1/\gamma$）も正であるから，右辺の最初の式の（$1/\gamma$）を，便宜上 ρ という関数で置き換えてある．γ を正の定数と仮定したから，$\rho' > 0$ である[5]．この (5.9) 式を書き換えると，外貨建て資産市場が均衡している場合には

$$i^* + \varepsilon - \rho (EB^*/W) = i \qquad (5.10)$$

が成立していることが分かる．この式の意味していることは，外貨建て資産を保有する場合には，為替レートの変化により，その実効収益率（$i^* + \varepsilon$）の変動が大きくなるという意味で為替リスクが存在するため，そのリスク分 ρ を外貨建て資産からの実効収益率から差し引いて，自国通貨建て資産の収益率と等しくなるところまでしか需要されないということを意味している．換言すれば，$i^* = i - \varepsilon + \rho (EB^*/W)$ であるから，為替リスクを考慮すると，外貨建て資産が保有されるためには，期待減価率を考慮した自国通貨建て資産の収益率に，為替変動のリスクを加えた分だけ高くなっていなければならないことを示している．このリスク分 ρ のことを「リスクプレミアム」と呼び，それは不完全代替資産である外国通貨建て資産の保有比率に依存することが分かる．

5.2.3 資本移動性と代替性

資本の国際間移動は実質的な収益率格差に依存すると仮定すれば，民間保有

---

[5] 関数 γ は連続と仮定したから，連続的に微分可能と仮定すれば，$\gamma' > 0$ という単調（増加）性から逆関数の微係数も正となる．よって $\rho' > 0$ である．

の対外純資産増分 $(-\Delta F)$ は，内外収益率格差が（5.10）式から $i-i^*-\varepsilon+\rho$ となることに注意すれば，次のような関数で与えられる．

$$(-\Delta F)=f(i-i^*-\varepsilon+\rho),\ f(0)=0,\ f'(\cdot)>0 \quad (5.11)$$

今，簡単化のためにfを実質的な金利格差 $(i-i^*-\varepsilon)$ に依存する部分とリスクプレミアムに依存する部分に分けて，次のように考えてみよう．資産間の代替性が高まれば（つまり ρ が小さくなれば），実質的な金利格差 $(i-i^*-\varepsilon)$ が一定の下でも一定期間内の資本移動は増加すると予想される．したがって（5.13）式を

$$(-\Delta F)=g(\rho)\cdot(i-i^*-\varepsilon),\ g(\cdot)>0,\ g(\cdot)'<0 \quad (5.12)$$

と表すことにしよう．特に $g(\cdot)'<0$ という条件に加えて，ρ が限りなくゼロに近づき，資産間の完全代替性が達成されるような場合には，$g(0)\to\infty$ に接近すると仮定する．すなわち，完全代替の場合には，ほんの少しの金利格差 $(i-i^*-\varepsilon\leqq 0)$ によって大量の資本移動が発生すると仮定する．この（5.12）式は，資本の代替性 $(-\rho)$ が $g(\rho)$ で近似されると考えて，それと資本の移動性 $f(\cdot)$ とは理論的には本来識別可能で別の概念であるが，統計的には識別不能（個別に測定することが不可能）であるという主張を考慮したかたちになっている．

5.2.4 国際収支の均衡

以上のように経常収支と資本収支を定式化すると，国際収支のここでの均衡を表す式は以下のように与えられる．

$$BP=CA(\bar{Y},\ \bar{Y}^*,\ \bar{E})+g(\bar{\rho})(i-\overset{+}{i}{}^*-\varepsilon) \quad (5.13)$$

ただし変数の上につけた符号は（偏）導関数の符号である[6]．以下にこれを図示してみよう．

図5-4の第Ⅱ象限には資本収支が描かれている．横軸上の0から左に資本流

---

6)（5.13）式は第1章の（1.15）式 $TA=\Delta F+\Delta R=-KA$ であり，ここでは TA が CA（経常収支）で，これと民間の資本収支 $(-\Delta F)$ との合計が外貨準備増減（公的な資本収支）ΔR，つまり BP（国際収支）になっている．後述するように，変動レート制では ΔR（国際収支）が常にゼロとなるように為替レートが調整するが，固定レート制では短期的にその必要がなく，ΔR は非ゼロであることが許容されている．図5-4では初期に $\Delta R=0$ として BP 線を導出している．

図5-4 BP線の導出

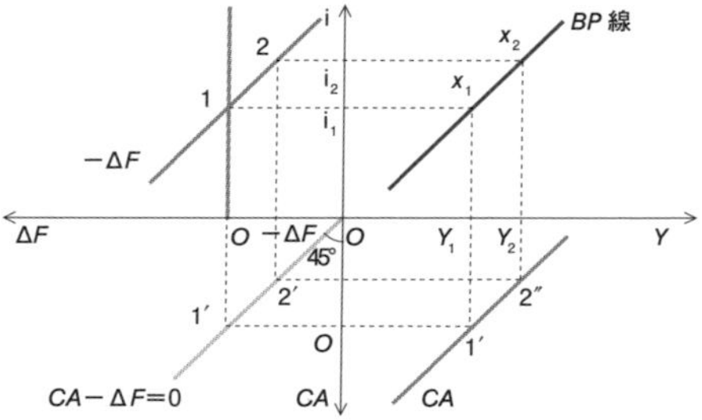

出,右に資本流入を測っている. i_1 では $i^*+\varepsilon$ に等しいとしてあり,資本収支は均衡している.したがって第1点より自国利子率が低下すると,資本収支表を左下に移動して資本収支は赤字になる.第Ⅲ象限の45度線は,左に測る資本収支と下に測る経常収支からの距離が等しいから,$CA-\Delta F=0$ を常に満たす関係を示している.第Ⅳ象限は経常収支を横軸の所得水準に対して下方に測っている.

$i^*+\varepsilon$ が与えられると,i_1 で資本収支(民間保有の対外純資産増分)は均衡($-\Delta F=0$)するが,そのとき第Ⅲ象限から経常収支も均衡($CA=0$)していて,1,1′,1″点を結ぶと第Ⅰ象限に x_1 点が求まる.この点は $CA-\Delta F=0$ を満たすから国際収支の均衡をもたらす Y と i の組み合わせを示している.

次に任意の利子率 i_2 から出発して,同様のロジックを用いて 2,2′,2″点を結んで第Ⅰ象限に x_2 点をとると,この点も国際収支の均衡を与える Y と i の組み合わせを示している.このプロセスを繰り返して x_1,x_2 のような点を結べば,それが国際収支の均衡を与える (Y, i) の組み合わせの軌跡であり,図ではBP線として示されている.すなわち,BP線とは「国際収支を均衡させる所得と利子率の組み合わせの点の軌跡」と定義されている.BP線は第Ⅰ象限の (Y, i) 平面で一般的には右上がりに描くことができることがわかった.

次にいくつかの特殊ケースを考察しておこう.

(1) 資本移動性が無限大の場合(完全資本移動)

この場合は(5.12)式で $g(0) \to \infty$ に近づくため,資本移動のスピードも ∞ に近づく場合である.$g'(\rho)<0$ としたから,資産の代替性が大きい(つまり不完全代替性によるリスクプレミアム ρ が最小の値をとる)場合で,そのために g が極端に大きな値をとる場合に相当する.その結果,利子率 i が所与の $i^*+\varepsilon$

から少しでも乖離すると，大量の資本移動が起こって i を元の水準に戻すような市場の力がはたらく．したがって国際収支を均衡させる BP 線は，経常収支の値にかかわらず $i = i^* + \varepsilon$ の水準で**水平**になる．先進各国のように制度的に国際資本移動の自由化が進むと，内外資産間の代替性も高まり，BP 線は比較的水平に近い傾きを持つようになると考えられる．

(2) 資本移動性が小さい場合

この場合は (5.12) 式で $g(\rho) \to 0$，あるいは資産の代替性が小さい（したがって不完全代替性によるリスクプレミアム ρ が大きな値をとる）場合で，$g(\rho) > 0$，$g'(\rho) < 0$ によって資本移動のスピード（$\Delta f / \Delta t$，t は単位時間）が小さな値をとる場合である．この場合の資本収支（$-\Delta F$）は，$i \leq i^* + \varepsilon$ の乖離に対して相対的に非感応的となるから，図5-4の第Ⅱ象限の資本収支を示す曲線の傾きはかなり急になっている．その結果，第Ⅰ象限の BP 線の傾きも急な傾きを持つことになる．極限的に $g = 0$ の場合には BP 線は**垂直**に描かれることになる．制度的に極端な資本移動規制を行っている場合もこれに相当し，BP 線の傾きは垂直となる．

5.2.5　*IS-LM-BP* の同時均衡——マンデル＝フレミング・モデル

IS-LM モデルに国際収支の均衡を示す BP 線を加えて3本の方程式体系で開放経済の均衡を表すモデルをマンデル＝フレミング・モデルと呼ぶ．ここではこのケインズ経済学の延長にあるモデルを解説する．このモデルは，BP 線の導出で設けた仮定に加えて，次のような諸仮定の下に構築されている．

(1) 小国モデル（したがって外国の利子率は所与）
(2) 短期モデル（したがって賃金・物価水準は一定）
(3) 不完全雇用モデル（したがって裁量的政策で国民所得の変更可能）

モデルは以下のように表すことにする．

$$Y = C(Y) + I(i) + G + EX(Y^*, E) - E \cdot IM(Y, E) \quad (5.14)$$
$$M = L(Y, i) \quad (5.15)$$

$$BP = EX(Y^*, E) - E \cdot IM(Y, E) + g(\rho)(i - i^* - \varepsilon) \quad (5.16)$$

(5.14) 式は財市場の均衡を表す (5.1) 式の IS 曲線で税金 T を捨象して，海外部門からの貿易収支 TA に相当する有効需要分，すなわち純輸出 $EX(Y^*, E) - E \cdot IM(Y, E)$ を加えてある．(5.15) 式は (5.5) 式で一定の物価水準を 1 と置いた貨幣市場の均衡を表す LM 曲線である．(5.16) 式は (5.13) 式の一般的な表現であり，国際収支の均衡を表す BP 曲線である．第 1 章の記号では，(5.16) 式の BP は外貨準備増減 ΔR であり，CA の $EX(Y, E) - E \cdot IM(Y, E)$ は TB であり，民間資本収支 $g(\rho)(i - i^* - \varepsilon)$ は $-\Delta F$ に対応している（(1.15) 式を見よ）．IS 曲線と LM 曲線が (Y, i) 平面でそれぞれ右下がりと右上がりになることは前節 5.1 で説明ずみであり，BP 曲線が右上がりになることは図 5-4 に示した．特に BP 曲線は，内外資産の代替性が高まり，リスクプレミアムが小さくなるにつれて傾きが水平に近づくことも学んだ．したがって LM 曲線と BP 曲線の傾きのどちらが大きいかは，一概には言えないことに注意されたい．

以下の説明を容易にするために，ここでは初期値として物価や為替レート E は 1 とし，また貿易収支（近似的に経常収支）もゼロ（$EX_0 = IM_0$）と仮定する．このときに IS, LM, BP 曲線を以下のような手順で線形近似する．$C(Y) = C_0 + cY$, $I(i) = I_0 - I_i i$, $EX(Y^*, E) - E \cdot IM(Y, E) = EX_0 + m^* Y^* - IM_0 - mY + EX_0(\eta_X + \eta_M - 1)E$, $L(Y, i) = L_0 + L_Y Y - L_i i$. これらを上の 3 式に代入して整理すると以下のように表すことができる．

$$a_1 Y = K - a_2 i + a_3 E + a_4 Y^* + G \quad (a_i > 0, \ i = 1, \cdots, 4) \quad (5.17)$$
$$M = L_0 + a_5 Y - a_6 i \quad (a_i > 0, \ i = 5, 6) \quad (5.18)$$
$$BP = BP_0 - a_7 Y + a_4 Y^* + a_3 E + gi - g(i^* + \varepsilon) \quad (5.19)$$

ただし 0 の添字をつけた変数は定数である．$K = C_0 + I_0 > 0$, $a_1 = (1 - c + m) > 0$, $a_2 = I_i > 0$, $a_3 = EX_0(\eta_X + \eta_M - 1) > 0$（マーシャル＝ラーナー条件），$a_4 = m^* > 0$（外国の限界輸入性向），$a_5 = L_Y > 0$, $a_6 = L_i > 0$, $a_7 = m > 0$（自国の限界輸入性向）である．BP 曲線は為替レートが与えられている場合の関係を示していることに注意されたい．したがって為替レートの変化に関しては，次の関係が導かれる．

第5章　開放経済下の財政金融政策

$$(\partial Y/\partial E)_{BP} = a_3/a_7 > 0$$

すなわち，為替レートの減価により BP 曲線は右方向にシフトすることが分かる（同様にして IS 曲線も右シフトすることが示される）．

マンデル＝フレミング・モデルはこのように（5.17）式から（5.19）式の3本の方程式体系で表され，内生変数は Y, i, E, BP $(= \Delta R)$ の四つであり，過小決定モデルである．これを全微分して次の方程式体系が得られる．

$$\begin{bmatrix} a_1 & a_2 & -a_3 & 0 \\ a_5 & -a_6 & 0 & 0 \\ -a_7 & g & a_3 & -1 \end{bmatrix} \begin{bmatrix} dY \\ di \\ dE \\ dBP \end{bmatrix} = \begin{bmatrix} dG + a_4 dY^* \\ dM \\ -a_4 dY^* + g(di^* + d\varepsilon) \end{bmatrix} \quad (5.20)$$

この過小決定体系は，為替レート制度を指定することによってコンプリートな体系に縮約して，以下のように解き，ここでの仮定の下で政策効果を検討することができる．なお，初期には3本の式は1点で交わっていて，対内均衡と対外均衡が同時に達成されていると仮定する．マンデル＝フレミング・モデルでは「対内均衡」を有効需要により産出量が決定されている場合，すなわち IS 曲線と LM 曲線の交わる点と定義し，他方「対外均衡」は既に指摘したとおり，国際収支の均衡，すなわち $TA - \Delta F = \Delta R$ が成立するときと定義する．

5.2.6　固定レート制と経済政策の効果

固定レート制では，切下げや切上げがなければ為替レートが変化しないから，E は内生変数ではない．したがって（5.20）式の体系から dE と係数行列の第3列を削除して，3本の方程式で三つの内生変数 (dY, di, dBP) の，以下のようなコンプリートな体系となる．

$$\begin{bmatrix} a_1 & a_2 & 0 \\ a_5 & -a_6 & 0 \\ -a_7 & g & -1 \end{bmatrix} \begin{bmatrix} dY \\ di \\ dBP \end{bmatrix} = \begin{bmatrix} dG + a_4 dY^* \\ dM \\ -a_4 dY^* + g(di^* + d\varepsilon) \end{bmatrix} \quad (5.21)$$

係数行列の行列式は $H_1 = a_1 a_6 + a_2 a_5 > 0$ である．

5.2.6.1 固定レート制下の財政政策の効果

最初に固定レート制下で拡張的な財政政策（$dG > 0$）が実施された場合の Y, i, BP への影響を検討する．dG は体系（5.21）式の第 1 式で示される IS 曲線に含まれていて，$(\partial Y/\partial G)_{IS} = 1/a_1 > 0$ により，拡張的財政政策 $dG > 0$ により IS 曲線は右シフトすることが分かる．（5.21）式を解くと $\partial Y/\partial G = a_6/H_1 > 0$, $\partial i/\partial G = a_5/H_1 > 0$, さらに $\partial BP/\partial G = (a_5 g - a_6 a_7)/H_1 \lessgtr 0$ となることが分かる．拡張的財政政策の場合，i の上昇で資本収支が改善する一方，Y の上昇は経常収支を悪化させるため，BP への影響は一概には分らない．BP が黒字化するか赤字化するかは分子に符号に依存し，$a_5/a_6 \lessgtr a_7/g$ であることが分かる．前者（a_5/a_6）は LM 曲線の傾きであり，後者（a_7/g）は BP 曲線の傾きである．すなわち，LM 曲線の傾きの方が BP 曲線の傾きより大きければ（小さければ），$dG > 0$ により資本収支の黒字（赤字）が，経常収支の赤字（黒字）よりも大きく，BP は黒字化（赤字化）する．このような効果により国際収支が不均衡になるから，対内均衡も調整が必要となる．その調整過程を，資本移動性により四つのケースに分けて以下の図 5-5 を用いて考察しよう．

パネル（a）は完全資本移動（$g \to \infty$, あるいは資産の完全代替）の場合である．拡張的財政政策で IS 曲線が右シフトして対内均衡は 1 点に移る．しかし利子率の上昇圧力により大量の資本流入が予想され，国際収支には黒字圧力が発生する．したがって放置すれば自国貨幣に対する超過需要となり為替レートに切上げ圧力が発生する．よって通貨当局は固定為替レート維持のために外国為替を購入してマネーサプライを増加させなければならない．その調整は LM 曲線の右シフトとなる．どこまでマネーサプライを増加させればよいかと言えば，この自国通貨に対する超過需要がなくなるところ，すなわち国際収支の黒字傾向がなくなる水準までであり，それは利子率が低下して元の $i_0 = i^* + \varepsilon$ に戻るところであることが分かる．調整後の均衡点は 2 点であり，対内均衡と対外均衡が再び達成されている．

パネル（b）では資本移動性は完全ではないが十分高く，LM 曲線よりも BP 曲線の傾きが小さいケースであり，拡張的財政政策による IS 曲線の右シフトの結果，対内均衡点は 1 点に移る．この場合も利子率および所得水準には上昇圧力が発生し，その結果すでに指摘したように国際収支が黒字化する．したがって自国通貨に対する超過需要が発生し，為替レートには切上げ圧力が発

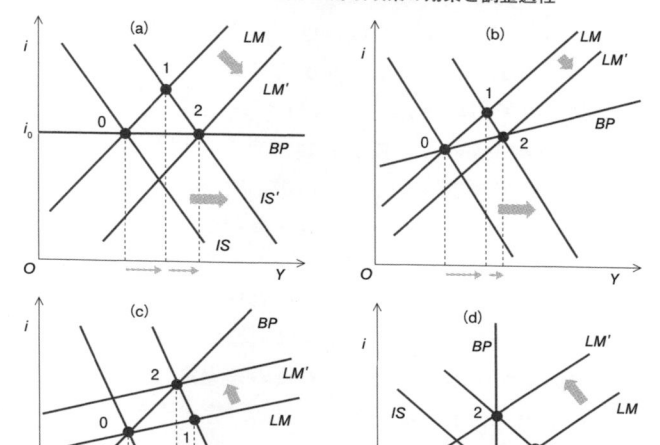

図5-5 固定レート制下の財政政策の効果と調整過程

生するが,通貨当局は固定レートを維持するためにこの貨幣の超過需要がなくなるまで外国為替を買い,マネーサプライを増加させ,LM曲線を下方にシフトさせて利子率を低下させる操作をしなければならない.どこまでこの操作を行わなければならないかと言えば,国際収支の黒字傾向が解消され,この貨幣の超過需要がなくなる2点までである.パネル(a)の場合と比較すれば,元の利子率水準$i_0 = i^* + \varepsilon$よりも高い水準で均衡が再び達成されているため,所得の上昇も(a)よりは低い水準で止まるが,その理由はこの利子率上昇の結果としてのクラウディングアウト効果によるのである.

パネル(c)ではBP曲線の傾きの方がLM曲線の傾きよりも大きいケースである.拡張的財政政策によるIS曲線の右シフトの結果,対内均衡点は1点に移るが,このとき対内均衡を達成する利子率は(そのときの所得の下で)国際収支を均衡させる水準より低いために資本が流出し,国際収支は赤字化する.つまり外国通貨に対する超過需要が発生しているので,放置すれば自国通貨には切下げ圧力となる.固定レートを維持しようとすれば通貨当局はこの超過需要を解消するために外貨準備を取り崩して市場へ供給し,市場から自国通貨を

減らすような金融引締め政策を取らなければならない．その結果，LM 曲線は上方にシフトしていく．このような操作は国際収支の赤字が解消され外貨の超過需要のなくなる 2 点まで行われる．利子率は大きく上昇し，そのクラウディングアウト効果により所得の上昇程度は（b）に比べて小さくなっている．

　資本移動がないパネル（d）の場合には，拡張的財政政策による IS 曲線の右シフトの結果，対内均衡点は 1 点に移るが，所得の増加による輸入の増加により経常収支が赤字となるため，外貨に対する超過需要が発生し，為替レートには切下げ圧力が発生している．固定為替レートを維持するために通貨当局はこの外貨に対する超過需要を解消するように外貨を供給し，自国貨幣量を吸収する引締め的な金融政策を取り，LM 曲線は上方シフトしていく．このような操作は国際収支の赤字が解消され，この外貨の超過需要のなくなる 2 点まで行われなければならない．利子率は大きく上昇し，完全クラウディングアウト効果によって所得水準は元の水準に戻ってしまう．

5.2.6.2　固定レート制下の金融政策の効果

　固定レート制下で拡張的な金融政策（$dM > 0$）が実施された場合の Y, i, BP への影響を検討する．dM は体系（5.21）式の第 2 行で示されている LM 曲線の右辺に含まれているから，$(\partial Y/\partial M)_{LM} = 1/a_5 > 0$ により，LM 曲線が右シフトすることが分かる．（5.21）式を解くと，dM の効果が一般には $\partial Y/\partial M = a_2/H_1 > 0$, $\partial i/\partial M = -a_1/H_1 < 0$, $\partial BP/\partial M = -(a_2 a_7 + a_1 g)/H_1 < 0$ となることが分かる．拡張的な財政政策の場合と比較すると，金融政策の場合は国内利子率が低下して資本収支が悪化するとともに，所得の上昇で経常収支も悪化し，国際収支は必ず悪化する．このように拡張的金融政策の効果として国際収支が不均衡になるから，対内均衡も調整が必要となる．その調整過程を図 5-6 を用いて考察しよう．国際収支は資本収支の資本移動性により，先の財政政策と同様以下のように四つのケースに分けて考察する必要がある．

　パネル（a）は完全資本移動の場合であり，拡張的金融政策でマネーサプライが増加した場合，LM 曲線が下方シフトする．国内均衡点は 1 点となり，国内利子率は低下し，所得は上昇し，国際収支は赤字化する．この対外赤字不均衡の結果，為替レートには切下げ圧力が発生する．しかし固定レート制であるから，それを維持するために通貨当局は外国為替を売り，市中からマネーサプライを引き揚げる介入を行い，自国通貨の超過供給を解消しなければならない．

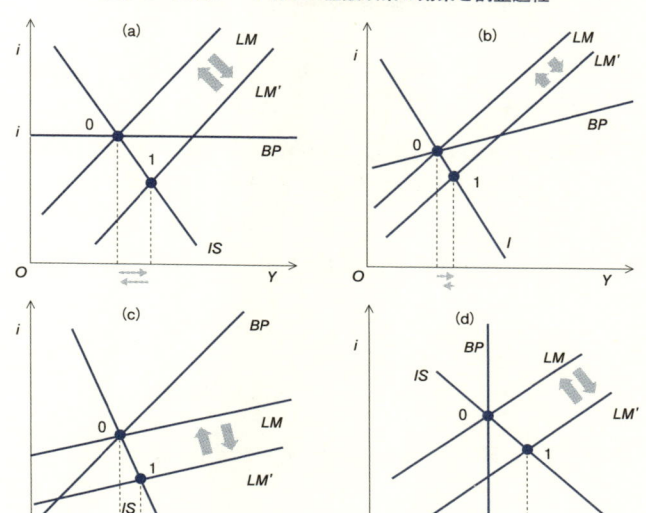

図5-6　固定レート制下の金融政策の効果と調整過程

すなわち LM 曲線を上方シフトさせなければならず，この介入による調整過程は，国際収支の赤字が解消し，為替レートの切下げ圧力がなくなるまで，つまり元の O 点まで行われなければならない．したがって拡張的金融政策はこの場合 Y を変化させることには効果がないことがわかる．

　パネル（b）と（c）の場合も，マネーサプライの増加は，（a）と同様に国内利子率を低下させ所得を上昇させる傾向にあるから，国際収支が赤字化し，為替レートに切下げ圧力が発生する．したがって固定為替レートの維持のために当局は外国為替を売り，自国通貨の超過供給を解消しなければならず，LM 曲線は IS 曲線と BP 曲線が交わっている O 点まで戻らなければならない．いずれにしても金融政策は Y を変化させることには無効である．

　パネル（d）は国際資本移動のない場合であるが，この場合でも拡張的金融政策により国内利子率は低下し，所得は上昇するから定性的な効果はこれまでの3ケースと変わるところはない．要するに固定レート制下では拡張的金融政策を行っても，Y の上昇には効果がないことが分かる．

5.2.7 変動レート制と経済政策の効果

変動レート制の場合には，理論的には為替レートの変動をつうじて国際収支（ΔR）均衡，つまりΔRを表す体系（5.20）式のBPが常にゼロとなるように為替レートが調整されるということから，BPは内生変数ではなくなり，代わって為替レートEが内生変数となる．したがって体系（5.20）式の係数行列から第4列を削除すれば良い．したがって変動レート制のコンプリートな体系は以下のような3本の方程式で3変数（dY, di, dE）の体系に縮約される．

$$\begin{bmatrix} a_1 & a_2 & -a_3 \\ a_5 & -a_6 & 0 \\ -a_7 & g & a_3 \end{bmatrix} \begin{bmatrix} dY \\ di \\ dE \end{bmatrix} = \begin{bmatrix} dG+a_4 dY^* \\ dM \\ -a_4 dY^* + g(di^* + d\varepsilon) \end{bmatrix} \quad (5.22)$$

係数行列の行列式は$H_2 = -a_3 a_6(a_1 - a_7) - a_3 a_5(g + a_2) < 0$となることが分かる．

5.2.7.1 変動レート制下の財政政策の効果

変動レート制下で拡張的な財政政策（$dG > 0$）が実施された場合のY, i, Eへの影響から検討する．（5.22）式の体系では，dGはIS線を示す第1行の右辺に含まれているから，$(\partial Y/\partial G)_{IS} = 1/a_1 > 0$により，$IS$曲線が右シフトすることは既に示した．（5.22）式を解くと，dGの効果が一般には$\partial Y/\partial G = -a_3 a_6/H_2 > 0$, $\partial i/\partial G = -a_3 a_5/H_2 > 0$, さらに$\partial E/\partial G = (ga_5 - a_6 a_7)/H_2 \lessgtr 0$となることも分かる．拡張的財政政策の場合，$i$の上昇で資本収支が改善する一方，$Y$の上昇は経常収支を悪化させるから，為替レートへの影響は一概には分らない．為替レートが減価するか増価するかは分子に符号に依存し，それは固定レート制のときのBPに対する影響の場合の条件とは逆に，$a_5/a_6 \lessgtr a_7/g$となることが分かる．前者（a_5/a_6）はLM曲線の傾きであり，後者（a_7/g）はBP曲線の傾きである．すなわち，LM曲線の傾きの方がBP曲線の傾きより大きければ（小さければ），国際資本の流入（流出）があり，自国通貨に対する超過需要（供給）から為替レートは増価（減価）する．このような効果により国際収支が不均衡になるから，対内均衡も調整が必要となる．その調整過程を固定レート制の場合と同様に，資本移動性により四つのケースに分けて，図5-7を用いて考察しよう．なお，BPの均衡を示す第3式から，（∂

$Y/\partial E)_{BP} = a_3/a_7 > 0$ であるから,為替レート減価(増価)によりBP線は右シフト(左シフト)することは既に検討済みである.

パネル(a)は完全資本移動のケースである.拡張的財政政策でIS曲線が右シフトし図の1点に対内均衡点が移る.利子率が図の1点に対応する所得の下で国際収支を均衡させる水準よりも上昇しているから,経常収支の悪化を相殺する以上に資本収支は黒字化し,国際収支が黒字となる.その結果,変動レート制ではこの黒字を解消させるように為替レートが増価する.為替レートの増価は所与の外国利子率の水準で水平となっているBP曲線には影響を及ぼさず,貿易収支の悪化(輸出の減少と輸入の増加)からIS曲線を左シフトさせるように作用する.この増価は国際収支の黒字が解消されるまで,すなわちIS曲線が元の位置に戻るまで続くことになる.このように変動レート制下の拡張的財政政策はYの変更には無効であることが分かる.

パネル(b)では国際資本移動性は十分高いので,LM曲線よりも傾きが小さいケースである.拡張的財政政策でこの国は図の1点に到達し,(a)と同様に国際収支が黒字化している.したがってこれを解消するために為替レートは増価し,IS曲線が左にシフトバックしていくが,ここでは右上がりのBP曲線も左シフトしていく.最終的には図の2点で対内均衡と対外均衡が同時達成されていて,利子率は元の水準まで戻らず,また所得はある程度初期値よりも上昇させることが可能である.拡張的財政政策の効果が対外部門の反応により部分的に相殺されてしまっている.

パネル(c)では資本移動性があまり高くなく,BP曲線の傾きがLM曲線よりも大きいケースである.拡張的財政政策でIS曲線は右シフトし,対内均衡は図の1点となるが,この点はBP曲線の下方に位置しているため初期値に比べて経常収支も資本収支も赤字で国際収支が赤字不均衡になっている.これを解消するように為替レートは減価するが,すでに指摘したように減価により輸出は増加し輸入は減少するためBP曲線は右シフトし,それがIS曲線をさらに右シフトさせる.最終的には図の2点で対内と対外の均衡が達せられ,財政政策はYの変更に比較的有効であることが分かる.

パネル(d)は資本移動がないケースである.拡張的財政政策によるIS曲線の右シフトによって,この国の対内均衡は図の1点に移る.ここでは経常収支が赤字になることにより国際収支は赤字となるから,それを解消するように為替レートは減価する.その後の調整過程は(c)と同じくIS曲線のさらな

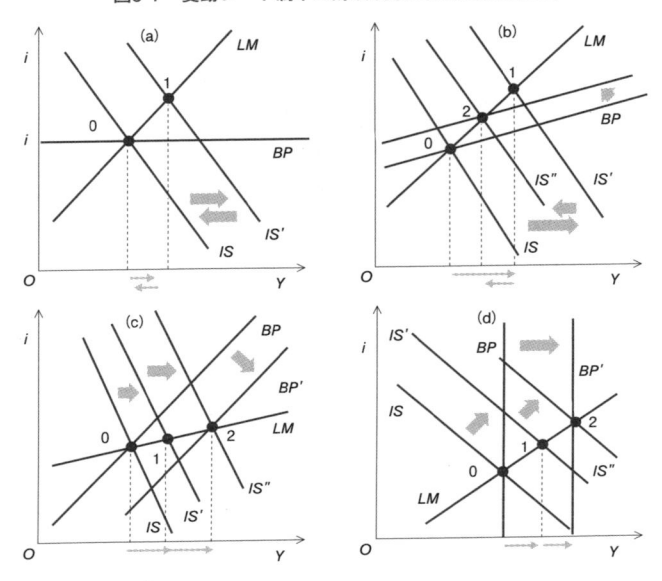

図5-7 変動レート制下の財政政策の効果と調整過程

る右シフトとBP曲線の右シフトである．最終的な対内均衡と対外均衡は2点で示されている．利子率は大きく上昇することが分かる．

5.2.7.2 変動レート制下の金融政策の効果

次に変動レート制下で拡張的な金融政策（$dM > 0$）が実施された場合のY, i, Eへの影響を検討しよう．dMは体系（5.22）式の第2式で示されるLM曲線に含まれていて，$(\partial Y/\partial M)_{LM} = 1/a_5 > 0$がわかるから，マネーサプライの増加は$LM$曲線を右（下）シフトさせる．（5.22）式を解くと，dMの効果が一般には$\partial Y/\partial M = -a_3(g + a_2)/H_2 > 0$, $\partial i/\partial M = a_3(a_1 - a_7)/H_2 < 0$, さらに$\partial E/\partial M = -(ga_1 + a_2a_7)/H_2 > 0$となることも分かる．拡張的金融政策の場合，$dM$による$LM$曲線の下方シフトは必ず$i$の下落と$Y$の上昇となるから，資本収支も経常収支も悪化し，そのため為替レートに対しては必ず減価圧力が生ずることになる．このような効果により対内均衡も調整が必要となり，その調整過程をこれまでと同様に図5-8を用いて，資本移動性により四つのケースに分けて考察しよう．

第5章 開放経済下の財政金融政策　　　135

図5-8　変動レート制下の金融政策の効果と調整過程

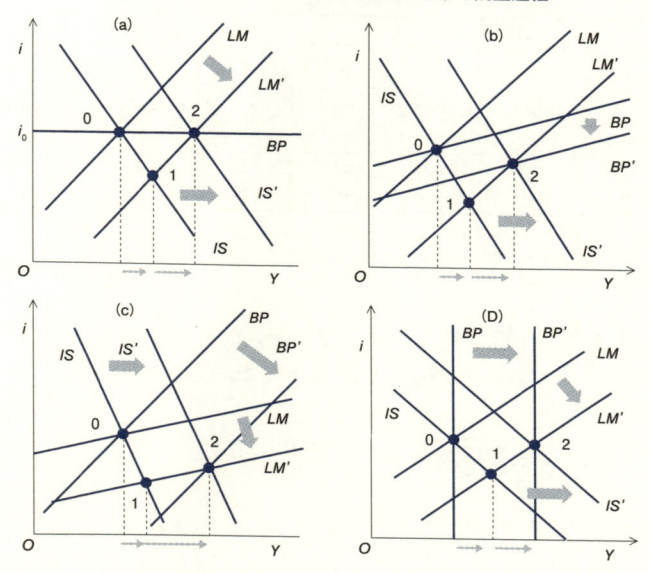

　パネル（a）の完全資本移動の場合には，LM 曲線の下方シフトにより1点で示されているように i の下落と Y の上昇となり，資本・経常の両収支の悪化から国際収支が悪化し為替レートは減価する．この減価は，所与の外国利子率の水準で水平となっている BP 曲線には影響を及ぼさないが，貿易収支の改善（輸出の増加と輸入の減少）から IS 曲線は右シフトし，最終的には2点で国際収支が均衡し，減価は止まる．ここでは拡張的金融政策による貨幣供給量の増加分だけ Y も増加しているはずであり，Y を大きく増加させているという意味で有効な政策である．

　パネル（b）も（c）も，定性的な調整過程は（a）と同様である．いずれも $dM>0$ により $di<0$ と $dY>0$ となり，国際収支が赤字化し，それを是正するために為替レートが減価（$dE>0$）する必要がある．その減価は貿易収支の改善により BP 曲線と IS 曲線を右シフトさせるため，最終的に為替レートの調整で国際収支が均衡する2点では Y は必ず増加し，また i は元の水準より低くなっている．金融政策はこの場合も有効な政策手段である．パネル（d）の資本移動のない場合にも，垂直の BP 曲線が為替レートの減価ととも

表5-1 マンデル＝フレミング・モデルにおける経済政策の有効性——要約

資本移動性	固定レート制				変動レート制			
	∞	大	小	ゼロ	∞	大	小	ゼロ
財政政策	有効	比較的有効	比較的無効	無効	無効	比較的無効	比較的有効	有効
	$dBP>0$	$dBP>0$	$dBP<0$	$dBP<0$	$dE<0$	$dE<0$	$dE>0$	$dE>0$
金融政策	無効	無効	無効	無効	有効	有効	有効	有効
	$dBP<0$	$dBP<0$	$dBP<0$	$dBP<0$	$dE>0$	$dE>0$	$dE>0$	$dE>0$

(注)：(1)「有効」，「無効」とは Y を変化させることに関しての意味.
(2) dBP は国際収支の変化方向，dE は為替レートの変化方向を示す.
(3) 網掛部分はモデルの特徴として強調されている結果.

に右シフトすることだけが異なるのみで，定性的結果は同じである．金融政策は Y の水準を変更するための有効な政策手段である．

5.2.8 マンデル＝フレミング・モデルの要約

不完全雇用下の小国に関してこれまでに検討した裁量的な経済政策の結果をここで要約してみよう．上の表5-1は為替レート制度と政策手段に関して結果を一覧表としたものである．為替レート制度は資本移動性に関して四つのケースを検討した．

財政政策は固定レート制下では，資本移動性が大きい場合には有効であるが，資本移動がない場合には無効になっている．その有効性は国際収支を黒字にするか赤字にするかに依存していた．固定レートを維持するために国際収支不均衡に応じた金融政策が必要とされ，赤字の場合には拡張的財政政策の効果が相殺，あるいは減殺されることを検討した．

変動レート制下の財政政策は，固定レート制とは反対に，国際収支の悪化に伴う為替レートの減価があれば，総需要を刺激して有効な政策となるが，反対に国際収支が黒字化して為替レートが増価する場合には，景気刺激的効果が相殺，あるいは減殺されるのである．

これに対して変動レート制下の拡張的金融政策の場合は，資本移動性の程度にかかわらず国際収支は必ず悪化し，為替レートは必ず減価する．固定レート制下では拡張的金融政策で国際収支が悪化し，均衡回復のために減価圧力を解消する介入が政策効果を無効にしてしまうのである．しかし変動レート制の場合には，為替レートの減価がさらに需要を刺激し，その所得に及ぼす効果は大

きくなる．特に資本移動性が無限大の場合には，貨幣供給の増分だけ産出量は増加することになり，まさに貨幣数量説の世界が成立しているのである．

5.2.9　マンデル＝フレミング・モデルの特徴と限界

　ここではマンデル＝フレミング・モデルの特徴と限界を指摘しておく．まず第一に，モデルはケインズ経済学の延長にあり，比較的短期の計画期間を考えている．よって，たとえば投資は考慮されても，それが経済成長にどのような影響を及ぼすかといったような，長期的な考察はあまりなされていない．しかし第二に，その結果，開放小国の短期の裁量的経済政策の影響を分析するためにはきわめて有用である．開放小国は経済学で言う完全競争市場下の主体と見なせるから，国際経済学のモデルでは一つのベンチマークであり，これを基に現実の各国経済の諸問題が考察可能となるのである．第三に，ケインズ経済学の応用であるからマクロ的側面を重視し，各主体のミクロ的な側面はほとんど無視されていることである．最近の国際金融論では，特に厚生分析に関してはミクロ的基礎に基づくモデルも大いに考慮されるようになってきている．第四に，短期的モデルという特徴の必然的な帰結であるが，動学的な要因はほとんど捨象されていることである．国際収支を資本収支の側から見ると，それがゼロでない限り，将来時点で資金の受払が発生する（長期の予算制約条件）．そのように資本収支を考えると，それがその裏にある経常収支の資金調達と国際流動性の蓄積をしていると見なすことができ，単に短期的な資金調達のみならず，長期的な資金調達問題に関係しているのである．

　第五に，もしそのような異時点間の資金調達という面から資本収支をとらえると，その裏にある経常収支の不均衡や国際流動性の蓄積は，一国のミクロ的な異時点間最適化の結果であるかもしれず，マンデル＝フレミング・モデルが分析対象としている短期的な国際収支線（BP 曲線）が示す短期的な「均衡」は，次のような長期的な均衡の問題を無視していることになるかもしれない．すなわち，既に 5.1 で説明したように，マンデル＝フレミング・モデルでは（1.15）式を変形した，$TA - \Delta F = \Delta R$ となるときを国際収支の「均衡」と定義する．これは $TA = \Delta F + \Delta R = -KA$ を意味しているから，一見問題はないように見えるが，$TA - \Delta F = 0$ と $\Delta R = 0$ が同時に成立していない限り，次期以降利子の受払いなどから長期的に資本収支が影響されることになる．また，

たとえこれが同時に成立（変動レート制の場合）していたとしても，$TA-\Delta F=0$ は $TA=\Delta F$ であれば良く，必ずしも $TA=\Delta F=0$ でなくとも良いことになっているから，民間保有の対外純資産の変化（ΔF）から，同様に将来の民間の利子受払問題をつうじる長期の資本収支問題が発生する．そのような長期的な考察は，このモデルでは想定されていないのである．見方を変えると，マンデル＝フレミング・モデルにおける「均衡」の定義は，極めて限定的な期間を想定した定義に過ぎないとも言えよう．

第六に，そのように資本収支をとらえると，その定式化が（リスクプレミアムを考慮した実質的）金利格差のみに依存しているとする定式化には疑問が残る．為替リスク以外に，長期的な国際流動性を考慮したり，国際ポートフォリオ分散にかかわる諸要因（たとえば信用リスク，ホームバイアス等）は一切考慮されていない[7]．

第七に，モデルの仮定にはかなりの単純化が顕著であることである．たとえばマーシャル＝ラーナー条件の成立が短期に仮定されているが，Jカーブ効果の存在などは考慮されていない．また基本的にフローの経常収支側では「富効果」はほとんど考慮されていない．さらに短期のケインズ経済学の特徴であるが，総供給側の考察はほとんどなされず，総需要側にのみ焦点を当てており，たとえば期待インフレ率の考慮などはなされていない．また，ここでは為替レートに関する期待は外生的として重要な役割を果たしていないが，資産としての外国為替の特徴を強調すれば，この期待が為替レートの動学には重要な役割を果たすことが考えられる．

このようにこのモデルは単純で基本的な分析モデルであり，その特徴は同時に批判ともなっている．いろいろとモデルの修正や拡張もなされているが，短期的な政策効果の分析には依然として有用なモデルと言えよう．

5.3　政策割当問題とポリシー・ミックス——支出変更政策

マンデル＝フレミング・モデルでは不完全雇用を前提として，異なる為替

---

[7]「ホームバイアス」とは，国際的分散投資（最適ポートフォリオ）の視点から見て，投資家が自国金融資産の保有に極端に強い選好を示す事実を指す．

レート制度下で雇用を増加させる政策の有効性を検討した．ところで，以下においては対内均衡（IB）を，有効需要と完全雇用下の総供給の均等化が達成されること，他方，対外均衡（EB）は国際収支の均衡が達成されることと仮定しよう．ここではこの二つの政策目標を同時に達成するには，どのような政策手段をとるべきかという問題を考察する．二つの政策目標がある場合に，その同時均衡を達成しようとすれば，一般には二つ以上の政策手段が必要である[8]．さらにこのような場合には，二つの手段をどちらの目標の達成のために割当てればよいかという，「政策割当問題」が発生する．以下には実質金利格差による国際資本移動が必ず存在し，物価水準が依然として固定されていて，またマーシャル＝ラーナー条件が満たされている場合の，固定レート制の場合について検討してみよう．政策手段は財政政策としての政府支出（G）と金融政策としての利子率（i）の二つと仮定する[9]．

対内均衡（IB）を達成させる政府支出（G）と利子率（i）の組み合わせの軌跡を陰関数で $IB(G, i)=0$ と定義する．同様に対外均衡（EB）を達成させる政府支出（G）と利子率（i）の組み合わせの軌跡を陰関数で $EB(G, i)=0$ と定義することにしよう．5.2のマンデル＝フレミング・モデルを用いて，これらの陰関数を方程式の形で表すこともできる．具体的にはモデルを線形近似した（5.17）式の IS 曲線と（5.18）式の LM 曲線を同時に満たす (G, i) の組み合わせの軌跡が $IB(G, i)=0$ であるから，両式から完全雇用水準と仮定した Y を消去して $IB(G, i)=0$ の G について解いた方程式は次のように表すことができる．

$$G = J + \alpha i - a_3 E - a_4 Y^* \quad (5.23)$$

ただし $J = [a_1 M - (a_5 K + a_1 L_0)]/a_5$，また $\alpha = (a_2 a_5 + a_1 a_6)/a_5 > 0$ である．したがって (i, G) 平面で IB 線を描くと，それは右上がりになることがわかった．その理由は簡単で，金融引き締めによる i の上昇は投資水準を低下させ所得を低める効果を持つから，完全雇用水準を維持するためには財政支出

---

[8] 一般に「n 個の独立の政策目標を達成するためには，少なくとも n 個の独立した政策手段が必要である」という（純粋に数学的な）事実は，第1回ノーベル経済学賞受賞に輝いたオランダ人経済学者ヤン・ティンバーゲン（1903-94年）にちなんで「ティンバーゲン定理」として知られている．

[9] このように裁量的な政策で国民所得を変化させ，それを通じて支出を変更する政策を「支出変更政策（expenditure changing policies）」と言う．

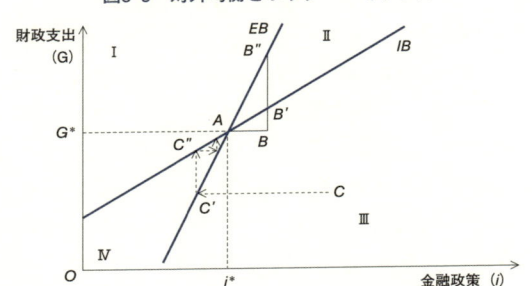

図5-9 対外均衡とポリシー・ミックス

G を増加させる必要があるからである．

　また（5.19）式の BP 曲線と（5.17）式の IS 曲線から Y を消去し，両式を満たす（G, i）の組み合わせの軌跡が対外均衡 $EB(G, i) = 0$ であることに注意して，同様に G について解いた方程式は次のように表すことができる．

$$G = -K + \beta i + [a_3(1-c)/a_7]E + [a_4(1-c)/a_7]Y^* - (a_1 g/a_7)(i^* + \varepsilon) \quad (5.24)$$

ただし $\beta = (a_2 a_7 + a_1 g)/a_7 > 0$ である．したがって，(i, G) 平面で EB 線を描くと，これも同様に右上がりになる．その理由も簡単で，財政支出 G の増加により所得水準が上昇すれば輸入の増加をつうじて貿易収支は赤字になるから，国際収支の均衡を保つためには金融引締めにより利子率 i を上昇させて資本収支の黒字で埋め合わせる必要があるということである．

　また両線の相対的な傾きに関しては，通常は図5-9に示したように考えられているが，それを（5.23）式と（5.24）式から検討してみれば，両式の傾きの差が次のようになることが分かる．

$$\beta - \alpha = a_1[(g/a_7) - (a_6/a_5)] \quad (5.25)$$

右辺の角カッコ内第1項の (g/a_7) は，(Y, i) 平面における（5.19）式の BP 曲線の傾きの逆数であり，第2項のは同じく（5.18）式の LM 曲線の傾きの逆数であることが分かる．したがって図5-9のように EB 曲線の傾きが IB 曲線よりも急（$\beta > \alpha$）に描かれるということは，LM 曲線の傾き $[1/(a_6/a_5)]$ の方が BP 曲線の傾き $[1/(g/a_7)]$ よりも大きいということを意味しているのである．

　IB 曲線と EB 曲線は，図5-9にあるように描かれているとしよう．ここで

この経済が A 点にあり，何らかの理由で利子率 i が B 点まで上昇したとしよう．この B 点は EB 線の右側であることから，所与の財政支出の下で利子率が対外均衡をもたらす水準より高水準にあり，資本流入が生じていて国際収支は黒字である．また B 点は IB 線の下側にあるから，所与の利子率水準の下で財政支出が対内均衡をもたらす水準より低水準にあり，失業などが見られるデフレ状態である．その理由は利子率の上昇が対内均衡の状態から投資を低下させ，所得（Y）を減少させるからである．したがって再び対内均衡を達成しようとすれば，図の BB' だけ財政支出 G を増加させればよいことが分かる．しかし対外均衡については，利子率 i の上昇による所得 Y の低下から輸入が減少し，貿易収支が黒字化することに加えて，利子率上昇から資本流入が発生し，資本収支の黒字化も発生している．そのため国際収支は大幅に黒字化している．したがって対外均衡を回復しようとすれば，BB' だけ財政支出を増やしても対内均衡が回復されるだけで，経済は依然として EB 線の下方に位置して資本収支黒字からの国際収支黒字は不均衡として残ってしまう．この分の不均衡是正するためには，B' 点から財政支出をさらに $B'B''$ 分増加させて，対内均衡をインフレ的な状態にすることを覚悟して需要を喚起し，輸入を増加させて貿易収支を赤字化することにより，最終的に対外均衡が B'' 点で回復されることが分かる．

このように，財政支出 G は対内均衡を比較的容易に達成させることができるが，対外均衡を達成させるには大幅な支出変更が避けられないことがわかった．財政支出 G の増加は所得（Y）を増加させることから貿易収支を悪化させるが，LM 曲線が右上がりである限り i の上昇となり資本流入をもたらすために，貿易収支の赤字が部分的に相殺され，国際収支の悪化傾向が減殺されてしまうため，対外均衡に及ぼす影響は弱くなる．反対に利子率上昇の対内均衡に及ぼす影響は，投資の低下をつうじる分だけであるから，対内均衡の回復のための財政支出 G の増加分は，それだけ少なくて済むのである．したがって，同額の所得（Y）の変化をもたらす i と G については，i を変化させる政策の方が EB に及ぼす影響は大きいことが分かる．このような理由から図 5-9 のように，EB 線の傾きの方が大きいと考えられているが，すでに指摘したように，これは LM 曲線の傾きの方が BP 曲線の傾きよりも急であることに対応している．もしそうであるとすれば，政策手段の「**割当**」問題は，EB には相対的により大きな影響を及ぼす金融政策（i）を割当て，IB には相対的により大きな

影響を及ぼす財政政策（G）を割当てるということで解決される．

ここでのキーワードは「**相対的**」な有効性である．対内と対外の均衡は，それぞれ $IB(G, i) = 0$ と $EB(G, i) = 0$ で一般的な形で表されていたから，(G, i) 平面での両線の傾きは $dG/di|_{EB} = -EB_i/EB_G$ と $dG/di|_{IB} = -IB_i/IB_G$ と書き表される．上の説明から $IB_i < 0$, $EB_G < 0$ であるが，$IB_G > 0$, $EB_i > 0$ と考えられる．EB 線の傾きの方が大きいということは $\dfrac{dG}{di}\Big|_{EB} - \dfrac{dG}{di}\Big|_{IB} = -\left(\dfrac{EB_i}{EB_G}\right) - \left[-\left(\dfrac{IB_i}{IB_G}\right)\right] > 0$ ということである．この条件は次のように表すことができる．

$$\left|\frac{EB_i}{IB_i}\right| > \left|\frac{EB_G}{IB_G}\right| \tag{5.26}$$

この式の意味していることは，左辺の金融政策（i）の対外均衡への**相対的**な効果が，右辺の財政政策（G）の対外均衡への**相対的**な効果より強いということである．逆に言うと，(5.26) 式の意味は，財政政策（G）の対内均衡への相対的な効果が，金融政策（i）の対内均衡への相対的な効果より強いということである．これは貿易論のリカード的な生産費の比較優位を，政策効果について言い換えたものに過ぎない．この事実は，政策手段割当てに関する**効果的市場分類の原理**（principle of effective market classification）と呼ばれている．ところで先の (5.23) 式の IB の方程式と (5.24) 式の EB の方程式を用いると，(5.26) の不等式は $\beta/\alpha > 1$，すなわち $\beta > \alpha$ という条件を表していることが確かめられる．この条件は (5.25) 式で検討したように，LM 曲線の傾きの方が BP 曲線の傾きよりも大きいということに対応していることも確認できる．

このようにして実際に IB と EB が同時均衡する政策の組み合わせ（「ポリシー・ミックス」という）による調整過程を検討してみよう．IB 線と EB 線の上では対内均衡と対外均衡が成立しているが，線上を離れると不均衡になっている．たとえば第 I 領域の点の集合は EB より上に位置しているから国際収支は赤字不均衡である．EB より下に位置している点では反対に黒字不均衡である．また IB 線より上の点では財政支出が国内均衡をもたらすよりも多すぎるから，インフレ状態にあることが分かり，逆に IB より下の点ではデフレ，あるいは失業が発生している．結局，第 I 領域は（国際収支赤字とインフレ），第

Ⅱ領域は（国際収支黒字とインフレ），第Ⅲ領域は（国際収支黒字と失業），第Ⅳ領域は（国際収支赤字と失業）で特徴づけられていることが分かる．

たとえば国際収支では黒字不均衡，国内的にはデフレ的な失業の状態の経済を考えてみよう．そのような経済は第Ⅲ領域にあるはずであり，いまC点を現状とすれば，ポリシー・ミックスは金融緩和でiを低下させC'点を達成し，そこで財政の発動を行いGを増加させC''点を達成するというプロセスを辿り，最終的にEBとIBが交わるA点で対内と対外の同時均衡を達成可能にさせることができる．以上，固定レート制下で金融・財政政策という，支出変更政策によって対内・対外の同時均衡達成問題を考察したが，次に支出転換政策も考慮した対内・対外の同時均衡達成問題を検討してみよう．

5.4　スワン図による対内・対外同時均衡——支出転換政策の考慮

為替レートの変更が可能な制度を採用している国では，支出変更政策のみならず，支出転換政策を用いて対内・対外の両均衡の同時達成を考察する必要がある[10]．そのような分析方法として，スワン図と言われる分析方法を解説する．

一国の目標は対内均衡と対外均衡という二つがあり，前者は有効需要と完全雇用下の総供給の均等化，後者は国際収支の均衡として定義することは前節のポリシー・ミックスの場合と同じである．ここではその目標達成のための政策手段は支出変更政策（財政・金融政策）ではなく，アブソープション（A）と（自国通貨建て）実質為替レート（Z）とする．もちろん前者のアブソープションを手段として用いるということは，金融・財政政策を使用することも意味しているが，スワン図の分析が注目されるのは実質為替レートの政策的な変更をつうじる支出転換効果である．

対内均衡（IB）を達成させるアブソープション（A）と実質為替レート（Z）の組合せの軌跡を，ここでは陰関数で$IB(A, Z) = 0$と定義する．同様に対外均衡（EB）を達成させるアブソープション（A）と実質為替レート

---

[10]　一般に，相対価格の変更（たとえば為替レートの変更）を通じて支出を変更する政策を「支出転換政策（expenditure switching policies）」と言う．

（Z）の組み合わせの軌跡を $EB(A, Z) = 0$ と定義することにしよう．5.2 節のマンデル＝フレミング・モデルを用いて，これらの陰関数を方程式の形で表すこともできる．実質為替レートは定義により $Z = EP^*/P$ である．E はマンデル＝フレミング・モデルでの名目為替レートであり，内外の物価水準は不変と仮定されていたので，単位を適切に取って $P = P^* = 1$ とすれば，$Z = E$ であることに注意しよう．

アブソープション A は定義から $A = C + I + G$ と表されるから，マンデル＝フレミング・モデルの IS 曲線（5.14）式を $Y = A + (EX - E \cdot IM)$ と書き換えて，この右辺のカッコ内の貿易収支に（5.17）式と（5.19）式の線形近似を行った方法を援用すると，$Y = A + m^* Y^* - mY + a_3 E$ が得られる．ただし，ここでは初期に貿易収支は均衡していると仮定してある．これを $E(=Z)$ について解いた方程式は次のように表すことができる．

$$Z = \frac{1}{a_3}[(1+m)Y - m^* Y^*] - \frac{1}{a_3}A \tag{5.27}$$

これが対内均衡を表す $IB(A, Z) = 0$ の，Z について解いた方程式である．既に $a_3 = EX_0(\eta_X + \eta_M - 1) > 0$ と仮定してあったから，(A, Z) 平面で IB 線を描くと，それは右下がりになることが分かる．その理由は，Z の上昇（つまり実質減価）で貿易収支が黒字化するから，輸入の減少以上に輸出が促進され，総需要が上昇し国内生産に増産の力がはたらく．したがって景気は好転し，インフレ圧力が生まれるから，対内均衡を維持するためには A を削減する政策が求められる．すなわち IB 線は右下がりの曲線となるのである．

次に（5.16）式の BP 曲線 $BP = (EX - E \cdot IM) + g(i - i^* - \varepsilon)$ の右辺第 1 項の貿易収支に，上の（5.27）式の IB 線を導いたときと同じ線形近似法を援用して，さらに対内均衡の Z について解いた方程式（5.27）を代入して完全雇用水準の Y を消去すると，対外均衡 $EB(A, Z) = 0$ が得られる．これを（5.26）式と同様に Z について解いた方程式は，次のように表すことができる．

$$Z = \frac{m}{a_3}A - \frac{m^*}{a_3}Y^* - \frac{(1+m)g}{a_3}(i - i^* - \varepsilon) \tag{5.28}$$

ただし初期には貿易収支も，国際収支も，ともに均衡していると仮定してあ

第5章 開放経済下の財政金融政策

図5-10 対内・対外均衡とスワン図のポリシー・ミックス

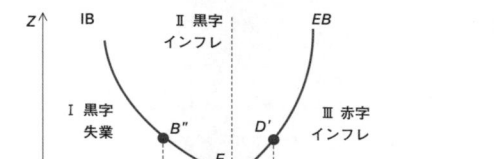

る.（5.28）式より，(A, Z) 平面で EB 線を描くと，これが右上がりに描けることが確かめられた．その理由は，為替レート Z が減価すれば，マーシャル＝ラーナー条件の成立を仮定してあるから貿易収支が黒字化し，対外不均衡になる．その貿易収支の黒字を是正するためには A が増加して輸入を増加させなければならない．したがって EB 線は (A, Z) 平面で右上がりの曲線として描くことができるのである．

このようにして描いたのが図5-10である．第Ⅰ領域は EB より上に位置し，Z が高い（実質減価）から国際収支は黒字化するが，しかし IB の左に位置しているから需要が少なく失業が見られるような状況にある．このようにして結局第Ⅰ領域は（黒字，失業），第Ⅱ領域は（黒字，インフレ），第Ⅲ領域は（赤字，インフレ），第Ⅳ領域は（赤字，失業）と領域を四つに分けることができる．言うまでもなく，両曲線の交点 F で対内均衡と対外均衡が同時達成される．たとえば，この国が初期に F 点で対内対外均衡を達成していたとしよう．Z が上昇したとすれば EB を維持するには A を増加させなければならず，それによりたとえば D' 点が達成される．反対に Z が低下すれば，A を増加させることで，IB 線上のたとえば D 点が達成できる．

もしこの国が初期に B 点のような（赤字，失業）のところに位置しているとすると，A と Z の両方とも上昇させられなければ F 点への回帰はできない．つまり Z だけの変更では B' 点か B'' 点のようなところで，一方の均衡だけしか回復できない．A のみの上昇でも IB の均衡しか回復できないことも分かる．ところで B 点も H 点も第Ⅳ領域にあるのであるが，B 点では A の増加，しかし H 点では A の削減が求められている．F 点以外の大部分の点では A と Z の両方を用いて F の回復を目指すのであるが，N 点のような場合にのみ，一方

だけ（この場合 A だけ）の政策で F 点に復帰が可能である．

現在の日本は国際収支の黒字と不景気による失業状態と認識すれば，第 I 領域にありそうである．しかし，日本は N 点より上方にあるのか，下方にあるのかを正確に知ることは極めて難しい．もし前者なら Z の増価，後者なら Z の減価，それに加えて A の増加というポリシー・ミックスが F 点の回復に必要である．同様に赤字と失業の状態にある B 点と H 点でも，為替レートの減価が必要なことは分かるが，B 点にいることが正確に分かっているならばアブソープションを増加させる必要がある．しかしもし実際には H 点にあったとすれば，そのような間違った政策では F 点への回復は難しい．

このように，スワン図では IB や EB だけを見ていては間違ったポリシー・ミックスをとる危険性があることを示唆している．現実には F 点の位置や，現在の状態を知ることは難しいから，政策の採用には慎重な検討が必要であることを，このスワン図は示している[11]．しかしこの種の分析ではインフレと失業というスタグフレーションのような状況ははじめから想定されていないことを指摘しておきたい．

もっと学びたい人のために――**参考文献**

閉鎖経済における *IS-LM* 分析に関しては，竹田陽介・小巻泰之［2006］『マクロ経済学をつかむ』（有斐閣），宮尾龍造［2005］『コア・テキスト マクロ経済学』（新世社），二神孝一・堀敬一［2009］『マクロ経済学』（有斐閣）などの参考文献がある．マンデル＝フレミング・モデルの解説に関しては，石井安憲ほか［1999］『入門・国際経済学』（有斐閣），秋葉弘哉［1996］『開放マクロ経済学』（勁草書房），高木信二［1996］『入門 国際金融（第2版）』（日本評論社），藤田誠一ほか［2008］『国際金融理論1』（有斐閣）などの参考文献がある．図による解説を中心としたものとしてケイブス他［2003］『国際経済学入門 II 国際マクロ経済学編』（日本経済新聞社）などがある．より進んだモデル分析としては Argy, Victor［1994］International Macroeconomics, London, Routledge があるが，原論文は Fleming, J. Marcus［1962］"Domestic Financial Policies Under Fixed and Under Floating Exchange Rates", IMF Staff Papers 9 (3), November, pp.369-380 と Mundell, Robert A.［1963］"Capital Mobility and Stabilization Policy under Fixed and Flexible Exchange

---

11) F 点で示される Z は対内均衡と対外均衡を同時に満たすため，FEER（Fundamental Equilibrium Exchange Rate）と言われる．

Rates", *Canadian Journal of Economics and Political Science* 29 (4), November, pp.487-499., マンデル［1971］『国際経済学』(ダイヤモンド社) の第18章である.

　ポリシー・ミックスについてはバード［2001］『国際マクロ経済学 理論・政策・応用』(文眞堂) に解説があるが, より詳しい解説についてはマンデル［1971］『国際経済学』(ダイヤモンド社) の第16章を参照されたい.

　スワン図については, 高木信二［1996］『入門 国際金融 (第2版)』(日本評論社) やバード［2001］『国際マクロ経済学 理論・政策・応用』(文眞堂) に解説がある.

第 6 章

国際金融制度

キーワード：IMF，ブレトン・ウッズ体制，為替レート制度，通貨危機，国際金融危機

　戦後の国際金融制度はアメリカを中心として機能してきた．第二次世界大戦後からおよそ四半世紀にわたる IMF ＝ブレトン・ウッズ体制，米ドル不安の影響を防ごうとする 1980 年代のプラザ合意・ルーブル合意，米ドルへの依存が発展途上国に大きく影響した 1990 年代の（メキシコ・アジア）通貨危機は全て，アメリカが軸となって生じたものである．そして，サブプライムローン問題を発端としてアメリカで生じた 2008 年の金融危機は，国際金融危機となって，世界中を揺るがすこととなった．
　この，アメリカを中心とする国際金融制度が世界経済のグローバル化を促進してきた一方，世界各国の為替レート制度選択，国際金融制度への姿勢は移り変わってきている．たとえば，ヨーロッパにおける単一通貨ユーロの導入，アジアにおけるチェンマイ・イニシアティブやアジア債券市場育成イニシアティブの結成などリージョナリズムを基盤とする動きが活発化しているのである．これは，アメリカ中心の国際金融制度を認識しながらも，アメリカへの依存体質から脱却しようとする姿勢を反映するものである．
　本章では，戦後の国際金融制度がアメリカを中心としてどのように変遷してきたかを概観する．
　まず 6.1 では，現在の国際金融制度の基盤となる IMF ＝ブレトン・ウッズ

体制の枠組みを見てから，1980年代の国際政策協調であるプラザ合意・ルーブル合意，1990年代の発展途上国における通貨危機とIMFの対応を概観する．6.2では，為替レート制度選択に関する議論に触れる．最適通貨圏の理論や両極の解と中間的制度など，為替レート制度を選択する上で重要な要素について考える．また，これらを踏まえて，ヨーロッパにおける通貨統合，アジアにおける地域金融協力を概観する．6.3では，サブプライムローン問題を発端としてアメリカで生じた金融危機が，国際金融危機として世界中に伝播した状況を概観し，21世紀の国際金融制度とIMFのあり方を考える．

6.1 ドル中心の国際金融制度とIMFの役割

6.1.1 IMFとブレトン・ウッズ体制

6.1.1.1 IMF設立とブレトン・ウッズ体制

IMF（International Monetary Fund，国際通貨基金）は，IBRD（International Bank for Reconstruction and Development，国際復興開発銀行または **World Bank**，世界銀行）とともに，1944年7月，アメリカのニューハンプシャー州にあるブレトン・ウッズで連合国による合意がなされ，設立された．ここから1971年8月15日のニクソン・ショックまでの国際通貨体制を「ブレトン・ウッズ体制」と言う．

IMF中心の国際通貨体制の特徴は，調整可能な釘付け制（アジャスタブル・ペッグ）にある．具体的には，IMFに加盟している各国が，金に対する各国通貨の平価を設定し，原則としてその通貨の価値を平価の上下1%の変動幅内に固定するというものであった．「調整可能な」釘付け制と呼ばれるようになったのは，国際収支に基礎的不均衡が生じた国は平価の変更をIMFに申し出ることができ，その変更幅が10%以内であれば，平価の変更が可能であったからである．

この制度の成立の背景には，第一次と第二次世界大戦の間の戦間期における，金本位制への旧平価での復帰によるデフレ，保護主義に基づく為替レートの競争的切り下げ，為替管理による輸入制限，2国間協定が主となる為替決済などがあった．これらの問題点の反省の上に，自由な通貨取引と，多角的な決済制

度の確立が求められ，その中心となったのが IMF という国際機関であった．

自国通貨の為替レートを狭い変動幅内に維持するには介入が必要となる．この固定レート制で各国に許容されていたのは（IMF 理事会の解釈では），一つの介入通貨に対する変動幅を上下 1％に固定するということであったため，ほとんどの国は米ドルを介入通貨として，米ドルに対してのみ固定レート制を維持することとなった．

さらに，加盟国が固定レートを維持する方法として，外国為替市場における介入だけではなく，例外的に通貨と金を一定の交換比率で交換できることが許容されたが，それは，アメリカのみが金を一定の価格幅で売買し，介入は行わないという状況を生み出した．その結果，米ドルと金が交換できるという信頼のもとに，加盟国のほとんどが米ドルを介入通貨として保有することで，国際的な固定レート制が維持されることとなった．

6.1.1.2 IMF の役割

ブレトン・ウッズ体制における IMF の主な役割は，（調整可能な）釘付け制の維持を各国に義務付ける監督機関としての役割であった．その中では，加盟国による基金を元手に，「国際収支が一時的に不均衡となった国に対して，その国の平価を維持できるような短期的な貸付け」を行っていた．この役割を基盤としながらも，現実には，ほとんどの国が米ドルを介入通貨として保有し，アメリカが通貨と金との交換を保証することによって国際的な固定レート制を支えていたことを考慮すれば，ブレトン・ウッズ体制の特徴は，米ドル中心の国際通貨体制であり，それを仲介する国際機関が IMF であったということになる．

自由な通貨取引と，多角的な決済制度の確立という点からは，為替規制に関する IMF 協定の第 8 条と第 14 条の問題があった．第 8 条においては，IMF の承認なく加盟国が経常取引に伴う為替規制を行うことを禁じており，他方，第 14 条では，加盟国が暫定的に為替規制を行うことを許容している．多角的な決済制度による国際的な貿易取引の進展のためには，加盟国は第 8 条に従うべきであり，1960 年半ばの IMF によるガイドライン作成を受け，翌 1961 年初頭には，ほとんどの西欧諸国が第 8 条国へと移行し，日本も 1964 年 4 月に経常取引にかかわる為替取引を原則自由化した．このような先進国による第 8 条国への移行は，資本移動の自由化が進んだことを反映していた．

6.1.1.2a　ブレトン・ウッズ体制における問題点①

　ここで，ブレトン・ウッズ体制の問題点を考えてみよう．この体制の特徴はアメリカ経済を軸とする固定レート制であり，アメリカの債務のみが固定価格で金に交換されるという点にあった．したがって，国際取引に用いられる国際通貨（国際流動性）は，アメリカの国際収支が赤字であることを必要とするため**流動性のジレンマ**と呼ばれる以下のような問題を生じさせた．

　それは，アメリカの国際収支赤字が継続していることが国際流動性の供給となるため，アメリカの国際収支が改善すると流動性が供給されず，世界経済の成長が停滞する可能性がある一方，アメリカの国際収支赤字が大幅に増加することは，流動性の供給の反面，ドルへの信認を低下させることになるという問題である．この問題の解決には，国際流動性の供給をアメリカの国際収支赤字に頼らずにできるかどうかが必要となった．

　この問題への解決策として創出されたのが，**SDR**（Special Drawing Rights，特別引出し権）である．これは，加盟国のIMFへの出資金に比例して，人為的な準備資産（SDR）を配分するというものである．たとえばA国が貿易取引においてドルを必要としているとする．その場合，A国はIMFにSDRを使用したい旨を申し出ることにより，IMFが国際収支の状況を考慮した上で，SDRを引き受けてくれる国（B国）を指定する．その結果，SDR勘定を通してSDRを使用するA国から受け入れるB国へと移される代わりに，ドルがB国からA国へと支払われる．これにより必ずしもアメリカが国際収支を赤字にしなくても，国際流動性を確保することが可能になった．

6.1.1.2b　ブレトン・ウッズ体制における問題点②

　ブレトン・ウッズ体制は「金・ドル複本位制」であり，それがうまく機能するためには，別の問題も考慮する必要があった．IMFによる金とドルの法定交換比率は，当初金1オンス＝35ドルであった．この金とドルによる複本位制が成り立つためには，金とドルについて，法定交換比率と市場交換比率が等しくなっている必要がある．なぜなら，何らかの理由で市場交換比率が変わり，たとえば金1オンス＝40ドルとなった場合，金を通貨として使用すると交換できるドルは35ドルとなるのに対して，市場で交換すると40ドルと交換できる．反対に，市場交換比率が金1オンス＝30ドルとなった場合には，保有し

ているドルを市場で金に交換すると法定交換比率よりも多くの金を手に入れることができるからである．

　ここでの問題点は，法定交換比率の方が高いと判断されればドルから金への交換が進み，金に対する取り付けが生じること，そして金・ドル複本位制の中心にあるアメリカは，この両者を同一（金1オンス＝35ドル）とするような経済政策を採り，しかもその交換が無制限かつ無条件に行われることを保証する必要があるということである．したがって，アメリカに対する金への取り付けが生じないようにするということが，特に1960年代の国際的な課題となっていた．

　しかしながら，アメリカの国際収支赤字の持続が，アメリカの公的対外債務を増加させ，1960年代初めにはすでに対外債務が金保有額を上回るという状態となっていた．欧米の中央銀行による「金プール」設立により，金とドルの法定交換比率を維持する努力もなされたが，1960年代後半にはドルへの信認が弱まり，ドルから金への交換が進んだ．さらに，1968年には金プールが解散され，協定により公的取引では法定交換比率の維持，民間部門では市場での金価格設定という，実質的に二重の金価格が設定されている状態となり，ブレトン・ウッズ体制における，金・ドル交換を軸とする固定為替レートの維持は揺らぐこととなった．

6.1.2　固定レート制から変動レート制へ

6.1.2.1　ニクソン・ショックと変動レート制への移行

　米ドルを中心とするブレトン・ウッズ体制は，1971年8月15日の**ニクソン・ショック**によって崩壊した．ニクソン・ショックとは，アメリカ政府により公表された，ドルと金との交換を（一時的に）停止する措置のことである．その背景には，ドルから金への交換が進んでいたことに加えて，イギリスによる7億5000万ドルの金の譲渡要請が金の取り付けとなることをアメリカ政府が恐れていたことがある．これに合わせて，先進国は一時的に固定レート制から変動レート制に移行した．

　しかしながら，この年の12月にアメリカ合衆国ワシントンのスミソニアン博物館で開催された会議において，先進各国は暫定的に固定レート制に戻ることに合意した．この体制をスミソニアン体制と言う．

スミソニアン体制では，カナダドル以外の先進国通貨は固定レートを維持したが，この体制で修正された点は，米ドルが金に対して1オンス＝38ドルに切り下げられたことにより，円やヨーロッパの主要通貨がドルに対して切り上げられたこと（円の新しい平価は1ドル＝308円），平価の変動幅が上下1％から2.25％に拡大されたことであった．この平価の調整によっても国際収支の不均衡は避けられず，1972年にはイギリス，73年1月にはスイス，2月には日本，イタリア，3月にはドイツが変動レート制へと移行した．これによって，米ドルを中心とする世界的な固定レート制は崩壊した．しかしながら，この時期は，現在のドル，ユーロを中心とする国際金融制度の基盤を築く契機となったという意味で重要であると考えられる．

6.1.2.2　IMF協定の改定

先進国の変動レート制への移行は，世界的な固定レート制を義務づけていたIMF協定の改定を必要とした．1974年に国際通貨制度を議論するための暫定委員会が設立され，変動レート制の法整備が図られた結果，1976年1月，ジャマイカのキングストンで，IMF加盟国が為替レート制度を自由に選択できる権利について合意された．

この合意により，IMFが国際金融制度に対して果たす役割が，「固定レート制の義務を監督する」という点から，「各国の為替レート政策を監督する」という点へとシフトした．つまり，為替レートの意図的な操作により国際収支を調整することなどは規制され，為替レートが乱高下することに対しては，適切な介入を促進することが必要とされた．しかしながら，以前のIMFの役割が「固定レート制が維持されていることの監視」であることに対して，改定後の役割が「意図的な操作の監視」あるいは「適切な介入の監督」であることを見ると，後者の基準は不明瞭で，IMFが持つ役割の重要性が曖昧になったと言えよう．

さらに付け加えるなら，**スミソニアン合意**がIMFではなく，G10（The Group of Ten，先進10カ国蔵相・中央銀行総裁会議）において決定されたことなど，国際金融問題を協議する際のIMFの立場も低下した．

6.1.3　プラザ合意とルーブル合意

6.1.3.1　1980年代の国際政策協調

1980年代には，先進諸国間で金融の自由化，資本の自由化が進み，国際金融市場は大きく成長した．アメリカのレーガン政権によるサプライ・サイドの政策は，支出抑制，大幅減税，規制緩和，金融引締を中心としていたが，軍事支出増加による財政赤字の拡大は先進国からの資本流入で資金調達され，この資本流入による急激なドル高は，減税による消費増加と合わせ輸入の大幅な拡大となった．この財政赤字と経常収支赤字は「双子の赤字」と呼ばれた．

国際政策協調の合意の契機は，双子の赤字による対外債務の返済可能性とドル高の為替レートにあった．財政赤字の資金調達源となる資本流入は，投資家の証券投資に支えられていたこと，その財政赤字が軍事支出中心であったこと，また資本流入によるドル高がドルのさらなる過大評価を予想させたことなどから，ドルに対する信認崩壊および急激なドルの減価による世界経済への影響を回避する方法が必要とされたのである．

6.1.3.2　プラザ合意

当時の経常収支の対GDP比はアメリカで約 − 3％，日本で ＋ 3％であったが，これが日米貿易摩擦と「日本たたき」問題の契機となり，経常収支赤字の解消とドル不安の回避は国際的な急務となった．

そこで，1985年9月22日，G5（The Group of Five，先進5カ国蔵相・中央銀行総裁会議）がニューヨークのプラザホテルで開催され，先進5カ国が対外不均衡の調整策で協力することが合意された．これを**プラザ合意**と呼ぶ．この合意では，ドル高是正によるアメリカの経常収支赤字の解消と，ドル暴落による外国為替市場への影響を抑制することが目的とされ，外国為替市場において日本，アメリカ，西ドイツ（当時）による協調介入が行われた[1]．

プラザ合意による協調介入は，次のような二つの意味を持っていた．一つは，外国為替市場での取引の多様化などにより，変動レート制に期待されていた経常収支の調整能力が発揮されない（6.2を参照）ことが分かったため，協調介

---

[1] 協調介入後，1カ月ほどで円はドルに対しておよそ11％の円高に，マルクはドルに対しておよそ8％のマルク高になった．

入を用いて為替レートを誘導しようと試みたことである．この点については，協調介入の効果というよりも，プラザ合意という国際的な合意に至ったこと自体が実際の外国為替市場におけるドル安に影響した．これは，**シグナル効果**，あるいは**アナウンスメント効果**とも呼ばれる．もう一つは，投資家の期待の変化が外国為替市場を不安定にし，さらには実物経済にも影響を及ぼすため，不安定な国際金融市場を抑制する必要が認識されたことである．

6.1.3.3　ルーブル合意

プラザ合意における主要な目的はアメリカの経常収支赤字を焦点とする対外不均衡の是正にあったが，合意後，アメリカの赤字は逆に拡大した．合意からわずか1年ほどで，ドルに対して30％以上の円高，マルク高になっていたため，対外不均衡という点よりも，ドル不安の方が注目され始めた．急激な円高，マルク高とドルに対する不安は，アメリカでは資本流入の減少，輸入物価の上昇によるインフレ圧力となり，他方，日本と西ドイツでは自国通貨高による輸出産業への悪影響が強く表れた．このドル不安による世界経済への懸念から，1987年2月，G5にイタリア，カナダを加えたG7（先進7カ国蔵相・中央銀行総裁会議）で為替レートの安定化のための介入が合意された．これを**ルーブル合意**と呼ぶ．

ルーブル合意においては，そのときの為替レートがファンダメンタルズに見合っているということを確認した上で，為替レートのさらなる変動が世界経済に悪影響を及ぼすことを防ぐため，±2.5％の参考相場圏が設定され，この圏内を出ないように各国が協調介入を行うことが取り決められた[2]．

ルーブル合意がプラザ合意と異なる点は，ドル不安の解消そのものが目的であったにもかかわらず，結果的にこの合意による協調介入でドル不安を解消することができなかったことである．その背景には，各国間での経済政策に対する姿勢の違いがあった．財政政策に関しては，日本は緊急財政支出，西ドイツは減税前倒しを行ったが，アメリカはそのような政策は採らず，金融政策に関しては，日本は利下げを行ったが，アメリカは現状維持，西ドイツはインフレ抑制のため利上げを行っていた．この点から見ると，ルーブル合意そのものは

---

[2] この参考相場圏は「ターゲット・ゾーン」という制度であったと言われた．この制度は調整可能な釘付け制のような制度よりは変動幅が広く，中心レートも頻繁に調整されるが，ゾーンの上限および下限では強い介入を必要とするものである．

国際政策協調であるものの，各国は実質的に政策協調をせず，その結果が同年10月の米国株式市場の暴落から始まる世界同時株安という状況を生み出したと言える[3]．

6.1.4 通貨危機と IMF の役割

6.1.4.1　1990 年代の通貨危機

通貨危機とは，一般に「固定レート制を採用している国で，ある時点を契機として通貨価値が大幅に下落して固定レート制を維持できなくなる状況」と定義される．つまり通貨が投機的攻撃を受けて固定レート制を維持できなくなることであるが，為替レートを一定の変動幅に抑える中間的制度（クローリング・ペッグやバンド制，管理フロート制など）も投機的攻撃の対象となる可能性がある[4]．1990 年代以降では，先進国が経験した通貨危機（1992～93 年の欧州通貨危機）や新興市場経済が経験した通貨危機（1994～95 年のメキシコ，1997 年のアジア，2001～02 年のアルゼンチンなど）がある．

新興市場経済における通貨危機で特徴的なことは，通貨危機が伝播するという点である．メキシコ通貨危機では「テキーラ効果」と呼ばれる影響がラテンアメリカ諸国だけでなくアジア諸国へも伝播し，アジア通貨危機では，タイで起きた通貨危機がフィリピン，マレーシア，インドネシア，韓国などへ伝播した．

通貨危機の伝播は，固定レート制から変動レート制への変更を余儀なくさせることもあり，変動レート制であっても為替レートの急激な下落が起こりうる．金融機関や企業が外貨建てで資金を借り入れている場合には，自国通貨価値が下落することで，自国通貨表示の債務返済額が大幅に増加してしまい，経営が圧迫され金融危機や経済危機に至ることもある．このような伝播は，地理的な要因やマクロ経済の状況，貸し手の同時的行動，貿易関係，投資家の期待などのルートを通して生じると考えられている．

---

3) 1987 年 10 月 19 日の「ブラック・マンデー」で，ニューヨーク株価は史上最大の 508 ポイントの下げ幅を記録した．
4) 投機的攻撃とは，投機の対象となる通貨について，為替レートの変更がされるのであればそれは切り下げである，という一方向への期待の下に多くの資金が流入し，その通貨が一方的に売られることである．

同じ地域内にある国であれば，さまざまな取引を通じて影響を受ける可能性があり，また震源地とマクロ経済状況が似ている国，マクロ経済状況の良好でない国も影響を受けやすい．貸し手の同時的行動とは，ある国で通貨危機が起きると，金融機関はその国だけでなく周辺国に対しても，資金引き揚げや借り換え拒否などを行うため，周辺国の為替レートも減価するというものである．貿易関係での伝播は，通貨危機が起きた国が取引の多い貿易相手国である場合，相手国通貨の為替レートが大幅に減価しているため自国商品の価格競争力が低下し，輸出が減少して経済状況が悪化するというものである．最後に，投資家の期待については，ある投資家が，「投資家の多くはこの国に通貨危機が伝播すると予想している」と考えれば，その国への投資を引き揚げ，その国の通貨が減価することになるという事実を指す[5]．

6.1.4.2 メキシコ通貨危機

メキシコでは1980年代後半から自由化を中心とする経済改革を開始し，1989年の資本自由化により，海外からの資本が流入し始めていた．翌年のブレイディ計画による債務の削減が実現すると資本流入は大規模となる一方，輸入は輸出を大幅に上回り，経常収支の赤字は拡大した[6]．

1994年，国内の金融自由化が十分なリスク管理のないまま進む中，海外からの資本流入に基づく銀行貸出しが拡大し，不良債権も増加してくると，投資家は経常収支赤字の持続性への不安を高め，大統領選挙による政権交代でペソの切り下げが行われるという憶測も高まった．この状況で，内乱などの政治不安の高まりを契機として資本逃避が始まると，メキシコの通貨当局は介入を行いつつ，ペソ建て政府債をドル建て短期債に切り替えることで為替レート防衛を試みた．同年12月，通貨当局はクローリング・バンドの拡大を公表したものの，ペソへの信認は得られず，メキシコは変動レート制へ移行せざるを得なくなった（**メキシコ通貨危機**）．

この通貨危機では，メキシコ政府による経済安定化政策だけでなく，アメリ

---

5) 投資家は，必ずしも「この国に通貨危機が伝播する」と考えて資金を引き揚げるのではない．「他の投資家の多くがこの国に通貨危機が伝播すると予想している」と考えることで資金を引き揚げるのである．つまり，投資家の予想が通貨危機の伝播を引き起こすことがありうる．
6) ブレイディ計画とは，米国の当時の財務長官ニコラス・ブレイディによる累積債務問題の解決方法を指す．特にIMF・世界銀行の資金の活用も認めた点が従来の債務削減策と異なっていた．

カ政府の主導による支援策が実施され，IMFからの180億ドルを含む400億ドルという融資提供が行われた．IMFを中心に資金供給を行い，メキシコの流動性を確保させたことは，IMFが持つ最後の貸し手機能が部分的に発揮された例である．

6.1.4.3 アジア通貨危機

1990年代のアジアでは，日本に続いてNIEs(Newly Industrializing Economies：韓国，台湾，香港，シンガポール)，インドネシア，タイ，マレーシアなどASEAN諸国でも著しい経済成長が見られた．このうち，タイでは，輸出主導型の工業化，1993年のバンコク・オフショア市場（BIBF, Bangkok International Banking Facility）の設立により資本も自由化され，短期資本が大量に流入し，高度成長の実現が可能になった．

しかしながら，この時期に大量に流入した資本は生産設備の増強のみならず，株や不動産といった非生産的部門（unproductive sectors）にも回ることになり，資産バブルを生じさせ，銀行の貸付けはリスクと収益率を十分考慮せずに行われていた．それでも資本流入が減少しなかった理由は，タイが米ドルのウェイトの高いバスケット・ペッグ，つまり実質的な米ドルへの固定レート制を採っていたため，固定されたレートで利潤を獲得できたからであった．

1996年に入り，米ドル高による輸出減少を背景として，経済成長が鈍化，財政収支が悪化，さらには資産価格の下落，銀行の不良債権増加が顕著になったことから，同年末から海外投資家によるタイバーツへの投機的攻撃が発生した．

タイの通貨当局は当初，介入，金利の引き上げ，資本取引規制によって為替レートの防衛を試みたが成功せず，結局1997年7月2日に変動レート制へ移行した．これが**アジア通貨危機**の契機となり，その後危機はフィリピンに伝播し，さらにマレーシア，インドネシアにも伝播した．当時，インドネシアの経済状態は良好であったが，タイで生じた通貨危機を契機として，銀行部門の多額の不良債権，民間部門の累積対外債務など，金融システムの脆弱性を根拠に投資家の期待が変化し，投機的攻撃を受けることになった．同年8月，インドネシアは変動レート制に移行し，金利引き上げなどにより投機的攻撃に抵抗したが，これにより国内の複数の銀行が破綻し，金融危機，政治的危機へとつながった．

韓国においても，インドネシアと同様，当時のマクロ経済のパフォーマンスは悪くはなかった．しかし1997年初めから財閥の破綻，銀行の不良債権の増加，株価の下落などを背景に，銀行監視システムの不備が発端となり，韓国の金融機関の国際的格付けは低下し，海外資金は急激に引き揚げられた．通貨当局の外貨準備によるウォンの防衛も難しくなり，11月にはドルに対するウォンの変動幅が4.5％から20％に拡大された．

6.1.4.4　IMF・各国の通貨危機への対応

通貨危機が生じたタイでは同年8月に，通貨危機の伝播による影響が大きかったインドネシアと韓国ではそれぞれ11月，12月に，IMFに支援を要請し，金融支援プログラムを受け入れた．タイに対しては，IMFより40億ドル，世界銀行とアジア開発銀行から27億ドル，2国間支援によるものが105億ドルで，合計で172億ドルの支援．インドネシアに対しては，IMFからの101億ドルの融資，世界銀行とアジア開発銀行から80億ドルの融資，7カ国・地域による2国間支援により180億ドルの金融支援が行われ，さらに韓国に対しては，IMFからは160億ドルの短期融資を含む211億ドルの金融支援，世界銀行とアジア開発銀行から142億ドルの融資，2国間支援から232億ドルの金融支援が行われた．

IMFの支援プログラムの特徴は，財政金融の引き締め，金融システムの効率化，経済安定化・デフレ政策と自由化・民営化などの構造政策であった．アジアにおける通貨危機の背景は，高い経済成長を背景に海外から大量の資本が流入した結果国内信用が拡大し，資産価格を押し上げ，投資超過，経常収支赤字の状態を生んでいたことにあった．資産価格の上昇が止まり，通貨価値が下落したことで，企業・金融機関のバランス・シートが悪化，金融機関による信用の抑制という通貨危機・金融危機の連鎖につながった．

このような状況は対外的な借入依存に起因していたから，海外資金の引き揚げに対しては，国内経済を活性化させるための政府の景気浮揚政策が必要となる．この点から見ると，IMFの安定化・デフレ対策は，通貨危機への対応として政府の政策を反対方向に誘導したと言えよう．

また，通貨危機の影響を受け，不況に陥った国に対する性急な構造改革プログラムの実施要求は，そのプログラム自体の実行可能性が疑われ，市場においては景気回復が遅れるという期待を生む．つまり，長期的な構造改革を求めな

表6-1 為替レート制度の分類

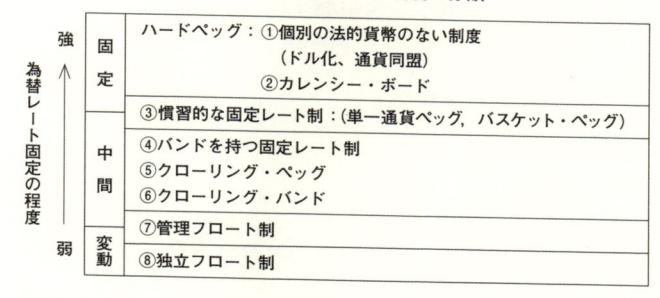

為替レート固定の程度		分類
強 ↑ 弱	固定	ハードペッグ：①個別の法的貨幣のない制度 　　　　　　　（ドル化、通貨同盟） 　　　　　　②カレンシー・ボード
		③慣習的な固定レート制：(単一通貨ペッグ、バスケット・ペッグ)
	中間	④バンドを持つ固定レート制 ⑤クローリング・ペッグ ⑥クローリング・バンド
	変動	⑦管理フロート制
		⑧独立フロート制

がら，短期的な財政・金融の引き締めも同時に要求することは，経済回復をむしろ遅れさせてしまうことになる．実際，IMF中心の支援策が発表された後も，資本流出が続き，為替レートがさらに減価した国もあったことから，通貨への信認がすぐには回復されなかったことが分かる．これらのことは，アジア通貨危機後のIMFの対応が，影響を受けた国に対する適切な方策を提供できなかった結果であると言えるかもしれない．

6.2　為替レート制度の選択とリージョナリズム

6.2.1　為替レート制度選択の決定要因

6.2.1.1　為替レート制度の特徴

　現在の為替レート制度を大きく分類するとすれば，固定レート制，中間的制度，変動レート制の三つに分けることが可能である（表6-1参照）．ドル化のように外貨を法定通貨とする制度，カレンシー・ボード，ユーロのような通貨同盟は固定レート制，複数の通貨に固定するバスケット・ペッグや，主要相手国とのインフレ率格差などで調整を行うクローリング・ペッグ，バンドなどは中間的制度と言える．管理フロート制は，為替レートが自由に変動するという点では変動レート制に分類できるが，介入による管理の程度によっては，中間的制度に分類されることもある．

6.2.1.2 固定レート制と変動レート制のメリット

固定レート制と変動レート制には，一般にそれぞれ四つの長所が指摘されている[7]．

〔固定レート制の長所〕
（1）金融政策に対する，信頼できる名目アンカーを提供する．
（2）取引費用を減らし，貿易，投資を減少させる為替リスクを減らす．
（3）競争的減価を防ぐ．
（4）投機的バブルを避けることができる．

〔変動レート制の長所〕
（1）金融政策の独立性が与えられる．
（2）貿易ショックに対する自律的調整が可能になる．
（3）シニョレッジと最後の貸し手機能を得る．
（4）投機的攻撃を防ぐことができる．

為替レートの安定を求める国にとっては「ハードペッグ」あるいは「超固定（super fix）」のような制度が必要となるから，考慮すべき選択は，カレンシー・ボードやドル化のような厳格な固定レート制と変動レート制との間になるであろう[8]．

また，金融政策の独立性は特に重要な項目である．これが持つ意味は次のようなことである．固定レート制は名目アンカーを提供し，インフレ期待をより低くするので，中央銀行はインフレ政策の運営に成功すると考えられる．特に高インフレ国は低インフレのアンカー国から，その信頼性を輸入できるのであるが，固定レートを維持するためにはアンカー国と類似の金融政策の採用による同一水準のインフレ率の維持が長期的には必要であり，金融政策の独立性は低くなる．他方，変動レート制を採っている国は，たとえば自国財に対する世

---

[7] 詳しくは Frankel, Jeffrey A., [2003] "Experience of and Lessons from Exchange Rate Regimes in Emerging Economies", NBER Working Paper No.10032 を参照せよ．
[8] 詳しくは Bird, Graham and Rajan, Ramkishen [2002] "Optimal Currency Baskets and the Third Currency Phenomenon: Exchange Rate Policy in Southeast Asia", *Journal of International Development* 14, pp.1053-73 を参照せよ．

界的な需要が減少するような対外的ショックが国際収支の急激な悪化をもたらすような場合，通貨当局による独立的な金融拡張あるいは為替レートの減価政策によって対応することが可能になる．

6.2.1.3 変動レート制移行時の期待

1973年春に主要先進国が変動レート制へ移行した後も，固定レート制を維持する国の数は多く，特定の先進国と緊密な関係にある国は特に，その先進国の通貨に対して固定レート制を維持していた．将来的に固定レート制に回帰するという考え方も少なくなかったということもできる．しかしながら，同年に生じた第1次石油ショックの影響は全世界に波及し，国際収支の不均衡は変動レート制移行への期待を高めることとなった．ここでは，当時変動レート制に期待されていた四つの機能，(1) 経常収支の調整能力，(2) 投機の安定性，(3) 金融政策の独立性，(4) 海外からのショックの「隔離効果」を取り上げ，それらが機能したかどうかを考えてみよう．

(1) 経常収支の調整能力

変動レート制には，経常収支（特に貿易・サービス収支）を調整する力があると期待されていた．貿易取引が全てドル建てであるとすれば，日本の輸出額が輸入額を上回る黒字である場合，受け取るドルが多くなる．そのドルを売り，円を買うことで為替レートは円高ドル安となる．この円高は，日本の商品の価格を相対的に引き上げ，外国の商品の価格を相対的に引き下げるので，日本の輸出額は減少し，輸入額は増加する[9]．したがって，経常収支黒字（貿易黒字）が減少することで，当初の黒字は調整される．

現実には，各国における経常収支の不均衡は調整されておらず，大幅な黒字を計上する国もあれば，赤字の国もある．最近の資本移動の活発化を考慮すれば，経常収支と為替レートの関係以外にも注目すべき関係があるだろう．

---

[9] 円高還元セールなどを考えてみるとよい．1個1ドルのA商品を100個輸入する契約をしている場合，他の条件を一定として支払額は100ドルである．1ドル100円のとき100ドルを用意するには10000円が必要だが，1ドル90円と円高になれば9000円でよいので，その差益を還元することが可能になる．ドル建ての場合には，円高により円での支払い金額が減るのである．

(2) 投機の安定性

また変動レート制には，一方向に集中する投機は生じないという安定性が期待されていた．たとえば，1ドル100円の為替レートで，100円を売って1ドルを買う人が多ければ，為替レートは円安ドル高方向へと進行する．1ドルが105円になったとき，1ドルを保有している人はその1ドルを売って105円を手にすることで利益を得る．つまり，円が高くドルが安いときに円を売ってドルを買い，ドルが高く円が安くなったときにドルを売って円を買うという行動は，為替レートを安定化させるということである．

実際には，為替レートは大きく乱高下することがある．それは，**効率的市場**における投機的価格の特性とは別に，各国のファンダメンタルズの動きに影響される部分もあるからである[10]．

(3) 金融政策の独立性

ブレトン・ウッズ体制では，先進国はドルに対する固定レートを維持する介入を行う義務があったため，金融政策を独自に行うことはできなかった．他方変動レート制では，外国為替市場の需給でレートが決まることから，介入を行うための外貨準備を保有する必要もなく，各国が独自の金融政策を採ることができると期待された．

現実には，為替レートが大きく変動するために介入の必要はなくならず，対外的な要因から国内経済が隔離されることはなかったため，変動レート制であっても，各国の金融政策の独立性は弱められていたということができる．

(4) 海外からのショックに対する「隔離効果」

為替レートが経常収支を調整し，金融政策を独自に採ることができれば，海外で生じたショックから国内経済を隔離することが可能になる．変動レート制には上記の三つの機能と合わせ，このような効果が期待された．

しかしながら，資本取引が活発化すれば，為替レートが経常収支を調整することも難しくなること，交易条件の変化や実質金利の変化は海外との取引に何

---

[10] 効率的市場（仮説）とは，為替レートなどの資産価格は利用可能な全情報を反映して決定されているため，将来の変動は予測不可能であり，したがって裁定機会も存在しないとする仮説である．

らかの影響を及ぼすことを考えれば，海外のショックから国内経済を隔離することは現実にはかなり難しい．

6.2.2 両極の解と中間的制度

6.2.2.1 為替レート制度選択に関する議論

為替レート制度選択に関する議論には大きく二つの主張がある．一つは「両極の解（Corner Solutions）」を主張するものであり，もう一つは「中間的な制度（Intermediate Regimes）が維持される」とする主張である．

6.2.2.2 国際金融のトリレンマと「両極の解」

「両極の解」とは，発展途上国は中間的な制度を維持することができないため，変動レート制，あるいはドル化や通貨同盟のような厳格な固定レート制へと押しやられていくとする主張である．その背景にあるのは，**国際金融のトリレンマ**と呼ばれるもので，固定レート制，金融政策の独立性，資本移動の自由化の三つは鼎立しないというものである[11]．

たとえば，ある国が固定レート制を採用するとしよう．ここで，資本移動を自由化するなら，為替レートを固定する介入のために，金融政策の独立性は放棄する必要がある．反対に金融政策の自由度を高めたいと思うのであれば，資本移動を規制しなければならない．資本移動の程度が高くなっている現代においては，固定レート制を選択して金融政策の独立性を放棄するか，金融政策の独立性を保つために変動レート制を選択するかのどちらかを選ぶべきということになる．通貨危機が生じた国で変動レート制への移行を余儀なくされたのは，国際資本移動に対して開放的になった国が，固定レート制と金融政策の独立性の両方を求めようとしたからである[12]．

6.2.2.3 中間的な制度の維持

もう一方の主張は，結果的に両極の解が実現することはなく，中間的な制度

---

11) この「国際金融のトリレンマ」とは，第1章付論で説明した「不可能な三位一体」（Impossible Trinity）のことを指す．
12) 詳しくは Fischer, Stanley, [2001] "Exchange Rate Regimes: Is the Bipolar View Correct?", *Journal of Economic Perspectives* 15, pp.3-24 を参照せよ．

が維持されるとするものである．中間的な制度の分類は難しいが，ドル化，カレンシー・ボード，通貨同盟などを厳格な固定レート制とするなら，一般的には厳格な固定レート制と自由変動レート制以外の，慣習的な固定レート制やクローリング・ペッグ，バンド，管理フロート制などは中間的な制度である．

これらの中間的な制度が維持されると主張する一つのきっかけとなったのは，「変動レート制を公にはアナウンスしながら，実際には変動レート制を採っていない」あるいは「実際には固定レート制を採っているが，固定レート制をアナウンスしない」という通貨当局の行動である．前者は「変動に対する恐れ（Fear of floating）」，後者は「固定に対する恐れ（Fear of fixing あるいは Fear of pegging）」と呼ばれる[13]．

実証的な検討結果などからも，変動レート制をアナウンスしている国の為替レートは固定レートに近い，狭い範囲内での動きを示しており，管理フロート制をアナウンスしている国の為替レートに関しては事実上固定されていたことが示されている．また，外貨準備については，変動レート制をアナウンスしている国のほとんどが実際にはかなり大幅な介入を行っていることが示されている．

したがって，為替レート制度が厳格な固定レート制と変動レート制の両極へ集約されることはなく，介入を伴う中間的な制度が決してなくなることはないとされたのである．

6.2.3　最適通貨圏とヨーロッパの通貨統合

6.2.3.1　最適通貨圏（Optimum Currency Area，OCA）の理論とは何か

OCA の理論とは，1960 代初め，ロバート・マンデル（R. Mundell）によって提唱されたものであり，その前提となるのは，共通の通貨を導入した地域では，各国間における経済的な違いを為替レート以外の手段で解消する必要があ

---

[13] 前者の行動を分析した先駆的研究に Calvo, Guillermo and Reinhart, Carmen M., [2002] "Fear of Floating", *Quarterly Journal of Economics* 117 (2), pp.379-408 がある．彼らは，名目為替レートの変化，外貨準備の変化，利子率の変化に注目して，各国の通貨当局が IMF に申告している制度（アナウンスする制度＝De jure の制度）が実際に採用されているか（De facto の制度かどうか）を検証した．たとえば，名目為替レートの変化がある範囲内に収まる確率は，為替レートを固定する固定レート制で一番高く，変動レート制で一番低くなると考えられる．また，外貨準備の変化がある範囲内に収まる確率は，介入を行わない変動レート制で一番高く，為替レート固定のために介入を行う固定レート制で一番低いと考えられる．

り，そのような手段を各国が持っているかどうかという点にある．もちろん，世界共通の通貨が一つだけであれば，為替レートが変動することから生じる不確実性のコストはなくなるが，各国間における非対称的な攪乱の影響を調整する手段が他に必要となる．このような問題を考察するのがOCAの理論であり，OCAとなるための条件を**OCA基準**と呼ぶ．

各国が通貨圏を形成するというのは，その地域内で一つの通貨が使用されること，あるいはその地域内で為替レートが厳格に固定されていることを意味する[14]．もし通貨圏が二つであるなら，二つの通貨の間の為替レートは固定されており，それぞれの通貨圏内で単一通貨が使用されているということになる．

ここでは，OCAの形成に必要と考えられた基準を検討する．ユーロ圏のような通貨圏にとって，OCA基準はその必要条件である．

(1) 生産要素の移動可能性

OCAの第一の基準は，生産要素の移動可能性である．たとえば，A国とB国を考えてみよう．ある外生的ショックによって，A国の商品に対する需要が減少，B国の商品に対する需要が増加したとすると，短期的に価格が硬直的であれば，A国には労働の超過供給（失業）が発生し，B国には労働の超過需要（人手不足）が生じる．

ここで，2国間で労働移動が自由であれば，A国からB国への労働移動により，A国とB国の問題はそれぞれ解消される．他方，労働移動が自由でない場合には，通貨間の為替レートを変動させ，商品の相対価格を変化させることで不均衡の調整が可能になる．つまり，2国間で労働の移動可能性が高ければ通貨圏を構成することにメリットがあり，低ければ，それぞれが通貨圏を持ち，お互いの通貨価値を変動させることにメリットがあるということが分かる．

(2) 経済の開放度

OCAの第二の基準は，経済の開放度である．再び，A国とB国を考えてみよう．ある外生的ショックによって，A国の商品に対する需要が減少，B国の商品に対する需要が増加したとする．短期的に価格が硬直的である場合には，

---

14) この点のみから考えると，ブレトン・ウッズ体制は，IMFに加盟する国による通貨圏であったということもできる．

需要が増加したB国の産業では雇用が増加，需要が減少したA国の産業では雇用が減少する．

もし2国間の開放度が低いときには，輸出入が少ないためB国の景気がA国に及ぼす効果は小さいが，開放度が高くなればB国の景気はA国からの輸入の増加，すなわちA国の輸出の増加につながる．したがって，経済の開放度が高いほど，貿易を通じてショックの影響に対処できるため，通貨圏を形成したときのメリットが大きくなる．

(3) 経済の多様化

OCAの第三の基準は，経済の多様化である．A国とB国で同じ2種類の商品が生産されているとする．たとえば，一方の商品に対する需要が減少した場合，A国とB国の両方に同じような影響が生じる．ただし，その需要減少による影響は，それぞれの国におけるもう一方の産業によって吸収することが可能である．したがって，経済構造が多様化しており，産業内貿易が進んでいるような国同士であれば，通貨圏を形成することにメリットがあることが分かる．産業内貿易の進んでいるヨーロッパで，ユーロによる通貨圏を形成できたことも，この要素から説明が可能である．

他方，B国がA国に対して原材料を輸出し，A国はその原材料から製品を作ってB国に輸出するような場合には，需要に対するショックがそれぞれの国で異なるため，通貨圏を形成するメリットが少なくなる．

6.2.3.2　ヨーロッパの通貨統合へのプロセス

現在，ヨーロッパの一部の国々で使われているユーロは，基軸通貨であるドルには及ばないが，世界経済における存在感は確実に大きくなっている．ユーロがこれらの国々で単一通貨として流通するまでには長い時間がかかったが，単一通貨ユーロが法定貨幣として流通することには，政治的・歴史的な要素だけでなく，経済的にも大きなメリットがあることがかかわっている．

6.2.3.3　欧州通貨制度の導入

6.1でふれたスミソニアン体制では，ドルに対して上下2.25％という変動幅が定められたが，一つの通貨に対して4.5％の幅が容認されていることは，ヨーロッパの各通貨同士では最大で9％の変動幅が認められているということ

になる．そこで，EC（European Community, 欧州共同体）では，1972年4月からヨーロッパ各国通貨間の変動幅を上下1.125%に制限する為替レート制度を採用した．これは，ドルに対する4.5%の変動幅の中で，ヨーロッパ各国通貨間では2.25%だけ変動が認められていることから「トンネルの中のヘビ」と呼ばれた．1973年3月にはスミソニアン体制は崩壊するが，ドルに対する変動レート制が採用される一方，ヨーロッパの中では固定レート制が維持されていた．

「トンネルの中のヘビ」では，EC9カ国＋ノルウェー・スウェーデンの準参加まで拡大したこともあったが，西ドイツとの政策観の違いからイギリス・イタリア・フランスなどが離脱したことで，この制度はいわゆる「ミニ・スネーク」と呼ばれる小規模なものに縮小してしまう．

しかしながら，1979年，現在の通貨統合の基盤となるEMS（European Monetary System, 欧州通貨制度）が導入された．この制度の特徴は二つある．一つは，ECU（European Currency Unit, 欧州通貨単位），もう一つは，ERM（Exchange Rate Mechanism, 為替レート・メカニズム）であり，この二つが通貨間における固定レート制を機能させる要因となった．ECUは，EMS参加国通貨について，域内貿易シェアなどを勘案して計算されたバスケット通貨であり，基準となるレートの計算や介入後の決済手段に用いられた．また，ERMでは，参加国通貨とECUとの間の中心レートを基に，それぞれ2国間の基準レートを表すパリティ・グリッド（平価一覧表）を算出して，各国通貨当局がそのレートの上下2.25%の範囲内に為替レート変動を抑えることが義務づけられた．

6.2.3.4 通貨統合へ向けてのEMS

通貨統合の基盤としてのEMSは，いくつかの側面から観察することができる．政策協調という点から見ると，1983年におけるフランスの物価安定政策への転換は西ドイツの通貨安定政策への協調であり，それはEMSの機能を高めたが，オランダなどマルク圏の小国が従う西ドイツと，イタリア，スペインなど南欧諸国の意見を代表するフランスが政策協調を行ったことは，ヨーロッパ経済が収斂する土台を構築したと言える．また，国際金融のトリレンマからも分かるように，EMS内部の資本移動自由化は，これらの政策協調を基礎にして可能になった．最適通貨圏の基準でも考察したように，域内貿易の程度が高いヨーロッパでは，「固定レート制」を採用した方がよい．

次に，1980年代から準備はされてきたものの，実際には1992年の市場統合計画による域内市場（Internal Market）の登場により，財・サービス，労働ばかりでなく，資本も自由に移動することが促進されたことから「資本移動の自由化」も必要な条件となる．そうすると，ヨーロッパ各国は「金融政策の独立性」を放棄しなければならず，金融政策に関して協調することしか選択できなかったのである．

また，通貨の機能面から見ると，1980年代にEMSが安定していたことは，不安定なドルを背景として，ヨーロッパ独自の通貨圏を構築することに貢献した．特に，1985年のプラザ合意前後のドルの変動は大きく，公的部門でも民間部門でもドルの利用から欧州通貨の利用へのシフトが進んだ．公的部門では，西ドイツのマルクがEMS内部での介入・準備通貨として「アンカー通貨」の役割を果たし，民間部門では，貿易契約通貨としてだけでなく投資通貨としての欧州通貨の利用が進んだ．欧州各国の通貨がマルクとは安定，ドルとは不安定という状況を背景に，EMS域内の外国為替銀行は，1990年までにポジション調整に用いる通貨をドルからマルクに切り替えたのである．

6.2.3.5　欧州通貨危機と通貨統合

1989年4月のドロール委員会報告において，資本移動の自由化・為替変動幅の縮小を軸とする「通貨同盟」，単一市場・マクロ政策協調などの「経済同盟」が提案されたことを受けて，1992年2月に**マーストリヒト条約（欧州連合条約）**が調印され，各国の批准を受けて1993年11月に発効した．その間，1992年6月にデンマークにおける国民投票で同条約の批准が拒否されたことを契機として欧州通貨危機が発生し，9月にはイギリスとイタリアがERMを離脱した．長期に安定していたERMであったが，通貨統合の実現可能性に疑問が投げかけられたことが巨額の機関投資家資金を引き揚げさせることとなった．これに対してECは1993年8月，ERMの変動幅を上下15％へ拡大することにより投機的攻撃を抑制しながら通貨統合の完成に向かう方針を決めた．

マーストリヒト条約では，EMU（European Monetary Union，**欧州通貨同盟**）の実現に向けて，表6-2のように，三つの段階を取り決めた．

第3段階に向けて1998年5月にはユーロ参加国（当時11ヵ国）が決定され，同年6月には欧州中央銀行（ECB）が創設された．そして，1999年1月1日，EMU参加国の通貨はECUの中心レートを基準にそれぞれ固定され，ECUと

表6-2　EMU実現に向けての3段階

段階	期間	内容
第1段階	1990年7月〜93年12月	域内市場統合の促進：人，物，サービスの移動の自由化，中央銀行総裁会議の機能強化
第2段階	1994年1月〜98年12月	マクロ経済政策の協調強化：経済収斂基準の達成 ECB（European Central Bank：欧州中央銀行）の前身であるEMI（European Monetary Institute：欧州通貨機関）の創設
第3段階	1999年1月〜	経済通貨統合の完成：単一通貨ユーロの導入，ECBによる統一金融政策の実施

表6-3　2009年1月現在のユーロ導入国

EU加盟国 導入時11カ国 現在16カ国	ドイツ・フランス・イタリア・スペイン・ポルトガル・アイルランド・オーストリア・フィンランド・ベルギー・オランダ・ルクセンブルグ〔ここまで導入時〕 ギリシャ・キプロス・マルタ・スロバキア・スロベニア
非EU加盟国 （協定により使用）	モナコ・サンマリノ・バチカン
非EU加盟国 （協定によらず使用）	アンドラ・モンテネグロ・コソボ

表6-4　ユーロ導入に関する収斂基準

対象	収斂基準
〔1〕インフレ率	過去1年間，消費者物価上昇率が，消費者物価上昇率の最も低い3カ国の平均値を1.5%より多く上回らないこと．
〔2〕財政赤字	過剰財政赤字状態でないこと （財政赤字はGDP比3%以下，債務残高はGDP比60%以下）．
〔3〕為替レート	2年間，独自に切り下げを行わずに，深刻な緊張状態を与えることなく欧州通貨制度の為替レート・メカニズムの通常の変動幅を尊重すること．
〔4〕金利	過去1年間，長期金利が消費者物価上昇率の最も低い3カ国の平均値を2%より多く上回らないこと．

等価の単一通貨ユーロが導入された．さらに，2002年1月から2月末までの間に，ユーロ域内各国の現金通貨が共通通貨ユーロに置き換えられた（表6-3参照）．

　EU加盟国の中でユーロの導入を計画している国には，表6-4に要約したようなインフレ率・財政赤字・為替レート・金利に関する収斂基準が課される．

6.2.4 東アジアにおける地域金融協力

6.2.4.1 アジア通貨危機と地域金融協力の必要性

東アジアにおいては，1997年のアジア通貨危機の経験から，通貨危機の再発を防止するため，地域金融協力の必要性が提案された．通貨危機後，1999年11月にフィリピンのマニラで開かれた第3回 ASEAN＋3首脳会議において，東アジアにおける自助・支援メカニズムの強化が必要であるとされたことを受けて，2000年5月，タイのチェンマイで開かれた第2回 ASEAN＋3蔵相会議で，域内に2国間通貨スワップ取決め（BSA, Bilateral Swap Arrangement）のネットワークを構築することなどを内容とする CMI（Chiang Mai Initiative, チェンマイ・イニシアティブ）が合意された．

その目的の一つは，通貨危機が生じた国に対して，その国と取決めを行った相手国が，通貨スワップという形式で短期的に外貨準備を融通することにより，「短期的な流動性問題を解消すること」である．

もう一つの目的は，国際的な公共財とも言える「IMF の活動（既存の国際的枠組み）を，地域内の活動（地域的枠組み）で補完すること」である．流動性問題の解消，IMF 活動の補完という目的からすると，通貨危機再発防止というよりも通貨危機対策と言えるが，この地域にセーフティネットがあることを確実に示すことが，投資家へのシグナルとなり，IMF の監視業務を補完する役割を果たすと考えられる．

6.2.4.2 チェンマイ・イニシアティブの現状

CMI は，基本的に二つの枠組みから構成されている．一つは先に示した2国間通貨スワップ取決め（BSA）のネットワーク，もう一つは ASA（ASEAN Swap Agreement, ASEAN スワップ協定）である．当初構想されていたネットワークが2003年末までに，日本・中国・韓国・インドネシア・マレーシア・フィリピン・シンガポール・タイの8カ国間で完成されたことを受けて，トルコ・イスタンブールでの第8回 ASEAN＋3財務大臣会議（2005年5月）において，この枠組みへの域内経済サーベイランスの統合と強化などが合意され[15]，

---

[15] これは「域内の経済情勢に関する政策対話（ERPD, Economic Review and Policy Dialogue）」と呼ばれており，年1回の ASEAN＋3財務大臣会議における意見交換や，年2回の財務大臣・中央銀行総裁代理による政策対話に重点を置いた会議で実施されている．

続くインド・ハイデラバードでの第9回 ASEAN＋3財務大臣会議（2006年5月）において，CMI強化の見直し作業完了の確認と合わせ，サーベイランス能力強化への早期警戒システム開発の作業部会が設置された．また，通貨スワップ取決めを2国間から多国間へと発展させるための，集団的意思決定メカニズムが導入された．これは，個々の国の要請により，他の個々の国が資金を融通するというのではなく，個々の国の要請を受けた調整国の調整により集団的なメカニズムが発動するというものである．さらに，域内の経済・市場専門家から構成される専門家グループが設置され，地域経済の研究・評価を担当することとなった．

2国間通貨スワップの規模も各国間で拡大され，一方向の取決めであったものが双方向になるものも見られるようになった．

2008年5月にスペイン・マドリードで開催された第11回 ASEAN＋3財務大臣会議では，CMI の多国間化（マルチ化）へ向けて，（京都での第10回会議での合意による）一本の契約の下で各国が運用を自ら行う形で外貨準備をプールする形式の確認，サーベイランス・借入限度額・発動メカニズム・意思決定ルール・貸付約款などに対する厳格な規律の導入，域内サーベイランスのシステム強化のための政策対話の頻度増加，必要な情報・データの定型化の実施，さらに多国間 CMI におけるスワップ総額と拠出割合などについて合意された[16]．この CMI のマルチ化については，2009年5月インドネシア・バリでの第12回 ASEAN＋3財務大臣会議において，各国の貢献額・借入可能額・サーベイランス機能など主要な事項に関する合意，2009年中にこのシステムを機能させることに関する合意などがなされた．

6.2.4.3 アジア債券市場育成イニシアティブ

CMI と同様に，東アジアにおける地域金融協力として推進されているのが，ABMI（Asian Bond Markets Initiative，**アジア債券市場育成イニシアティブ**）である．これは，「通貨・期間のミスマッチ」というアジア通貨危機からの反省と「中・長期的な投資資金の十分な供給」というアジア経済の持続的発展への期待から提案されたものである．

---

16) その主要な目的は，先に示したとおり，東アジア地域内における短期的な流動性問題への対応と，IMF など既存の国際的枠組みを補完することにあるが，多国間で構成されるシステムが迅速に発動し，強固であるためには，それぞれの要素に対する統一された厳格なルールが必要である．

「通貨・期間のミスマッチ」については，たとえばタイの国内金融機関がドル建ての債務を短期で借り入れ，その資金をバーツ建てで，国内企業に長期債務の形で貸し付けたことなどが指摘できる．タイでは通貨危機が発生し，バーツの価値の大幅な下落が起きたとき，金融機関のバランス・シートが悪化し，ドル建てで借り入れてきた短期債務を返済することが不可能になってしまった．アジア通貨危機が銀行システムの崩壊という金融危機に発展したのも，この通貨・期間のミスマッチが原因であったと言われている．通貨危機から派生する金融危機の防止という観点から見れば，銀行などによる間接金融による資金調達だけでなく，域内の債券市場における直接金融による資金調達が，安定した金融システムにとって重要であるということが分かる．

「中・長期的な投資資金の十分な供給」については，アジア地域の経済発展に対するアジア地域内の貯蓄による貢献という点が重要になる．金融機関からの融資に依存することなく，民間貯蓄を投資資金へのニーズに結び付けるということである．その中・長期的な投資資金が十分に供給されるためには，ABMIの基本的な考え方にもあるように，厚みがあり，流動性の高い債券市場の育成が必要である[17]．

6.2.4.4　アジア債券市場育成イニシアティブの現状

この取り組みは，2003年8月のフィリピン・マニラにおける第6回ASEAN＋3財務大臣会議での合意から実施に移され，2005年5月イスタンブールの第8回会議からは①証券化を活用した新たな債券のためのワーキング・グループ（議長国：タイ），②信用保証及び投資メカニズムに関するワーキング・グループ（議長国（共同）：韓国・中国），③外国為替取引と決済システム等に関するワーキング・グループ（議長国：マレーシア），④域内の格付に関するワーキング・グループ（議長国：シンガポール・日本）が，特別支援チーム，技術支援調整チームと共同で作業を行っている．

2008年5月のスペイン・マドリードにおける第11回会議での共同声明では，2003年以降，アジア債券市場は規模，発行主体の多様性の面で著しい成長があったことが確認され，また証券化を活用した新しい債券に関する研究，信用

---

[17] 市場に厚みがあるためには債券を発行する主体が多いこと，流動性の高さには決済システムの整備などが重要となるが，債券がアジア通貨建てであること，保証制度や格付機関の監督などの要素も整備することで，発行側・投資家側ともに利用しやすい市場となるであろう．

保証及び投資メカニズムの検討，域内格付け会社の信頼性向上などの面で進捗があったことも認識されている．

さらに，アジア債券市場のさらなる発展のため，ABMI新ロードマップが承認され，①現地通貨建て債券発行の促進，②現地通貨建て債券の需要の促進，③規制枠組みの改善，④債券市場関連インフラの改善の分野に焦点を当て，これらの分野における活動を監視し調整するグループが創設された．この他にも域内債券市場育成のための協調的貢献への自助努力に合意，そのための評価基準による自己評価制度の導入，民間部門の参加者で構成されるクロスボーダー債券取引及び決済上の課題を検討するグループの発足を歓迎するなど，民間部門による参入が容易になる債券市場育成が促進されている．これらの合意は少しずつ具体化されており，実際に，2009年5月のインドネシア・バリにおける第12回会議では，ラオス政府がタイでクロスボーダー・インフラ債券を発行するためのプロジェクトに対して，アジア開発銀行による技術支援を実施することに合意がなされ，先に示した民間部門出身の参加者で構成される専門家グループによる，クロスボーダー債券取引や決済に関する議論が活発に行われている．

6.2.4.5　アジアにおける為替レート制度の展望

東アジアにおけるCMIやABMIなどの取り組みは，通貨危機の再発防止と今後の地域内経済発展に寄与するものであると考えられる．しかしながら，東アジア地域において，ユーロのような通貨統合あるいは共通通貨の利用に至るまでにはまだ相当な時間がかかりそうである．最適通貨圏の基準を満たすこと，あるいは収斂基準を設定し，それを達成することに関して各国間の格差が大きいということも一つの根拠として考えられる．しかしながら，どれほど経済的なメリットが得られるとしても，政治的意図という観点から見ると，アジア地域における通貨統合の可能性は，現時点ではかなり小さい．

6.3 21世紀の国際金融危機と国際金融制度

6.3.1 ドルを中心とする国際金融制度の評価

6.3.1.1 基軸通貨ドル

現在の世界経済の状況は，国際的な基軸通貨ドルを中心とする国際金融制度がどのように評価されるべきかを示している．先進国だけでなく，中国を中心とする新興諸国，産油国などからアメリカに流入した資金は，アメリカの金融市場のさらなる強化に貢献したが，サブプライムローン問題を発端とする金融危機は，世界経済全体に景気低迷の影響を及ぼした．世界経済を支えてきたのがアメリカである一方，アメリカにおける景気低迷，ドル不安が世界経済に大きな影響を及ぼしてしまうこともまた事実である．

6.3.1.2 サブプライムローン問題

アメリカの経済とドルがここまで大きく世界経済に影響するのかということを感じさせたのが，サブプライムローン問題を背景に，2008年9月に起きた米国金融危機である．ここでは，サブプライムローン問題と金融危機について簡単に触れておこう．なお，世界的な金融危機に至る簡単な時間的経緯は，表6-5に要約してある．

まず，サブプライムローンとは，信用力の低い人に対する住宅融資のことを言う．通常，金融機関は，過去に借金を返済できなかった人や所得の低い人に対しては，貸し倒れのリスクが高いため資金の融資に慎重な態度をとるが，アメリカにおける証券化の技術と市場が発達したことにより，このような融資からも金融機関は利益を上げられるようになった．その理由はどこにあるのであろうか．

それは，金融機関はローン証券を投資家に売った後も借り手からローンの返済を受ける一方，実際の返済の受け取り手はローン証券の所有者になっているため，金融機関は投資家にローン証券を売却すると，その時点で融資額（元本）を回収できるからである．金融機関にとって貸し倒れのリスクがなくなるので，信用力の低い人に資金を貸す場合にはそのメリットが大きくなる．

次に，この証券を買う側の投資家から見てみよう．サブプライムローンその

第 6 章　国際金融制度

表6-5　2008年9月の国際金融危機の時間的推移

	アメリカ国内	ヨーロッパ・アジア
2008年9月	・連邦住宅抵当金庫（ファニーメイ）と連邦住宅貸付抵当公社（フレディマック）への救済策発表（7日）（政府の管理下に） ・リーマン・ブラザーズ破綻（15日） ・FRBがAIG救済を発表（16日）	・ベネルクス三国がベルギー・オランダ系金融大手フォルティスを部分的に国有化することを発表（28日） ・イギリスが中堅銀行B&Bを国有化する方針を決定（29日）
2008年10月	・金融安定化法成立（3日） 　（最大7000億ドルの公的資金注入） ・FRBが協調利下げを発表（8日） 　（FF金利 2.0% → 1.5%） ・ワシントンでG20臨時会合開催（11日） ・G8首脳が国際協調を緊急声明（15日） ・大企業の3カ月物CP買い取り制度実施（27日） ・FRBが利下げを発表（29日） 　（FF金利 1.5% → 1.0%）	・イギリス政府が総額500億ポンドの公的資金注入計画を発表（8日） ・協調利下げ（8日：ECB、カナダ銀行、イングランド銀行、スウェーデン銀行、スイス国立銀行　それぞれ0.5%引下げ） ・フランス・ドイツ・スペイン・オーストリアが金融機関救済策を発表（13日） ・韓国銀行が300億ドルを供給する金融安定化策を発表（19日） ・オランダ政府、金融大手INGへの公的資金注入を発表（19日） ・アイスランドのカウプシング銀行が債務不履行状態（27日） ・中国が利下げを発表（29日） ・日本銀行が利下げ実施（31日） 　（0.2%引下げ）
2008年11月	・ワシントンでG20金融サミット（15日閉幕） ・21の金融機関への公的資金注入を発表（17日） ・金融大手シティグループの救済策を発表（23日） ・FRBが総額8000億ドルの金融対策を発表（25日）	・ECB、イングランド銀行が利下げを決定（6日） 　（ECB　3.75% → 3.25%） 　（イングランド銀行　4.50% → 3.00%）
2008年12月	・SECが信用格付け会社に対する規制強化策を決定（3日） ・FRBが利下げを発表（16日） 　（FF金利 1.0% → 0-0.25% 　　実質上のゼロ金利）	・ECB、イングランド銀行が利下げを決定（4日） 　（ECB　3.25% → 2.50%） 　（イングランド銀行　3.00% → 2.00%） ・日本銀行が利下げ実施（19日） 　（0.2%引下げ）
2009年1月	・バンク・オブ・アメリカに200億ドルの公的資金注入ほか支援策発表（16日）	・ECBが利下げを決定（15日） 　（2.50% → 2.00%）
2009年2月	・不良資産を買い取る「バッドバンク」の官民合同による設立など金融システム安定化策を発表（10日）	・イングランド銀行が利下げを決定（5日） 　（1.50% → 1.00%）

ものは貸し倒れリスクの高い人を対象とした融資であるから，通常より高い金利が設定されている．この点だけでも投資家には魅力があるが，さらに証券化商品の貸し倒れリスクを第三者として評価するスタンダード・アンド・プアーズ（S＆P）やムーディーズなどアメリカの格付け機関がサブプライムローンの安全性を高く評価したことで，安心感を得ることができたのである．

6.3.1.3　住宅価格の変化と金融危機の発生

　このようなサブプライムローンそのものの発展，そして証券化，結果としての不良債権化と金融危機の発生ということには，住宅価格の変化が大きくかかわっている．アメリカにおけるここ数年の住宅価格の上昇により，住宅の担保価値が上昇，所有者の信用力が上昇，そしてその信用力の上昇によって，住宅取得者は低金利の有利な条件の融資に借り換えることができた[18]．

　しかしながら，このような展開は，住宅価格が上昇しているということが前提であった．住宅は頻繁に買い換えられるものではないから，新規購入の動きが落ち着いてくると，住宅需要が減少することになる．住宅需要の減少により住宅価格が下落し，住宅の担保価値が下落すると，住宅を担保とするサブプライムローン利用者が借り換えをすることができなくなるため，本来の高い金利での返済になる．そうなると，ローン返済を放棄する人が増加する上に，担保の住宅を売っても融資額に見合う資金を回収できない含み損が発生することで，このサブプライムローンが不良債権化したのである．

　金融危機の発生の原因としてもう一つ指摘できることは，このサブプライムローンの証券が，高度で複雑なしくみの下で発行されていたことである．複数のローンが一つの証券になっていたため，投資家が証券のリスクを見極めるのが難しく，格付け機関による評価に依存することになる．金融危機が発生した後から見れば，この評価が妥当であったとは言い切れない．

　このようにして，サブプライムローン証券を大量に保有する金融機関の経営は圧迫され，証券の本当の価値が分からないという理由から新たな買い手が現れず，資金繰りが困難になり，金融機関同士で資金を融通することになる．その結果が，アメリカにおいて発生した金融危機である．

---

18) サブプライムローンは本来高い金利が設定されているが，最初の2年間は返済上の優遇措置があり，少ない支払いになるため，住宅価格が上昇することで返済期間を短縮することができたのである．

第6章　国際金融制度

図6-1　ニューヨーク株式市場のダウ工業株30種平均の推移

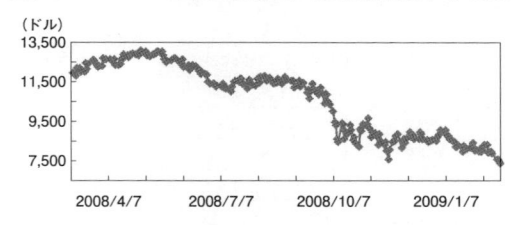

（出所）Commodity Systems, Inc.（CSI）のデータから筆者作成．

図6-2　主要国政策金利の推移

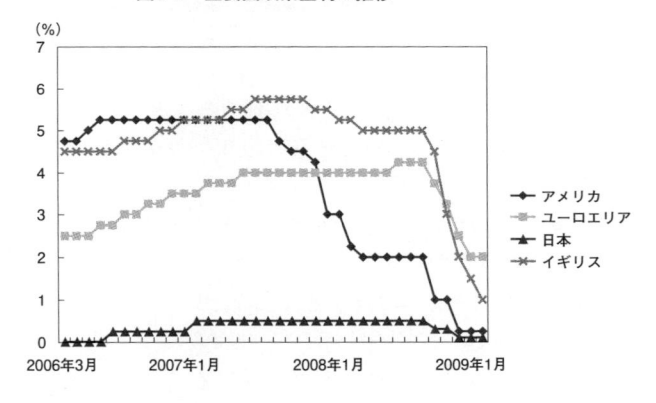

（注）各国・地域の金融当局と政策金利は
　アメリカ　　　……FRB－フェデラルファンド（FF）レート（誘導目標値）
　ユーロエリア……ECB－主要リファイナンシング・オペ金利
　日本　　　　　……日本銀行－無担保コールレート（翌日物）（誘導目標値）
　イギリス　　　……イングランド銀行－レポ・レート（repo = repurchase agreement，
　　　　　　　　　買い戻し条件付き債券取引の際のレート）
（出所）アメリカ，ユーロエリア，イギリスについては，日本銀行ホームページ「その他の統計・データ，主要国・地域の中央銀行政策金利時系列データ」を基に作成．日本については同ホームページ「金融政策　金融市場調節方針に関する公表文」を参考に作成．

6.3.1.4　国際金融危機への伝播

　2008年9月15日，アメリカ証券大手のリーマン・ブラザーズが破綻し，16日には保険大手のアメリカン・インターナショナル・グループ（AIG）が政府の管理下に置かれることとなった．これらはいずれも，サブプライムローンに関する赤字が原因の一部となっている．
　金融危機の影響は，アメリカ国内の景気悪化だけでなく，ヨーロッパ・日

表6-6 世界的金融危機の影響（予想を含む）　　　　　　　　（単位: %）

	実質 GDP 成長率			インフレ率			失業率			経常収支（対 GDP）		
	2008	2009	2010	2008	2009	2010	2008	2009	2010	2008	2009	2010
アメリカ	1.4	−0.9	1.6	3.6	1.2	1.3	5.7	7.3	7.5	−4.9	−3.9	−3.6
日本	0.5	−0.1	0.6	1.4	0.3	−0.1	4.1	4.4	4.4	3.8	4.3	3.9
ユーロ地域	1	−0.6	1.2	3.4	1.4	1.3	7.4	8.6	9	−0.4	−0.1	0
OECD 全体	1.4	−0.4	1.5	3.3	1.7	1.5	5.9	6.9	7.2	−1.5	−1.1	−1.1

（出所）Observer, No. 270/271, Dec. 2008 − Jan. 2009, OECD.

本・新興諸国の株価低迷，景気悪化を引き起こし，**国際金融危機**となって伝播した．日本だけで見ても，日本企業のアメリカやヨーロッパ向けの輸出が減少し，日本企業の業績が下方修正，所得・雇用に影響を及ぼし，消費は低迷している．図6-1にはニューヨーク証券取引所の「ダウ工業株30種平均」（終値）の日次データを図示した．2008年9月以来，株価の低迷は続いていて，日本も同様である[19]．

このアメリカ発の金融危機の影響は世界各国に深刻な影響を及ぼしている．迅速かつ大規模な政策対応・国際政策協調が提案されている一方（図6-2参照），流動性の供給や金融機関への資本強化策などについては先進国とそれ以外の国で非対称性が生じている．2008年10月にはウクライナ，ハンガリー，その後アイスランドが，IMFなどから支援を受けることが合意されたが，アメリカや日本において金融システムを安定化させるために公的資金を注入するのとは異なり，これらの小国で公的資金を注入することには財政破綻の危険性が伴っている．2009年1月のIMFによる報告によれば，この国際金融危機に伴う金融機関などの損失は世界全体で2兆2000億ドル（1ドル＝90円で換算すると198兆円）に達していると言う．

この問題の解決への道のりは困難を極めると思われ，マクロ経済指標についてOECDでは表6-6に示されたような予測も行っている．

---

19) 2008年9月15日の株価下落幅は，週末9月12日に比べて504.48ドルの大暴落（4.42%）になった．アメリカでは過去に1914年12月12日の24.4%，1987年10月19日のブラック・マンデーの22.6%，1929年10月28日の大恐慌時の12.8%の大暴落の記録がある．これらの記録と比較すれば，今回の暴落は1日の下落としては必ずしも大幅ではないが，それ以前（2008年3月7日〜9月12日）の株価平均が13,370.84ドル，2008年10月1日以降2009年2月20日までの平均値は8,372.51ドルであり，下落は約29%にもなっていて，その下落の底が見えないままで推移しているところに問題の深刻さがうかがわれる．

以上の問題は，住宅価格の継続的上昇期待，サブプライムローン証券投資に関する情報の不完全性，不十分なリスク分析などから生じたものであるが，問題を解消するためには，(1) 金融機関の不良債権の質や量の開示，(2) 適正価値の計算，(3) 金融機関保有の不良債権の公的資金による買取り，(4) 金融機関に対する公的資金による資本注入，などの対応が必要であろう．

6.3.2 21世紀の国際金融制度と IMF の役割

21世紀に入ってからの IMF は，ここ数年間に表れた課題への対応に追われていると言える．設立60周年となる2004年には，IMF 自らその機能の再検討に着手し，2006年4月には，IMF の中期戦略を公表した[20]．

そのような中，2008年9月，アメリカにおけるサブプライムローン問題を背景に金融危機が生じた．アメリカにおける金融危機，そしてその世界経済への大きな影響を受けて，2008年11月にブラジルのサンパウロで開かれた G20（主要20カ国・地域）財務相・中央銀行総裁会議では，IMF など国際金融機関を改革することが提案され，その中では IMF の本来の業務である融資業務の強化に加えて，国際金融の規制・監督の面でも主導的役割を果たすべきという認識で一致がなされた[21]．また，金融危機による世界経済の景気悪化に対しては，各国の経済状況に応じて財政政策，金融政策を採用，調整することが必要であるとされた．さらに，日米欧の監督当局を中心とする金融安定化フォーラムに新興諸国を取り込む方針も示され，新興諸国の発言権を拡大することも盛り込まれた．先進国と新興諸国の発言権にはまだ格差があるものの，国際的な金融危機に対して，先進国と新興諸国による国際協調が進んだことは評価できることである．

ここで IMF はどのような立場にあるべきか考えてみよう．注目される役割は大きく二つある．一つは発展途上国などに対する融資，もう一つは，各国の経済状況，経済政策の監視・監督である．前者については，IMF には SDR と

---

20) 重要な点は3点あり，サーベイランスの強化，貸付ファシリティの多様化およびガバナンスの改善である．
21) IMF の融資業務の強化については，2009年4月，ロンドンでの金融サミットにおいて，IMF の資金基盤を7500億ドルに増強することが合意されている．またそれを受け，IMF は同年7月の理事会で債券発行を正式に決定し，さらなる財源の拡充に取り組んでいる．

いう会計単位はあるものの，大規模な危機が生じたときに巨額の融資を行う「最後の貸し手」機能は疑問視されてきた．IMF設立当初と比較すると，世界経済の規模に対するIMFの資金量はかなり小さくなっており，行政的な側面，技術的な側面から見ても，IMFの融資の役割を増強することは難しいという見方もある．しかしながら，相対的に経済規模の小さい国にとってIMFの役割は非常に大きいことから，IMFの資金基盤を増強し，最後の貸し手としての役割を強める動きが高まっている．その一環としての債券発行には，中国やロシア，ブラジルなどの資金をスムーズに発展途上国へと流入させたいという意味合いも込められている．

また，IMFは後者の役割を増強すべきであるという考えも根強くある．これは先進国から発展途上国への融資，救済資金の提供をIMFが監視し，仲介するということである．先進国と新興諸国が国際政策協調に取り組むとき，監視・監督機関としてのIMFが上手にバランスをとることによって，世界経済における景気安定化，金融危機の再発防止等に貢献できると考えられる．

もっと学びたい人のために――**参考文献**

国際金融の構造と，IMF体制を軸とする戦後の国際通貨体制に触れながら，ドル・ユーロ・発展途上国における通貨危機などをまとめているのが，尾上修悟編著［2003］『新版国際金融論――グローバル金融危機の構造』（ミネルヴァ書房）である．

また，金融のグローバリゼーションに焦点を当て，国際通貨の意味・役割，為替レート制度について検討されているのは，紺井博則・上川孝夫編［2003］『グローバリゼーションと国際通貨』（日本経済新聞社）である．

議論を応用できる文献としては，ユーロの経験をまとめアジアにおける為替レート制度，将来の国際通貨制度について検討している嘉治佐保子著［2004］『国際通貨体制の経済学』（日本経済新聞社）を参照されたい．さらにレベルアップしたい読者は，通貨同盟や通貨危機など為替レートおよび為替レート制度に関する新しいテーマを理論・実証の両面から検討している，秋葉弘哉著［2007］『国際マクロ経済学の新展開』（早稲田大学出版部）に挑戦していただきたい．

さらなる研究のために薦めたい論文は以下のとおりである．為替レート制度選択に関連し，「両極の解」と「中間的制度」の議論を広く行っているのはFischer, Stanley,［2001］"Exchange Rate Regimes: Is the Bipolar View Correct？", *Journal of Economic Perspectives* 15, pp.3-24であり，通貨当局の行動の検討から中間的制度

第6章 国際金融制度

の維持を示唆している先駆的研究は Calvo, Guillermo and Reinhart, Carmen M., [2002] "Fear of Floating", *Quarterly Journal of Economics* 117 (2), pp.379-408 である. 中間的制度としての通貨バスケットに焦点を当てて検討しているのは Bird, Graham and Rajan, Ramkishen [2002] "Optimal Currency Baskets and the Third Currency Phenomenon: Exchange Rate Policy in Southeast Asia", *Journal of International Development* 14 pp.1053-73. 発展途上国の為替レート制度について広く検討しているのは Frankel, Jeffrey A., [2003] "Experience of and Lessons from Exchange Rate Regimes in Emerging Economies", NBER Working Paper No.10032 である.

第 7 章

国際マクロ経済政策協調

キーワード:スピルオーバー効果,政策ゲーム,経済政策の国際協調,ナッシュ均衡,G7・サミット

　各国の経済政策が互いの所得や金利に影響を与える場合,各国のマクロ経済政策を国際的に協調させる必要があるかもしれない.本章ではこういったマクロ経済政策の相互依存や国際的な協調に関する問題について考察する.7.1 では経済政策のスピルオーバー効果と国際的なマクロ経済政策協調を行う意義について説明する.7.2 ではマクロ経済政策が相互に依存するときの状況を2国モデルによって分析し,7.3 ではこのときの両国の経済政策決定を政策ゲームとして分析する.7.4 では経済政策協調の具体的結果の決定や政策協調を可能にする条件について説明する.また,不確実性が政策協調の結果に与える影響についても分析する.7.5 では国際政策協調の現実について,政策協調の基盤となるアーキテクチャー(機関,制度,取り決めなど)や政策協調に対する実践的な批判について説明する.

7.1　マクロ経済政策協調の意義

　これまでの章では開放経済下の経済政策を考える際,主に小国開放経済を仮定してきた.小国開放経済とは自国の規模が世界全体と比較して小さい為に,

自国が外国の所得や金利に影響を与えないことを意味している．しかし，自国の規模が一定以上の場合，この仮定は満たされない．この場合，第4章の4.2で明らかにしたように自国の金融・財政政策は外国の所得や金利に影響を与えてしまう．これを経済政策の**スピルオーバー（溢出）効果**と呼ぶ．金融・財政政策が外国の所得を上昇させる場合，これを**機関車効果**と呼び，低下させる場合**近隣窮乏化効果**と呼ぶ．また，自国の金融・財政政策は外国の物価に対してもインフレ効果，もしくはデフレ効果をもたらす．

7.1.1 スピルオーバー効果と政策の相互依存

金融政策を考えると，自国の貨幣供給量の増加は自国金利の低下と外国為替レートの減価を引き起こす．前者は自国の所得増加を通じて外国の純輸出を増加させるが，後者は外国の純輸出を減少させる．財政政策の場合，財政支出の拡大は自国金利の上昇と外国為替レートの増価を引き起こす．前者は外国の金利上昇に波及して外国の所得減少につながり，後者は外国の純輸出を増加させる．

金融・財政政策のスピルオーバー効果は，たとえば，マンデル＝フレミング・モデルのような硬直価格モデルでは，外国の所得に対して金融政策では近隣窮乏化効果，財政政策では機関車効果を及ぼすことが知られている．しかし，一般的なモデルでは効果は不確定であり結論は実証研究に委ねられる．次節では，固定的なインフレ率を想定したケースで金融政策のスピルオーバー効果を分析する．

スピルオーバー効果が存在する下では，自国は最適な経済政策を行う為に外国の経済政策を考慮に入れる必要が生じるかもしれない．外国にとっても同じことが言える．こういった戦略的な状況を政策の相互依存と呼ぶ．次節以降で検討するように，政策の相互依存が存在する場合，各国が分権的に政策を決定すると非効率（パレート最適でない）な結果が生じてしまう．こうした状況では，**経済政策の国際協調**によって各国の経済厚生を改善することが可能になる．

7.1.2 経済政策の国際協調

一般的に「経済政策の国際協調」と言う場合，いくつかの側面が含まれる．まず，各国の互いに矛盾する政策目標を調整し，また共通の政策目標を設定す

る政策目標の協調がある．また，各国がマクロ経済や市場に関する情報を交換し，これらに対する共通の認識を醸成する情報の協調がある．そして，経済政策を実際に発動する際の政策の実施における協調がある．次節以降では実施における協調が主に分析されているが，実際の経済政策を国際的に協調させるためには全ての側面の考察が不可欠になる．

また経済の国際協調と言う場合，金融政策の協調と財政政策の協調が考えられるが，より頻繁に取り上げられるのは金融政策の協調である．これは，財政政策は多くの国で議会による審議プロセスを経るので協調のための調整がより困難で時間がかかるのに対し，より独立的・専門的な中央銀行によって行われる金融政策の協調の方がより容易であると考えられているからである[1]．

7.2 マクロ経済の相互依存関係

本節では経済の国際的相互依存関係，特にスピルオーバー効果の存在を示す為にマクロ経済の2国モデルを分析する[2]．ここでは固定的なインフレ率，および内外金利の均等化を仮定したマンデル＝フレミング型に近いモデルを仮定する．また，分析の単純化のために両国の経済パラメータが等しい対称な構造を仮定する．この2国モデルは（7.1）式〜（7.7）式の体系から成る．

これらの式は経済変数 X ではなく，X の変化率 $\dfrac{\dot{X}}{X}$ についての式になっている．以下の各変数は Y と Y^* が自国，外国の国民所得，e が為替レート，P と P^* が自国財，外国財の価格，i と i^* が自国と外国の金利，M と M^* が自国と外国の貨幣供給量，π と π^* が両国の消費者物価指数の上昇率（インフレ率）を表している．

$$\frac{\dot{Y}}{Y} = \gamma \left(\frac{\dot{e}}{e} + \frac{\dot{P^*}}{P^*} - \frac{\dot{P}}{P} \right) - \lambda\, i \tag{7.1}$$

---

1) ただし G7 で，一部の参加国が財政赤字の削減努力に合意した，あるいは EMU で財政赤字の収斂目標を設定したといった例はある．
2) ここでのモデルは Cooper, R.N. [1985] "Economic Interdependence and Coordination of Economic Policies," in R.W. Jones and P.B. Kenen, eds., *Handbook of International Economics* 2, Elsevier Science Publishers pp.1195-1234 によるものである．

$$\frac{\dot{Y}^*}{Y^*} = \gamma \left(-\frac{\dot{e}}{e} - \frac{\dot{P}^*}{P^*} + \frac{\dot{P}}{P} \right) - \lambda\, i^* \tag{7.2}$$

$$\frac{\dot{M}}{M} - \frac{\dot{P}}{P} = a\frac{\dot{Y}}{Y} - bi \tag{7.3}$$

$$\frac{\dot{M}^*}{M^*} - \frac{\dot{P}^*}{P^*} = a\frac{\dot{Y}^*}{Y^*} - bi^* \tag{7.4}$$

$$\pi = \mu \left(\frac{\dot{P}^*}{P^*} + \frac{\dot{e}}{e} \right) + (1-\mu)\frac{\dot{P}}{P} \tag{7.5}$$

$$\pi^* = \mu \left(\frac{\dot{P}}{P} - \frac{\dot{e}}{e} \right) + (1-\mu)\frac{\dot{P}^*}{P^*} \tag{7.6}$$

$$i = i^* \tag{7.7}$$

（7.1）式，（7.2）式はそれぞれ自国と外国の総需要の変化率を表し，実質為替レート $\dfrac{eP^*}{P}$ の変化率と金利の関数になることを示している．（7.3）式，（7.4）式は両国の貨幣需要の変化率の方程式を表している．（7.5）式，（7.6）式は両国の消費者物価指数の上昇率（インフレ率）π，π^* が自国財価格と（自国通貨建て）外国財価格 P^*e の上昇率の加重平均となることを示している．（7.7）式は内外金利の一致を示している．また，自国財価格と外国財価格の上昇率が固定的で共通の値 $\dfrac{\dot{P}}{P} = \dfrac{\dot{P}^*}{P^*} = \bar{\pi}$ を取ると仮定する[3]．

この体系を解くことによって為替レート，所得，（消費者物価で見た）インフレ率と内外の政策変数（ここでは貨幣増加率）の関係を導出することができる[4]．

$$\frac{\dot{e}}{e} = \frac{\dot{M}/M - \dot{M}^*/M^*}{2a\gamma} \tag{7.8}$$

$$\frac{\dot{Y}}{Y} = A\frac{\dot{M}}{M} - B\frac{\dot{M}^*}{M^*} + C\bar{\pi} \tag{7.9}$$

---

3) $\bar{\pi} = 0$ の場合はマンデル＝フレミング・モデルになる．
4)（7.1）式～（7.4）式と（7.7）式から為替レートの式（7.8）式を導出することができる．（7.9）式は（7.1）式，（7.3）式，（7.8）式から導出でき，（7.10）式は（7.2）式，（7.4）式，（7.8）式から導出できる．（7.11）式，（7.12）式は（7.5）式，（7.6）式と（7.8）式から容易に導出できる．

第 7 章　国際マクロ経済政策協調

$$\frac{\dot{Y}^*}{Y^*} = A\frac{\dot{M}^*}{M^*} - B\frac{\dot{M}}{M} + C\bar{\pi} \tag{7.10}$$

$$A = \frac{b+2a\lambda}{2a(b+a\lambda)} > 0, \quad B = \frac{b}{2a(b+a\lambda)} > 0, \quad C = -\frac{\lambda}{b+a\lambda} < 0, \quad C = B - A$$

$$\pi = D\frac{\dot{M}}{M} - D\frac{\dot{M}^*}{M^*} + \bar{\pi} \tag{7.11}$$

$$\pi^* = D\frac{\dot{M}^*}{M^*} - D\frac{\dot{M}}{M} + \bar{\pi} \tag{7.12}$$

$$D = \frac{\mu}{2a\gamma} > 0$$

(7.9) 式～ (7.12) 式から分かるように，外国の貨幣増加率が自国の所得成長率を減少させ（近隣窮乏化効果），インフレ率を低下させる（デフレ効果），またその逆も成り立つことが分かる．

　これは，次のように説明できる．このモデルでは外国の貨幣供給の増加は自国の為替レートを増価させることによって自国の純輸出を減少させる．一方で外国の貨幣供給の増加は自国の輸入財価格の低下を通してインフレ率を引き下げるのである．このような環境の下では各国が政策のコストを外国に押し付ける形になるので，次節で見るように各国が為替レートの切り上げ競争を起こす危険性が存在する．

7.3　マクロ経済政策の政策ゲーム

7.3.1　金融政策のゲーム理論的分析

　このように自国の金融政策が外国の所得，インフレに影響する場合，各国が独立に政策を実施するとどのような結果が生じるであろうか．本節では先の2国モデルを用いて変動レート制の下で生じる金融政策の戦略的な相互依存関係を分析する．ここでは，各国の政策が相互に影響しあう状況を各国政府による**政策ゲーム**ととらえ，ゲーム理論を応用して分析する．ここでは分析の単純化のために，両国の効用関数の形状についても対称的な構造を仮定する．

自国と外国の政府当局は以下のような 2 次の効用関数を有すると仮定する.

$$U = -\frac{1}{2}\left\{\left(\frac{\dot{Y}}{Y}\right)^2 + \alpha \pi^2\right\} \tag{7.13}$$

$$U^* = -\frac{1}{2}\left\{\left(\frac{\dot{Y}^*}{Y^*}\right)^2 + \alpha \pi^{*2}\right\} \tag{7.14}$$

政府当局はインフレ率 と所得 の目標成長率をゼロとし，そこからの変動（乖離の二乗）を最小化するように行動すると仮定する. α は二つの目標の相対的な重要性を表すパラメータである．この両式に，前節で導出した所得とインフレ率のスピルオーバー効果を表す式，（7.9）式～（7.12）式を代入する.

両国は貨幣増加率の裁量的な変更を政策手段として金融政策を実施する. ここでは，このような戦略的な政策の相互依存関係をクールノー・ゲームによって分析することができる.

クールノー・ゲームでは相手国の政策（戦略）を所与とした場合の自国の政策の最適な反応を反応関数として表す．自国の反応関数は効用関数（7.13）式に（7.9）式,（7.11）式を代入し，政策手段 $\dot{M}/M$ に関する一階条件から導出することができる.

$$\frac{\dot{M}}{M} = G\frac{\dot{M}^*}{M^*} - H\bar{\pi} \tag{7.15}$$

ただし $G = \dfrac{AB + \alpha D^2}{A^2 + \alpha D^2}$, $H = \dfrac{AC + \alpha D}{A^2 + \alpha D^2}$ である．ここで，$A > B$ より $0 < G < 1$ が分かる.

外国についても同様の反応関数を導出することができる.

$$\frac{\dot{M}^*}{M^*} = G\frac{\dot{M}}{M} - H\bar{\pi} \tag{7.16}$$

両国の反応関数（7.15）式,（7.16）式は両国の政府当局は外国が貨幣増加率を引き上げた（引き下げた）場合，自国も貨幣増加率を引き上げる（引き下げる）ことが最適な反応になることを示している.

第7章 国際マクロ経済政策協調

図7-1 政策ゲームのナッシュ均衡

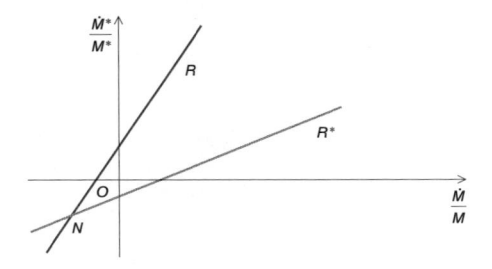

7.3.2 政策のナッシュ均衡

　両国の金融政策のゲームは図7-1（図7-1から図7-4は，国際政策相互依存のゲーム理論的分析で先駆的業績を挙げた浜田宏一氏の名から Hamada Diagram と呼ばれる）によって分析することができる．自国と外国の反応関数は図では反応曲線 R と R^* で表されている．二つの反応関数の交点 N がこのクールノー・ゲームの**ナッシュ（クールノー）均衡**であり，両国が相手の政策を所与として分権的に金融政策を行ったときに実現する状態である．
　ナッシュ均衡とは，ゲームにおいて全てのプレイヤー（この場合は両国の政府当局）が他のプレイヤーの行動（この場合は政策）を所与として，自らの行動を変更するインセンティブがない（最適反応をしている）状態を指す．そのためナッシュ均衡 N では両国とも政策をこれ以上変更する必要がない．反応曲線の交点は政策が互いの行動に対する最適反応になっているのでナッシュ均衡であることが分かる．またクールノー・ゲームの場合は N 以外から出発しても互いの政策に反応して政策を変化させることで均衡 N に収束することを確かめることができる．
　ここでのナッシュ均衡 N は代数的に単純な形で表すことができる．二つの反応関数（7.15）式，（7.16）式の一次方程式を連立させて解けば，次の解が得られる

$$\frac{\dot{M}}{M} = \frac{\dot{M}^*}{M^*} = -\frac{H}{1-G}\bar{\pi} \qquad (7.17)$$

ナッシュ均衡での貨幣増加率は財価格の上昇率 が大きいほど低下する．ま

た，G の中身を見れば分かるように，所得と政策変数の関係式（7.9）式の係数 が大きいほど上昇する．B は外国の金融政策のスピルオーバー効果を表すので，スピルオーバー効果が強いほど貨幣増加率は低下することが分かる．

7.3.3 政策のシュタッケルベルク均衡

ナッシュ（クールノー）均衡の分析では，2人のプレイヤーが同時に戦略を選択することを前提としている．このようなゲームを同時手番ゲームと呼ぶが，状況によっては各プレイヤーが順番に戦略を選択するゲームを考えた方が適当な場合もある．このような場合，逐次手番ゲーム（シュタッケルベルク・ゲームとも呼ばれる）による分析を行う．戦略が順番に選択されるとすると，最初に動く政府当局が相手の政策を所与とするのではなく，反応関数自体を考慮に入れて最適な政策を決定すると考えられる．この最初に相手の反応関数を考慮に入れて政策を決定する側を**先導者**（Leader），これに反応して政策を決定する側を**追随者**（Follower）と呼ぶ．この場合のゲームの均衡を**シュタッケルベルク均衡**と呼ぶ．図7-2の S は自国が先導者になった場合のシュタッケルベルク均衡を指している．

図7-2には先導者である自国の楕円形の無差別（等効用）曲線が描かれている[5]．楕円の中央に近づくほど厚生水準は高くなる（効用が高くなる）．シュタッケルベルク・ゲームでは先導者が追随者の反応曲線上の最も有利な点を選択することになるから，図7-2では，シュタッケルベルク均衡 で自国の無差別曲線が追随者である外国の反応曲線に接している．つまり，自国は外国の反応関数を与えたとき，最も自国の効用水準が高くなる点を選択している．

シュタッケルベルク均衡では，先導者の厚生はナッシュ均衡よりも必ず高くなるが，自国の貨幣増加率が相手国よりも高くなるので為替レートは切り下がり，インフレ率は上昇する．ナッシュ均衡よりも先導者の厚生が改善するのは，貨幣増加率の上昇によって所得成長率が高まるためである．一方，追随者の厚生がナッシュ均衡に比べて高くなるかどうかはケースによって異なってくる．

7.3.4 パレート最適性と政策協調

これらのゲームの解は，経済厚生・経済効率性の観点からはどのように評価

第7章 国際マクロ経済政策協調

図7-2 政策ゲームのシュタッケルベルク均衡

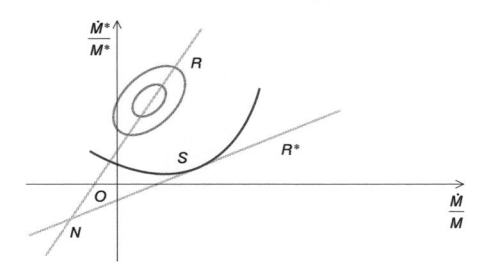

されるだろうか．経済分析では通常，経済効率性をパレート最適性によって評価する．図 7-3 の自国と外国の無差別曲線が接する点では，互いに相手の厚生を下げずに自らの厚生を高めることがもはやできないので，パレート最適となる[6]．当然，パレート最適な点は無数に存在することになり，これらを結んだ線を契約曲線と呼んでいる．

パレート最適な解は，両国の経済政策の協調的な決定によって実現することができる．次のような両国全体を加重平均した効用関数を考えてみよう．

$$WU = \phi U + (1-\phi) U^* \tag{7.18}$$

---

[5] このような無差別曲線の形状になるのは，政府当局が2次の効用関数を有しているためである．実際，(7.13) 式に (7.9) 式と (7.11) 式を代入して整理すると，自国政府の効用関数は次の形の関数となっていることが分かる．

$$(A^2 + \alpha D^2)\frac{\dot{M}^2}{M} - 2(AB + \alpha D)\frac{\dot{M}}{M}\frac{\dot{M}^*}{M^*} + (B^2 + \alpha D^2)\frac{\dot{M}^*}{M^*}$$
$$+ 2\bar{\pi}(AC + \alpha D)\frac{\dot{M}}{M} - 2\bar{\pi}(BC + \alpha D)\frac{\dot{M}^*}{M^*} + (\alpha + C^2)\bar{\pi}$$

一般に2次曲線 $ax^2 + 2bxy + cy^2 + d = 0$ は $ac - b^2 > 0$ ならば楕円形である．上の式を0と置いて，$a = A^2 + \alpha D$，$c = B^2 + \alpha D$，$b = AB + \alpha D$ と見なすと

$$(A^2 + \alpha D)(B^2 + \alpha D) - (AB + \alpha D)^2$$
$$= A^2 B^2 + (A^2 + B^2)\alpha D + (\alpha D)^2 - A^2 B^2 - 2AB\alpha D + (\alpha D)^2$$
$$= (A^2 - 2AB + B^2)\alpha D = (A - B)^2 \alpha D$$

となるから，$\alpha > 0$，$D > 0$ により $(A-B)^2 \alpha D > 0$ である．したがって自国の効用関数を一定としたときの無差別曲線は楕円となる．

[6] これは，ミクロ経済学で学ぶエッジワース・ダイアグラムと同様である．

図7-3　政策ゲームの協調解と契約曲線

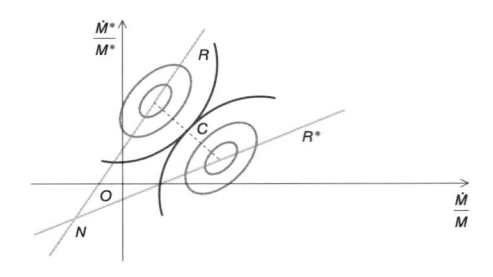

この効用関数を最大化する解はパレート最適であることが知られている．解が契約曲線のどこに位置するかはウェイト ϕ によって決定される．

ここではウェイト ϕ を $1/2$ として最適解を計算してみる（この仮定が適切であることは次節で明らかにする）．効用関数（7.18）式を政策手段 $\dot{M}/M$ について最大化するための一階条件を求め，経済の対称性より $\dot{M}/M = \dot{M}^*/M^*$ と考えられることを用いて整理すると，以下の最適な貨幣増加率が得られる．

$$\frac{\dot{M}}{M} = \frac{\dot{M}^*}{M^*} = -\frac{C}{A-B}\bar{\pi} = \bar{\pi}$$

つまり，$\bar{\pi}$ が最適な貨幣成長率になる．これが図7-3の協調解 C である．(7.17) 式のナッシュ均衡解と比較すると，ナッシュ均衡での貨幣増加率は最適な貨幣増加率より低いことが分かる．

図7-1，図7-2から分かるように，分権的なナッシュ均衡とシュタッケルベルク均衡は双方ともパレート最適になっていないという意味で非効率な解である．ここでのモデルの場合，世界全体が $\bar{\pi} > 0$ とインフレ傾向にあるため，各国政府が外国のインフレ率を犠牲にして自国のインフレ率を引き下げるために過少な貨幣増加率（金融引締め）を選択する．そのため，為替相場の**切り上げ競争**に陥り，最適な貨幣増加率を選択する場合よりも所得成長率が低下してしまうのである．

この場合，政府当局間の交渉などによって各国の貨幣供給を引き上げ，パレート最適な解に移ることにより，両国の経済厚生の改善が可能になるはずである．政策ゲームによる分析によって，経済政策の国際協調を経済学的に正当化する結果が得られる．

また，$\bar{\pi} < 0$ の場合は世界全体がデフレ傾向にあるため，逆に非協調解での貨幣増加率が過大になる．この場合，為替相場の**切り下げ競争**が起こり，近隣窮乏化効果の為に自国の所得成長率が低下してしまうのである．政策協調の必要性はここで取り上げた経済モデルだけで生じる訳ではない．さまざまな仮定を変えた経済モデルでも経済政策の国際協調は経済厚生を改善する上で必要となるが，そのときの具体的な結論は当然のことながら異なってくる．

7.4 マクロ経済政策協調の理論分析

7.3 のゲーム理論的分析によって，経済政策に戦略的な相互依存関係がある場合には，政策の国際協調によって経済厚生を改善できる場合があることが分かった．本節では，政策協調は具体的にどのような結果を生むことになるか，また協調を可能にする，あるいはまた容易にする条件を明らかにする．

7.4.1 政策協調参加の下における政策決定

経済政策の協調を実現するためには，各国の政府当局が交渉を行い，協調的な政策の実施で合意することが必要である．効率的な結果を得るためには図 7-3 の契約曲線上に乗る必要があるが，そのためには前節で述べたように効用関数 $\phi U + (1-\phi) U^*$ を最大化すればよい．協調解が契約曲線上のどの位置で実現するかはウェイト ϕ で決まるので，政策協調とは政府間の交渉によって特定のウェイト ϕ を選択する問題と考えることができる．

交渉で合意が成立するためには，両方の政府が少なくとも分権的な解と同じか，それ以上の厚生水準を実現するという**個人合理性**が成立しなくてはならない．図 7-4 では協調解が分権的な解であるナッシュ均衡の厚生水準以上になる場合，その協調は影付きのレンズ形の領域内（交渉可能領域）でしか成立しないことを表している．この場合，どちらかに極端に有利になる $\phi = 0$ や $\phi = 1$ に近いウェイトは個人合理性を満たさないことが分かる．

さらに具体的なウェイト ϕ を決定するためには，両国政府の**交渉における立場**を反映した交渉解を求める必要がある．ゲーム理論における代表的な交渉解として**ナッシュ交渉解**を挙げることができる．数学者のジョン・F・ナッシュ

図7-4 政策ゲームの個人合理性を満たす領域

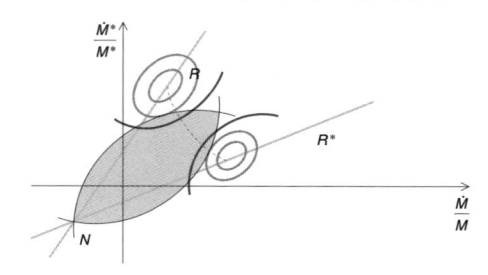

(John F. Nash)は，協調問題の解が以下の積（ナッシュ積）の最大化問題と等しいことを明らかにした[7]．

$$(U-U^T)(U^*-U^{*T}) \qquad (7.19)$$

U^T，U^{*T} は交渉が成立しなかった場合に両国が実現する効用水準で，威嚇点（threat point）と呼ばれる．政策協調の場合では，分権的な非協調解が威嚇点に当たる．

ナッシュ交渉解は2人のプレイヤーの効用ではなく，効用水準と威嚇点の差の積を最大化するので，非協調解の効用水準が高いプレイヤーが高い効用水準を得る．つまり，ナッシュ交渉解では協調を離脱した場合の威嚇点での効用水準が高いほどプレイヤーの交渉での立場が強くなるのである．

たとえば，2人のプレイヤーA，Bで100万円を配分する交渉を考える．交渉に決裂したとき両者とも0円しか獲得できない場合，ナッシュ交渉解は（50万，50万）の配分となる．ところが，交渉が決裂したときAは50万円を，Bは0円を獲得する場合の解は（75万，25万）と大幅にAに有利な配分となるのである[8]．

図7-3の政策協調のケースでは，対称な構造を仮定しているのでナッシュ均衡を威嚇点とすると，威嚇点での効用（損失）水準は両国の政府当局で等しくなる．よって，交渉での立場は両国が等しいのでウェイト ϕ は0.5となり，協

---

[7] ナッシュは，正確には（1）パレート最適性，（2）効用の尺度変換からの独立性，（3）対称性，（4）無関係な選択肢からの独立性，という四つの妥当な公理を満たす協調解が（7.19）式の最大化と同値であることを証明した．岡田章［1997］『ゲーム理論』（有斐閣）などを参照．

調による利益は両国で折半されることになる．しかし，非協調解がシュタッケルベルク均衡になる場合は，ウェイト ϕ も両国で異なった非対称な値に変化する．

7.4.2 繰り返しゲームと協調の実現

協調解を導出する場合，個人合理性を仮定するが，いったん決定された協調については拘束力のある合意であると見なす[9]．ある協調において，プレイヤーが私的利益から離脱するインセンティブを持たないとき，この協調は自己拘束的（self-enforcing）であると言われる．このような協調は外部からの強制がなくとも維持される安定的なものと考えられる．しかし，図7-3のような状況では政府当局が協調状態で一方的に貨幣増加率を引き下げることによって効用水準を高めることができる．政策協調から離脱して自国だけ経済を改善させるインセンティブが存在するとき，外的な強制力が働かない限り政策協調は不安定である．

この状況をゲームの利得表を使って表すと図7-5のようになる．協調解は〈離脱，離脱〉の分権的な解よりも双方の利得が高いが，協調する相手を裏切る〈離脱〉によって最も高い利得が得られる．これは**囚人のジレンマ**と呼ばれる状況と等しい．この場合，各国は相手がどの戦略を選択しようとも〈離脱〉が自国にとって有利な戦略となり，〈離脱，離脱〉が**支配戦略均衡**（ナッシュ均衡よりも強い均衡）となる．

ここまでは両国の政府当局による政策ゲームを1回限りのものとして分析してきた（one-shot gameと呼ぶ）．しかし，現実には両国は同じ政策ゲームを複数回繰り返すと想定した方が自然である．このような場合，短期的には協力が不可能でも長期的な協力関係を考えると状況が改善される可能性がある．

---

8) 前者は，Aへの配分を x，Bの配分を $100万 - x$ として (7.19) 式に代入すると
$$x \times (100万 - x)$$
となり，これを x について最大化すると導出できる．後者は
$$(x - 50万) \times ((100万 - x) - 0)$$
を最大化することによって導出できる．
9) そのような拘束力のある合意としてはIMFのコンディショナリティなどを挙げることができる．

図7-5 国際政策協調における「囚人のジレンマ」

		外国	
		協調	離脱
自国	協調	3,3	0,4
	離脱	4,0	1,1

　同じゲームが複数回，繰り返す状況を**繰り返しゲーム**（repeated game）と呼ぶ．繰り返しゲームの下では自国と外国の効用関数は，(7.13) 式，(7.14) 式を用いて，(7.20) 式，(7.21) 式のように将来の効用までを含むものになる[10]．

$$\sum_{t=0}^{T}\left(\frac{1}{1+\rho}\right)^t U_t = -\sum_{t=0}^{T}\left(\frac{1}{1+\rho}\right)^t \frac{1}{2}\left[\left(\frac{\dot{Y}_t}{Y_t}\right)^2 + \alpha\pi^2\right] \quad (7.20)$$

$$\sum_{t=0}^{T}\left(\frac{1}{1+\rho}\right)^t U_t^* = -\sum_{t=0}^{T}\left(\frac{1}{1+\rho}\right)^t \frac{1}{2}\left[\left(\frac{\dot{Y}_t^*}{Y_t^*}\right)^2 + \alpha\pi^{*2}\right] \quad (7.21)$$

　ここで $\rho>0$ は時間選好率であり，$0<\beta=1/(1+\rho)$ は将来の効用を割り引く割引因子なので，繰り返しゲームの下での効用関数は将来までの効用の割引現在価値になっている．また，このゲームは有限期 T で終了すると仮定してみよう．このようなゲームを有限回繰り返しゲームと呼ぶ．

　繰り返しゲームでは各政府当局の政策（戦略）は，将来までの政策の経路 $\left\{\frac{\dot{M}_t}{M_t}, \frac{\dot{M}_{t+1}}{M_{t+1}} \cdots\right\}^T$ となる．政府当局は各期に協調的政策と非協調的政策のいずれを取ることも可能だが，繰り返しゲームでは相手の政策に反応して以降の政策を変更する政策経路（戦略）も可能になる．

　そのような戦略として以下のような**トリガー戦略**を考えることができる．この戦略では，ゲームの初期では協調的な政策を採用し，相手も協調的な政策を採用する限り協調を継続する．しかし，相手がいったん非協調的な政策を採った場合，以降は全て非協調的な政策を採り続ける．この戦略は相手の協調には自らの協調によって報いるが，非協調という裏切りに対しては恒久的に非協調

---

[10] 本来は，政策ゲームの効用関数は全て (7.20) 式，(7.21) 式になるはずだが，各期のゲームの間には動学的なつながりが存在しない（過去や将来の変数が関係しない）ため，長期的な協調を考えるまでは1期限りのゲームとして分析することが可能である．

に転じるという形で罰（punishment）を与えると解釈することができる[11]．

ところが，有限回繰り返しゲームで最終期 T が分かっていると，トリガー戦略を使っても協調は成り立たない．それは，次のように考えれば分かる．最終期では罰が有効に働かないので非協調が実現する．T 期に非協調が実現することが分かっていれば，$T-1$ 期でも協調は実現しない．このような後ろ向き帰納（backward induction）によって有限回繰り返しゲームでは全ての期間に渡って協調が実現しないことが分かる．

この場合，ゲームを無限回（∞）繰り返す無限回繰り返しゲームを考えると，ゲームの最終期が存在しないので協調が可能になる．ゲームを無限回繰り返すという仮定は非現実的に思えるが，ゲームの枠組みが安定していて有限の最終期 T が予想されなければ適当な想定と考えることができる．

次の（7.22）式は無限回繰り返しゲームでトリガー戦略を採用した場合，裏切りが起こらない条件を示している．

$$\frac{1}{\rho}(U^C - U^N) \geq (U^D - U^C) \qquad (7.22)$$

U^C, U^N, U^D はそれぞれ協調した場合，非協調の場合，協調を裏切った（defeat）場合の各期の効用を表している．よって右辺が裏切りによる一時的な利益，左辺が裏切りによって失う協調の利益を表している．この式から，無限回繰り返しゲームでは時間選好率 ρ が低ければ，長期的な協調の利益が一時的な裏切りの利益を上回り，裏切りが起こらないことが分かる．

トリガー戦略に対しては，次のような一般的な定理が知られている．

7.4.2.1　フォーク定理[12]

無限回繰り返しゲームでは，割引因子 β（時間選好率 ρ）が充分に大き（小さ）ければ，トリガー戦略を用いて個人合理性を満たす全ての戦略の組み合わせをナッシュ均衡として実現することができる．

11）類似する戦略としてしっぺ返し（Tit for tat）戦略もよく知られている．しっぺ返し戦略の場合も相手の裏切りに対して，非協調に転じるという罰を与えるが，相手が協調に復帰した場合，自らも再び協調に転じるという点がトリガー戦略とは異なる
12）詳しい証明については岡田章［1997］『ゲーム理論』（有斐閣）p.215 を参照．

フォーク定理の系として協調解がナッシュ均衡として実現することができるので，ナッシュ均衡の定義から無限回繰り返しゲームでは条件を満たせば政策協調が自己拘束性を持つことが分かる．

これらの結果は実際の国際的政策協調に関して次のような含意を持っている．まず，協調が安定するためには政府当局が充分に将来の利益を重視する必要がある．また，参加国は協調の枠組が長期間存続すると予想していなければならない．特に近い将来やある特定の時点で協調が終了すると分かれば，裏切りが起こる可能性が高くなる．

7.4.3 不確実性と政策協調

ここまでは，両国の政府当局が経済の正確な構造を把握した上で政策を実施することを暗黙のうちに仮定してきた．しかし，政策の判断に用いる一部の経済パラメータに**不確実性**が存在すると（つまり，政策の波及経路に不確実性が存在する場合），実際には経済厚生が悪化する可能性が考えられる．これは経済政策の国際協調において本質的な問題である．なぜなら，われわれが入手できる経済パラメータは必ず確率的になるからである．

実際，経済の相互依存について推定した計量モデルは結果が相互に異なっていることが多く，各国が異なるモデルを前提に協調を行った場合，実際には経済厚生が悪化するケースが多いことが知られている[13]．またそのような場合，自国にとって都合の良いモデルを外国に押し付ける我田引水的な状況が生じ，厚生を低下させる国が現れる危険性も指摘されている[14]．

しかし，一方で不確実性の存在を考慮した上で政策協調を行うことで経済厚生が改善することも考えられる．ここでは，より単純化したモデルでこのような例を考える[15]．自国，外国の政府当局はインフレ率の安定だけを目標に政策を行い，インフレ率は両国の貨幣供給率の加重平均と共通のショックで決

---

13) 詳しくは Frankel, J.A. and K.E. Rockett [1988] "International Macroeconomic Policy Coordination When Policy Makers do Not Agree on the Model", *American Economic Review* 78 (3), pp.318-340 を参照．
14) 新開陽一 [1991]『通論 国際経済』（岩波書店）の第 11 章を参照．
15) ここでのモデルは Masson, P. R. [2007] *Lectures in International Finance*, World Scientific Publishing によるものである．

まるものとする．両国の経済，政府当局の効用関数は対称的である．また，不確実性が存在するので効用はインフレ率の期待値の関数として表される．

$$U = -\frac{1}{2}E(\pi^2) \qquad (7.23)$$

$$\pi = c\frac{\dot{M}}{M} + d\frac{\dot{M}^*}{M^*} + \varepsilon \qquad (7.24)$$

ここで，経済モデルのパラメータに不確実性が存在し，c が平均 $\bar{c}$，分散 σ_c^2，d が平均 $\bar{d}$，分散 σ_d^2 の確率変数であるとする．また，c と d は独立な確率変数とする．この場合，ナッシュ均衡での貨幣供給は共通のショックに反応する形で決まる[16]．(7.25) 式には c の分散 σ_c^2 が含まれているが，分散 σ_c^2 が大きくなるとショックに対する政策の反応が低下する．これは，不確実性が高まるとより政策が慎重になるからであると解釈できる．

$$\frac{\dot{M}^N}{M} = -\frac{1}{\bar{c}+\bar{d}+\sigma_c^2/\bar{c}}\varepsilon < 0 \qquad (7.25)$$

これに対して，協調解を $0.5U + 0.5U^*$ を最大化して求める．協調解での貨幣成長率は以下の形になる．

$$\frac{\dot{M}^C}{M} = -\frac{1}{\bar{c}+\bar{d}+(\sigma_c^2+\sigma_d^2)/(\bar{c}+\bar{d})}\varepsilon < 0 \qquad (7.26)$$

パラメータの分散は正であるから，$\dfrac{\sigma_c^2}{\bar{c}} = \dfrac{\sigma_d^2}{\bar{d}}$ という特別な場合を除いて

---

[16] (7.25) 式は以下のようにして得られる．(7.24) 式を次のように書き換えてから (7.23) 式に代入する．

$$\pi = (c-\bar{c})\frac{\dot{M}}{M} + \bar{c}\frac{\dot{M}}{M} + d\frac{\dot{M}^*}{M^*} + \varepsilon$$

その場合，分散の定義を利用して整理すると次の形になる．

$$-\frac{1}{2}\left[\sigma_c^2\left(\frac{\dot{M}}{M}\right)^2 + 2E\left|(c-\bar{c})\frac{\dot{M}}{M}\right|E\left|\bar{c}\frac{\dot{M}}{M} + d\frac{\dot{M}^*}{M^*} + \varepsilon\right| + E\left|\bar{c}\frac{\dot{M}}{M} + d\frac{\dot{M}^*}{M^*} + \varepsilon\right|^2\right]$$

この式について政策変数 $\dot{M}/M$ の 1 階条件を計算し，経済の対称性から $\dot{M}/M = \dot{M}^*/M^*$ となることを利用して整理すると (7.25) 式が得られる．

ナッシュ均衡と協調解は乖離することが分かる．協調解（7.26）式には，外国の貨幣増加率からの波及を表すパラメータ d の分散 σ_d^2 が含まれる．パラメータ d は外国の金融政策の自国へのスピルオーバーの大きさを表している．この分散 σ_d^2 は，ナッシュ均衡（7.25）式では自国の貨幣増加率の決定に影響せず，両国はショック ε に対応して貨幣増加率を変化させる．しかし，分散 σ_d^2 が大きくなった場合，スピルオーバーの変動が大きくなり両国のインフレ率の変動を高め，経済厚生を悪化させる．このとき，協調解（7.26）式では分散が大きくなると両国がショックへの反応を小さくし，インフレ率の変動を低下させる．つまり，政策協調のために海外へのスピルオーバーの不確実性を考慮に入れることで，より安定的な政策運営が行われるため経済厚生が改善するのである．

7.5 マクロ経済政策協調の現実

7.5.1 国際マクロ経済政策協調のアーキテクチャー

ここまで，国際的なマクロ経済政策の協調を理論的に分析してきたが，現実の政策協調は各種の国際会議，国際機関といった舞台で行われている．ここでは，そのような国際的な経済政策協調の基盤となる主なアーキテクチャー（機関，制度，取り決めなど）について説明する．

これまで，先進国間での政策協調の議論は主に「サミット」（主要国首脳会議）や「G7」（先進7カ国財務大臣・中央銀行総裁会議）でのプロセスを舞台として行われてきた．サミットは日本，アメリカ，イギリス，フランス，ドイツ，イタリア，カナダ，ロシアの8カ国とEU（欧州連合）の首脳が国際的な政治，経済問題について討議する会議であり，1975年にフランスのランブイエで開催されて以来，年に1回開催されている．G7は日本，アメリカ，イギリス，フランス，ドイツ，イタリア，カナダの財務大臣・中央銀行総裁が国際的な金融・経済問題を討議する会議である．1986年にイタリア・カナダが加わるまではG5と呼ばれていた．これらの会議は国際協調を議論する上で互いに補完的な役割を果たしている．

サミット・G7では，国際的な経済政策協調が主要な議題となっているが，

特に本格的な経済政策協調が試みられたのは1978年のボン・サミット後の一時期と85年のプラザ合意から87年のルーブル合意にかけての時期であると言われている．

1978年のボン・サミットでは第1次石油ショック後の世界的な不況に対処するための国際政策協調が討議され，先進国の中で経済が比較的好調な日本と西ドイツ（当時）が財政・金融政策によって世界経済の「機関車」の役割を果たすことで合意した．これに対してアメリカは，自国の石油消費を削減するための政策を採ることで合意した．こうした合意に沿って，日本では積極的な財政出動によって高い成長率を目指す経済政策を採った．

1980年代半ばには，アメリカの経常収支赤字増大とドル高，それを背景とするアメリカの保護主義の高まりが世界経済の大きな問題として認識されるようになった．そのため，1985年のG5におけるプラザ合意で各国は為替市場への協調介入に踏み切った．さらに，アメリカの財政赤字削減とともに日本，西ドイツ（当時）が積極的な財政・金融政策によって世界経済の成長を支えるという政策協調が議論され，先進国の協調利下げなどが実施された．また，政策協調を強化するために1986年の東京サミットでは経済政策の多角的なサーベイランス（surveillance）の実施で合意した．さらに1987年のルーブル合意ではG7が為替相場を安定させるために円ドル，マルクドル相場などに参考相場圏（レファレンス・レンジ）を設定することで合意した．

しかし，1980年代の終盤以降，サミット・G7の声明で各国が具体的な経済政策の実施を公約することはなくなった．しかし，マクロ経済に関するサーベイランスは現在まで行われ，加盟国が世界経済に対して共通の認識を有することを促進している．サミット・G7での政策協調は政策の実施における協調から情報の交換を主とした情報の協調へとシフトしていると言える．

サミット・G7に対して，より多国間での政策協調の舞台となるのが**国際通貨基金**（IMF）である．IMFは国際金融秩序に関する中心的な国際機関である．IMFは主要な業務として毎年，加盟国の経済財政政策などに対する政策監視（サーベイランス）を実施している．サーベイランスの対象は為替・通貨・財政政策，構造政策，金融部門など広範囲にわたる．サーベイランスのプロセスではIMFの担当者が加盟国の情報を収集するとともに政府，中央銀行の担当者などとの政策協議が行われている．こうしたプロセス（第4条協議と呼ばれる）における加盟国との政策対話によって，IMFは多国間で金融・財政

政策だけでなく，規制や金融制度といった面でも国際的な協調が実現されることを目指している．

また，先進国を中心とする経済協力のための国際機関としてOECD（経済協力開発機構）が存在する．OECDでは通常年2回開催される経済政策委員会（EPC）で加盟国の政府・中央銀行の代表が経済情勢や経済政策について検討し，調整を行っている．

また，こういった枠組とは別に欧州連合（EU）諸国では独自に金融・財政政策の協調が行われている．財政面では1997年に財政安定化・成長協定（SGP, The Stability and Growth Pact）を制定し，財政赤字をGDPの3%以内に抑制することが義務付けられるとともに，違反した場合の罰則が規定されている．また，それとは別に各国が年次の財政健全化計画や収支目標を設定し，その達成を約束している．金融政策の面では，ユーロ圏の金融政策は1998年に設立された欧州中央銀行（ECB）によって一元的に決定されている．各国の中央銀行総裁らから成る政策理事会がガイドラインを定め，ECB総裁らから成る役員会がその執行機関となっている．ユーロを導入していないEU加盟国は欧州中央銀行制度に加盟しているが，ECBとは別の独自の金融政策を実施している．欧州連合（EU）での政策協力はそれ以外の先進国間の政策協調と比べ，はるかに緊密に行われているが，ドイツ・フランスを含む多数の国が財政安定化・成長協定の赤字目標に違反しているといった問題がある．

近年では，欧州以外の地域でも地域的な経済政策協調が模索されている．アジアではアジア通貨危機以降，ASEAN＋3（日本，中国，韓国）での協議を舞台に，通貨・経済協力が進められている．近年では，スワップ協定の締結といった危機時の協力から経済政策のサーベイランスによる域内の政策対話の強化へと経済政策協調が進展している．

7.5.2 政策協調の実践的な問題

しかしながら，ここまで説明してきた経済政策の国際協調に対する理論的，実践的な批判も根強く存在する．前節で理論的な批判を取り上げたので，ここでは実践的な批判について説明する．

第一の批判は経済政策の国際協調から得られる利益が通常，小さいということである．多くの実証研究がマクロ経済モデルを用いて，政策協調によって各

国が得られる利益を推定しているが，それらによれば政策協調による利益はGDPの0.5～1%程度にとどまる．そうであれば，自国の政策手段を国際協調に充てるよりも自国の政策目標に振り向けるべきであるという批判がある．ただし，前節で説明した不確実性などを考慮に入れると政策協調の利益はより大きくなる可能性がある．

　第二に近年，日本を含む先進国では中央銀行の独立性が重視され，多くの国で制度化されている．そのような国では金融政策の決定は政策委員会に委ねられている．このような制度的な変化は統一的な中央銀行が組織されたEUのような例を除いて，政府間の協議による経済政策の国際協調を困難にしていると指摘されている．

もっと学びたい人のために──参考文献

　経済の相互依存の定義についてはCooper, R.N.［1985］"Economic Interdependence and Coordination of Economic Policies," in R.W. Jones and P.B. Kenen, eds., *Handbook of International Economics* 2, Elsevier Science Publishers, pp.1195-1234 で詳しく説明されている．マクロ経済政策の国際協調について本格的に学びたいときはMasson, P. R.［2007］*Lectures in International Finance*, World Scientific Publishing や河合正弘［1994］『国際金融論』（東京大学出版会）が参考となる．特に前者では，不確実性が存在する場合の政策協調や通貨同盟の下での政策協調など広範なトピックを扱っている．

　また，本章で用いる範囲のゲーム理論については岡田章［1997］『ゲーム理論』（有斐閣）や武藤滋夫［2001］『ゲーム理論入門』（日経文庫）などで学ぶことができる．

　経済政策のスピルオーバー効果や政策協調の利益に関する実証研究についてはMcKibbin, W.J.［1997］"Empirical Evidence on International Economic Policy Coordination," in M.U. Fratianni, D. Salvatore and J. von Hagen, eds., *Handbook of Comparative Economic Policies*, vol.5, Macroeconomic Policies in Open Economies, Greenwood Press pp.148-176 や河合［1994］で紹介されている．

　プラザ合意からルーブル合意に至る国際政策協調での政策決定プロセスについては船橋洋一［1992］『通貨烈々』（朝日文庫），近藤健彦［1999］『プラザ合意の研究』（東洋経済新報社）が詳しい．欧州中央銀行（ECB）を中心とするユーロ圏の金融政策の運営については田中素香［2002］『ユーロ その衝撃とゆくえ』（岩波新書）などが入門的な概説書である．

第Ⅱ部　国際ミクロ経済学

第 8 章

貿易理論と比較優位論

キーワード：比較優位，交易条件，貿易パターン，貿易利益，関税と割当の同値性，ラーナーの対称性定理，リカードの比較生産費説

　戦後の世界経済は，関税および貿易に関する一般協定（GATT, General Agreement on Tariffs and Trade）とそれを発展的に解消する形で 1995 年に発足した世界貿易機関（WTO, World Trade Organization）を軸とする体制の下で多角的に貿易自由化を推進してきた．そして，財の貿易拡大，労働や資本移動の活発化など，経済活動のグローバル化と相まって，世界経済は急速な発展を遂げてきた．現在，農業品の関税引き下げ交渉の難航，急増する地域貿易協定への対応，労働，投資，サービス，知的財産権，環境などに関する問題を含め，さらなる国際経済システムの整備が求められているが，本章ではこのような国際貿易に関するさまざまな問題を考えるための第一歩として，財のみが貿易される国際貿易の基本モデルに基づき，各国の輸出財と輸入財のパターン，すなわち貿易パターンはどのように決まるのか，また，各国は貿易から利益を得ることができるのかという問題を検討していく．
　ところで，ある国の貿易パターンを分析するためには，一つの財のみに焦点を当てた部分均衡分析ではなく，二つ以上の財や生産要素に着目する一般均衡分析の枠組で議論する必要がある．そのため，本章では 2 財 1 要素の最も簡潔な一般均衡モデルを用いて，上記の内容を解説する．
　以下，8.1 では完全競争市場における生産者と消費者の行動をおさらいし，

閉鎖経済の一般均衡を記述する．次に，8.2 では小国における自由貿易を考え，当該国の経済厚生は閉鎖経済の場合よりも高くなることを確認する．8.3 と 8.4 では小国における貿易政策の効果について，輸入関税と輸入数量割当，輸入関税と輸出税の比較を中心に論じる．8.5 では貿易取引の規模が大きく世界価格に影響を及ぼすような大国を考え，比較優位と貿易パターン，貿易利益について学ぶとともに，2 国間での自由貿易均衡を記述する．最後に，8.6 では貿易パターンの決定要因を説明するための代表的な理論の一つであるリカードの比較生産費説について解説する．

8.1 閉鎖経済の生産・消費——2 財 1 要素モデル

最初に労働（L）と呼ばれる単一の生産要素を使って X 財と Y 財という二つの財を完全競争下で生産・消費する国民経済を考えよう．ある国が生産することのできる財の量は，労働賦存量と生産技術の制約により限りがある．こうした制約の下で最大限に生産可能な X 財と Y 財の組み合わせを表すのが**生産可能性フロンティア**（PPF, Production Possibility Frontier）である．そこでまず，本章の 2 財 1 要素モデルにおいて生産可能性フロンティアがどのように描かれるのかを確認しよう．

8.1.1 生産可能性フロンティア

各財の生産活動は図 8-1 のパネル B，D に描かれるような労働投入量と生産量の関係を表す生産関数に従うものとする．ここでの生産関数の特徴は，①労働投入量が増加するほど財の生産量も増加する，②労働投入量 1 単位当たりの生産量，すなわち平均生産物（AP, Average Product）が次第に少なくなる（規模に関して収穫逓減の法則），③労働投入量の追加的 1 単位が生み出す生産量の増加分，すなわち限界生産物（MP, Marginal Product）が次第に小さくなる（限界生産物逓減の法則）というものである．なお，（ある生産量について）労働の平均生産物は原点と生産関数を結んだ直線の傾き，限界生産物は生産関数の接線の傾きで表される．

一方，パネル C には労働の需給均衡条件が描いてある．この線上の各点は

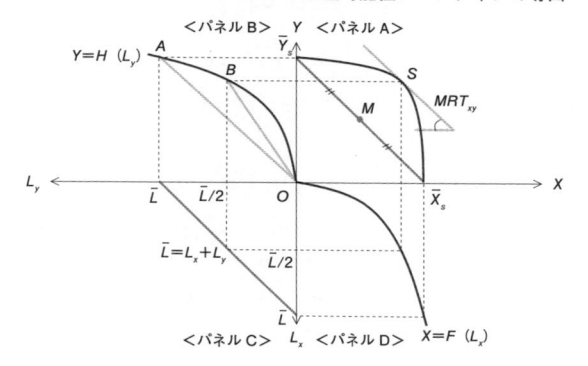

図8-1 2財1要素モデルにおける生産可能性フロンティアの導出

国内において利用可能な労働賦存量（$\bar{L}$）と二つの財に対する労働投入量の組み合わせを表しており，X財に投入される労働量を L_x，Y財に投入される労働量を L_y とすれば，$\bar{L} = L_x + L_y$ で与えられる．上記の生産関数を考慮すると，労働賦存量を全てX財の生産に投入すれば $\bar{X}_s$，Y財の生産に投入すれば $\bar{Y}_s$ まで生産できる．

パネルAには，パネルBからDまでの関係を踏まえて，各財の最大生産量を表す点を結んだ線分 $\bar{X}_s S \bar{Y}_s$ が描かれている．この $\bar{X}_s S \bar{Y}_s$ が生産可能性フロンティアであり，次のような性質を持っている．

8.1.1.1 生産可能性フロンティア上での生産は効率的

所与の生産技術と要素賦存量の下で当該国が生産可能な各財の生産量の組み合わせ（以下，生産点と呼ぶ）全体は生産可能性集合と呼ばれ，図8-1パネルAの生産可能性フロンティアの内側に位置する生産点，つまり $O\bar{X}_s S \bar{Y}_s$ で囲まれた領域内の生産点を含んでいる．このような点は利用可能な労働量を使い切っていないという意味で非効率であり，たとえば生産可能性集合内の M 点を考えると，北・北東・東方向に生産点を移動させることで，どちらの財の生産量も減らすことなく，少なくとも一方の生産量を増やすことができる．換言すれば，生産可能性フロンティア上に位置する生産点は，両財の生産量をもはや同時には増やせないという意味で効率的な生産量の組み合わせを表している．

8.1.1.2　生産可能性フロンティアは右下がり

　生産可能性フロンティア上での生産は効率的であるので，図8-1パネルAの点 $\bar{Y}_s$ から出発してX財部門への労働投入量を徐々に増やしていくと，X財の生産量は増え，Y財の生産量は減ることになる．つまり，生産可能性フロンティアは右下がりでなければならない[1]．たとえば，生産点 S で生産可能性フロンティアに接線を引くと，この接線の傾きの大きさはX財の生産量を1単位追加するために必要な（犠牲にしなければならない）Y財の生産量，すなわちY財で測ったX財生産の社会的限界費用を意味する．これはX財（生産）のY財（生産）に対する**限界変形率**（MRT_{xy}, Marginal Rate of Transformation）と呼ばれる．

　ところで，外部効果などのいわゆる市場の失敗がなければ，社会的限界費用と私的限界費用は等しく，X財のY財に対する限界変形率はX財のY財に対する私的限界費用の比率として表すことができる．X財生産における労働の限界生産物を MP_L^x，Y財生産におけるそれを MP_L^y とすると，X財の生産量を1単位増やすにはX財部門への労働投入量を $1/MP_L^x$ 単位だけ増やさなければならず，その分だけY財部門への労働投入量を減らさなければならない．そのため，Y財の生産量は MP_L^y/MP_L^x 単位だけ減少する．つまり，限界変形率は以下の関係を満たす．

$$MRT_{xy} = \frac{MP_L^y}{MP_L^x} \tag{8.1}$$

　さらに，生産量を1単位増やすために限界生産物の逆数分の労働を投入しなければならないということは，労働の賃金率を w とすれば，X財の私的限界費用（MC_x）は w/MP_L^x，Y財の私的限界費用（MC_y）が w/MP_L^y となる．したがって，X財とY財の限界変形率はこれらの限界費用を使って次のように表すことができる．

$$MRT_{xy} = \frac{MC_x}{MC_y} \tag{8.2}$$

---

1) この性質は2財の場合だけについて成り立つ．生産可能性フロンティアは3財が生産される場合には曲面となり，4財以上の場合には図示できない．

8.1.1.3 生産可能性フロンティアは原点に対して凹

第三に，各財の生産技術が規模に関して収穫非逓増であるとともに，生産要素について限界生産物逓減の法則を満たしていれば，図 8-1 のパネル A に描かれているように，生産可能性フロンティアは原点から見て凹の形となる．

この点を確かめるためには，労働賦存量の半分にあたる $\bar{L}/2$ ずつを各産業に振り向けたらいくら生産できるかを見るとよい．パネル A に描かれているように，実現する生産量の組み合わせを示す S 点は，各財の最大生産量の $1/2$ の組み合わせを示す M 点よりも外側に位置している．これは生産技術が規模に関して収穫逓減となるためで，たとえば労働賦存量を全て Y 財部門に投入した場合の生産点 A よりも，労働投入量を半分にした生産点 B の方が労働の平均生産物が大きいことから確認できる[2]．

また，限界変形率を限界生産物や限界費用の比率として特徴づける（8.1）式や（8.2）式より，X 財の生産量が増え，Y 財の生産量が減ると，労働の限界生産物は X 財部門で減少し，Y 財部門で増加するので，X 財の Y 財に対する限界変形率は大きくなる[3]．すなわち，生産可能性フロンティアが原点に対して凹であることは，Y 財で測った X 財生産の社会的限界費用が（X 財の生産量の増加とともに）逓増することを意味する．

8.1.2 労働市場の均衡

労働供給が一定（賃金率について完全に非弾力的）であれば，生産要素市場（＝労働市場）での需給均衡と財市場における需給均衡を分離して取り扱うことができる．完全競争市場の場合，各企業は財の価格を所与として行動するので，生産要素に対する需要は生産活動から生まれる派生需要となる．そのため，要素市場の均衡は財価格のみによって決定される．

---

[2] 本章では生産要素は労働のみと仮定しているので，生産技術が規模に関して収穫一定である場合，生産可能性フロンティアは右下がりの直線となってしまう．この点については，8.8 のリカードの比較生産費説で説明する．なお，第 9 章のヘクシャー＝オリーン＝サミュエルソン・モデルでは，労働と資本という二つの生産要素から X 財と Y 財が生産されることになるが，この場合は規模に関して収穫一定な生産技術でも，X 財と Y 財の生産における要素集約度（資本と労働の投入比率）が異なる限り，生産可能性フロンティアは原点に対して凹となる．
[3] したがって，X 財生産の限界費用は増加し，Y 財生産の限界費用は減少する．

8.1.2.1　完全競争企業の利潤最大化

　生産物と生産要素の価格を所与として利潤を最大化する完全競争企業にとって，生産量を1単位追加することから見込まれる収入，すなわち限界収入（MR, Marginal Revenue）はその財の価格に等しい．そして，労働投入を1単位追加することで生産量はその限界生産物分だけ増えるので，追加的な1単位の労働投入から見込まれる収入を意味する労働の限界価値生産物は，財の価格と労働の限界生産物の積，すなわち $p_i MP_L^i$ $(i = x, y)$ で与えられる．

　一方，労働を1単位追加する際の費用は賃金率に等しいので，結局，完全競争企業は労働を1単位追加する際の収入と費用を比べ，労働の限界価値生産物が賃金率に等しくなるまで労働を需要することになる．

$$p_x MP_L^x = p_y MP_L^y = w \tag{8.3}$$

　生産物の市場において各財の価格が決まれば，それに応じて賃金率が労働市場の需給を均衡させる水準に決定される．見方を変えると，労働の限界価値生産物は追加労働1単位に対して企業が支払ってもよいと考える最大価値を表しており，もし二つの部門間で労働者に対する評価が異なるのであれば，より高い価値を与えてくれる方に労働者の移動が起こる．そのため，労働者が部門間を自由に移動可能な限り，両部門の労働の限界価値生産物は均等化するということができる．

8.1.3　生産の競争均衡と GDP の最大化

　次に，生産の競争均衡では GDP が最大化されるという性質を，生産可能性フロンティアが描かれた図 8-2 を使って検討してみよう．すでに学んだように，生産可能性フロンティア TT 線の内側および境界上にある生産量の組み合わせはこの経済にとって生産可能である．一方，X 財と Y 財の価格を所与として，ある等しい GDP 水準 I を実現する各財の生産量の組み合わせを図示した直線 II は等 GDP 線と呼ばれる．X 財と Y 財の生産量をそれぞれ X_s, Y_s で表すと，GDP 水準は $I = p_x X_s + p_y Y_s$ で与えられるので，等 GDP 線の傾きの絶対値は X 財の Y 財に対する相対価格 p_x/p_y となる．等 GDP 線は無数に引けるが，原点から遠方に位置するほどより高い水準の GDP に対応する．

第8章 貿易理論と比較優位論

図8-2 生産可能性フロンティアと等GDP線，生産点の決定

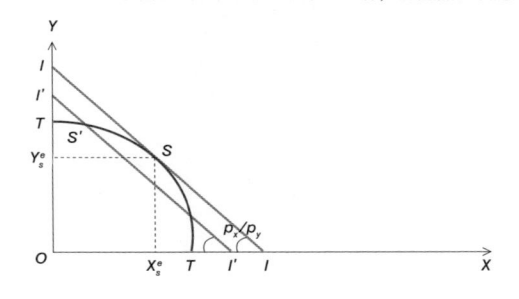

図8-2からも分かるように，等GDP線 $I'I'$ 上の S' 点は実現可能だが，GDPは最大化されていない．生産可能性フロンティアに沿ってX財の生産量を増やすことでより高いGDP水準に到達できるからである．GDPが最大化されるのは，S 点のように生産可能性フロンティア TT 線と等GDP線 II との接点に対応する生産量の組み合わせが選ばれる場合である．つまり，生産の競争均衡条件は等GDP線と生産可能性フロンティアの接線の傾きが等しいことを意味する．

$$\frac{p_x}{p_y} = MRT_{xy} \tag{8.4}$$

であり，このときのX財とY財の生産量 X_s^e, Y_s^e が，所与の財価格の下で（8.4）式を満たす生産の競争均衡における生産量の組み合わせに他ならない．

8.1.4 限界生産物，限界費用と生産の競争均衡条件

なお，財の価格を所与とすると，（8.3）式より，労働市場均衡では賃金率を介してX財とY財の生産における労働の限界価値生産物が等しくなる．このことから生産の競争均衡条件は次式のように書くことができる．

$$\frac{p_x}{p_y} = \frac{MP_L^y}{MP_L^x} \tag{8.5}$$

（8.1）式より，上式の右辺はX財のY財に対する限界変形率 MRT_{xy} を指しているので，（8.5）式は（8.4）式のGDP最大化のための条件，すなわち生産の

競争均衡条件を労働の限界生産物の比率を用いて表現したものである．

さらに，完全競争企業の私的限界費用を考慮することで，利潤最大化の条件は $p_i = MC_i$（$i = x, y$）となるので，上式は次のように書き直される．

$$\frac{p_x}{p_y} = \frac{MC_x}{MC_y} \quad (8.6)$$

（8.2）式に照らしてみると，（8.6）式もまた，生産の競争均衡条件を表している．

8.1.5 供給関数の性質

部分均衡分析の場合とは異なり，財の価格体系が与えられると生産要素に対する需要が決まり，それに応じて要素価格も決定される．このことから，完全競争市場均衡における各財の生産量はそれらの価格体系（p_x, p_y）に依存することが分かる．そこで，以下ではX財の供給関数を $X_s(p_x, p_y)$，Y財の供給関数を $Y_s(p_x, p_y)$ と表そう．これらの供給関数において，全ての財の価格が同率で変化しても，その供給量は変わらない．すなわち，各財の供給関数は財の価格体系について**ゼロ次同次**である．換言すれば，各財の均衡での生産量は，生産物の名目価格もしくは価格の絶対水準ではなく，相対価格だけで決まる．この点は，図8-2において両財の価格が同率で変化しても等GDP線の傾きは変わらず，生産の競争均衡点が依然としてS点となることからも確かめられる．数式を用いれば，こうした結果は次のように表される．

$$X_s(p_x, p_y) = X_s\left(\frac{p_x}{p_y}, 1\right), \quad Y_s(p_x, p_y) = Y_s\left(\frac{p_x}{p_y}, 1\right) \quad (8.7)$$

上式の右辺から分かるように，各財の供給量を決める財価格の体系はX財の相対価格 p_x/p_y である．これはY財を価値尺度としてX財の価値を表したものであり，その意味でY財は価値基準財，またはニュメレール（numeraire）と呼ばれる．

8.1.6 消費の競争均衡

要素価格や各財の生産量が決まれば，経済全体としての所得も決まる．この所得が家計に分配され，家計は受け取った所得を手にして種々の財への支出，

第8章 貿易理論と比較優位論

図8-3 社会的無差別曲線と予算制約線，消費点の決定

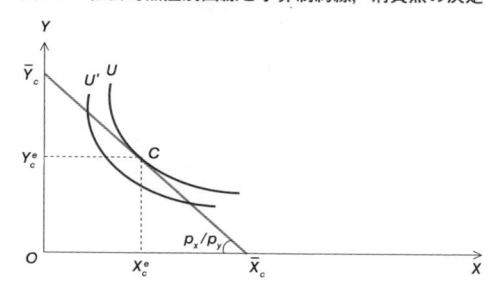

つまり需要量を決定する．次に，こうした家計の選択がもたらす消費の競争均衡を記述しよう．

8.1.6.1 代表的個人

家計は企業に対して労働を提供することで労働所得を得る一方，事業展開の元手となる資本の出資者でもあり，出資比率に応じて利潤の分け前としての配当を受取る．話を簡単にするため，企業の元手となる資本は家計により100%出資されているものとして，家計が得る所得と直面する予算制約式を求めてみよう．ただし，経済に存在する家計が全て同一の選好，同一の労働量を持ち，どの企業に対しても同額の出資を行っているものとすれば，経済全体での家計の行動は1人の家計の行動規模を人口倍することで記述できる．そのため以下では，この国には家計がただ1人（代表的個人のみ）と考えて分析していく．

8.1.6.2 予算制約式

この家計の労働所得は賃金率 w に保有する労働賦存量 $\overline{L}$ をかけた額であり，配当所得はそれぞれの企業の利潤に等しいことに注意すると，家計が得ることのできる全体の所得 I は次のように表される．

$$I = w\overline{L} + (p_x X_s - wL_x) + (p_y Y_s - wL_y) = p_x X_s + p_y Y_s \qquad (8.8)$$

ただし，2番目の等式を導く際に，労働市場の需給均衡条件，$\overline{L} = L_x + L_y$ を考慮している．

上式より，生産活動を通じて生み出された所得は全て家計に分配されることが確認できる．そのため，家計が購入する X 財の消費量を X_c, Y 財の消費量

を Y_c で表せば，家計の予算制約式は次式で与えられる．

$$p_x X_c + p_y Y_c = p_x X_s + p_y Y_s \ (= I) \tag{8.9}$$

この予算制約式を図示したものが図 8-3 の予算線である．ここで，$\overline{X}_c$ 点は全ての所得を X 財支出に向けて得られる最大購入可能量 I/p_x を表しており，$\overline{Y}_c$ 点は同様に Y 財の最大購入可能量 I/p_y を表している．また，予算線の傾きの絶対値は X 財の Y 財に対する相対価格 p_x/p_y に等しい．

8.1.6.3 最適消費決定

家計は予算線 $\overline{X}_c \overline{Y}_c$ 上の消費の組み合わせの中で最も高い効用（満足）をもたらすものを消費均衡点として選択する．図 8-3 には家計が到達可能な効用水準を表す社会的無差別曲線 U と U' が描かれているが，予算の範囲内でより高い効用を得ようとするとき，最適な消費量の組み合わせは予算線と無差別曲線 U との接点 A における (X_c^e, Y_c^e) で与えられる[4]．なお，本章では代表的個人を仮定しているため，実質的に個人の無差別曲線と社会的無差別曲線，個人の効用と社会的効用を区別する必要がなくなることに注意されたい．

次に無差別曲線と予算線の接点が最適消費点となることの経済的意味を考えてみよう．まず，無差別曲線の接線の傾きの大きさは，X 財の追加 1 単位の消費に対して犠牲にしてもよいと考える Y 財の消費量を表しており，X 財の Y 財に対する**限界代替率**（MRS_{xy}, Marginal Rate of Substitution）と呼ばれる．すなわちこれは，X 財の消費量を 1 単位追加することから得られる利益を Y 財に換算して表した限界消費便益に他ならない．一方，既に予算を使い尽くしている状況を考えると，X 財消費を 1 単位増やすために，消費者は Y 財の消費量を p_x/p_y だけ減らさなければならないという意味で経済的犠牲を負う．つまり，X 財の Y 財に対する相対価格 p_x/p_y は，X 財消費の 1 単位の増加に伴う Y 財換算の限界消費費用を表す．

限界代替率と相対価格，すなわち X 財消費からの限界消費便益と限界消費費用を等しくさせる消費量の組み合わせを選ぶことで家計の効用は最大化され

---

[4] 家計の選好はミクロ経済学の消費者行動理論における標準的な仮定，すなわち，①完備性，②推移性，③反射性の三つの公理と，ⓐ単調性，ⓑ連続性，ⓒ凸性の三つの条件を満たすものとする．以下の分析では，原点からより遠方に位置する無差別曲線ほどより高い効用水準に対応し，かつ無差別曲線は原点に対して厳密に凸という二つの条件が重要である．

る．この条件を予算線と無差別曲線の関係で見ると，両者が互いに接するという消費の競争均衡条件になる訳である．

$$MRS_{xy} = \frac{p_x}{p_y} \tag{8.10}$$

8.1.7 需要関数の性質

消費の競争均衡に対応する各財の需要量は財の価格体系に依存する．そこで，X財の需要関数を $X_c(p_x, p_y)$，Y財の需要関数を $Y_c(p_x, p_y)$ と表そう．ただし，この需要関数は財の価格のみの関数となっている点に注意が必要である．これは，(8.8) 式に示したように，二つの財の価格が与えられると，それに応じて生産の競争均衡が実現し，家計の所得も内生的に決定されるからである．加えて，全ての財の価格が同率で変化しても各財の需要量は変化しない．すなわち，各財の需要関数は財価格の体系について**ゼロ次同次**である．

$$X_c(p_x, p_y) = X_c\left(\frac{p_x}{p_y}, 1\right), \quad Y_c(p_x, p_y) = Y_c\left(\frac{p_x}{p_y}, 1\right) \tag{8.11}$$

ミクロ経済学の消費者理論で学んだのは，全ての財の価格と所得が同率で変化しても各財の需要量は変わらないということだった．本節の場合，所得は財価格の体系から決まり，全ての財の価格が同率で変化しても各財の均衡生産量は変わらず，名目の生産価値額だけが価格と同率で変化する．そのため，同率の財価格の変化は同率の所得変化を生み，各財の需要量を不変とするのである．

8.1.8 自給自足下の競争均衡

全ての財市場で需給が均衡する一般均衡は，どのような場合に実現されるのだろうか．本章で想定する経済には二つの財（X財とY財）と一つの生産要素（労働）が存在する．財の価格が与えられると，各部門における労働需要が決まり，労働市場の需給を均衡させる賃金率が決まる．このように生産要素の需要は各財の生産活動から派生する需要であることに注意すると，一般均衡を考える際は，要素市場の需給均衡を前提としつつ，二つの財の市場だけに着目す

ることができる．ただし，(8.7) 式と (8.11) 式で指摘したように，各財の需給は財の価格体系についてゼロ次同次であるので，一般均衡条件は次のように表される．

$$X_c\left(\frac{p_x}{p_y}\right) = X_s\left(\frac{p_x}{p_y}\right), \quad Y_c\left(\frac{p_x}{p_y}\right) = Y_s\left(\frac{p_x}{p_y}\right) \quad (8.12)$$

そのため，実質的な未知数が（Y財をニュメレールとした）X財の相対価格 p_x/p_y のみであるのに対して，方程式が2本存在することになり，(8.12) 式は過剰決定となってしまう．

8.1.8.1　ワルラス法則

しかしながら，(8.12) 式が示す財市場の需給均衡条件のうち1本は他から独立ではない．たとえばX財市場で需給が均衡すれば，残りのY財市場についても需給が自動的に均衡しなければならない．実際に家計の予算制約式である (8.9) 式より次式が恒等的に成り立つ．

$$p_x(X_c - X_s) + p_y(Y_c - Y_s) = 0 \quad (8.13)$$

上式の左辺第1項はX財市場における超過需要量にその価格を掛けた超過需要額，第2項はY財市場での超過需要額を表す．したがって，X財の市場で需給が均衡し，第1項の括弧内がゼロになれば，残ったY財市場でも超過需要額はゼロとなり，需給は均衡する．

一般的にこの結果は，「経済で取引される全ての財の超過需要額の合計が常にゼロに等しい」ことを指しており，**ワルラス法則**と呼ばれている．ワルラス法則が成り立つ限り，経済で n 個の財が取引されている場合，$(n-1)$ 個の市場で需給が均衡すれば，残った n 個目の市場でも需給は必ず均衡する．つまり，n 個目の均衡条件は他の均衡条件から独立ではない．そのため，二つの市

---

[5]　より厳密には，この経済で取引される財はX財，Y財と労働である．したがって元々の所得の定義式 (8.8) と予算制約式 (8.13) を用いれば次式が得られる．

$$p_x(X_c - X_s) + p_y(Y_c - Y_s) + w\left\{(L_x + L_y) - \overline{L}\right\} = 0$$

上式の左辺はX財，Y財，そして労働の超過需要価値額の合計を表すので，労働市場まで含めて考えてもワルラス法則が成り立つことが確認される．本文では，説明を簡単にするため，労働市場での需給均衡を前提として財市場の需給均衡だけに着目していることに注意されたい．

第8章 貿易理論と比較優位論　　221

図8-4　閉鎖経済における一般均衡

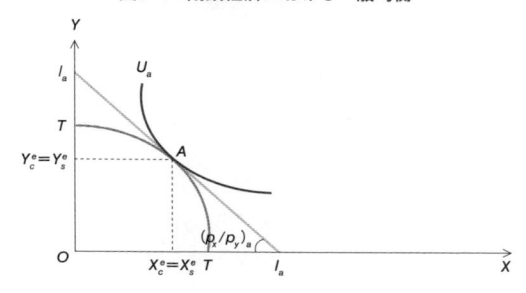

場の一般均衡を分析する場合には，X財かY財いずれかの市場における需給均衡だけを考えればよいことになる[5]．

8.1.9　厚生経済学の基本定理

外国との取引が存在しない閉鎖経済の場合，X財とY財の国内での需給はともに均衡するが，(8.11) 式で示したように実質的な未知数は（Y財をニュメレールとする）X財の相対価格のみであり，ワルラス法則により需給均衡条件のうち1本は他から独立ではない．これに加え，消費者の効用最大化の条件と生産者の利潤最大化の結果実現されるGDP最大化の条件が成立している．図8-4に描いたように，閉鎖経済下の一般均衡では生産と消費の競争均衡点がA点で一致し，X財とY財の需給は均衡する（図8-4では$X_c^e = X_s^e$と$Y_c^e = Y_s^e$）．そして，このときの等GDP線であり予算線でもある$I_a I_a$線の傾きが均衡相対価格$p_a = (p_x/p_y)_a$となる．つまり，閉鎖経済下の均衡相対価格は生産可能性フロンティアに対する接線の傾き（X財のY財に対する限界変形率）に等しいだけでなく，社会的無差別曲線に対する接線の傾き（X財のY財に対する限界代替率）にも等しい．

8.1.9.1　厚生経済学の第1基本定理

8.1の最後に，閉鎖経済下の競争均衡は次のような性質を満たすことを覚えておこう．まず，①競争均衡で実現される資源配分は，他のいかなる実現可能な配分に移っても，全ての家計の効用を改善することができないという意味でパレート効率的である．これは**厚生経済学の第1基本定理**と呼ばれるもので

ある．実際に，A 点以外で生産可能性フロンティア上のいかなる生産量＝消費量となる財の組み合わせを選択しても，A 点で到達できる無差別曲線 U_a よりも低い満足度に対応する無差別曲線にしか到達できない．

8.1.9.2　厚生経済学の第2基本定理

一般均衡理論の観点からもうひとつ重要なのは，厚生経済学の第1基本定理の逆，すなわち，②いかなるパレート効率な資源配分も，家計の間でそれぞれの初期保有資源を適当に再配分すれば競争均衡として実現可能であることを主張する**厚生経済学の第2基本定理**である．この定理は図8-4において自給自足均衡を求める上で非常に有効である．実際，生産可能性集合を所与とすれば，パレート効率的，つまり経済厚生を最大化する各財の生産量＝消費量の組み合わせは，生産可能性フロンティアと社会的無差別曲線が互いに接する A 点以外にはない．A 点を競争均衡として実現する X 財の Y 財に対する相対価格を見つけるためには，A 点における生産可能性フロンティアと社会的無差別曲線の共通接線の傾きを求めればよい．この共通接線は図8-4の $I_a I_a$ 線に他ならず，求める相対価格は $(p_x/p_y)_a$ に等しい．そして，この $I_a I_a$ 線上に初期の資源配分があれば，あとは競争市場において A 点が均衡として実現されることになる．

8.2　自由貿易均衡と貿易利益

次に，外国との間で X 財と Y 財を貿易する経済を考えよう．本節では，当該国は世界価格を所与として行動する小国であるとする．

8.2.1　自由貿易均衡

小国の場合も，消費者と生産者が財の価格（ここではそれらの世界価格）を所与として行動することに変わりはなく，効用最大化に基づく消費の競争均衡条件と利潤最大化に基づく生産の競争均衡条件はいずれも成立する．つまり，X 財の世界相対価格を p_x^*/p_y^* で表せば，以下の関係が与えられる．

第8章　貿易理論と比較優位論

$$MRS_{xy} = \frac{p_x^*}{p_y^*} = MRT_{xy} \tag{8.14}$$

　一方，閉鎖経済との大きな違いは財市場の均衡である．貿易が行われる場合，この国で生産されたものだけしか消費できない訳ではない．つまり，X財やY財の国内での生産量と消費量は必ずしも一致しない．そこで，一国の代表的な家計が直面する予算制約式をあらためて検討すると，まずこの家計が得ることのできる所得は $I = p_x^* X_s + p_y^* Y_s$ であり，閉鎖経済の場合と同様，生産活動を通じて生み出された所得は全て家計に分配される．そして，家計はこの所得の範囲内で消費を行うので，予算制約式は以下の通りとなる．

$$p_x^* X_c + p_y^* Y_c = p_x^* X_s + p_y^* Y_s \ (= I) \tag{8.15}$$

ここで，(8.15) 式を書き変えると，

$$p_x^* (X_c - X_s) + p_y^* (Y_c - Y_s) = 0 \tag{8.16}$$

が得られる．つまり，一国の予算制約式はこの国の貿易収支均衡を表すことが分かる．

　(8.16) 式は先述したワルラス法則であり，「経済で取引される全ての財の超過需要額の合計が常にゼロに等しい」ことを意味している．そのため，2財の場合，X財市場で超過需要（超過供給）が発生すれば，逆にY財市場では超過供給（超過需要）が発生する．当該国は小国であるので，ある一定の世界価格の下でX財やY財を売買できるが，もし国内でX財に超過需要が発生しているのであれば，X財を輸入し，Y財を輸出する形で貿易が行われる．ただし，(8.16) 式は超過需要額の合計がゼロになることを言っているのみであり，貿易の輸出入のパターンが上記と逆の場合でももちろん成立する．

8.2.2　貿易パターン

　それでは，輸出入のパターンはどのように決まるのだろうか．それは閉鎖経済下での均衡相対価格と自由貿易下での均衡相対価格の違いに依存する．図8-5には（図8-4と同じく）閉鎖経済均衡が A 点で与えられており，等GDP線，かつ予算線 $I_a I_a$ の傾きが均衡相対価格 $p_a = (p_x/p_y)_a$ となっている．ここで，

図8-5 小国における自由貿易の利益

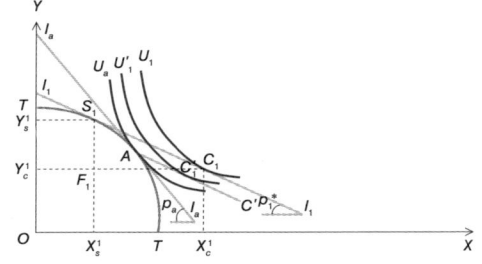

当該国(小国)が世界価格を所与として自由貿易を行うものとすると,消費者と生産者の競争均衡条件自体は変わらないものの,閉鎖経済均衡におけるX財の相対価格が自由貿易下の世界相対価格 $p^* = p_x^*/p_y^*$ と異なる限り,これらの財の生産と消費は変化することになる.

たとえば図8-5の p_1^* のように,X財の世界相対価格が閉鎖経済均衡でのそれを下回る場合($p_1^* < p_a$),$p_1^* = MRT_{xy}$ を満たす生産点は S_1 点となり,閉鎖経済の均衡点である A 点と比べてX財の生産量は減少し,Y財のそれは増加する.また,ちょうど生産した額だけ所得として使えることを考慮すれば,$I_1 I_1$ 線は自国の予算線でもあるので,$p_1^* = MRS_{xy}$ を満たす消費点は効用水準 U_1 の無差別曲線と予算線の接点 C_1 で与えられ,両財の消費は相対的に安くなったX財を増やし,Y財を減らす方向で調整される.

その結果,図8-5に示したように,X財の超過需要分である $X_c^1 - X_s^1$ が輸入され,Y財の超過供給分である $Y_s^1 - Y_c^1$ が輸出されるという貿易パターンになる[6].なお,消費点 C_1 から水平に引いた直線と生産点 S_1 から垂直に下ろした直線の交点を F_1 とすると,$C_1 F_1 S_1$ はある世界相対価格の下での当該国の輸出入量を表しており,**貿易三角形**と呼ばれている.

8.2.3 貿易利益

国際貿易を考える上でもうひとつ重要な点は,自由貿易を行うことで各国の

---

6) 逆に,閉鎖経済均衡におけるX財の相対価格がその世界相対価格よりも低い場合,当該国はX財を輸出し,Y財を輸入することになる.

経済厚生が高まるかどうか，すなわち，**貿易利益**が得られるかどうかという点であるが，図 8-5 から明らかなように，自由貿易均衡における効用水準 U_1 は閉鎖経済均衡における効用水準 U_a よりも高い効用をもたらしている．つまり，当該国は貿易利益を得ていることが分かる．そこで，以下では貿易利益の中身を消費と生産の調整を踏まえて確認してみよう．

8.2.3.1　交換の利益

図 8-5 には閉鎖経済の競争均衡から出発し，世界相対価格 p_1^* と同じ傾きの直線 AC' が描かれている．この AC' 線と代表的消費者の無差別曲線の接する点は C_1' であり，このときの効用水準は U_1' である．図 8-5 から明らかなように，AC' 線の下で消費可能な領域は，閉鎖経済下の $I_a I_a$ 線の領域よりも（東南方向では）大きくなっている．そのため，もし X 財と Y 財の生産量が閉鎖経済のときと同じであったとしても，自国の経済厚生は高まることになる．

現在の例では X 財が輸入され，Y 財が輸出されているが，一般的に（8.15）式，あるいは（8.16）式で与えられる自国の予算制約式は（輸出財価格×輸出量）−（輸入財価格×輸入量）= 0 を意味するので，

$$\frac{\text{輸出財価格}}{\text{輸入財価格}} = \frac{\text{輸入量}}{\text{輸出量}} \tag{8.17}$$

が成立する．この式の左辺「輸出財価格／輸入財価格」は**交易条件**と呼ばれ，輸出財 1 単位当たりの輸入財の量，すなわち，輸出財 1 単位で何単位の輸入財を得ることができるかを表している．

X 財を 1 単位増やすときに同じ効用水準を保つために減らしてもよいと考える Y 財の量は限界代替率で与えられるが，閉鎖経済均衡においてそれは予算線の傾き p_a に等しい．ところが，$p_a > p_1^*$ となる世界相対価格 p_1^* の下では，X 財を 1 単位入手するために必要な Y 財の量はさらに少ない．換言すれば，これは輸出財 1 単位で得ることのできる輸入財の量が増え（交易条件の改善），当該国の消費可能領域が拡大したことを意味する．つまり，生産活動が閉鎖経済の水準のままだったとしても，外国と貿易を行うことでこの国の経済厚生は改善するのである．この効果を**交換の利益**，あるいは**消費の利益**と呼ぶ．

8.2.3.2 特化の利益

貿易開始後に生産点は A 点から S_1 点に移動するが，このような生産の組み合わせの変化も自国の経済厚生を高める効果がある．先述の限界変形率と交易条件に添って考えれば，閉鎖経済均衡での限界変形率は輸入財となる X 財を 1 単位犠牲にすることで生産可能な Y 財の量を表しており，その相対価格 p_a に等しい．一方，$p_a > p_1^*$ であるので，外国において X 財 1 単位と交換に入手可能な Y 財の量は自国よりも少ない．つまり，外国では Y 財が X 財と比べてさらに高い価値を持つため，自国は Y 財を増産し，輸出することで経済厚生を高めることができるのである．このような生産の調整によってもたらされる貿易利益を**特化の利益**，あるいは**生産の利益**と呼ぶ．

8.3　小国における関税と割当の同値性

貿易政策の代表例としては，財の輸出入の際に課される関税と直接的に輸出入量を規制する数量割当等の非関税障壁がある．本節では特に輸入に対する関税と数量割当に着目し，その経済効果を比較検討する．なお，輸入関税は財の輸入に際して課される税金であり，輸入財 1 単位当たりの課税額を定める従量税（specific tax）と輸入財価格に何％かの課税をする従価税（ad valorem tax）という二つの賦課方式がある．

8.3.1　輸入関税の経済効果

前節と同様，自国は小国であり，X 財を輸入し，Y 財を輸出しているものとする．ここで，X 財の輸入に対して $100 \times t\,(\%)$ の関税が課されるものとすると，X 財の国内価格と世界価格の関係は $p_x = (1 + t) p_x^*$ となる．一方，輸出財である Y 財については貿易障壁が存在しないので $p_y = p_y^*$ である．したがって，X 財の相対価格は次式のように表される[7]．

---

7) 以下では関税収入は消費者に一括で還付されるものとする．

第8章 貿易理論と比較優位論

図8-6 小国における輸入関税の効果

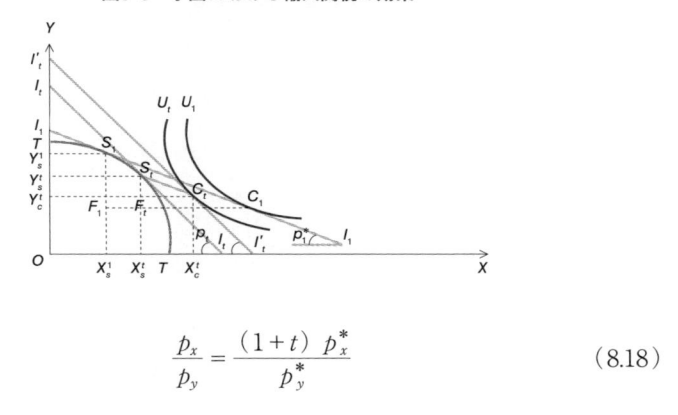

$$\frac{p_x}{p_y} = \frac{(1+t)\ p_x^*}{p_y^*} \quad (8.18)$$

つまり，輸入関税の導入によりX財の国内相対価格はその世界相対価格よりも割高になる．

8.3.1.1 生産への影響

さて，このような国内価格の変化は自国の生産および，消費にいかなる影響を与えるのだろうか．図8-6を参照しながら解説していこう．まず，生産については，関税賦課後の国内相対価格で計測した自国の総生産額に対応する$I_t I_t$線と生産フロンティアの接線の傾きである限界変形率が等しくなるよう調整される．したがって，生産点はS_tとなり，X財の生産量は増加し，Y財の生産量は減少する（図8-6ではX財がX_s^1からX_s^t，Y財がY_s^1からY_s^tに変化）．つまり輸入関税は，輸入財の国内生産を増加させるが，そのために生産要素が投入されてしまうので，逆に輸出財の国内生産を減少させる効果がある．

8.3.1.2 消費への影響

次に，消費への影響について確認しよう．自国の生産者と消費者が，関税賦課後，相対的に高くなった国内価格に直面していることと，輸入の際に関税収入が得られることを考慮すると，自国の予算制約式は次式で与えられる．

$$p_x X_c + p_y Y_c = p_x X_s + p_y Y_s + t p_x^* (X_c - X_s) \quad (8.19)$$

上式は，関税後の国内相対価格の下での総支出額が総生産額と関税収入の和

に等しいことを意味しているが，$p^* = p_x^*/p_y^*$，かつ (8.18) 式を使って書き直すと，

$$p^* X_c + Y_c = p^* X_s + Y_s \tag{8.20}$$

となるため，世界価格で評価した自国の総支出額は総生産額に等しいことが分かる．すなわち，関税賦課後の消費点はそのときの国内相対価格の下での総支出額に対応する $I'_t I'_t$ 線と社会的無差別曲線 U_t の接する C_t 点となり，さらに (8.20) 式を踏まえると，消費点 C_t と生産点 S_t を結ぶ直線の傾きは自由貿易下での世界相対価格，すなわち自由貿易下での予算線の傾きに等しくなければならない．なお，Y 財を基準に考えると明らかなように，関税賦課後の国内相対価格の下での総生産額と総支出額の差は $I_t I_t$ 線と $I'_t I'_t$ 線の幅で表されるが，(8.19) 式よりこの幅が関税収入に対応している．

自由貿易下の消費点 C_1 と関税賦課後の消費点 C_t を比べると，X 財の国内相対価格が上昇するため，代替効果により X 財の消費は減少し，Y 財の消費は増加する．また，$S_t C_t$ 線が $I_1 I_1$ 線の左下方にあることから分かるように，世界価格で評価したこの国の実質所得は減少しており，どちらも上級財であれば所得効果は二つの財の消費を減らすことになる．そのため，自由貿易の場合と比べると，X 財の消費量は関税賦課後に明確に減少する．また，Y 財についても所得効果が代替効果を上回れば減少する．つまり，関税の効果を消費面で見ると，輸入財の消費量は明確に減少し，輸出財は所得効果と代替効果の大小関係に依存すると言える．

8.3.1.3 経済厚生について

以上のことから，輸入関税は（輸入財の国内相対価格を上昇させることで）国内の輸入財産業を保護する効果とその消費を抑制する効果を併せ持つことが分かる．このとき，小国にとって世界価格は所与であるので，輸入量が減少するだけでなく，輸出量もまた減少する．結果として，小国が関税を課すと，世界価格で評価した総生産額（実質所得）は減少し，自由貿易の場合に比べ経済厚生は低下することになる．

8.3.2 輸入数量割当の経済効果

次に，輸入関税の効果と輸入数量を直接的に制限する政策である輸入数量割当の効果を比較検討しよう．輸入数量割当とは輸入量に上限を設け，その範囲内で民間の貿易業者に国内市場で販売する権利を与える政策である．

ここで再び図 8-6 を見てみよう．もし当該国（小国）が輸入関税下で実現している輸入量 $X_c^t - X_s^t$ を割当によって直接制限するならば何が起こるだろうか．小国の場合，この国の国際取引は世界価格に影響を与えず $p_t = (p_x/p_y)_t$ のままである．そのため，$Y_s^t - Y_c^t$ 分の輸出財と $X_c^t - X_s^t$ 分の輸入財が貿易される状況に変わりはない．つまり，輸入数量割当と輸入関税の下での貿易パターンや取引規模は同じである．さらに，もし輸入数量割当下での国内相対価格が輸入関税下での p_t と異なる水準にあるならば，生産点や消費点も S_t や C_t とは異なる地点に移ってしまうため，同じ貿易内容は保たれない．したがって，国内相対価格は輸入数量割当の場合も p_t となり，生産点 S_t や消費点 C_t も同様に実現される．その結果，「同じ輸入量を実現する関税と数量割当は，資源配分上まったく同じ効果を持つ」という**関税と数量割当の同値性**が成立する[8]．

なお，関税と数量割当の同値性の成立についてはいくつか注意点がある．まず，①数量割当の場合にも国内市場の完全競争が保たれなければならない．輸入関税の場合，関税を支払いさえすれば輸入ができるという意味で競争圧力はかかっているが，輸入数量割当の場合，許可された上限を超えて輸入が認められることはないため，国内市場での十分な競争が保たれない危険性がある[9]．また，②数量割当を課すことで超過利潤（割当レント）を求める非生産的な活動（レントシーキング）が発生するかもしれない．すなわち，輸入数量割当の場合，輸入 1 単位につき内外価格差分に相当する私的利潤が発生するため，この私的利潤を求めて，希少な資源が政治家への働きかけなどさまざまな非生産的活動に使われる可能性がある．

---

[8] 関税と数量割当の同値性は，輸出税と輸出数量割当（輸出自主規制）についても成立する．
[9] 独占市場や大国の場合，関税と数量割当の効果は同値ではない．この点に関して，独占市場における議論は第 10 章を，大国における議論は第 11 章を参照せよ．

8.4 ラーナーの対称性定理

　前節の議論は，輸入，または輸出における関税政策と数量割当の効果を比較したものであったが，本節では輸出税と輸入関税の効果を比較してみよう．これまでと同様，X財を輸入財，Y財を輸出財として，今度はY財の輸出に対して $100 \times t$（％）の関税（輸出税）が課される場合を考える．このとき，X財の国内価格と世界価格の関係は $p_x = p_x^*$ となる一方，Y財の輸出に際しては国内価格に関税が上乗せされるので，$(1+t)p_y = p_y^*$ である．そのため，X財の相対価格を取り，$(1+t)$ を両辺に掛ければ，次式が得られる．

$$\frac{p_x}{p_y} = \frac{(1+t)p_x^*}{p_y^*} \tag{8.21}$$

（8.18）式と（8.21）式の比較から明らかなように，同率の輸出税と輸入関税は，X財の国内相対価格を同じだけ上昇させる．

　さらに，輸入関税の場合と同様，輸出税収入を消費者に一括還付するものとすれば，自国の予算制約式は

$$p_x X_c + p_y Y_c = p_x X_s + p_y Y_s + tp_y(Y_s - Y_c) \tag{8.22}$$

となり，世界相対価格 $p^* = p_x^*/p_y^*$ を用いて書き直せば，

$$p^* X_c + Y_c = p^* X_s + Y_s \tag{8.23}$$

が得られる．そのため，世界価格表示の自国の総生産額と総支出額は等しい．

　（8.21）式と（8.23）式より，生産点や消費点が国内相対価格に依存し，かつ世界価格で評価した総生産額と総支出額が等しいことから，「輸出税はそれと同率の輸入関税と同じ効果を持つ」という**ラーナー**（A.P.Lerner）**の対称性定理**（symmetric theorem）が成立する．ラーナーの対称性定理によると，たとえば日本の農作物に輸入関税を課すことは，日本からの（自動車などの）輸出品に課税することと同じ効果を持つ．また，同率の輸入関税と輸出税を同時に課しても，それらの効果は相殺されてしまい，結局，国内の生産者や消費者はX財の世界相対価格に直面することになる．

8.5 大国間貿易と比較優位

前節までの議論は，当該国が小国であることを仮定していた．しかしながら，貿易の規模が大きい国の場合，その国の貿易取引は世界価格に影響を及ぼすことになる．そこで本節では，国際貿易の標準的な 2 国モデルを用いて，貿易を通じて世界価格がどのように決定されるのかを確認しよう．

8.5.1 比較優位と貿易利益

自国におけるある財の相対価格が外国のそれと比べて低い場合，自国はその財に**比較優位**を持つといい，自由貿易が開始されると自国は比較優位にある財を輸出するようになる．そこで以下では X 財を工業品，Y 財を農業品と見立てて，この点を確認しよう．

たとえば，当初日本では農業品が 200 円，工業品が 4000 円であり，農業品で測った工業品の相対価格は 20 であるとする．この相対価格は工業品 1 単位との交換で農業品がどれだけ得られるかを意味しており，日本では農業品 20 単位が得られることになる．一方，米国では農業品が 1 ドル，工業品が 60 ドルであるとする．米国での工業品の相対価格は 60 となるので，日本の相対価格 20 よりも大きい．

ここで，日本は工業品 1 単位を国内ではなく米国に輸出し交換することで 60 単位の農業品を得ることができ，さらにこの農業品を日本に輸入して工業品に交換すれば，工業品を 3 単位獲得することができる．同様に米国は農業品 1 単位を日本に輸出することで，国内で交換するよりも多い 1/20 単位の工業品を手にすることができる．さらにその工業品を輸入し国内で交換すれば，農業品は 3 単位獲得可能である．このように，各国は比較優位にある財を互いに輸出し合うことでより多くの財を入手可能になり，互いに利益を得るのである．

8.5.2 比較優位と貿易パターン

上記の比較優位に関する議論のポイントは日本と米国にとって工業品の世界相対価格がどの水準にあるかということである．もし世界相対価格が日本の閉

表8-1 比較優位と貿易パターン

	$p_w < p_a$	$p_a < p_w < p_a^*$	$p_a^* < p_w$
日本の輸出品	農業品	工業品	工業品
米国の輸出品	農業品	農業品	工業品

鎖経済均衡における相対価格20よりも低ければ，日本はむしろ農業品を輸出した方がよい．同様に，世界相対価格が60よりも高ければ，米国は工業品を輸出することで利益を得る．つまり，自らの貿易前の相対価格を境にして，各国の**貿易パターン**は変化する．表8-1には自国と外国の閉鎖経済均衡における工業品の相対価格をそれぞれp_aとp_a^*，その世界相対価格をp_wとして，日米の貿易パターンの変化が記されている．仮定により$p_a < p_a^*$なので，表8-1から明らかなように，日米2国間の貿易が生じるのは工業品の世界相対価格が両者の閉鎖経済均衡価格の間に入るときだけである．このようなケースであれば，互いに比較優位を持つ工業品と農業品を輸出する形での貿易が行われる．

8.5.3 2国間の自由貿易均衡

次に，2国間でのX財とY財の自由貿易を考え，貿易取引を通じた世界価格の決定について検討しよう．なお，消費者と生産者の行動について，効用最大化に基づく消費の競争均衡条件と利潤最大化に基づく生産の競争均衡条件は，閉鎖経済や小国開放経済の場合と同様にいずれも成立する．

また，自国と外国それぞれについて，総生産額と総支出額が等しいという予算制約式（貿易収支均衡）が満たされる．つまり，二つの財の世界価格体系を(p_x^*, p_y^*)とし，超過需要の価値の合計を表せば，以下の通りである．

$$p_x^*(X_c - X_s) + p_y^*(Y_c - Y_s) = 0 \tag{8.24}$$
$$p_x^*(X_c^* - X_s^*) + p_y^*(Y_c^* - Y_s^*) = 0 \tag{8.25}$$

ここでX_c，Y_cは自国における当該財の消費量，X_s，Y_sはその生産量を表している．また，外国におけるX財とY財の消費量と生産量については，それぞれX_c^*，Y_c^*，X_s^*，Y_s^*である．

加えて，X財とY財の需給均衡条件として，自国と外国の消費量の合計と生産量の合計が一致する．

図8-7 大国における自由貿易（世界価格の変化と貿易構造）

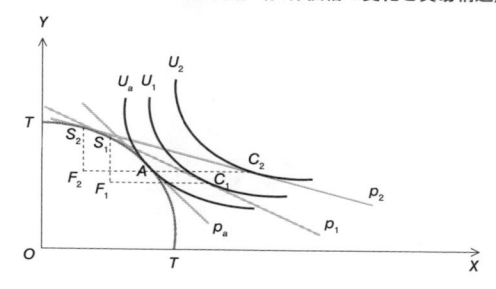

$$X_c + X_c^* = X_s + X_s^* \tag{8.26}$$
$$Y_c + Y_c^* = Y_s + Y_s^* \tag{8.27}$$

しかしながら，既に説明したように需要関数と供給関数は財の価格についてゼロ次同次であり，実質的な未知数は（Y財で測った）X財の相対価格のみである．このとき，閉鎖経済の場合と同様に，(8.26) 式と (8.27) 式は互いに独立ではなく，X財市場で需給が均衡すれば，残りのY財についても需給は自動的に均衡する．そのため，自国と外国の予算制約式に対応する (8.24) 式と (8.25) 式のどちらで見ても「全ての財の超過需要額の合計は常にゼロに等しい」というワルラス法則が成立する．

8.5.4　オファーカーブを用いた自由貿易均衡の図示

大国における貿易を描写するため，これまでのように生産可能性フロンティアと社会的無差別曲線を使い，世界価格の変化と輸出入量の動きを確認してみよう．

8.5.4.1　世界価格の変化と貿易量

図 8-7 には，閉鎖経済均衡が A 点，そのときのX財の相対価格が p_a で描かれている．この財の世界相対価格が p_a よりも低いとき，自国にとってX財を1単位犠牲にすることで生産可能なY財の量は，市場において入手可能なY財の量よりも大きい．そのため，世界相対価格が p_1, p_2 と低下していくにつれ，生産点が S_1, S_2 と移動し，世界市場において相対的に高価なY財の生産量が

図8-8 オファーカーブの導出

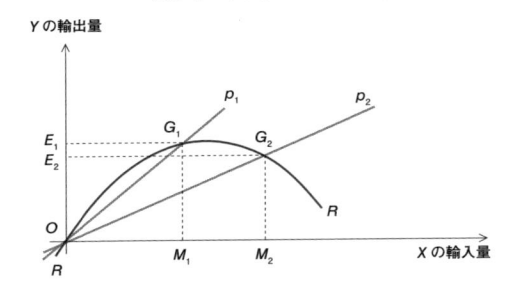

増加していく.

一方，X財の世界相対価格が低下するほど，この財は外国から入手しやすくなるため（交易条件の改善），消費可能な領域は東南方向に拡大していく．図8-7では世界相対価格が p_1, p_2 と低下するにつれ，消費点が C_1, C_2 と移動していくが，(両財が上級財であれば) 代替効果と所得効果はともに X 財の消費を増加させ，Y 財の消費についても，所得効果が代替効果を上回れば増加していく．その結果，貿易三角形は p_1 のときに $S_1F_1C_1$, p_2 のときに $S_2F_2C_2$ となる．

8.5.4.2 オファーカーブ

このような世界相対価格の変化に伴う貿易量の変化が，横軸に X 財の輸入量，縦軸に Y 財の輸出量を取った図8-8に**オファーカーブ**（RR 線）として描かれている[10]．図8-8の原点では輸出入量がゼロであるため，この点が閉鎖経済均衡にあたり，図8-7の A 点に対応する．また，原点を通って北東方向に延びる直線 Op_1 と Op_2 は，世界相対価格がそれぞれ p_1, p_2 のときに自国の貿易収支を均衡させる X 財の輸入量と Y 財の輸出量の組み合わせを結んだ直線であり，自国の予算線に対応している．この世界価格 p_1 の下での自国の予算線とオファーカーブ RR 線との交点は G_1 であり，このときの貿易三角形 OM_1G_1 は図8-7の貿易三角形 $S_1F_1C_1$ と合同になる．同様に，世界価格 p_2 のときの自国の予算線とオファーカーブ RR 線との交点は G_2 であり，このときの貿易規模について，貿易三角形 OM_2G_2 と図8-7の貿易三角形 $S_2F_2C_2$ も合

---

[10] もちろん世界価格が p_a よりも高い場合については，X 財を輸出財，Y 財を輸入財としてオファーカーブを描くことができる．

同である.

ところで，オファーカーブRR線は当初の右上がりから，その後右下がりになるよう描かれているが，これは次のような理由による．まず，①交易条件の改善による所得効果に比べて，代替効果が次第に小さくなっていくことが挙げられる．X財とY財がともに上級財であれば，交易条件の改善からくる所得効果により，どちらの財も需要は拡大する．一方，相対的に高くなったY財に対する需要は代替効果により減少するが，社会的無差別曲線が原点に対して凸であることから，その効果は次第に小さくなっていく．輸出財（Y財）の国内需要の増加は外国への輸出をむしろ低下させるので，その輸出量はある地点から減少するようになる．

また，②生産可能性フロンティアが原点に対して凹であることも関係している．X財の相対価格の低下はX財からY財への生産のシフトをもたらすが，Y財の量が多いほど，さらにY財を増やそうとする際に犠牲にしなければならないX財の量は増大してしまう．そのため，Y財の生産の伸びが次第に減速することも影響している[11]．

8.5.4.3　2国間の貿易均衡

以上の議論に基づき，図8-9には2国間の自由貿易均衡が描かれている．ここで，R^*R^*線は外国のオファーカーブである．容易に確認されるように，もし世界相対価格がp_1の水準にあるならば，X財では自国の輸入量が外国の輸出量を上回り，Y財では自国の輸出量が外国の輸入量を上回る（G_1とG_1^*を比較）．そこで，これらの財の2国間での需給ギャップを解消するために，X財の世界相対価格はさらに上昇することになる．このような価格調整の結果，2国間の自由貿易均衡は自国と外国のオファーカーブ，すなわちRR線とR^*R^*線の交点G_Tで実現され，均衡世界相対価格がp_Tとなる．そして，このp_Tの下で$M_T^x(=X_c-X_s)=E_T^{x*}(=X_s^*-X_c^*)$が，その背後では$E_T^y(=Y_s-$

---

[11] 上記の議論とは逆に，閉鎖経済均衡におけるX財の相対価格がその世界相対価格よりも低い国は，X財を輸出し，Y財を輸入することになるので，X財の相対価格が上昇するほど交易条件は改善する．このとき，Y財の輸入は国内生産の縮小と国内消費の拡大を通じて増加するが，X財の輸出は（上記の①，②と同じ理由で）しばらくは増加するものの，次第に減少に転じていく．
[12] 何らかの理由で貿易均衡から乖離が生じた場合，価格調整メカニズムが十分に機能し，再び貿易均衡が実現するのであれば，そのような均衡は安定である．貿易均衡が安定であるための条件は，両国の輸入需要の価格弾力性の和が1より大きいことを表すマーシャル＝ラーナー条件として知られている．

図8-9 2国間の自由貿易均衡

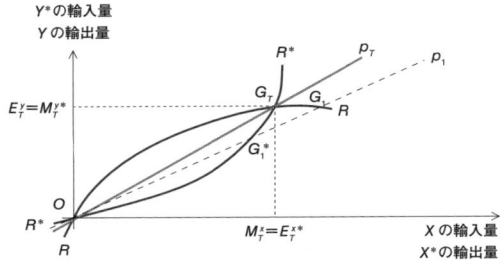

Y_c) $= M_T^{y*}$ ($= Y_c^* - Y_s^*$) が成立する[12]．

貿易均衡での世界相対価格 p_T は，自国と外国が直面する共通の相対価格であり，既に説明したように，この均衡相対価格の下で利潤最大化や効用最大化の条件は満たされている．つまり，自由貿易均衡は2国間での最適な資源配分を実現するという意味でパレート効率的である．

8.6 リカードの比較生産説

先述したように，各国の貿易パターンは閉鎖経済均衡における自国と外国の相対価格の高低によって決定される．例えば，自国のある財の相対価格が外国の相対価格よりも低い場合，自国はその財の生産に比較優位を持ち，貿易が始まるとその財を輸出することになる．それでは，各国の比較優位の構造，つまり貿易パターンを決定する要因は何だろうか．以下ではこの問題に一つの示唆を与える**リカード（D.Ricardo）の比較生産費説**について学ぶことにしよう．

8.6.1 リカード・モデルの生産可能性フロンティア

リカードの比較生産費説とは，各国の貿易パターンが部門間での生産技術の相対的な違いによって決定されるとする説である．この説を説明するためのモデルはリカード・モデルと呼ばれ，最も基本的なモデルは2国，2財，1要素（労働）から構成される．また，主要な特徴としては以下の点が挙げられる．①完全競争市場，②規模に関して収穫一定な生産技術，③労働の賦存量は一定，

第8章　貿易理論と比較優位論　　237

図8-10　リカード・モデルにおける閉鎖経済均衡

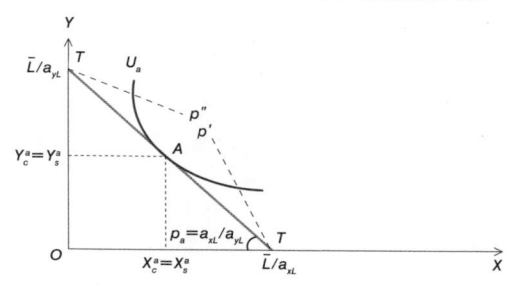

④労働は国内の二つの部門を自由に移動可能であるが，国境を越える移動は行われない．

そのため，一見すると本章で使用してきたモデルがそのまま当てはまるように感じるかもしれないが，リカード・モデルの場合，生産技術は規模に関して収穫一定であるので，限界生産物と平均生産物が同じ一定の値をとる．そこで自国におけるX財とY財の生産物1単位当たりの必要労働量を a_{xL}, a_{yL}, 実際の労働投入量を L_x, L_y で表せば，労働投入量と生産量の関係を表す生産関数が次のように与えられる．

$$X = \frac{L_x}{a_{xL}}, \quad Y = \frac{L_y}{a_{yL}} \qquad (8.28)$$

つまり，労働の平均生産物と限界生産物は必要労働量の逆数となる．

この国の労働供給量を表す労働賦存量は $\overline{L}$ で一定であるので，労働市場均衡ではこの賦存量がX財とY財の生産に対する労働投入量に等しく，$\overline{L} = L_x + L_y$ となる．そのため，(8.28) 式の生産関数を代入すれば，

$$\overline{L} = a_{xL}X + a_{yL}Y \qquad (8.29)$$

が得られる．図8-10に示したように，横軸にX財，縦軸にY財の生産量を取り (8.29) 式を図に描くと，右下がりの直線 TT 線となるが，この TT 線がリカード・モデルにおける生産可能性フロンティアである．生産可能性フロンティアの接線の傾き（絶対値で表示）が限界変形率を表すことは既に述べたが，リカード・モデルの場合，TT 線の傾きは a_{xL}/a_{yL} で与えられる．つまり，X財を1単位増加させるためにあきらめなければならないY財の量は a_{xL}/a_{yL} で

一定である．

8.6.2　リカード・モデルと比較優位

次に，企業の生産技術の違いが閉鎖経済均衡における相対価格，つまり比較優位の構造に反映されることを確認しよう．

8.6.2.1　ゼロ利潤条件

（8.28）式の制約の下で，リカード・モデルにおける生産者の利潤（＝収入－総費用）を考える．たとえば X 財の生産については，収入が価格に生産量を掛けた $p_x X$，総費用は労働投入に要する賃金支払いなので，賃金率を w で表すと $wL_x = wa_{xL}X$ となる．したがって，生産者の利潤は次式で与えられる．

$$利潤 = (p_x - wa_{xL})X \qquad (8.30)$$

（8.30）式において，もし $p_x > wa_{xL}$ ならば，生産量を増やし続けることで常に超過利潤を確保できるので，均衡には至らない．一方，$p_x < wa_{xL}$ であれば企業は X 財の生産を止めてしまうだろう．そのため，閉鎖経済下では二つの財がともに国内で生産され消費されることを考慮すれば，このような場合も均衡にはならない．つまりリカード・モデルの均衡では，生産額がちょうど労働に対する賃金支払いに等しくなるという意味でのゼロ利潤条件

$$p_x = wa_{xL} \qquad (8.31)$$

が成立する．同じように，Y 財についても次のゼロ利潤条件が満たされる．

$$p_y = wa_{yL} \qquad (8.32)$$

ここで，上の二つの式における賃金率が w で等しくなるのは，部門間の自由な労働移動により，（労働市場均衡では）どちらの部門も同じ賃金率に直面するからである．

8.6.2.2　生産技術の差異と比較優位

（8.31）式，（8.32）式より，閉鎖経済下の均衡相対価格は生産物 1 単位当たりの必要労働量の比率を反映していることが分かる．

$$\left(\frac{p_x}{p_y}\right)_a = \frac{a_{xL}}{a_{yL}} \tag{8.33}$$

ここで，a_{xL}/a_{yL} が限界変形率を表していることから，リカード・モデルにおいても生産の競争均衡条件は満たされている[13]．同じことは外国にもいえ，外国の閉鎖経済下の均衡相対価格もやはりその国における生産物1単位当たりの必要労働量の比率を反映することになる．

$$\left(\frac{p_x^*}{p_y^*}\right)_a = \frac{a_{xL}^*}{a_{yL}^*} \tag{8.34}$$

以上の議論から，自国と外国の比較優位の構造は次のように与えられる．

$$\frac{a_{xL}}{a_{yL}} < (>) \frac{a_{xL}^*}{a_{yL}^*} \tag{8.35}$$

(8.35) 式より，自国の X 財と Y 財の必要労働量比率が外国のそれよりも小さいならば，自国は X 財（外国は Y 財）に比較優位を持ち，逆の場合は自国が Y 財（外国が X 財）に比較優位を持つことが分かる．つまり，貿易パターンの決定においては個々の必要労働量の値ではなく，その相対比率が重要となる．もし自国の X 財と Y 財の必要労働量が両方とも外国より大きいとしても[14]，その相対比率を取れば必ず一方の財の生産には比較優位を持つ．そして次に改めて確認するように，各国は比較優位を持つ財を輸出することで貿易利益を得ることができるのである．

8.6.3 リカード・モデルの貿易利益

リカード・モデルの場合，生産フロンティアは右下がりの直線であり，限界

---

13) ただし，生産可能性フロンティアが右下がりの直線であるので，生産サイドだけでは具体的な X 財と Y 財の生産の組み合わせは決まらない．図 8-10 に示したように消費の競争均衡条件が満たされる点（図の A 点）が決まることで，初めて具体的な X 財と Y 財の生産，消費量が確定する．
14) このように当該財の必要労働量の大きさ自体を比べることで絶対優位の基準が分かる．もし $a_{xL} > a_{xL}^*$, $a_{yL} > a_{yL}^*$ ならば，外国は両方の財の生産に絶対優位を持つが，このような場合でも (8.35) 式は成り立つので，各国がどちらか一方の財に対して比較優位を持つことに変わりはない．

変形率は一定であるので，貿易開始後の世界相対価格が閉鎖経済下の均衡相対価格と異なる水準であれば，当該国は一方の財の生産に**完全特化**する．もしX財の世界相対価格が図8-10のp'（p''）のように閉鎖経済における均衡相対価格よりも高い（低い）ならば，自国はX財（Y財）の生産に完全特化してこの財を輸出し，国内で生産していない財を輸入するという貿易パターンになる．ただし，X財の世界相対価格がこの国の閉鎖経済均衡における相対価格に一致する場合，当該国は不完全特化のままである．

そして，このような比較優位の構造に基づいて貿易が行われ，貿易開始後の世界相対価格が両国の閉鎖経済均衡における相対価格の間に位置するのであれば，両国ともに，あるいは少なくとも一方の国では，交易条件の改善による予算線の外側への拡大が生じ，経済厚生は高まることになる．

もっと学びたい人のために──参考文献

本章では国際貿易理論の基本モデルを紹介したが，国際貿易の理論に関する入門のテキストとしては，石井安憲ほか［1999］『入門・国際経済学』（有斐閣）がある．

また，本章の後に読むべきレベルのテキストも数多く出版されているが，日本語の文献では伊藤元重・大山道広『国際貿易』［1985］（岩波書店），英語の文献ではR.C.Feenstra,［2004］Advanced International Trade: Theory and Evidence, Princeton University Press を挙げておく．

また，国際経済学のさまざまな課題に関する理論的発展と展望を知るためには，大山道広編［2001］『国際経済理論の地平』（東洋経済新報社）を参照されたい．

なお，国際全般に関する用語を確認する上で，岩本武和・阿部顕三編集［2003］『岩波小辞典 国際経済・金融』（岩波書店）が有用である．

第 9 章

貿易政策と成長の経済効果
―― HOS モデルの基本構造 ――

キーワード：ヘクシャー＝オリーン＝サミュエルソン・モデル，ヘクシャー＝オリーン定理，要素価格フロンティア，ストルパー＝サミュエルソン定理，拡大効果，要素価格均等化定理，リプチンスキー定理，窮乏化成長

　第8章の最後に取り上げたリカードの比較生産費説では，貿易が行われる理由として各国の生産技術の相対的な違いに着目し，それが比較優位の決定要因となっていることを示した．しかしながら，比較優位の決定要因は生産技術の相対的な違いだけではない．本章では，各国の要素賦存量の相対的な差異が比較優位を決定する要因であることを説明するヘクシャー＝オリーン＝サミュエルソン・モデルについて取り上げる．
　ヘクシャー＝オリーン＝サミュエルソン・モデルは各国の相対的な要素豊富性に着目するため，第8章の一般均衡モデルは資本と労働という2種類の生産要素を想定した2財，2要素モデルに拡張される．そして，本章で詳しく説明するように，このモデルからは①比較優位の決定に関するヘクシャー＝オリーン定理に加え，②財価格の変化が要素所得の分配に与える影響を明らかにしたストルパー＝サミュエルソン定理，③要素賦存量の変化が各財の生産量に与える影響を明らかにしたリプチンスキー定理，④貿易均衡において自国と外国が

同じ世界価格に直面することに起因する要素価格均等化定理という，四つの重要な定理が得られる．

以下，9.1ではヘクシャー＝オリーン＝サミュエルソン・モデルの基本的な枠組を紹介し，固定的な要素投入係数の下で要素賦存比率理論のエッセンスを解説する．9.2以降は固定的な要素投入係数の仮定を外し，まず9.2で財価格の変化に関するストルパー＝サミュエルソン定理を取り上げ，この定理が持つ意味について論じる．また，要素価格均等化定理についても9.2で取り上げる．9.3では要素賦存量の変化に関するリプチンスキー定理を検討する．なお，要素賦存量の増加は経済の供給力を高めることから，当該国の生産可能性フロンティアは拡大するが，このような生産可能性フロンティアの拡大がかえって自国の経済厚生を悪化させてしまうという，いわゆる窮乏化成長を招く恐れがある．そこで9.4では，窮乏化成長はどのような場合に起こりやすいのかを検討する．

9.1 ヘクシャー＝オリーンの要素賦存比率理論

ヘクシャー（E.Heckscher）とオリーン（B.G.Ohlin）の要素賦存比率理論とは，各国が比較的豊富に存在する生産要素を集約的に用いて生産する財に比較優位を持つことを明らかにした理論であり，**ヘクシャー＝オリーン定理**と呼ばれている．最初に，固定的な要素投入係数の下でこの理論のエッセンスを確認しよう．

9.1.1　ヘクシャー＝オリーン＝サミュエルソン・モデルの基本構造

まずはヘクシャーとその弟子オリーンによって考案され，サミュエルソン（P. A. Samuelson）らによって詳細に分析されたヘクシャー＝オリーン＝サミュエルソン・モデル（以下，HOSモデル）の枠組を紹介する．最も基本的なモデルは2国，2財，2要素から構成されるが，本章では二つの財をX財とY財，生産要素を資本（K）と労働（L）とする．

その他の重要な特徴としては，①完全競争市場，②両国ともに同一で，かつ規模に関して収穫一定な生産技術，③資本と労働の賦存量は一定，④生産要素は国内の二つの部門間を自由に移動可能であるが，国境を超える要素移動は行

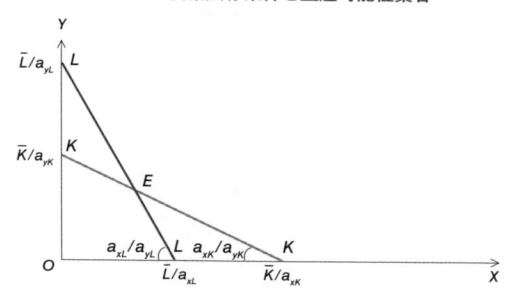

図9-1 要素賦存条件と生産可能性集合

われない，⑤両国ともに同一で，かつ相似拡大的な選好などが挙げられる[1]．

なお，以下ではY財はX財よりも資本集約的であるとする．また，自国と外国の要素賦存条件については，自国の方が相対的に資本豊富であると仮定する．つまり，自国の労働と資本の賦存量を$\bar{L}$, $\bar{K}$, 外国のそれを$\bar{L}^*$, $\bar{K}^*$で表せば，資本－労働賦存比率について次式が成立する．

$$\frac{\bar{K}}{\bar{L}} > \frac{\bar{K}^*}{\bar{L}^*} \tag{9.1}$$

9.1.2 労働と資本の需給均衡条件

労働と資本の投入係数は，定義により$a_{xL} = L_x/X$, $a_{yL} = L_y/Y$, $a_{xK} = K_x/X$, $a_{xK} = K_y/X$であるが，生産技術が規模に関して収穫一定であることを考慮すると，これらの係数は単位費用最小化問題を解くことで得られ，要素価格に依存する．しかしながら，本節では要素賦存比率理論をより簡潔に説明するため，要素投入係数は固定的であるものとする[2]．この場合，労働と資本の需給均衡条件は以下のように与えられる．

---

[1] 効用関数が両国ともに同一かつ相似拡大的（ホモセティック）であれば，消費者間の所得分配に生じる需要の変化を避け，集計的な所得のみに着目することができる．さらに，社会的無差別曲線は両国間で共通なものとなる．
[2] 資本と労働の投入係数はレオンチェフ型生産関数を想定することで固定的となる．この場合，等量曲線はL字型になり，その角となる点が原点からの半直線上にくる．そして，この半直線の角度が資本－労働投入比率，すなわち要素集約度を表すことになる．

$$a_{xL}X + a_{yL}Y = \overline{L} \qquad (9.2)$$
$$a_{xK}X + a_{yK}Y = \overline{K} \qquad (9.3)$$

図9-1には（9.2）式，（9.3）式の各需給均衡条件が右下がりの直線で描かれている．ここで，(9.2) 式の労働の需給条件が LL 線，(9.3) 式の資本の需給条件が KK 線である．また，これらの直線の傾きは資本と労働の二つの財への投入比率となるが，本章では，Y財の生産は相対的に資本集約的であると仮定しているので，$a_{xK}/a_{xL} < a_{yK}/a_{yL}$ である．そのため，次の関係が成立し，

$$\frac{a_{xL}}{a_{yL}} > \frac{a_{xK}}{a_{yK}} \qquad (9.1)$$

LL 線の傾きは KK 線の傾きよりも急になることが分かる．

図9-1において，LL 線と KK 線の両方の条件が満たされるのは，原点 O，KK 線のY軸の切片（$\overline{K}/a_{yK}$），LL 線と KK 線の交点 E，LL 線のX軸切片（$\overline{L}/a_{yL}$）で囲まれた四角形 $OKEL$ の領域であり，この範囲が現行の固定係数の下での生産可能性集合を表している（KEL は生産可能性フロンティア）．そして，縦軸と横軸の切片の値から容易に確認されるように，労働賦存量や資本賦存量が増加（減少）すると，LL 線，あるいは KK 線は傾きを変えずに上方（下方）へとシフトする．そのため，たとえば LL 線はそのままで，KK 線だけ上方にシフトすると，資本賦存量が豊富な国の方が資本集約的な Y 財の生産量は多く，労働集約的な X 財の生産量が少なくなることが分かる[3]．

9.1.3 ヘクシャー＝オリーン定理

本章では（9.3）式のように，自国は相対的に資本豊富（外国は相対的に労働豊富）であると仮定しているので，前節の議論から，資本豊富な自国の生産可能性集合は資本集約的な Y 財の方向に，労働豊富な外国の生産可能性集合は労働集約的な X 財の方向に偏った形となる．図9-2のパネル（a）とパネル（b）には，実際にこのような自国の生産可能性集合（$OKEL$ で囲まれた領域）

---

3) 要素賦存量の変化が各財の生産量に与える影響は，9.3 の「要素賦存量の変化とリプチンスキー定理」で詳しく説明する．

第9章　貿易政策と成長の経済効果──HOSモデルの基本構造　　245

図9-2(a) 相対的な要素豊富性の違いと閉鎖経済均衡　　図9-2(b) 要素賦存比率理論と2国間の貿易均衡

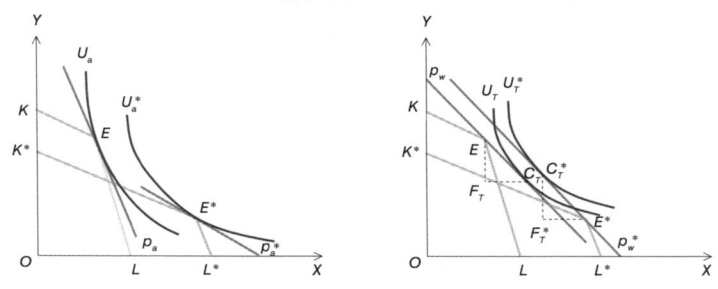

と外国の生産可能性集合（$OK^*E^*L^*$で囲まれた領域）が描いてある．

9.1.3.1　閉鎖経済均衡

　そこでまず，貿易前の各国の閉鎖経済均衡を図示した図 9-2 のパネル（a）から見ていくことにしよう．HOS モデルのもう一つの重要な仮定は「両国で同一の相似拡大的な選好」である．選好が両国で同一であることから，図に描かれた無差別曲線は両国共通の社会的無差別曲線を意味する．また，相似拡大的な効用関数の場合，原点からの半直線で表される X 財と Y 財のある消費比率について，どの無差別曲線上でも限界代替率は等しくなる．

　そのため，閉鎖経済均衡における自国と外国の生産点が，相対的な要素賦存量の違いを反映してそれぞれ生産可能性フロンティア上の E 点と E^* 点になるとすると，資本が豊富な自国では資本集約的な Y 財の生産量が相対的に多くなり，労働が豊富な外国では，労働集約的な X 財の生産量が相対的に多くなる[4]．そして，閉鎖経済均衡では国内のみで両方の財の需給が一致しているので，需要条件が両国共通である限り，自国の X 財の均衡相対価格は外国のそれよりも高くなる．つまり，自国は Y 財の生産に，外国は X 財の生産に比較優位を持つことになり，ヘクシャー＝オリーン定理が成立するのである．

　図 9-2 のパネル（a）において，自国の生産点 E は社会的無差別曲線 U_a 上に位置しており，この E 点における社会的無差別曲線の傾きは閉鎖経済均衡における自国の予算線 p_a の傾きに等しくなる．同様に，外国の閉鎖経済均衡

[4) 生産点が E 点や E^* 点に来るためには，当該国の要素賦存比率が X 財と Y 財の要素集約度の間に入らなければならない．たとえば，資本賦存比率が極端に大きく，資本集約的な Y 財の要素集約度をも上回る場合，この国は Y 財の生産に完全特化することになる．

における予算線 p_a^* の傾きは，効用水準 U_a^* に対応する社会的無差別曲線の E^* 点での接線の傾きに等しい．そして，これら両国共通の社会的無差別曲線は相似拡大的であるので，自国の予算線 p_a の傾きは，外国の予算線 p_a^* よりも急になることが確認できる．

9.1.3.2　2国間の貿易均衡

一方，図9-2のパネル（b）には2国間の貿易均衡が描かれている．要素賦存比率の違いから自国はY財，外国はX財に比較優位を持つが，第8章で説明したように，貿易が開始されると各国は比較優位にある財を輸出し，他方の財を輸入することになる．実際に貿易均衡では，「自国のX財の輸入量＝外国のX財の輸出量」を満たすように，X財の世界相対価格が決まる[5]．そのため，図9-2のパネル（b）に示したように，自国と外国の予算線 p_w と p_w^* の傾きは等しくなり，自国の貿易三角形（EF_TC_T）と外国のそれ（$E^*F_T^*C_T^*$）も合同になる．

さらに，両国で同一の相似拡大的な効用関数をふまえると，図9-2のパネル（b）の貿易均衡下での自国と外国の効用水準 U_T と U_T^* はともに閉鎖経済下の効用水準を上回っている．つまり，各国は比較優位にある財を輸出しあうことで，お互いに貿易利益を享受しているのである．

9.2　生産物価格変化とストルパー＝サミュエルソン定理

本節では，ある財価格の変化が要素所得の分配に及ぼす影響について一つの示唆を与える，ストルパー＝サミュエルソン定理を紹介しよう．なお，以下では要素投入係数は可変的であるものとする．

9.2.1　要素価格フロンティア

生産技術が規模に関して収穫一定の場合，資本と労働の投入量を α 倍するとその生産量も α 倍される．そのため，生産物1単位当たりの資本と労働の投入

---

5) このとき，ワルラス法則により，Y財についても貿易は均衡していることを思い出そう．

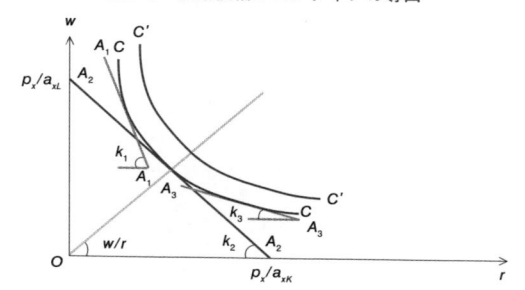

図9-3 要素価格フロンティアの導出

係数と労働賃金率（w），資本レンタル率（r）から単位費用を表すことができ，総費用はこの単位費用に生産量を掛けた値となる．そこで，X 財を1単位生産するために必要な資本と労働の投入係数を賃金－レンタル比率（w/r）の関数として表し，それぞれを $a_{xL}(w/r)$，$a_{xK}(w/r)$ としよう[6]．なお，賃金－レンタル比率の上昇は（同じ生産水準の下で）労働から資本への代替を促すので，a_{xL} は賃金－レンタル比率の減少関数，a_{xK} はその増加関数である．

9.2.1.1　ゼロ利潤条件と要素価格フロンティア

上記の要素投入係数を使うと，X 財を1単位生産するための費用は $wa_{xL}(w/r)+ra_{xK}(w/r)$ となる．一方，X 財1単位からの収入，すなわち限界収入はその価格に等しい．また，完全競争市場と規模に関して収穫一定な生産技術の仮定の下では，自由な参入退出により長期的に超過利潤が生じることはなく，逆に X 財の生産が行われるのであれば，長期的に利潤が負になることもない．そのため，次のようなゼロ利潤条件が成立する．

$$wa_{xL}(w/r)+ra_{xK}(w/r)=p_x \tag{9.5}$$

図9-3には資本レンタル率（r）を横軸，賃金率（w）を縦軸に取り，(9.5) 式を満たす要素価格の組み合わせを表す右下がりの単位費用線が A_1A_1 から A_3A_3 まで3本描かれている．また，単位費用線の縦軸切片は p_x/a_{xL}，横軸切片は p_x/a_{xK} であり，傾きは資本－労働比率 a_{xK}/a_{xL} であるので，生産が労働集

[6) この要素投入係数は単位費用最小化問題の解として得られるものであり，要素価格に関してゼロ次同次という特徴を持つ．

約的になるにつれて，k_1 から k_3 のように単位費用線の傾きは緩やかになる．このように，同じ X 財価格の水準を考えてみても，さまざまな資本−労働比率に対応して無数の単位費用線を描くことができる．それら単位費用線の包絡線として描かれるのが**要素価格フロンティア**（図9-3の *CC* 線）である．

9.2.1.2 要素価格フロンティアの特徴

以上の説明から，要素価格フロンティア *CC* 線の特徴について，①要素価格フロンティアの接線の傾きは資本−労働比率に等しい，②原点からの半直線は要素価格比率を表わすことが確認できるが，さらに単位費用関数が要素価格について1次同次な凹関数となることから，③要素価格フロンティアは原点に対して凸である，④X 財価格の上昇（下落）は要素価格フロンティアを外側（内側）にシフトさせるなどの特徴が挙げられる[7]．

ここで③は，ある要素価格の組み合わせに対して費用最小化を実現する資本と労働の組み合わせが，他の要素価格の下では費用を最小にしないことから導かれる．また，④については，(9.5)式のゼロ利潤条件において X 財価格が上がったとすると，資本−労働比率が価格変化前と同じであったとしても，より高い要素価格への対応が可能となることによる．そのため，X 財価格の p_x から p_x' への上昇により，要素価格フロンティアは *CC* 線から *C'C'* 線へと外側にシフトする．

9.2.2 ストルパー＝サミュエルソン定理

次に，上記の要素価格フロンティアを使って，ある生産物の価格の上昇はその生産に集約的に用いられる生産要素の実質価格を上昇させて，他の生産要素の実質価格を下落させることを明らかにした**ストルパー**（R.W.Stolper）**＝サミュエルソン定理**を確認しよう．

---

[7] 要素投入係数は要素価格についてゼロ次同次であるので，要素価格を同時に定数倍（$\beta > 0$）してもその値は変化しない．そのため，単位費用を c とすれば，$\beta w a_L + \beta r a_K = \beta(w a_L + r a_k) = \beta c$ となり，単位費用関数は要素価格について1次同次であることが分かる．また，単位費用関数が要素価格について凹であるという性質は，ある要素価格の上昇が単位費用を増加させるものの，価格の上昇した生産要素から他の要素への代替が進むことで，単位費用の増加が逓減的になることから説明できる．

図9-4 財価格の変化とストルパー＝サミュエルソン定理

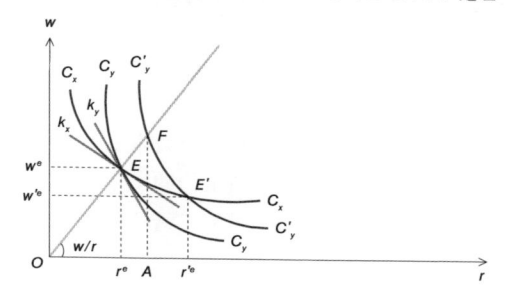

9.2.2.1 財価格の上昇と要素価格の変化

(9.5) 式ではX財部門のゼロ利潤条件を示したが，(二つの財がともに国内で生産されるのであれば) Y財部門についてもゼロ利潤条件が成立する．

$$wa_{yL}(w/r) + ra_{yK}(w/r) = p_y \tag{9.6}$$

ただし，X財はY財よりも労働集約的であると仮定しているので，図9-4に描いたように，(同じ要素価格比率で比較すれば) Y財生産についての要素価格フロンティア $C_y C_y$ 線の傾きは，X財生産についての要素価格フロンティア $C_x C_x$ 線よりも急になる．

労働と資本は二つの部門間を自由に移動可能であるので，生産の競争均衡において両財が生産されるのであれば，これらの部門の直面する要素価格は等しくなる．図9-4では，要素価格フロンティア $C_x C_x$ と $C_y C_y$ の交点 E における w^e, r^e がこのような均衡における賃金率と資本レンタル率の水準であり，X財とY財の資本−労働比率（要素集約度）k_x, k_y は E 点での要素価格フロンティアの傾きで与えられる[8]．なお，脚注4) でも言及したように，資本と労働の要素賦存量に大きな違いがあると，その要素賦存比率 ($\bar{k}$) がX財とY財の生産における要素集約度 k_x と k_y の間に収まらない可能性がある．この場合，当該国はどちらか一方の財の生産に完全特化してしまうので注意されたい．

---

8) X財とY財の生産における資本と労働の代替の弾力性が極端に異なる場合，それらの要素価格フロンティア $C_x C_x$ と $C_y C_y$ は複数回交わる可能性が出てくる．これは要素集約度の逆転と呼ばれる現象であるが，本章ではこのような要素集約度の逆転は生じないものとする．

さて、ここで資本集約的な Y 財の価格が p_y から p'_y に上昇するとしよう。既に説明したように、ある財価格の上昇はその財の要素価格フロンティアを外側にシフトさせるので、ここでは Y 財の要素価格フロンティアが外側にシフトすることになる。このとき、シフト後の要素価格フロンティア $C'_y C'_y$ 線と $C_x C_x$ 線の交点は E' 点に移り、新たな賃金率と資本レンタル率の水準は w'_e, r'_e となる。つまり、価格の上昇した Y 財に集約的に用いられる資本のレンタル率は上昇し、逆に労働の賃金率は下落するのである。

9.2.2.2　価格面での拡大効果

さらに、単位費用関数の1次同次性より、p'_y は元の価格を $\alpha\,(>1)$ 倍した αp_y に等しい。このとき、価格の上昇分は $p'_y/p_y = \alpha = OF/OE = OA/Or^e$ である一方、資本レンタルの上昇分は Or'^e/Or^e であるので、後者の上昇分が前者のそれを上回る。そのため、Y 財価格の上昇により、資本の実質報酬は増加していることが確認できる（$Or'^e/p'_y > Or^e/p_y$）。逆に、Y 財の価格上昇後に賃金率が下落することから、労働の実質報酬は明らかに減少する。

以上、財価格と要素価格の変化をまとめると、Y 財価格の変化はこの財の生産に集約的に用いられる資本のレンタル率を上昇させて、賃金率を減少させるが、資本レンタル率の上昇効果は Y 財価格自体の上昇効果よりも大きい。つまり、ある変数 x の変化率を $\hat{x} = dx/x$ で表すことにすれば、財価格と要素価格の変化について次の関係が成立する。

$$\hat{r} > \hat{p}_y > \hat{p}_x\,(=0) > \hat{w} \tag{9.7}$$

この効果はジョーンズ（R.W.Jones）の**拡大効果**（magnification effect）と呼ばれている。

9.2.2.3　ストルパー＝サミュエルソン定理の含意

ストルパー＝サミュエルソン定理は生産要素所有者の間の所得分配効果を明らかにしてくれる。既に第8章で見たように、貿易が始まると各国は比較優位にある財（相対的に安く生産可能な財）を輸出するため、閉鎖経済の場合と比べて輸出財の相対価格は上昇する。本章のモデルの枠組に沿って解説すると、輸出財である Y 財が資本集約的であることから、資本家の実質レンタル率は上昇し、労働者の実質賃金率は下落することになる。

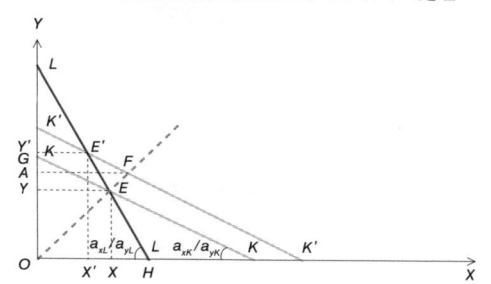

図9-5 要素賦存量の変化とリプチンスキー定理

また，小国が輸入関税を課すと，輸入財である X 財の国内価格は上昇する．そのため，X 財が労働集約的であるという仮定の下では，小国における輸入関税は資本家の実質レンタル率を下落させて，労働者の実質賃金率を押し上げる効果がある．

9.2.3 要素価格均等化定理

本節の最後に，HOS モデルにおいて導かれる重要な定理の一つである**要素価格均等化定理**について解説しよう．要素価格均等化定理とは，財の自由貿易が行われると，生産要素自体が国際移動しなくても，各国の要素価格は均等化することを明らかにした定理である．

HOS モデルでは生産技術が両国で同一，かつ規模に関して収穫一定と仮定している．このとき，(9.5) 式と (9.6) 式のゼロ利潤条件から賃金率と資本レンタル率が決定されることになるが，2 国間の貿易均衡では自国と外国が同じ世界相対価格に直面するため，自国と外国の要素価格が均等化するのである．つまり，本質的には両国は財の貿易を通じて相対的に希少な生産要素を補い合っているということができる．ただし，要素価格均等化定理の成立には，上記の生産技術に関する仮定と 2 国間の要素賦存比率が大きく異ならないという条件が必要である．また，要素集約度の逆転が存在する場合にも成立しない可能性がある．

9.3 要素賦存量の変化とリプチンスキー定理

次に，財価格一定の下である生産要素の賦存量が増加すると，その要素を集約的に用いて生産される財の生産量は増加し，他の財の生産量は減少することを明らかにした**リプチンスキー**（T.H.Rybczynski）**定理**について解説しよう．

9.3.1 リプチンスキー定理

HOSモデルでは，生産技術が規模に関して収穫一定なこともあり，両方の財が国内で生産されるのであれば，価格面を表すゼロ利潤条件（9.5）式と（9.6）式は，数量面を表す生産要素の需給均衡条件と分割して扱うことができる．ここで，9.2と同じく労働や資本の生産物1単位当たり投入係数が要素価格に依存するものとすれば，各要素投入係数は要素価格に関してゼロ次同次であることから，（9.2）式，（9.3）式で与えられた労働と資本の需給均衡条件は以下のように表される．

$$a_{xL}(w/r)X + a_{yL}(w/r)Y = \overline{L} \qquad (9.8)$$
$$a_{xK}(w/r)X + a_{yK}(w/r)Y = \overline{K} \qquad (9.9)$$

ただし，$\overline{L}$ と $\overline{K}$ は労働と資本の賦存量であった．

しかしながら，9.2の議論から明らかなように，財価格が一定であれば要素価格も変化しないため，要素賦存量の変化を考える場合，資本と労働の代替関係を考慮に入れても本質的な議論に違いはない．図9-5には，縦軸にX財，横軸にY財の生産量を取り，労働と資本の需給均衡条件を描いているが，図9-1同様，労働の需給条件を表す LL 線と資本の需給条件を表す KK 線は右下がりの直線となり，これらの直線の傾きが資本と労働の二つの財への投入比率となる．そのため，本章の要素集約度の仮定を考慮すれば，LL 線の傾きが KK 線の傾きより急になることも同様である．

9.3.1.1 数量面での拡大効果

図9-5において労働賦存量は変化せず資本賦存量のみが増加したとすると，資本の需給条件を表す KK 線は $K'K'$ 線のように外側にシフトする．その結果，

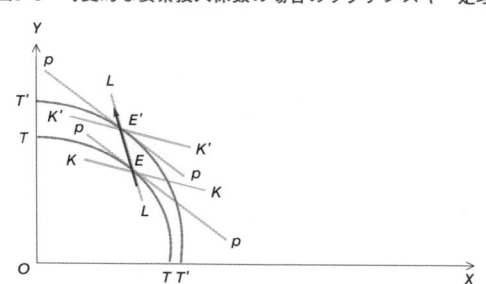

図9-6 可変的な要素投入係数の場合のリプチンスキー定理

この国の生産点は E' 点となり，労働集約的な X 財の生産量は X' に減少し，資本集約的な Y 財の生産量が Y' に増加する．さらに，資本賦存量の増加分は $OF/OE = OA/OY$ である一方，Y 財の生産量の増加分は OY'/OY となることから，Y 財の生産量の変化率は資本の賦存量の変化率を上回り，やはり**拡大効果**が働くことになる．

$$\hat{Y} > \hat{\bar{K}} > \hat{\bar{L}} > (=0) > \hat{X} \qquad (9.10)$$

リプチンスキー定理が成立する理由は，部門間の要素集約度の違いによる．新たに資本賦存量が増加するとき，仮にそれが労働集約的な産業に投入されるとすると，生産拡大のために必要な労働は資本集約的な産業からの移動で補われなければならない．ところが要素価格が変化しないため，そのとき同時に放たれる資本を吸収しきれなくなってしまう．したがって，新たに増加した資本は資本集約的な Y 財部門に投入されなければならず，Y 財の生産拡大に必要な労働は（資本と一緒に）X 財部門からの移動で賄われることになる．このことが拡大効果をもたらす要因となっている．

9.3.2　リプチンスキー定理と生産可能性フロンティア

図 9-5 における $OGEH$ の領域は，ある一定の財価格の下で生産可能な範囲を表した生産可能性集合である．しかしながら，財価格が変化すれば，要素価格も変化し，それは要素投入係数にも影響を与える．このような可変的な要素投入係数の場合，図 9-6 に描かれているように，原点に対して凹の生産可能性フロンティア（TT 線）が得られる．たとえば賃金－レンタル比率の上昇は各

部門における労働（資本）の単位当たり投入量を減少（増加）させるので，労働の需給均衡線は LL 線よりも外側に位置し，資本の需給均衡線は KK 線より内側に位置する．つまり，労働の需給均衡線と資本の需給均衡線の交点は，さまざまな賃金－レンタル比率の値に基づいて（E 点以外にも）無数に存在することになる．図9-6の生産可能性フロンティア TT 線は，これらの包絡線として描かれたものである．

ここで財価格一定の下で資本賦存量が増加したとすると，労働の需給条件を表す LL 線は変化しないものの，資本の需給条件を表す KK 線が $K'K'$ 線へと外側にシフトするため，生産点は LL 線に沿って左上方向に移動して E' 点となり，リプチンスキー定理が成立する[9]．

加えて，リプチンスキー定理は任意の財価格の下で成り立つため，資本賦存量の増加は，原点に対して凹の生産可能性フロンティアを $T'T'$ 線のように資本集約財である Y 財の縦軸方向に偏った形で拡大させる．つまり，生産可能性フロンティアは，相対的に豊富に存在する生産要素を集約的に用いる財の軸の方向に偏って拡大することになり，要素投入係数が可変的な場合でも，ヘクシャー＝オリーン定理が成り立つことが分かる．

9.4 窮乏化成長の理論

前節のリプチンスキー定理により，ある要素賦存量の増加はその生産要素を集約的に用いる財の生産量を増加させて，他方を減少させることが確認できた．リプチンスキー定理は資本蓄積や労働人口の増加が当該国の生産活動や貿易パターン，さらには経済厚生にどのような影響を及ぼすのかを考える上で非常に重要である．特に大国の場合や関税が課された小国の場合，このような生産要素賦存量の増加がむしろ経済厚生を低下させてしまうという，いわゆる**窮乏化成長**の問題が指摘されている．そこで本節では，これまでと同様に X 財を労働集約的な輸入財，Y 財を資本集約的な輸出財として，窮乏化成長の理論を検討しよう．

---

9) 図9-6の LL 線に沿って描かれた矢印は，（ある一定の財価格の下で）要素賦存量（ここでは資本賦存量）の変化に伴う生産点の変化の軌跡を表しており，リプチンスキー線と呼ばれる．

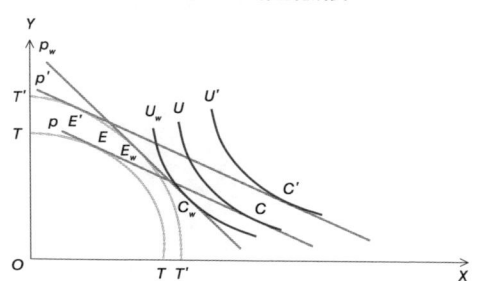

第9章 貿易政策と成長の経済効果——HOSモデルの基本構造

図9-7 大国と窮乏化成長

9.4.1 大国における窮乏化成長

既に確認したように，当該国が大国の場合，この国の貿易量の変化は世界価格に影響を及ぼすことになる．たとえば，生産技術の進歩，あるいは資本蓄積などによる要素賦存量の増加がこの国の輸出量を増大させるのであれば，世界市場に供給される輸出財は増加し，その世界価格は下落するだろう．これは交易条件（＝輸出財価格／輸入財価格）の悪化を意味するため，もしこの効果が経済成長による実質所得の増加効果を上回るのであれば，経済厚生は悪化してしまう可能性がある．バグワッティ（J.N.Bhagwati）はこの現象を窮乏化成長と呼んだ．

図9-7にはこのような窮乏化成長の例を図示してある．当初，自国の予算線は p 線であるとすると，この p 線と生産可能性フロンティア TT 線の接する E 点がこの国の生産点であり，p 線と社会的無差別曲線の接する C 点がこの国の消費点である．そして，Y財の超過供給分が輸出され，X財の超過需要分が輸入される形で貿易が行われている．

9.4.1.1 交易条件の変化がもたらす窮乏化成長

ここで資本蓄積の高まりなどにより，自国の資本賦存量が増加したものとしよう．このとき，リプチンスキー定理により（世界相対価格を一定として）資本集約的なY財の生産量は増加し，労働集約的なX財の生産量は減少する．そして，資本賦存量増加後の生産可能性フロンティアは $T'T'$ 線のように資本集約的なY財の縦軸方向に偏って拡大する．

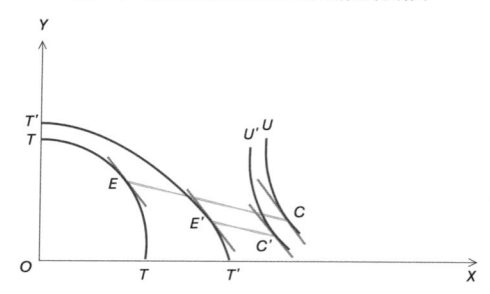

図9-8 関税の課された小国と窮乏化成長

自国が小国であれば世界相対価格の水準は変化しないので，p 線と同じ傾きの予算線 p' 線と生産可能性フロンティア $T'T'$ 線の接する E' が生産点，p' 線と社会的無差別曲線の接する C' 点が消費点となり，自国の予算線の位置関係から総生産額，ひいては実質所得は増加し，経済厚生も U から U' へと改善することが分かる．

しかしながら，自国が大国の場合，このように輸出財に偏った生産可能性フロンティアの拡大は輸出財（輸入財）の生産増（生産減）を通じて貿易取引を増大させる可能性がある．特に，世界市場での輸出財の供給増や輸入財の需要増は X 財の世界相対価格を上昇させる効果があるが，これは自国にとって交易条件の悪化を意味する．図9-7 に示したように，もし p_w 線のような水準まで X 財の世界相対価格が上昇するのであれば，この国の経済厚生は資本賦存量が増加する前の水準を下回り，U_w まで落ち込んでしまうかもしれない．このように，大国の場合，交易条件悪化の影響があまりに大きいと経済成長は窮乏化を引き起こす危険性がある．

9.4.2 小国における関税と窮乏化成長

バグワッティの議論は大国における窮乏化成長に関するものであり，自由貿易を行う小国であれば，経済成長に伴う窮乏化は生じない．一方，ジョンソン（H.G.Johnson）は当該国が小国であっても，関税が課されるなど本来達成されるべき競争均衡条件からの乖離（歪み）が存在する場合，この国の経済成長は窮乏化を引き起こす恐れがあることを明らかにしている．

図 9-8 は X 財が輸入財のケースでこのような窮乏化成長を描いている．第 8

章で確認したように，関税は X 財の国内相対価格を上昇させることで消費と生産に歪みをもたらす．図 9-8 の E 点と C 点はこのような関税が課された後の生産点と消費点である．加えて，世界価格で評価した自国の総生産額と総支出額は等しい．この関係は E 点と C 点を結ぶ線分で表され，この線分の傾きが X 財の世界相対価格となっている．

ここで，輸入財の国内生産を増加させるような経済成長が起こり，生産可能性フロンティアが $T'T'$ 線のように外側に拡大したものとする．自国は小国であるので，関税率に変化がなければ国内価格と国際価格の体系は変化しない．そのため，経済成長後の生産点 E' が成長前の世界価格で測った総生産額（実質所得）に対応する貿易収支均衡線（E 点と C 点を結ぶ線分）よりも下方に位置する場合，このような経済成長は貿易の縮小と，それに伴う関税収入の減少をもたらし，経済厚生を低下させる可能性がある[10]．

もっと学びたい人のために——**参考文献**

本章で紹介した HOS モデルについて，第 8 章で挙げた文献以外では，（既に絶版ではあるが）小宮隆太郎・天野明弘［1972］『国際貿易』（岩波書店）の解説が詳しい．

また，HOS モデルで用いられる計算の詳細については，たとえば，中西訓嗣ほか編［2003］『国際経済理論』（有斐閣）を参考にされたい．

---

10) 本章の HOS モデルでは生産要素の国際移動は考えていないが，たとえば資本流入の増加は自国において利用可能な生産要素の増加を意味するので，上記の議論と同様に生産可能性フロンティアの拡大を生じさせる．資本集約的な財を輸入する小国が，この財に輸入関税を課す一方で資本流入を自由化すると，かえって経済厚生が低下してしまうことを明らかにした命題は宇沢・浜田の命題と呼ばれる．本節の窮乏化成長の議論には自国から外国への資本レンタルの支払いは含まれていないが，輸入関税の存在が財の貿易を歪め，それが自国の経済厚生を悪化させる原因になっているという意味では，十分に類似的である．

第 10 章

不完全競争と貿易政策

キーワード：レント奪取関税，貿易の競争促進効果，関税と割当の非同値性，戦略的利潤移転効果

　前章までは，完全競争下にある一般均衡のケースについて分析を行ってきた．しかしながら，現実の経済では，完全競争と言えるほどに十分な競争圧力が働いていない産業が多々ある．そこで，本章では，市場価格をコントロールすることができる力を持っている，いわゆる不完全競争のケースの分析を行う．
　まず，不完全競争市場下における貿易政策などの分析を始める前に，

（1）不完全競争とはどのような市場か，
（2）各企業に価格支配力を持たせる要因として，どのようなことが考えられるか

の2点を検討する．
　完全競争市場においては，どの企業も市場価格を与えられたものとして行動するのは，自己の生産量の変化が市場の需給に対してほとんど影響を与えることができないからである．しかしながら，企業が自己の供給量の変化を通じて市場価格に影響を与えることができる，つまり価格支配力を行使できるには市場におけるシェアが十分大きい必要がある．したがって，不完全競争市場は，各企業がその市場におけるシェアが十分大きい，つまり産業内の企業数が十分

少ない場合であると言える．

不完全競争の代表例は，市場シェアが100％である独占である．密接な代替財を供給する他企業が存在せず，1社のみで供給しているようなケースである．国内的には，国内郵便などがその例として挙げられる．また，相互に密接な代替財を少数の企業で供給しているような寡占産業が考えられる．他企業の行動により自己の利潤が変化してしまうという意味で**戦略的相互依存関係**があるような産業である．たとえば，自動車や，家電など例を挙げれば限りがない．

また，このような価格支配力を決定する主要な要因としては，産業内企業数と製品差別化の二つがあるが，産業内企業数を制限するには何らかの企業の参入を妨げる要因がなければならない．つまり，参入障壁がなければ産業内企業数を少数にとどめることはできない．参入障壁となるものとして，

（1）不可欠な生産要素・技術知識の占有
（2）規模の経済（多額の固定費）
（3）制度的参入障壁（参入規制，行政による許認可）

などが挙げられる．

以下では，内外の市場においてこうした要因下で不完全競争となる場合，完全競争市場における結果とどのように異なるのかを，不完全競争の中でも独占と複占のケースにおいて貿易自由化，貿易政策の影響などを分析する．まず次節では，外国の独占企業によって自国の市場に財が輸出されている状況を検討する．

10.1 外国独占下の貿易

本節では，ある財の自国市場が外国独占企業の輸出供給に直面している状況を考える．ただし，自国に競争企業が存在しない場合と存在する場合の状況を分けて検討する．

第 10 章 不完全競争と貿易政策　　　　　　　　　　261

図10-1　外国独占企業下の貿易利益と関税政策

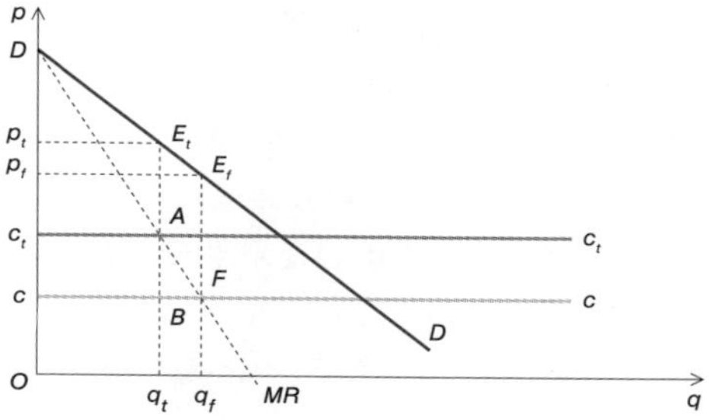

10.1.1　外国独占企業と自由貿易の利益

　まず，自国市場における国内供給者は存在せず，外国からの自国市場に対する供給者は外国独占企業の１社のみである状況を考える．また，自国は小国であると仮定する．たとえば，日本における原油のような，ほとんど国内で採掘することはできず，その大部分を輸入に頼っているような市場を想定してほしい．

　こうした状況下において，輸出量，国内価格，貿易利益がどうなるか図10-1 を用いて検討する．この小国の財に対する需要曲線を図の DD 線とする．このとき，外国独占企業の自国への輸出量の決定を検討する．まず，外国独占企業が図のような右下がりの需要曲線に直面している時に，どのように輸出量を決定するかを考える．いま，外国独占企業の限界費用が一定であると仮定すれば，限界費用曲線は図のような水平線 cc のように表すことができる．外国独占企業は利潤を最大化するように輸出量を決定しているとすれば，利潤最大化の１階の条件から限界収入（MR）と限界費用が等しくなる生産量 q_f を選択し，p_f の価格で販売することになる．

　ここで，図では直線の需要曲線のケースを描いているが，需要曲線が直線であれば，限界収入曲線は以下の性質を持つ．

（１）限界収入曲線は直線
（２）限界収入曲線は需要曲線の価格軸との切片を共有する
（３）任意の価格において，その価格を通る水平線と需要曲線との交点からできる線分の中点を限界収入曲線は通る

たとえば，外国独占企業の直面する逆需要関数を $p=-aq+b$ とする．ただし，a と b は定数で，p は価格を，q は需要量を表している．そうすると，外国独占企業の収入は pq であるから，限界収入は $p-aq$ となる．p に逆需要関数を代入すれば，$-aq+b-aq=-2aq+b$ となる．つまり，価格軸の切片は b であり，傾きが $-2a$ となり，限界収入線の傾きは需要曲線の傾きの2倍となる．したがって，任意の価格の点から引いた水平線と需要曲線との交点からできる線分の中点を限界収入曲線は通ることになる．

自国に産業が存在せず，外国独占企業が自国へ輸出する場合，自由貿易の利益は輸入需要曲線と価格線で囲まれた△ Dp_fE_f となる．これは，閉鎖経済では自国の産業が存在しないので，消費者が当該財を海外から輸入し消費することができるようになる．それゆえ，貿易により自国が損失を被ることはない．

最後に，外国独占企業の輸出量決定の問題を表しておく．外国独占企業の利潤最大化問題は，

$$\Pi(q^*)=p(q^*)q^*-c^*(q^*) \tag{10.1}$$

と書ける．ただし，q^* は外国独占企業の生産量，$p(q^*)$ は自国の逆需要関数，$c^*(q^*)$ は外国独占企業の費用関数である．ここで，外国独占企業の利潤最大化の1階条件は，

$$\Pi'=p+p'q^*-c^{*\prime}=MR-MC=0 \tag{10.2}$$

となり，この式から利潤を最大化する q^* が得られる．ただし，($'$) 記号は導関数を示している．また，需要の価格弾力性を用いて1階の条件を書き直せば，

$$p\left(1-\frac{1}{\varepsilon}\right)=c^{*\prime}$$

と書くことができる．需要の価格弾力性の逆数は，**ラーナー独占度**と呼ばれるもので，独占均衡では需要の価格弾力性は1より大きくなければならない[1]．

---

1) ラーナーの独占度は，価格と限界費用の乖離の度合いを表し，一般に，$(p-MC)/p$ で表される．したがって，利潤最大化の一階の条件から，このラーナーの独占度は，需要の価格弾力性の逆数となる．

また，外国の独占企業が自国への輸出から獲得する利潤を独占レントと呼び，図 10-1 では $p_f cFE_f$ で表されている．

10.1.2 外国独占企業に対するレント奪取関税

通常，自国が小国で市場が完全競争下にある場合には，関税を賦課すると歪みが生じるので経済厚生を悪化させる．しかしながら，果たして不完全競争下にある場合に同様の結果となるのであろうか．そこで，ここでは外国独占企業の自国への輸入に対して自国政府が輸入関税を賦課することで自国の経済厚生が自由貿易と比較して改善するのかを検討する．まず，図 10-1 を用いて関税賦課後の外国独占企業の生産量，価格などがどのように変化するかを検討する．

いま，外国独占企業の輸入に対して賦課する従量輸入税を t で表す[2]．その結果，外国独占企業が直面する課税後の限界費用はちょうど限界費用に t だけ上方にシフトした図 10-1 の $c_t c_t$ 線のようになる．したがって，このときの外国独占企業の利潤を最大化する生産量は q_t となり，自国価格は p_t となる．このとき，自由貿易と比べて自国の消費者余剰が $p_t p_f E_f E_t$ だけ減少し，一方で関税収入 $c_t cBA$ だけ増大することになる．したがって，消費者余剰の減少分が関税収入と比べて小さければ自由貿易より輸入関税を課すことによって自国の総余剰は増大することになる．

このようにして得られた厚生改善の源泉は，関税収入にある．関税が課されなければ，外国独占企業の超過利潤，すなわち課税前の独占レント $p_f cFE_f$ は全て外国独占企業が得ていることになるからである．こうした意味で，自国政府が輸入関税を課すことにより外国独占企業の独占レントの一部を奪っていると解釈できる．こうしたことから，外国独占企業の輸入に対する関税をしばしば**レント奪取関税**と呼ぶ[3]．

---

2) 以下，関税の議論において従量輸入税を用いて議論をするが，不完全競争下における従量関税と従価関税の経済効果の違いについては，Jones, R.W. [1987] "Trade Taxes and Subsidies with Imperfect Competition," *Economics Letters* 23, pp. 375-379 を参照せよ．
3) このような議論は，Brander, J.A. and Spencer, B.J. [1981] "Tariffs and the Extraction of Foreign Monopoly Rents under Potential Entry", *Canadian Journal of Economics* 14, pp. 371-389 から始まる．また，外国独占下の分析に関しては，Brander, J.A. and Spencer, B.J. [1984] "Tariff Protection and Imperfect Competition", In Kierzkowski, H. (ed.), *Monopolistic Competition and International Trade*, Blackwell も参照せよ．

次に，どういった条件の下で輸入関税がレント奪取関税となるかを確認する．従量輸入関税下の外国独占企業の利潤は，(10.1) 式に $-tq^*$ を加えたものとなり，$\Pi(q^*, t) = p(q^*)q^* - c(q^*) - tq^*$ と表すことができ，利潤最大化の1階の条件は，

$$\Pi_{q^*} = p + p'(q^*)q^* - c^{*\prime} - t = 0 \qquad (10.3)$$

となる．ただし，下付添字は1次・2次偏導関数を示すものとする．この式から利潤を最大化する q^* は t の関数 ($q^* = q^*(t)$) として表すことができる．したがって，従量輸入関税の上昇による外国独占企業の輸入量の変化は，利潤最大化の1階の条件を全微分することから得られる．

$$q^{*\prime} = -\frac{\Pi_{q^*t}}{\Pi_{q^*q^*}} = \frac{1}{2p' + p''q^* - c^{*\prime\prime}} = \frac{1}{MR' - MC'} < 0 \qquad (10.4)$$

利潤最大化の2階の条件 ($\Pi_{q^*q^*} < 0$) を仮定すれば，分母は負となるから，輸入関税の上昇は独占企業の輸出量を減少させる．

いま，外国独占企業のみが自国市場に独占的に供給しているケースを考察しているので，自国の経済厚生は，次式のように表すことができる[4]．

$$W(t) = \int_0^{q^*} p(q)\,dq - p(q^*)q^* + tq^* \qquad (10.5)$$

ただし，q^* は (10.3) 式から得られた t の関数となっていることに注意されたい．したがって，自国の経済厚生は関税額 t のみに依存することになる．まず，厚生の第1項は，財を消費することによる自国消費者の便益を表し，第2項は自国消費者の財に対する支出総額を表している．つまり，第1項と第2項の差は自国の消費者の利益である消費者余剰を表している．また，ここでは関税を賦課しているので，自国政府に関税収入があり，これは第3項で表されている．したがって，輸入関税の変化による自国の経済厚生の変化は次式となる．

---

[4] ここでは，国内競争産業が存在しないと仮定しているので，自国の経済厚生に生産者余剰は含まれていない．読者は，国内競争産業が存在する場合には，以下の議論がどのようになるか検討していただきたい．

[5] (10.5) 式を t で微分すれば，$W' = pq^{*\prime} - p'q^{*\prime}q^* - pq^{*\prime} + tq^{*\prime} + q^*$ となる．したがって，(10.6) 式が得られる．

$$W' = -p'q^{*\prime}q^* + tq^{*\prime} + q^* \qquad (10.6)$$

第1項は消費者余剰の変化であり，第2項と第3項は関税収入の変化を表している[5]．ここで，(10.4) 式における外国独占企業の輸出量の変化を表す $q^{*\prime}$ を代入し，輸入関税を導入することによる厚生の変化を考える．初期には $t=0$ とし，また限界費用を一定，とする．このときの厚生変化の式は，

$$W' = \frac{q^*}{MR'}(MR' - p') \qquad (10.7)$$

となる．ただし，図からも明らかなように MR', $p' < 0$ である．輸入関税を導入することで，自国の経済厚生が改善するかどうかは，限界収入曲線の傾きと需要曲線の傾きの大小関係に依存することが分かる．したがって，生産量の上昇による限界収入の低下が価格の低下よりも小さければ厚生は改善するが，その逆であれば厚生は悪化することになる．ただし，限界費用が一定でない場合はさらに条件が加わることに注意されたい．

さらに，この (10.7) 式の意味する条件を検討してみよう．いま，関税率をゼロとすれば，(10.6) 式は，

$$W' = \frac{dW}{dt} = -q^*(p'q^{*\prime} - 1) \qquad (10.8)$$

と変形できる．ここで，両辺に dt を掛けると，

$$dW = -q^*(dp - dt) \qquad (10.9)$$

となる．これは，厚生の変化は価格の変化と関税額の変化によって引き起こされていることを示している．つまり，第1項は交易条件の変化が厚生に及ぼす影響を表し，**交易条件効果**と呼ばれるもので，第2項は関税額の変化による関税収入の変化を表すので**関税収入効果**と呼ばれるものである．この式から，関税を賦課することにより自国の厚生が改善するかどうかは，自国にとっての財の輸入価格が低下するかどうかに依存することが分かる．つまり，関税賦課により交易条件が改善するのであれば，自国の厚生は関税賦課により改善することができるという，標準的な交易条件改善によるものであることが分かる．

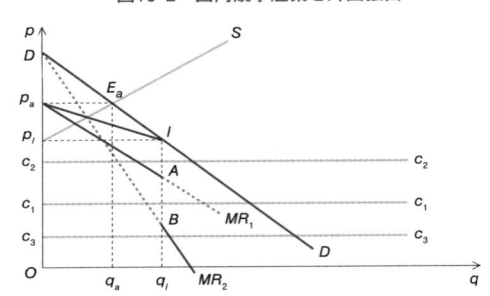

図10-2 国内競争産業と外国独占

10.1.3 国内競争産業と屈折需要曲線

ここまで，国内に競争産業が存在しない場合を考えてきたが，国内の競争産業が存在する場合にいままでの議論がどのように修正されるかを検討する．ただし，国内競争産業の供給曲線は外国独占企業の限界費用曲線より高いものと仮定する．こうしたケースが，図10-2に描かれている．以下この図を用いて外国独占企業の輸出量，国内価格がどのようになるかを検討する．

自国の競争産業の供給曲線は $p_l S$ 線，また自国消費者の需要曲線はこれまでと同様に DD 線で表されている．貿易開始前の閉鎖経済均衡点は国内需要曲線と自国産業の供給曲線との交点 E_a で表される．したがって，国内価格は p_a,国内生産量と国内消費量は q_a となる．

いま，外国独占企業は自国の国内競争産業がプライス・テイカーとして行動することを完全に理解して，自己の利潤を最大化する生産量を選択するとする．すなわち，ある価格を設定した時に自らに残る需要，つまり残余需要は国内需要量から国内生産量を引いた量しかないことを知っている．したがって，このとき，外国独占企業が直面する需要曲線（**残余需要曲線**）は図の折れ線 $p_a l D$ となる．このとき，国内競争産業の供給曲線の価格軸の切片 p_l は，国内の企業が市場に参入することができるようになる価格水準であり，外国独占企業が自国の企業の新規参入を阻止できる最高価格でもある．この価格は，一般に**参入阻止価格**（制限価格）と呼ばれる．

ところで，先ほどの外国独占企業が直面する需要曲線が折れ線 $p_a l D$ で示されるとき，限界収入曲線はどのような形状になるだろうか．対応する限界収入曲線は，ちょうど残余需要曲線が屈折する生産量 q_l 点で不連続となる．図では，

第10章 不完全競争と貿易政策　267

図10-3　パネルA　ケース1

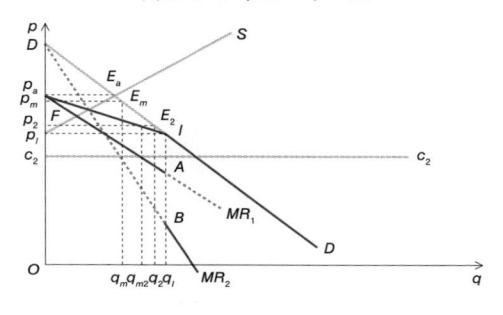

図10-3　パネルB　ケース2

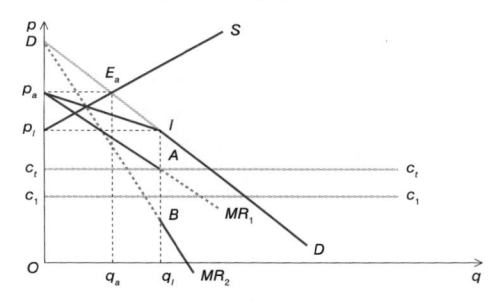

図10-3　パネルC　ケース3

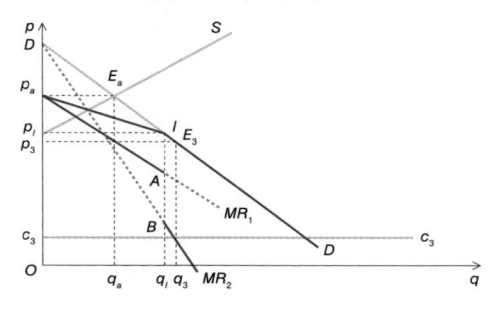

限界収入曲線が線分 p_aA と線分 BMR_2 で表されている．外国独占企業は，このようにして求められる限界収入と限界費用が一致する水準の生産量を選択する．しかしながら，自己の限界費用の大きさによりその生産量，および価格は変化する．いま，外国の限界費用曲線は単純化のために一定とすると，限界費用曲線がどの水準にあるかで以下の三つの場合に分けることができる．

(1) 線分 $p_a A$ と交点を持つ限界費用 $c_2 c_2$
(2) 限界収入が不連続な水準の限界費用 $c_1 c_1$
(3) 線分 BMR_2 と交点を持つ限界費用 $c_3 c_3$

以下，それぞれのケースについて図を用いて検討していく．

ケース 1

第一のケースが図 10-3 のパネル A に描かれている．この場合，参入阻止価格 p_l よりも低いが参入を阻止できる生産量の限界収入より高い限界費用 c_2 の場合である．このとき，外国独占企業は生産量 q_{m2} を選択し，価格 p_2 で販売することを選択する．自国に競争的産業が存在しない場合の外国独占企業が選択する生産量と価格は q_m と p_m であるが，自国に競争産業が存在しない完全独占の場合に比べて，外国独占企業の生産量は多く，価格は低くなる．したがって，このケースでは自国に競争産業が存在することで，外国独占力を低下させることができると言える．また，このときの貿易利益は，領域 $E_a FE_2$ となる．

ケース 2

第二のケースが図 10-3 のパネル B に描かれている．これは，不連続な区間に外国独占企業の限界費用水準が存在するケースである．この場合，外国独占企業は q_l だけの生産をし，自国企業の参入を阻止する価格 p_l を付けて販売することで外国独占企業は利潤を最大化できる．また，このとき自国企業の参入を阻止する価格を外国独占企業は付けているので，自国企業による生産量はゼロである．また，このときの自由貿易の利益は，図の $E_a p_l$ である．

また，ケース 1 の場合と同様に，完全独占の場合と比べて，生産量は多く，価格は低くなっている．これは，実際には国内競争産業が生産をまったくしていなくても，潜在的な新規参入圧力により，外国独占企業の価格支配力を制限することができることを示している．また，そうした意味で，参入規制をしないほうが望ましいと言える．

次に，自国政府が関税を課した場合はどうであろうか．先のレント奪取関税の場合と同様に，たとえば，自国政府が輸入に関税を賦課し，関税込みの限界費用曲線を $c_t c_t$ にした場合，外国独占企業の生産量も付ける価格も変えずに外

国独占企業のレントの一部を奪うことができる．

ケース 3

第三のケースは，図 10-3 のパネル C に描かれているが，これは外国独占企業の限界費用が，参入阻止ができる生産量 q_l における限界収入の水準より低いケースである．この場合，図からも明らかなように，国内産業が存在していてもしていない場合と同じであり，均衡点は E_3 となる．これは，国内競争産業の費用条件が外国独占企業に比べて非常に劣っているために，外国独占企業に対して国内競争産業が競争圧力も持ち得ないような状況である．したがって，いままでのケースとは異なり，国内競争産業の参入圧力が十分に外国独占企業に働かない，つまり，価格支配力を弱める結果とはならないケースである．また，このときの貿易利益は，領域 $E_a P_l p_3 E_3$ となる．

以上の結果から，国内競争産業の費用条件が外国独占企業の費用条件と比べて十分大きな差がなければ，国内競争企業が存在することで外国独占企業の価格支配力を制限することができると言える．したがって，市場参入を制限するような政策は外国独占企業の価格支配力を強めることとなることが分かる．

10.2 国内独占下の貿易──貿易の競争促進効果

本節では，前節とは異なり貿易開始前に国内市場における供給が 1 社のみによって行われている国内独占のケースを考え，貿易を自由化する場合を検討する．このケースは，貿易によって生み出される**競争促進効果**を明らかにする上でのベンチマークとして重要なものである．特に，関税などによる国内産業保護は，独占企業を生み出す源泉となりうることを示す．

10.2.1 閉鎖経済下における独占の非効率性

まず，自国の市場が国内の企業 1 社のみで供給されている状況を図 10-4 を用いて検討する．国内独占企業が唯一の供給者である場合，この独占企業は前節と同様に，右下がりの需要曲線に直面しているので，生産量を減らせば市場価格をつり上げることができる．この結果，独占企業の限界収入は価格を下回

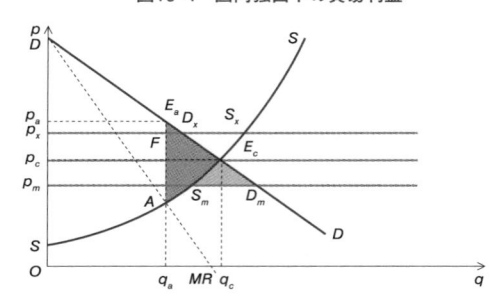

図10-4 国内独占下の貿易利益

ることになる．このときの国内独占企業の利潤最大化をもたらす生産量は，限界収入曲線と限界費用曲線が交差する水準の生産量で，図の q_a となる．またその時の価格は p_a となる．

社会的に最適な供給量は，限界費用と限界便益が一致する，つまり q_c の生産量が供給されていることが必要である．またこのときの価格 p_c を効率的な資源配分を達成する価格という意味で**効率価格**と呼ぶ．しかしながら，独占下では効率的資源配分を実現していないことから，独占による非効率性が生じる．その非効率性である厚生損失は領域 $E_c E_a A$ で表される．

次に，当該国が世界市場において小国である場合，国内独占企業の行動がどのように変化し，自国の厚生にどのような影響を与えるのかを検討する．当該財の世界価格の水準により以下の二つのケースが考えられる．

（1）当該財の世界価格の水準が効率価格よりも低い
（2）当該財の世界価格の水準が効率価格よりも高い

（1）のケースをまず考える．小国であるから，世界価格を p_m とすれば外国と自由貿易をしている場合，p_m でいくらでも海外から購入することができる．このとき，国内独占企業が直面する残余需要曲線を求めなければならない．もし，世界価格よりも高い価格を付けた場合どうなるであろうか．この場合，独占企業から購入するより海外から安く購入することができるので，誰も独占企業から購入しようとはしない．一方，世界価格よりもわずかに低い価格で独占企業が販売する場合，内外の需要者は国内独占企業から購入した方が安いので独占企業から購入しようとする．いま，当該国は小国であるから，海外からの

第 10 章 不完全競争と貿易政策　　　　　　　　　　271

需要はいくらでもあるので，国内独占企業の残余需要曲線は，世界価格で完全弾力的となる．そのため，対応する独占企業の限界収入曲線は世界価格線と一致することになり，国内独占企業の限界費用曲線を図の SS 線とすれば，利潤を最大にする生産量は線分 $p_m S_m$ となる．一方，国内消費量は国内価格が国際価格と一致するので，線分 $p_m D_m$ となる．したがって，この場合当該国は $S_m D_m$ だけの輸入をすることになる．

次に，効率価格よりも高い世界価格のケースを検討する．世界価格を P_x とすれば，効率価格よりも高いが，閉鎖経済下の独占均衡価格よりも低いことに注意されたい．このとき，国内独占企業が世界価格よりわずかに高い価格を設定した場合，内外の需要者は海外の生産者から購入する方が安いので，誰も国内独占企業からは買わない．一方，世界価格を下回る価格で国内独占企業が販売すれば，内外の需要者は海外の生産者から買うより国内独占企業から買う方が安く，誰もが国内独占企業から購入しようとする．いま，当該国は小国であるため，国内独占企業は世界価格の水準で無限弾力的な需要曲線に直面していることになる．したがって，国内独占企業の限界収入は世界価格線と一致するので，利潤を最大化する生産量は線分 $p_x S_x$ となり，線分 $D_x S_x$ だけ輸出することになる．

10.2.2　貿易自由化の利益

次に，当該国は自由貿易により経済厚生が閉鎖経済と比較してどのように変化するかを検討する．まず，世界価格が効率価格を下回り，p_m となるケースを検討する．自由貿易により，価格は閉鎖経済と比べて低下し，消費者余剰は領域 $p_a p_m D_m E_a$ だけ増大し，生産者余剰は領域 $p_a p_m B E_a$ から領域 $B A S_m$ を差し引いた分だけ減少することになる．消費者余剰と生産者余剰の和である総余剰は，結果として領域 $E_a A E_c$ と領域 $E_c S_m D_m$ だけ増大することになる．これが自由貿易の利益である．

この自由貿易の利益は，独占均衡で生じる厚生損失と完全競争下で実現できる自由貿易の利益の二つに分けて考えることができる．前者の利益は一般に，**貿易の競争促進効果**と言われるもので，貿易開始により国内独占企業が海外との競争圧力に直面することから生じる利益である．

一方，効率価格より高い世界価格 p_x に当該国が直面しているケースを考え

る．この場合，自由貿易により消費者余剰は領域 $p_a p_x D_x E_a$ だけ増え，生産者余剰は領域 $p_a p_x F E_a$ だけ減少し，総余剰は領域 FAS_x だけ増大することになる．したがって，先ほどのケースと同様に，自由貿易の利益は国内独占企業が海外の競争圧力に直面することにより生じる独占による厚生損失の回避と通常の貿易利益とから成り立っていることが分かる．

10.2.3 関税政策の効果

外国独占下においては，関税を賦課することにより自国の経済厚生を増大させる可能性があることが示されたが，輸入関税により自国の独占企業を保護した場合に結果がどのように変わるだろうか．一般的に，小国かつ国内独占企業が海外からの輸入競争圧力に直面している場合には，貿易開始後の貿易パターンによらず，国内独占企業は一定の世界価格に直面しているために，価格支配力を持ち得ない．つまり，プライス・テイカーとして行動するために，独占による社会的非効率性が除去され，自由貿易において効率的資源配分が実現される．したがって，貿易制限政策は自国の経済厚生を改善することはできない．

しかしながら，国内独占企業の生産量および国内価格に対して自国政府が賦課する輸入関税の水準いかんによってさまざまなケースが考えられる．ここでは，自国が輸入国となっているケースで，賦課される輸入関税水準により国内独占企業の生産量と国内価格がどのようになるかを検討する．

関税賦課後の価格を p_t とすると，大きく分けて以下の三つのケースに分類することができる．

(1) $p_m < p_t < p_c$
(2) $p_c < p_t < p_a$
(3) $p_a < p_t$

以下，それぞれのケースを図 10-5 を用いて検討する．

ケース 1

まず，輸入関税をゼロから引き上げていくと外国からの輸出供給曲線も同額だけ上昇していく．このとき，国内独占企業は関税込みの価格よりわずかに高

第10章 不完全競争と貿易政策　　　273

図10-5　国内独占下の関税政策

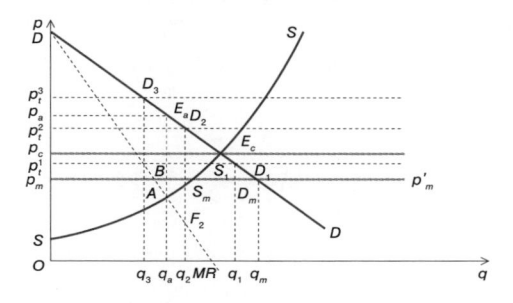

い価格を設定すれば，まったく販売することはできないが，わずかに低い価格を設定すれば，全ての国内需要を奪うことができる．また，世界価格（p_w）の水準まで下げれば，小国の仮定からいくらでも海外の需要者に販売することができるので，世界価格の水準で無限弾力的な需要に直面することになる．したがって，関税込みの価格が図の p_t^1 のとき国内独占企業は，図の折れ線 $p_t^1 D_1 D_m p_m'$ という残余需要曲線に直面することになる．

次に，限界収入曲線を導出する．生産量がゼロから q_1 までは，水平の需要曲線に直面しているので，限界収入が関税込みの価格 p_t^1 に等しい．したがって，生産量がゼロから q_1 までの限界収入曲線は線分 $p_t^1 D_1$ となる．q_1 と q_m の間の生産量では，右下がりの需要曲線 $D_1 D_m$ に直面しているので，MR 線が限界収入曲線となる．最後に，国内価格が世界価格の水準になれば，水平の需要曲線に直面するので，q_m 以上の生産量では $D_m p_m'$ が限界収入曲線になる．したがって，限界収入曲線は不連続の部分を持つが，限界収入と限界費用が一致する均衡点は図の S_1 となる．このとき，自由貿易均衡と比べて国内独占企業の生産量は増大し，国内価格は関税額だけ上昇することになる．したがって，輸入関税の引き上げは国内独占企業を有効に保護していることになる．

ケース2

次に，関税込みの価格が効率価格（p_c）よりも高いが閉鎖経済下の均衡価格（p_a）よりも低い p_t^2 のような場合を検討する．この場合，残余需要曲線は折れ線 $p_t^2 D_2 D_m p_m'$ となり，限界収入曲線が q_2 で不連続部分を持ち，国内独占企業の限界費用曲線がちょうどこの不連続部分を通るので，均衡は D_2 となる．このようなケースでは，海外からの輸入はゼロとなり，国内価格が関税額だけ

上昇するのは先のケースと同じであるが，国内独占企業の生産量が自由貿易下の生産量より減少している．しかしながら，閉鎖経済均衡の場合よりも生産量は多く，海外の輸入競争圧力がある程度有効に働いていると言える．

ケース3

最後に，関税込みの価格が閉鎖経済下の均衡価格よりも高くなるまで関税を引き上げ，p_t^3 のような場合，国内独占企業が直面する需要曲線は $p_t^3 D_3 D_m p'_m$ となる．したがって，先のケースの議論と同様に限界収入曲線は，生産量がゼロから q_3 までは $p_t^3 D_3$，q_3 から q_m までは MR 線，q_m 以上の生産量では $D_m p'_m$ となる．したがって，q_3 と q_m で不連続な部分を持つことになる．

この場合，国内独占企業は海外からの競争圧力から完全に自由になり，閉鎖経済下の独占力を完全に行使することができるようになる．したがって，閉鎖経済下の均衡価格より関税込みの価格が高くなるようなケースでは，全て均衡は E_a となる．

以上の結果から，過度な国内独占企業の保護は独占企業の価格支配力を強め，独占の非効率性を高めてしまうことになることが分かる．また，関税は輸入量を抑えて国内競争産業を育成し，生産量拡大を目的として行われることがあるが，国内に独占力が存在する場合には過度な関税保護はかえって生産縮小をもたらす可能性が高くなると言える．

10.3 独占における関税と割当の非同値性

さまざまな貿易介入手段が存在するが，前節までは関税のみを扱ってきた．他の貿易制限政策として直接に貿易量自体を制限する数量規制がよく知られた代表的な貿易介入手段である．一般に，市場が完全競争下にある場合，関税下の輸入数量を達成する輸入数量制限は資源配分に対してまったく同等の影響を与えることが知られている．

そこで，本節では前節までの外国独占のケースと国内独占のケースで関税と数量割当の同値性の問題を検討したい[6]．

図10-6 外国独占下の同値性

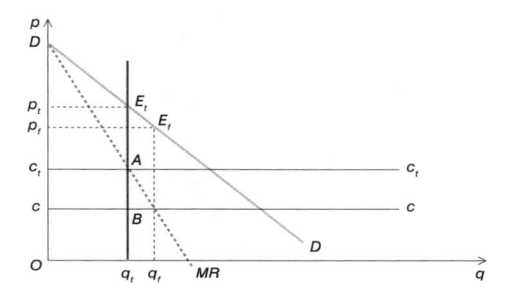

10.3.1 外国独占下の同値命題

 最初に，外国独占企業下における関税と数量割当の同値性の問題を図10-6を用いて検討する．外国独占企業の限界費用は一定と仮定し，図のccで表されるものとする．このとき，自国政府が従量輸入関税tを外国企業からの輸入に対して賦課している．したがって，外国独占企業の限界費用曲線はtだけ上方にシフトし，輸入量は減少することが分かる．

 一方，輸入関税を賦課した場合と同量の輸入量を達成する数量割当を課す場合，外国独占企業が直面する需要曲線は，折れ線DE_tq_tとなる．これは，外国独占企業が最大限輸出可能な量はq_tに限られているためである．このとき，対応する限界収入曲線はDAとなるため，q_tにおける限界収入が限界費用を上回っているので外国独占企業はさらに輸出したいが，それ以上輸出することができない．したがって，関税政策と数量制限政策では，達成される資源配分に関しては同値である．

 しかしながら，所得分配に関しては異なる結果となる．輸入数量割当の場合，関税政策における自国政府の関税収入分は外国独占企業の利益となってしまうという点で，関税と同量の輸入数量割当では異なる結果となる．つまり，数量割当下で生じるレントは，全て外国独占企業の手に入ることになる．

---

6) 関税と割当の同値性の議論は，Bhagwati［1965］"On the equivalence of tariffs and quotas", R. E. Baldwin et al.（eds）*Trade, Growth and the Balance of Payments*, Rand McNally. から始まる．その後，さまざまな状況下で同値性が成立するかどうかが議論されている．

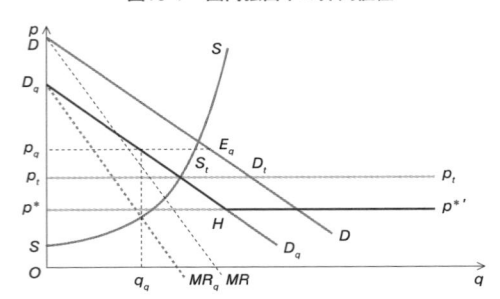

図10-7 国内独占下の非同値性

10.3.2 国内独占下の非同値命題

次に，国内企業が1社のみの独占の状況における関税と数量割当の同値性を検討する．結論から先に言えば，外国独占の場合の結論とは異なり，二つの政策間の同値性は成立しない．この点に関して，輸入国のケースを想定し，図10-7を用いて，自国政府が輸入関税下における輸入数量だけの輸入数量割当を課す状況で明らかにしたい．

いま，関税込みの価格が図の p_t であるものとする．このとき，国内独占企業の限界費用曲線が図の SS 線だとすると，輸入数量は線分 $S_t D_t$ である．この輸入数量と同じ量の輸入数量割当を自国政府が課すものとする．このとき，国内独占企業がどのような生産量と価格を選択するかを求めるには，割当下における国内独占企業が直面する需要曲線を明らかにしなければならない．

いま，たとえば世界価格 p^* よりも高い価格を国内独占企業が設定したとすると，世界価格よりも高いので海外の生産者は当該国へいくらでも輸出したいが，海外からの輸入数量は $S_t D_t$ で制限されているので，ちょうど需要量から $S_t D_t$ を差し引いた量が国内独占企業の直面する需要量となる．したがって，世界価格を上回る価格では，国内需要曲線をちょうど割当量だけ平行移動した線が国内独占企業の直面する需要曲線となる．しかしながら，世界価格をわずかでも下回る価格では，小国の仮定からいくらでも世界価格で販売できるので，世界価格の水準で国内独占企業が直面する需要曲線は水平となる．

国内独占企業の限界収入曲線は，図の MR_q 線で表されている．ただし，国内独占企業の生産量が H に対応する水準を超えると，直面する需要曲線は水平となるので，それ以上の生産量では $Hp^{*\prime}$ が限界収入線となる．したがって，

利潤を最大化するような生産量は，限界費用曲線と限界収入曲線が交わる生産量 q_q となり，そのときの価格は p_q となり，割当下の均衡は E_q となる．

数量割当における資源配分を関税下の場合と比較すると，国内価格は上昇し，国内独占企業の生産量は減少することになる．これは，割当によって国内独占企業が右下がりの需要曲線に直面することで，価格支配力を行使することができる状況になったためである．関税下では，関税込みの価格で水平の需要曲線に直面していたため，国内独占企業が価格支配力を持ち得なかったので，このように結果が異なることになる．

10.3.3　数量割当の禁止

本節では，自国の内外に独占企業が存在する場合に，関税政策と数量割当政策の同値性の問題を検討した．資源配分だけで言えば，外国独占の場合は同値性が成立するが，国内独占の場合は同値性が成立しない．また，所得分配に対しては，関税政策よりも一般に数量割当の方が自国の厚生を悪化させる可能性が高いことが示された．

各国による関税や輸入障壁，あるいは大国を中心としたブロック経済化といった保護貿易化，あるいは不完全競争化が第二次世界大戦の遠因の一つとなったということに対する反省から，自由貿易を促進するために設立されたGATT（General Agreement on Tariffs and Trade，関税および貿易に関する一般協定）やそれに続くWTO（World Trade Organization，世界貿易機関）においては，まずは各国に存在する非関税障壁，特に数量割当の撤廃に尽力し，関税政策に移行するよう促してきた．こうした方向性をいままでの議論から解釈すれば，内外の市場が不完全競争下にある場合，数量割当政策よりも関税政策のほうが経済厚生の観点から望ましいという一つの見方を提供していると言える．

10.4　寡占競争と輸出促進政策

前節まで，国内企業と海外の輸出企業において，一方が独占，もう一方が完全競争にある状況を考察してきた．しかしながら，国内企業も外国企業も少数しか存在しないような市場が存在する．このような状況は，自動車など例は豊

富にある．本節では，自国と外国にそれぞれ一つの企業が存在し，第三国への輸出競争をしている複占競争を検討する．そこで，複占下の貿易政策が独占や完全競争の場合とどういった点で異なるのかを考える．特にここでは，輸出促進政策について考察する[7]．

説明を単純化するために，各企業の生産物はそれぞれの国では消費されず，全て第三国に輸出されるものとする．また，当該財は第三国ではまったく生産されていないものとする．

また，各企業が競争する場合，大きく分けて生産量について競争するのか，価格について競争するのかで分けることができる．前者のような競争を**クールノー型数量競争**，後者のような競争を**ベルトラン型価格競争**と呼ぶ．以下では，クールノー型の数量競争を検討する．

10.4.1 クールノー型数量競争

両国の企業は同質な財を生産し，企業が直面する第三国の逆需要関数を $p = p(q+q^*)$ とする．これを用いて各企業の利潤は

$$\Pi(q, q^*) = p(q+q^*)q - cq \tag{10.10}$$
$$\Pi^*(q, q^*) = p(q+q^*)q^* - c^*q^* \tag{10.11}$$

のように表すことができる．ただし，Π（Π^*）は自国（外国）企業の利潤，q（q^*）は自国（外国）企業の生産量，c（c^*）は自国（外国）企業の限界費用を表し，各企業の限界費用は一定と仮定する．

各企業の利潤は上式から分かるように，自己の生産量だけでなく，競争相手企業の生産量にも依存することになる．このように，お互いの選択変数がお互いの利得に影響を与えるような関係のことを互いに戦略的相互依存関係にあると言う．

このような場合，お互いに相手の選択変数に対してある予測をしなければ利

---

7) 本節で議論する，輸出促進政策としての輸出補助金の議論は，Brander, J.A. and Spencer, B.J. [1985] "Export Subsidies and Market Share Rivalry", *Journal of International Economics* 18 pp.83-100 から始まる．戦略的貿易政策の議論とその後の拡張に関しては，Helpman, E. and Krugman, P.R. [1989] *Trade Policy and Market Structure*, MIT Press を参照せよ．また，章末の「もっと学びたい人のために——参考文献」を参照せよ．

第10章　不完全競争と貿易政策

図10-8　戦略的輸出補助金政策

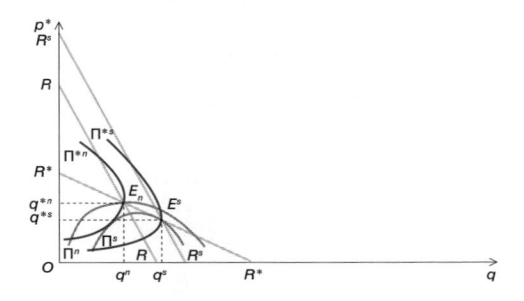

潤を最大化できない．また，相手の出方に対しどのように対応すればよいのか，といったことが問題となる．そこで，相手の選択変数は与えられた下で，各企業は自己の利潤を最大化するように自己の生産量を選択する状況を考える．つまり，競争相手の生産量を所与として利潤を最大化するように生産量を選択することになる．利潤最大化の1階の条件は，

$$\Pi_q = p + p'q - c = 0 \tag{10.12}$$
$$\Pi^*_{q^*} = p + p'q^* - c^* = 0 \tag{10.13}$$

となる．これらの式から，相手の生産量に応じた利潤最大化をもたらす各企業の生産水準が決定されるが，その関数のことを一般に反応関数と呼ぶ．(10.12)式と (10.13) 式から各企業の反応関数は，

$$q = R(q^*) \tag{10.14}$$
$$q^* = R^*(q) \tag{10.15}$$

と書くことができる．これらの反応関数が図10-8のような反応曲線として描くことができる（以下，適宜図10-8を用いて説明する）．これらの二つの式が同時に満たされる生産量の組み合わせを**クールノー＝ナッシュ均衡**と呼ぶ．二つの式を同時に満たす (q, q^*) では，お互いに相手の生産量を所与として利潤を最大化しているので，その生産量から乖離するインセンティブが各企業に存在しない．したがって，二つの式を同時に満たす生産量の組み合わせは，両反応曲線の交点であり，その交点がクールノー＝ナッシュ均衡点となり，図10-8の E_n で表されている．

10.4.2 反応曲線と等利潤曲線

次に,各企業が相手の生産量に応じて利潤を最大化する生産量がどのように変化するのか,つまり,反応関数の形状と性質を考えたい.

まず,相手の生産量の変化に対して自己の生産量をどのように変化させるのか,つまり,反応関数の傾きがどのようになるのかを考える.(10.14)式と(10.15)式を全微分して整理すると,

$$\frac{dq}{dq^*}=R'=-\frac{\Pi_{qq^*}}{\Pi_{qq}}=\frac{p'+p''q}{2p'+p''q} \qquad (10.16)$$

$$\frac{dq^*}{dq}=R^{*'}=-\frac{\Pi_{q^*q}}{\Pi^*_{q^*q^*}}=\frac{p'+p''q^*}{2p'+p''q^*} \qquad (10.17)$$

と表すことができる.ここで,利潤最大化の二階の条件を仮定すれば,$\Pi_{qq}<0$($\Pi^*_{q^*q^*}<0$)となる.したがって,反応関数の傾きを決めるのはΠ_{qq^*}(Π_{q^*q})の符号である.もし,競争相手の生産量の引き上げにより自己の限界利潤が上昇する($\Pi_{qq^*}>0$)ならば,**戦略的補完関係**にあるといい,逆に,自己の限界利潤が減少する($\Pi^*_{qq^*}<0$)ならば,**戦略的代替関係**にあるという.ここでは,戦略的代替関係にある,つまり,$\Pi_{qq^*}<0$を仮定する.したがって,反応関数の傾きは負となる.同様の議論が外国企業について対しても行うことができる.

次に,反応曲線の切片がどのような値であるかを考える.相手国の企業がまったく供給していない場合,自国の企業はどれだけの生産を行えば利潤が最大となるだろうか.競争相手がまったく生産していないのだから,独占企業として振舞うことができるので,独占利潤を最大化する生産量となる.一方,外国企業が選択した生産量に対する価格が自国企業の限界費用を下回るような場合は,生産量ゼロから出発して,生産量を追加1単位増産することによる限界収入が限界費用を下回るので,自国企業は生産量をゼロにすることが得策となる.つまり,自国企業にとってゼロ生産が利潤最大化をもたらすのは,自国企業の限界費用と価格が一致する水準にある場合で,そのときゼロ生産で利潤がゼロであり,限界利潤もゼロとなる.そのようなq^*を外国企業が選択しているときに,ゼロ生産が自国企業にとっての利潤最大化生産量となる.

さらに,反応曲線の性質として,傾きの絶対値が1未満となる傾向がある.これは,先の議論から分かるように,横軸の点では独占企業として行動するの

第 10 章　不完全競争と貿易政策

で限界費用を上回る価格を設定し，縦軸の点では限界費用と同じ価格であることから，総生産量は横軸の点におけるほうが少ない．したがって，傾きの絶対値は 1 未満となる傾向があると言える．またこのことは，競争相手が生産量を増やす時に，自己の生産量の減少量はそれよりも少ないことを表している[8]．

　最後に，クールノー＝ナッシュ均衡において各企業がどのくらいの利潤を得ているか考える．そのためには，一定の利潤をもたらす両企業の生産量の組み合わせの軌跡を表す**等利潤曲線**という概念が有用である．

　まず，等利潤曲線の傾きを考える．等利潤曲線は，同じ利潤の水準を与える q と q^* の軌跡であるから，自国企業の利潤関数を全微分して，$d\Pi = 0$ から次式を得る．

$$(p + p'q - c)\, dq + p'q\, dq^* = 0 \tag{10.18}$$

したがって，

$$\left. \frac{dq^*}{dq} \right|_{\Pi = const} = -\frac{\Pi_q}{\Pi_{q^*}} = \frac{p + p'q - c}{p'q} \tag{10.19}$$

となる．分母は負の値となるが分子の自己の生産量に関する限界利潤は生産量により異なる．ちょうど利潤が最大化されている生産量の場合は，(10.19) 式はゼロとなる．つまり，反応曲線上においては等利潤曲線の傾きはゼロとなる．また，自国企業の生産量が反応曲線上の生産量より低い場合には，生産量を増やすことにより利潤が上昇する，つまり，限界利潤 $\Pi_q > 0$ であるから，(10.19) 式も正となる．一方，利潤を最大化する生産量よりも過大な生産量の水準では，限界利潤が負となっているから，(10.19) 式は負となる．つまり，等利潤曲線は反応曲線の左側では正の傾き，右側では負の傾きとなり，自国企業の等利潤曲線は図のような反応曲線上において最大点となるような山型の等利潤曲線を描くことができる．

　同様に，外国企業の等利潤曲線は図のように右側に山型の等利潤曲線を描くことができる．したがって，等利潤曲線は，

---

[8] 反応曲線の傾きの絶対値が 1 未満であるという性質によりクールノー＝ナッシュ均衡が安定的となる．

(1) 下方の等利潤曲線のほうが利潤が高い
(2) 等利潤曲線は反応曲線上で傾きがゼロとなる

という性質を持つ.

10.4.3 輸出補助金政策の効果

前項までは政府が介入していない状況を考えていたが，ここでは政府の貿易介入により自国の厚生を改善することができるのか，また自由貿易政策が果たして輸出国の厚生を最大化しているのだろうか，という問題を考えてみる.

いま，自国政府が自国企業に対して従量輸出補助金 s を供与する政策を考える．この場合の自国企業の利潤は，

$$\Pi = p(q+q^*)q - cq + sq \qquad (10.20)$$

と表すことができる．したがって，自国企業の利潤最大化の1階の条件は，

$$\Pi_q = p + p'q - c + s = 0 \qquad (10.21)$$

となる．自国政府が輸出補助金を供与する場合には，利潤を最大化する生産量は輸出補助金額に依存する，つまり，自国企業の反応曲線は輸出補助金額に応じて変化することになり，図10-8に示されているように，輸出補助金を与えると自国企業の反応曲線は外側（下方）にシフトすることになる．これは，外国企業の各生産量に応じて，自国企業は輸出補助金を自国政府から供与される場合のほうがより多く生産するようになるからである．

そこで，輸出補助金の変化による各企業の均衡生産量への効果を考える．(10.13) 式と (10.21) 式から，

$$\begin{pmatrix} \Pi_{qq} & \Pi_{qq^*} \\ \Pi_{q^*q} & \Pi_{q^*q^*} \end{pmatrix} \begin{pmatrix} dq \\ dq^* \end{pmatrix} = -\begin{pmatrix} 1 \\ 0 \end{pmatrix} ds \qquad (10.22)$$

を得る．したがって，各企業への生産量に対する効果は，

$$q' \equiv \frac{dq}{ds} = -\frac{\Pi^*_{q^*q^*}}{\Lambda} > 0 \qquad (10.23)$$

第10章 不完全競争と貿易政策

$$q^{*\prime} \equiv \frac{dq^*}{ds} = -\frac{\Pi^*_{q^*q^*}}{\Lambda} < 0 \qquad (10.24)$$

となる．ただし，$\Lambda \equiv \Pi_{qq} \Pi_{q^*q^*} - \Pi_{q^*q} \Pi_{qq^*}$であり，$\Lambda > 0$を仮定する．これは，前項で議論した反応曲線の傾きの大きさの議論で，その絶対値が1未満である傾向があると述べたが，そのことを仮定することに等しい．

自国政府は，輸出補助金を与えることにより，自国企業の生産量を増やし，外国企業の生産量を減らすことができる．また，輸出補助金を与えることにより，自国企業は均衡における自国企業の利潤は増大し，外国企業の利潤は減少することになる．つまり，自国政府は輸出補助金を自国企業に供与することにより，自国企業をシュタッケルベルク・リーダーにすることができる．そのことにより，外国企業が得ていた利潤を自国企業に移転することを可能としている．したがって，このような輸出補助金の効果を**戦略的利潤移転効果**と呼ぶ．

自由貿易下では，自国の利益は自国企業が獲得する利潤に等しいが，輸出補助金を供与する場合には，自国の経済厚生は補助金込みの利潤から政府が負担する補助金額を差し引いたものとなる．

次に，自国政府の貿易政策の決定について考える．今，第三国市場に全ての生産を輸出している状況を想定しているので，自国の経済厚生は，

$$W \equiv \Pi - sq$$

と定義される．つまり，自国企業の利潤から政府余剰である自国企業へ拠出した輸出補助金の総額を引いた額となる．したがって，自国の経済厚生は自国企業の利潤から輸出補助金を除いた額となる．ここで，政府は輸出補助金を自国企業に与えることにより，自国企業と外国企業がどのように生産量を変更するかをあらかじめ読み込んで行動する．つまり，$q = q(s)$と$q^* = q^*(s)$の関数を経済厚生の式に代入して最適な輸出補助金を決定する．これより，自国の経済厚生に対する輸出補助金の効果は，

$$W^\prime(s) = qp^\prime q^{*\prime} - sq^\prime \qquad (10.25)$$

となる．したがって，輸出補助金が初期にゼロであれば，輸出補助金を導入することで自国の経済厚生を改善することができる．また，自国経済厚生を最大化する輸出補助金は，（10.25）式において$W^\prime = 0$から

$$s = \frac{qp'q^{*\prime}}{q'} > 0$$

を得る.したがって,$q^{*\prime} < 0$, $q' > 0$, $p' < 0$であるので自国の経済厚生を最大化する政策は輸出補助金となることが確認できる.

以上の議論から,輸出補助金政策が正当化されるかもしれないが,いろいろな留保条件がある.特に,ここでは数量競争を検討したが,価格競争の場合には一般に最適な貿易介入は輸出税となる傾向がある.また,ここでは一回限りの自国政府による政策介入のみを考えているが,競争相手国の政府も同様の政策介入により報復措置をとる場合,結果として自由貿易の状況より各国の経済厚生が悪化してしまう傾向がある.

もっと学びたい人のために──参考文献

さらに不完全競争と貿易政策に関して勉強したい人は,日本語文献としては,清野一治 [1993]『規制と競争の経済学』(東京大学出版会)を参照せよ.貿易政策だけでなく,不完全競争の議論に関して非常に詳細に分析している.また,外国語文献では,貿易論全般のテキストとして,Wong, K.Y. [1995] *International Trade in Goods and Factor Mobility*, MIT press, Feenstra, R.C. [2004] *Advanced International Trade*, Princeton University Press や Rivera-Batiz, L.A. and Olivia, M-A [2003] *International Trade theory, Strategies, and Evidence*, Oxford University Press があり,不完全競争の貿易に関する議論が紹介されている.

また,注のHelpman and Krugmanが不完全競争下の部分均衡分析を扱っているが,不完全競争下の一般均衡分析に関心がある読者は,Helpman, E. and Krugman, P. [1985] *Market Structure and Foreign Trade: Increasing Returns, Imperfect Competition, and the International Economy*, MIT press に挑戦していただきたい.

さらに,不完全競争や産業組織論に関心がある読者は,Tirole, J. [1988] *The Theory of Industrial Organization*, MIT press に当たっていただきたい.

第 11 章

国際相互依存と貿易政策

キーワード：限界輸入費用，限界輸出収入，パレート優位，貿易創出効果，貿易転換効果

　WTOの発表によると，2007年の世界全体の貿易額は13兆ドルを超え，年々，貿易取引を通じて他国との相互依存関係を深化させてきている．WTO/GATTにおける多国間による自由貿易体制構築の推進が，このことに一定の役割を果たしてきたことは疑う余地はない．しかしながら，近年の多国間による自由貿易化交渉は各国の利害対立から難航している．開発途上国だけでなく，先進国においても貿易を制限する政策を撤廃することに躊躇している．このように各国において貿易制限政策を維持する，あるいは撤廃することでどのような経済的な帰結をもたらすのであろうか．

　前章においても，不完全競争下において必ずしも自由貿易政策が最適とはならない状況を検討してきたが，さまざまな留保条件が存在していた．小国開放経済において，国内市場が完全競争下にある場合，自由貿易政策が最適な政策である．しかしながら，国内市場が完全競争的であっても交易条件に影響を与えることができる大国であれば，必ずしも自由貿易政策が最適であるという結論ではなくなることは理論的によく知られていることである．なぜなら，貿易制限政策を課すことにより自国の交易条件を有利化することができるからである．しかしながら，この結果についてもさまざまな留保条件が存在する．その中でも，貿易相手国が他国の貿易制限政策に対して報復をしないという前提条

件がある．もし，貿易相手国が報復する場合にはどのような帰結となるのであろうか．また，WTO/GATT において数量制限政策を禁止しているが，理論的に関税政策よりも数量制限政策の方がより正当化されない理由が存在するのであろうか．ここではこのような問題を検討する．

そこで本章では，2 国・部分均衡モデルを用いて貿易政策介入により自国の厚生を高めることができることを見ていく．また，互いに報復的措置を取ることでどのように結論が異なるのかを検討する．

一方，貿易制限政策が現存する中で，代替的な貿易自由化の手段として**自由貿易協定**（FTA）に代表される地域貿易協定の締結が進行している．しかしながら，一般的に FTA などの経済統合は統合する国々とそうではない国々との間で差別的な取り扱いをすることになる．そこで，差別的な貿易自由化をもたらす経済統合である自由貿易協定の経済効果とパートナーの選択の問題を検討する．また，各国との国際的な相互依存関係の中で問題となる経済統合のクリアーすべき課題等を検討する．

11.1 大国間貿易と最適輸出入量

まず，はじめに，2 国間で貿易取引があり，一方が自由貿易政策を堅持している場合に，果たして貿易制限が正当化されるのか，また，正当化されるのであれば，最適な制限の水準はどのようなものになるのかを検討する．ただし，一つの財市場のみの部分均衡分析によりこれを検討する．

ある生産物を輸出入する 2 国を考える．輸入国を自国とし，輸出国を外国とし，外国の変数には添え字を付けて表す．それぞれの国の国内価格を p, p^* で表し，世界価格を p_w で表すことにする．また，各国の輸出入量を q_w で表し，逆輸入需要関数を $p = p(q_w)$，逆輸出供給関数を $p^* = p^*(q_w)$ で表すことにする．ただし，逆輸入需要関数は，自国の逆需要関数と逆供給関数の差から求められ，逆輸出供給関数は，外国の逆供給関数と逆需要関数の差から求められる．この関係が図 11-1 に描かれている．

図 11-1 のパネル (1) において自国の需要曲線と供給曲線を，パネル (3) に外国の需要曲線と供給曲線を描いている．いま，自国が輸入国であり，外国が輸出国であるから，閉鎖経済下における自国の均衡価格を p_a, 外国のそれ

第 11 章 国際相互依存と貿易政策

図11-1 大国間の自由貿易均衡

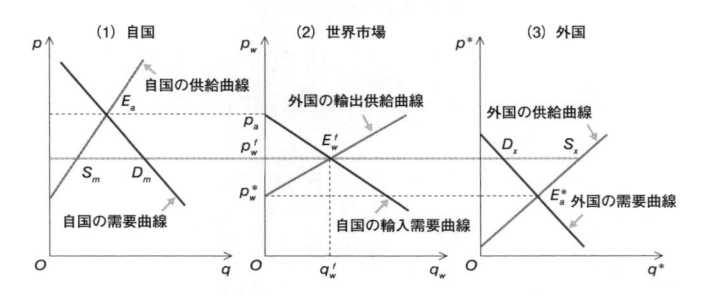

を p_a^* で表せば，$p_a > p_a^*$ が成立している．一方，パネル（2）において，世界市場における自国の輸入需要曲線と外国の輸出供給曲線が描かれている．自国の閉鎖経済均衡価格では，超過需要が存在しないので，輸入需要もゼロである．しかしながら，それよりも低い世界価格であれば，輸入需要も正となるので輸入需要曲線は右下がりの曲線として図のように描ける．また，外国の閉鎖経済均衡価格では，超過供給がないので輸出量はゼロであるが，それ以上高い世界価格の下では，正の超過供給が生じるので，図のように右上がりの輸出供給曲線となる．

11.1.1 自由貿易均衡

世界価格と貿易取引量は，各国の貿易政策に依存するが，まず議論の出発点として両国が自由貿易政策を採用している場合を考える．この場合，各国の財の国内価格は世界価格に等しくなければならないので，自由貿易均衡における世界価格と取引数量は以下の条件を満たさなければならない．

$$p\,(q_w^f) = p^*(q_w^f)$$
$$p_w^f = p\,(q_w^f)$$

ただし，q_w^f は自由貿易均衡取引数量を表し，p_w^f は自由貿易均衡世界価格を表す．

次に，自由貿易均衡における各国の貿易利益を検討するが，まず各国の貿易利益（W）を定義する．貿易を通じて自国が得る利益である貿易利益は，総輸入便益から総輸入費用を引いた額となり，次式のように表すことができる．

$$W=\int_0^{q_w} p(v)\,dv - p_w q_w \tag{11.1}$$

また,外国の貿易利益(W^*)は,総輸出収入から総輸出費用を差し引いた額が外国の貿易利益となるので,次式のように表すことができる.

$$W^* = p_w q_w - \int_0^{q_w} p^*(v)\,dv \tag{11.2}$$

図 11-1 のパネル(2)において自由貿易の均衡が,輸入需要曲線と輸出供給曲線との交点 E_w^f で表されている.このとき各国が得る貿易利益を図で示せば,輸入国が得る貿易利益は図の $p_a p_w^f E_w^f$ の面積,輸出国のそれは $p_a^* p_w^f E_w^f$ の面積となる.ただし,このときの貿易利益の面積は,パネル(1)の自国における $E_a S_m D_m$,パネル(3)の外国における $E_a^* S_m D_m$ の面積に等しくなっていることに注意されたい.

11.1.2 最適輸出入制限

小国においては,国内市場が完全競争にある場合,貿易介入は厚生損失をもたらすが,大国の場合には自由貿易政策が最適であろうか.結論から言えば,最適ではなく,貿易相手国が自由貿易政策を採用し,それを堅持している場合は貿易介入をすることで自国の貿易利益を増大させることができる.

そこで,本項では,他国が自由貿易政策を堅持するならばそれぞれにとって好ましい貿易取引量はいくらになるかを求める.まずは自国(輸入国)にとっての最適貿易量から求める.

11.1.2.1 自国の最適輸入量

外国(輸出国)は自由貿易政策を採用しているため,輸出供給価格は世界価格に等しくなる($p^* = p_w$).したがって,自国にとっての経済厚生は(11.1)式より以下のように表すことができる.

$$W = \int_0^{q_w} p(v)\,dv - p^*(q_w)\,q_w \tag{11.3}$$

最適な輸入量は,自国の貿易利益を最大化する輸入量であるから,以下の自国貿易利益最大化のための 1 階の条件を満たさなければならない.

第 11 章　国際相互依存と貿易政策

$$W' = p\,(q_w^m) - p^*(q_w^m) - q_w^m p^{*\prime}(q_w^m) = 0 \qquad (11.4)$$

ただし，q_w^m は貿易利益を最大化する輸入量を表している．右辺の第1項は，輸入国の国内価格であり，第2項と第3項の和は**限界輸入費用**を表している．すなわち，自国にとっての最適輸入量は，**限界輸入便益**と限界輸入費用を等しくする輸入量である．

ここで，限界輸入便益は輸入需要曲線の高さであるが，限界輸入費用はどのように表せるだろうか．小国の場合には，世界価格の水準でいくらでも輸入することができるので，世界価格が輸入の平均費用であり，限界費用でもある．しかしながら，いま自国は右上がりの輸出供給曲線に直面しているので，輸出供給曲線が輸入の平均費用曲線になり，ある輸入量から限界的に輸入量を増加させることによる費用の増加分を表す輸入の限界費用は平均費用よりも高い．つまり，各輸入量の水準で輸入の平均費用と限界費用が乖離している．したがって，大国においては輸入量を制限することで輸入価格を抑えることができる．すなわち，世界市場で**買い手独占力**を行使することができる．

最適輸入量が満たすべき条件は，（11.4）式であるが，これを書き直せば，次式となる．

$$p\,(q_w^m) = p^*(q_w^m)\left(1 + \frac{1}{\varepsilon_x^*}\right) \qquad (11.5)$$

ただし，$\varepsilon_x^* \equiv (dq_w/q_w)/(dp_w/p_w)$ であり，輸出供給の価格弾力性を表している．つまり，自国の国内価格と世界価格がちょうど輸出供給の価格弾力性の逆数に世界価格を掛けた額だけ乖離するような輸入量が，自国にとって貿易利益を最大化することになる．

図 11-2 では，この最適輸入量は輸出供給曲線（X 線）から導かれる限界輸入費用曲線（MMC 線）と輸入需要曲線（M 線）との交点（A 点）に対応する取引量として記述される．つまり，貿易取引量は q_w^m となり，外国が自由貿易政策を採用していればこの貿易量に対応する輸出供給価格 p_w^m が世界価格となる．図において，輸出供給曲線が線形の場合を描いているが，その場合には，各価格水準における水平の価格線と輸出供給曲線との線分の中点を限界輸入費用曲線が通ることに注意されたい．また，このときの輸入国の貿易利益は領域 $p_a q_w^m CA$，輸出国の貿易利益は $\triangle p_w^m C p_a^*$ の面積で表される．

図11-2 相手国が自由貿易政策を採用している場合における最適輸出入量

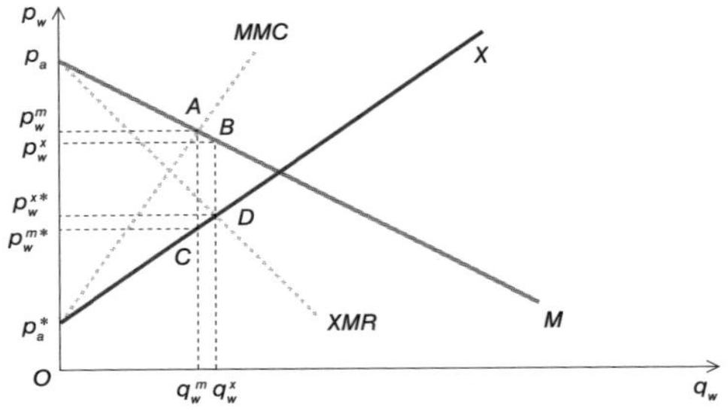

11.1.2.2 外国の最適輸出量

同様にして輸入国が自由貿易を採用しているとき，輸出国にとっての最適輸出量は，輸出国にとっての世界価格を p_w^m として，以下の貿易利益を最大化する数量である．

$$W^* = p(q_w) q_w - \int_0^{q_w} p^*(v) \, dv \tag{11.6}$$

すなわち，それは以下の貿易利益最大化のための一階の条件を満たさなければならない．

$$W^{*\prime} = p(q_w^x) + q_w^x p'(q_w^x) - p^*(q_w^x) = 0 \tag{11.7}$$

ただし，q_w^x は最適輸出量を表している．（11.7）式の右辺の第1項と第2項の和は**限界輸出収入**を表し，第3項は**限界輸出費用**を表している．したがって，最適輸出量では限界輸出収入と限界輸出費用が等しくなければならない．図11-2において，限界輸出収入曲線（MXR線）と輸出供給曲線（X）が描かれているが，その交点（D点）における貿易量が最適な輸出数量となる．このときの世界価格は，輸入国である自国が自由貿易政策を採用しているのであれば輸入需要価格 p_w^x に等しくなる．また，ここでは，輸入国の場合とは逆に，輸出国が右下がりの輸入需要曲線に直面しているので，**売り手独占力**を行使することができる．つまり，輸出数量を自由貿易の場合より減らすことにより，自らの交易条件を改善することができ，貿易利益を改善することができるのである．（11.7）式を輸入需要の価格弾力性を用いて書き直せば，次式となる．

第11章　国際相互依存と貿易政策

$$p(q_w^x)\left(1+\frac{1}{\varepsilon_x}\right)=p^*(q_w^x) \tag{11.8}$$

ただし，$\varepsilon_m=(dq_w/q_w)/(dp_w/p_w)$ は輸入需要の価格弾力性を表す．したがって，世界価格と輸出国の国内価格をちょうど輸入需要の価格弾力性の逆数に世界価格を掛けた額だけ乖離させる輸出量が最適となる．

輸出国の貿易利益は領域 $p_w^x p_a^* DB$，輸入国の貿易利益は $\triangle p_a p_w^x B$ の面積で表されることになる．また，図では，最適輸出数量に比べて最適輸入数量が少ないケースが描かれているが，そうである必要性はまったくないことに注意されたい．

各国の貿易利益を最大化する輸出入数量の水準の決定を検討してきたが，貿易政策の手段に関しては何らふれてこなかった．つまり，貿易相手国が自由貿易政策を採用し，それを堅持する限り，各国にとって最適な貿易取引量を達成する手段は，関税であろうと数量割当であろうと無差別である．つまり，他国の政策手段を所与としつつ単独で貿易政策を変更しても，貿易均衡には何ら影響を及ぼさないので，資源配分に関する関税と割当の単独同値性が成立する．ただし，所得分配上は関税と割当では異なることに注意されたい．

11.2　大国における関税と割当の非同値性

前節において，一方の国が自由貿易政策を採用し，それを堅持するときに，もう一方の国は貿易制限をすることが最適であることが明らかにされ，また，最適な輸出入量は貿易政策の手段には依存しないことが示された．前節のモデルでは，貿易制限をした国が自由貿易政策を採用している場合より貿易利益を増加させることができたのだが，これは一方で貿易相手国の経済厚生を悪化させているのである．つまり，相手の犠牲により自らの経済厚生を高めるという意味で，**近隣窮乏化政策**となっている．このような場合，一方の国が貿易制限政策を採用しているときに，もう一方の国は果たして自由貿易政策を堅持するのであろうか．また，関税と割当の同値性が成立するのであろうか．結論から言えば，他国が報復することを考慮すると，前節の議論，つまり関税と割当の同値性は成立しなくなる[1]．

以下では，前節のモデルを基に，各国ともに関税政策を採用している場合と，

割当政策を採用している場合の状況を考え，それぞれのナッシュ均衡を考える．

11.2.1 関税戦争と貿易均衡

まず，はじめに両国が貿易税を政策手段として貿易に介入する関税戦争を検討する．まず，貿易税は従量税として，輸入税額を t，輸出税額を t^* で表すことにする．各国は，相手の貿易税額を所与として，自らの経済厚生を最大化するように貿易税額を決定する．しかしながら，最初に関税戦争における均衡を記述するために，国際価格と貿易取引量が両国の貿易税の組み合わせによってどう決定されるかについて示さなければならない．

もし関税戦争下で貿易取引量が正となるならば，輸入国の国内価格は輸入税額分だけ世界価格を上回り，かつ輸出国の国内価格は輸出税額分だけ世界価格を下回らなければならない．したがって，均衡では以下の関係が成立しなければばらない．

$$p(q_w) = p_w + t \qquad (11.9)$$
$$p^*(q_w) = p_w - t^* \qquad (11.10)$$

この2本の関係式から均衡における貿易取引量と世界価格が決定されるが，辺々を差し引けば次式を得る．

$$p(q_w) - p^*(q_w) = t + t^* = t_t \qquad (11.11)$$

ただし，$t + t^*$ を t_t と定義する．したがって，（11.11）式から均衡貿易取引量 q_w が決定されるが，均衡貿易取引数量は両国の貿易税の合計だけに依存することが分かる．

こうして決定される均衡貿易取引量を貿易税の合計の関数として $q_w^t(t + t^*)$，

---

1) こうした議論は，Tower [1975] から始まる．Tower [1975] "The Optimum Tariff and Retaliation", *Review of Economics Studies*, pp.623-630 はオファー・カーブを用いて関税戦争と割当戦争の比較をした．また，両国が数量割当政策を採用し，割当戦争を行っている場合には貿易が消滅してしまい，関税政策を両国が採用している場合には，割当戦争とは異なり，貿易取引が存在する均衡があることが示された．しかしながら，以下の議論は，部分均衡分析の枠組でこのことを明らかにした清野一治 [2009]「関税と数量割当の戦略的同値性」，石井安憲編『開放ミクロ経済学のフロンティアー』（早稲田大学出版会）による．

第11章 国際相互依存と貿易政策

対応する世界価格を $p_w^t(t, t^*)$ と表すことにする．もちろん均衡世界価格は，たとえば以下の条件を満たさなければならない．

$$p_w^t(t, t^*) = p(q_w^t(t+t^*)) - t \tag{11.12}$$

ここで，貿易税総額の変化による均衡変数への影響を検討する．まず，(11.11) 式を全微分することで均衡貿易取引量への効果は，

$$q_w^{t'} = \frac{1}{p'(q_w) - p^{*'}(q_w)} < 0 \tag{11.13}$$

となる．逆輸入需要関数は負の傾き，逆輸出供給関数は正の傾きを持つから，総額での貿易税の上昇は均衡貿易取引数量を減らす．また，(11.12) 式からそれぞれの貿易税の変化による均衡世界価格への効果は，以下となる．

$$\frac{\partial p_w^t}{\partial t} = p^{*'}(q_w) q_w^{t'}(t_t) = \frac{p^{*'}(q_w)}{p'(q_w) - p^{*'}(q_w)} < 0 \tag{11.14}$$

$$\frac{\partial p_w^t}{\partial t^*} = p'(q_w) q_w^{t'}(t_t) = \frac{p'(q_w)}{p'(q_w) - p^{*'}(q_w)} > 0 \tag{11.15}$$

ただし，第二の等号において (11.13) 式を利用している．自国が輸入関税を引き上げれば，世界価格は低下し，外国が輸出関税を引き上げれば世界価格は上昇することになる．また，(11.13) 式 - (11.15) 式には以下の関係式が成り立つ．

$$q_w^{t'} = \frac{1}{p^{*'}(q)} \frac{\partial p_w^t}{\partial t} = \frac{1}{p'(q)} \frac{\partial p_w^t}{\partial t^*} \tag{11.16}$$

11.2.2 関税戦争における利得関数と反応関数

次に，関税戦争下における両国の利得関数を定義する．これまでの貿易取引量と世界価格の決定メカニズムを考慮すれば，各国の貿易利益を表す (11.1) 式と (11.2) 式に均衡貿易取引量と均衡世界価格を代入することにより，両国における関税水準の組み合わせの関数として関税戦争下における両国の利得関

数が得られる．すなわち，各国の利得関数は次式となる．

$$\Psi(t, t^*) \equiv W(q_w^t(t+t^*), p_w^t(t, t^*)) = \int_0^{q_w^t} p(v) dv - p_w^t(t, t^*) q_w^t(t+t^*) \tag{11.17}$$

$$\Psi^*(t, t^*) \equiv W^*(q_w^t(t+t^*), p_w^t(t, t^*)) = p_w^t(t, t^*) q_w^t(t+t^*) - \int_0^{q_w^t} p^*(v) dv \tag{11.18}$$

ただし，(11.17) 式が自国の利得関数で，(11.18) 式が外国の利得関数を表している．

11.2.2.1　自国の反応関数

関税戦争下における各国の反応関数を求める．いま，相手の戦略である外国の貿易税の水準を所与として，自国の利得最大化の1階の条件は，次式で表せる．

$$\frac{\partial \Psi}{\partial t} = p q_w^{t\prime} - q_w^t \frac{\partial p_w^t}{\partial t} - p_w^t q_w^{t\prime} = q_w^{t\prime}(t - q_w^t p\prime) = 0 \tag{11.19}$$

ただし，第二の等号を導く上で (11.12) 式と (11.16) 式を用いている．したがって，(11.19) 式から自国の利得を最大化する輸入税水準が外国の輸出税水準の関数として導かれ，それが自国の反応関数 $t = R^t(t^*)$ となる．

次に，反応関数の形状を検討する．両国の貿易税の合計が貿易取引量ゼロで測った輸出入国内価格差以上となれば貿易取引は行われない．以下では，この臨界的貿易税の合計を $\overline{t}$ と表す．もし輸出税が貿易取引の生じない税額を上回るならば，輸入税をわずかに変更しても貿易取引量は変わらない ($q_w^t = 0$)．そのために，利得最大化条件が成立するのは，$t = 0$ である．また，輸出税が $\overline{t}$ よりも高ければ，自国の最適反応は輸入関税がゼロでも正であっても，貿易が生じないことに変わりはないから最適反応はゼロ以上の輸入関税となる．一方，輸出税がゼロの場合の最適反応は，前節における貿易利益最大化条件を満たすような輸入従量関税 t であるから，その t を t_0 とすれば (11.5) 式から次式を得る[2]．

---

[2] ここでは，従量関税を考えているが，従価関税であれば，$t = 1/\varepsilon_x^*$ が最適な輸入従価関税となる．

第11章　国際相互依存と貿易政策

図11-3　関税戦争下の反応曲線

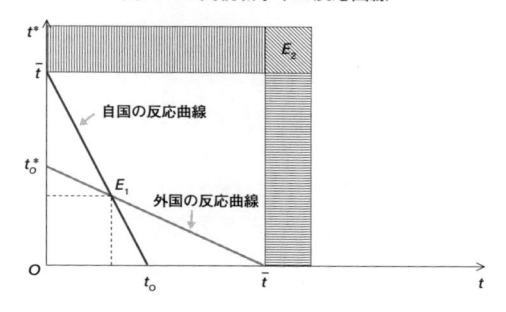

$$t_0 = \frac{p}{\varepsilon_m} = p(q_w^x) - p^*(q_w^x)$$

しかしながら，最適輸入関税下では貿易取引が正であることに注意すれば，貿易取引がなくなる貿易税額 $\bar{t}$ よりも最適輸入関税は小さい．したがって，自国の反応曲線は大域的に右上がりになることはなく，線形の輸出入曲線を仮定していれば，実際右下がりの反応曲線を得ることができる．このケースにおける自国の反応曲線は，図11-3で示されるように右下がりとなる．

11.2.2.2　外国の反応関数

同様に，輸出国である外国の利得最大化の1階の条件は次式となる．

$$\frac{\partial \Psi}{\partial t^*} = q_w^t \frac{\partial p_w^t}{\partial t^*} + p_w^t q_w^{t'} - p^* q_w^{t'} = q_w^{t'}(q_w^t p' + t^*) = 0 \quad (11.20)$$

ここから，利得を最大化する反応関数 $t^* = R^{t*}(t)$ が得られる．輸入国の場合と同様に，自国が自由貿易政策を採用しているならば，つまり，$t = 0$ であるならば，外国の最適反応は，前節における貿易利益最大化条件を満たしていなければならないから，（11.8）式から次式を得る．

$$t_0^* = \frac{p}{\varepsilon_m} = p(q_w^x) - p^*(q_w^x) \quad (11.21)$$

また，最適輸入関税のときと同様に，$t_0^* < \bar{t}$ が成り立ち，貿易取引がゼロとなる貿易税の額より輸入関税が大きければ，ゼロ以上の輸出関税が最適となる．

したがって，対応する反応曲線は図11-3の線分 $t_0^* \bar{t}$ のように描け，自国の場合と同様な形状を持つことになる．

また，お互いに相手の戦略を所与としたときの最適反応となっているナッシュ均衡は，図における各国の反応曲線の交点 E_1 と，貿易取引がゼロとなる $\bar{t}$ 以上の関税を両国ともに賦課している領域 E_2 の全ての点によって示されている．したがって，関税戦争の場合におけるナッシュ均衡は，貿易取引量が厳密に正となる均衡と，ゼロになってしまう均衡の二つが存在することになる．

しかしながら，ここで注意しておくべきことは，自由貿易政策を両国が採用しているならば得られたであろう利得よりも，関税戦争下における利得の方が厳密に低いことである．つまり，関税戦争に比べて自由貿易が**パレート優位**であるにもかかわらず，貿易相手国が自由貿易政策を採用しているのであれば，自らは関税により貿易を制限することで経済厚生を改善できるので，関税政策を採用してしまう．したがって，最終的には先に求めたナッシュ均衡が達成されることになり，両国が保護政策を採用し，お互いに利得を減らしてしまう**囚人のジレンマゲーム**の一例となっている[3]．

11.2.3 割当戦争と貿易均衡

つぎに，両国ともに数量割当により貿易を制限している均衡を検討する．両国ともに，貿易相手国の数量割当量を所与として自らの利得を最大化するように数量割当規模を決定するが，まず各国の数量割当量に応じて貿易取引量と世界価格がどのように決定されるかを検討しなければならない．

輸出国である外国が自由貿易政策を採用しているのであれば，輸入国である自国は前節で求めた最適輸入数量まで輸入量を制限することで貿易利益を最大化する．一方，自国がそのような政策を採用している場合，外国にとってはより少ない最適輸出量の水準まで輸出量を制限することで自らの貿易利益を最大化することができる．したがって，各国が選択する数量割当は各国が単独で貿易介入する際の最適貿易制限量を上回ることはないことが分かる．さらに，結論から言えば，割当戦争下における均衡では，貿易取引量がゼロになってしま

---

[3] 本章では，両国ともに同じ貿易制限政策を採用している場合を考えているが，各国が異なる政策手段を採用する場合を含んだ議論に関しては，清野［2009］を参照せよ．

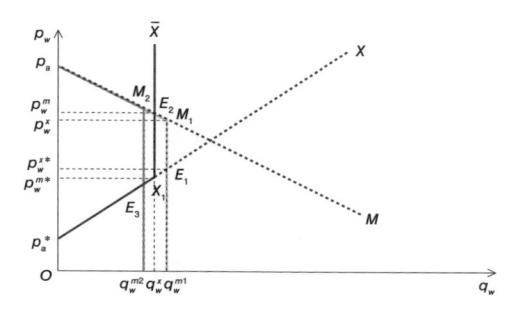

第11章 国際相互依存と貿易政策　　297

図11-4　割当戦争

う．以下この点について図 11-4 を用いて明らかにする．

11.2.4　貿易消滅と割当戦争下の反応曲線

図 11-4 で示されるように，外国が自由貿易政策を採用し，自国が最適な輸入数量割当量である q_w^{m1} だけの輸入数量制限を行っている場合，自国の輸入需要曲線は折れ線 $p_a M_1 q_w^{m1}$ となる．したがって，この場合の均衡点は E_1 となる．これに対して外国は，より少ない最適な輸出数量割当 q_w^x を選ぶので，輸出供給曲線は折れ線 $p_a^* X_1 \bar{X}$ となる．したがって，このときの均衡は輸出供給曲線と輸入需要曲線の交点 E_2 となる．しかしながら，こうした数量割当の組合せはナッシュ均衡とならない．なぜならば，自国はさらに少ない輸入数量割当，q_w^{m2} のような割当を選択することで，貿易均衡点が E_3 となり，大幅に交易条件を改善することができ，それにより経済厚生を改善できるからである．

このように，貿易相手国の数量制限をさらに下回る数量制限を行うことで両国ともに経済厚生を改善することができるので，最終的には貿易が消滅してしまう．そして，貿易相手国の数量割当規模がゼロになれば，お互いにどんな数量割当を選んでも貿易利益はゼロで変化しない．よって割当量ゼロが唯一のナッシュ均衡となる．

上の結論を反応曲線を用いて図示すれば，図 11-5 のように表すことができる．いま，自国の輸入割当量を $\bar{q}$，外国の輸出割当量を $\bar{q}^*$ で表し，貿易相手国が自由貿易政策を採用しているときの最適な輸入数量割当が，外国（輸出国）よりも自国（輸入国）のほうが高い場合（$\bar{q}_0 > \bar{q}_0^*$）が描かれている．お互いに自らの最適数量割当より貿易相手国が多い割当を課しているならば，最

図11-5 割当戦争下の反応曲線

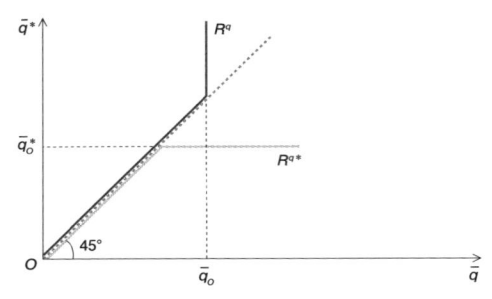

適な数量割当を課すことが最適となるので，自国（外国）の反応曲線は最適割当量で垂直（水平）である．また，それ以外ではお互いに相手の割当よりわずかに少ない割当を課すことが先の議論から最適となるので，45度線のわずかに乖離した反応曲線となる．したがって，割当戦争におけるナッシュ均衡は原点の組み合わせとなる．また，ここでもナッシュ均衡は関税戦争の場合と同様に，囚人のジレンマとなっている[4]．

以上の議論から，貿易相手国が報復する保護貿易戦争の場合には，関税では少なくとも正の貿易取引が生じる可能性があるが，割当政策における保護貿易戦争では，貿易自体が消滅してしまう結果になることが明らかとなった．これは，他国の貿易政策を所与としたときに関税と数量割当は同値であったが，他国の報復を考えた場合には同値ではなくなることを示している．また，GATT/WTOにおいて数量制限を関税政策に変更してまでも，数量制限政策を根絶しようとした一つの経済学的理由を与えている点で，この結果は重要であると言える．

11.3 経済統合

戦後，GATT/WTO体制の下で自由貿易体制の構築が目指されてきたが，近年では多国間による自由貿易化交渉は各国の利害が一致しないために交渉妥

---

[4] ここでは，割当戦争と関税戦争のみを扱ったが，両国が互いに異なる政策手段（割当と関税）を用いた場合についての分析に関しては清野［2009］を参照されたい．

結が一層困難となっている．2001年から開始されたドーハ開発アジェンダに関しても，財・サービスの貿易に関してのみ交渉を行うことになった．

このような状況下で，数カ国がグループを形成して，域内の貿易を自由化するような自由貿易協定の締結が1990年代前半から進行している．これは，GATT/WTO体制の下で多角的自由貿易化交渉が困難を極めており，2国間あるいは少数の国々の間で自由貿易体制を模索する動きが出てきたためである．2008年3月時点におけるWTOの報告では，地域貿易協定の数は重複などを除けば約150件に達している．

しかしながら地域経済統合に関する分析は，1950年に発表されたヴァイナー[5]の論文から始まる．さらにその後さまざまな方向に拡張され，また分析が続けられている．経済統合とは，複数国または地域間で締結される特恵的な取り決めと定義され，経済統合の度合いをその段階により分類したバラッサ[6]は，以下のように経済統合の程度により5段階に分類した．

(1) **自由貿易地域**（Free Trade Areas, FTA）：参加国間の関税を撤廃（他国に対する貿易制限は国により異なる）
(2) **関税同盟**（Customs Union, CU）：参加国の関税を撤廃し，さらに域外の関税を共通化
(3) **共同市場**（Common Market）：(2)に加えて生産要素の移動に関しても自由化
(4) **経済同盟**（Economic Union）：(3)に加えて経済政策に関して域内での協調
(5) **完全統合**（Complete Economic Integration）：(4)に加えて予算の統合や共通通貨の発行など諸政策の共通化を行い，超国家的機関を設立

また貿易に関しては，特定の国・地域間でのみ貿易を自由化する協定のことを地域貿易協定と呼ぶ．現在，地域貿易協定はそのほとんどが**自由貿易協定**（**FTA**）であり，また2国間のものが大半である．しかしながら，2国間では

---

[5] Viner, J. [1950] *The Customs Union Issue*, New York, Carnegie Endowment for International Peace
[6] Balassa, B. [1961] *The Theory of Economic Integration, Homewood*, Illinois：Richard D. Irwin, Inc.

なく,複数の国々を含んだ地域経済統合が存在する.例えば,アメリカ・カナダ・メキシコの3カ国による北米自由貿易協定（NAFTA）やASEANの自由貿易協定であるASEAN自由貿易協定（AFTA）などが挙げられる.一方,さらに経済統合を深化した関税同盟（CU）としては,ヨーロッパ27カ国で形成されているヨーロッパ連合,南米5カ国で構成されている南米共同市場（MERCOSUR）,中東のアラブ首長国連邦・サウジアラビア・カタール・クウェート・オマーン・バーレーンの6カ国による湾岸協力会議（GCC）などがある.

FTAとCUでは,他国と新たな貿易協定を結ぶ際に差異が存在する.FTAでは,他国に対する関税率は異なっていてもよいが,CUの場合は他国に対して共通の関税率でなければならない.つまり,他国とさらに貿易協定を結ぶ際に,FTAであれば容易であるが,CUの場合には域内での合意が必要であるために機動性の面で劣っていると言える.しかしながら,その機動性から域内の統合をさらに強化していく方向性を持ちうる.

以下では,経済統合を形成することによる経済効果を輸入国の立場から検討する.また,特に断りがない限り,経済統合としてFTAを検討する.

11.3.1 輸入小国におけるFTAの経済効果

どのような経済統合であれ,締結国間と非締結国間では差別的な扱いをすることになる.WTO/GATTにおいて最恵国待遇の原則から,全ての国に対して差別的な関税を課してはならないが,例外措置としてGATT24条から地域統合が認められている[7].以下,輸入国におけるFTAの経済効果である貿易創出効果と**貿易転換効果**を部分均衡分析により検討する.

本節では,議論を単純化して三つの国からなる世界を考え,そのうちの一つの国が他の二つの国から輸入している市場を考える.ここでは,その三つの国をA国,B国,C国とし,C国がA国またはB国から財を輸入する場合を考え,C国がA国またはB国とFTAを形成することによりC国にとってどのような経済効果があるのか,図を用いて検討する.

C国の需要曲線と供給曲線をそれぞれ図11-6のDD'とSS'で表されるもの

---

[7] 最恵国待遇とは,「協定締約国が相互に第三国に現在,または将来与えうる通商経済関係の諸条件により不利になる待遇をしないことを約束する」ことである.

第11章 国際相互依存と貿易政策

図11-6 小国におけるFTAの経済効果

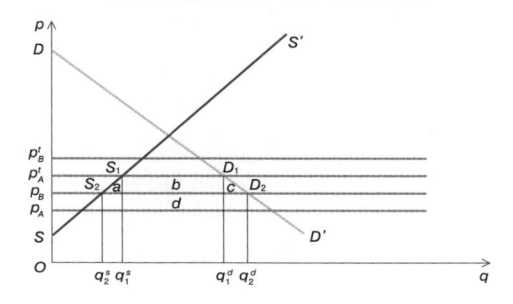

とする．また，C国は小国であり，A国またはB国からの無限弾力的な輸出供給曲線に直面しているものとする．そこで，関税賦課前の各国の輸出供給価格を p_A, p_B と表し，$p_B > p_A$ と仮定する．また，輸入国であるC国は輸入に対して t の輸入従量関税を賦課する．したがって，関税賦課後の輸入価格はB国の方がA国より高い（$p_B^t \equiv p_B + t > p_A^t \equiv p_A + t$）．したがって，FTA締結前の輸入相手国はC国となる．このときの，A国からの輸入量は線分と S_1D_1 なり，消費者余剰 $Dp_A^tD_1$ と生産者余剰 $p_A^tSS_1$，関税収入は領域 $b + d$ となり，A国の経済厚生はそれらの和で表される．

ここで，いまC国がB国とFTAを締結し，輸入関税を撤廃する，つまり輸入関税をゼロにする．このとき，B国からの輸入に対して無税となるため，C国にとってのB国からの輸入価格は p_B となり，A国とはFTAを締結していないため関税込みの輸入価格は p_A^t のままである．したがって，B国とFTAを締結する場合，国内消費者が直面する価格はB国からの輸入財のほうが安くなるためB国から輸入することになる．したがって，輸入相手国がFTA締結によりA国からB国に代わり，より安い価格に直面することになるため，C国における供給は減少し，かつ需要が増大することで輸入量が上昇する．一方，B国からの輸入に対しては関税がかからないので関税収入を失うことになる．

次に，このときのC国における経済厚生の変化を考える．FTAを締結することで，より安く財を消費者が消費することができるようになるので，その生み出された利益は領域 $p_A^tp_BD_2D_1$ である．一方，国内生産者はより低い価格に直面することで供給量を減らすから，生産者余剰の変化は $p_A^tp_BS_2S_1$ 領域だけ減少する．また，貿易相手国がA国からB国に変化することで，関税収入は

失われるが，その損失は領域 $a+b$ である．したがって，最終的な FTA 締結による厚生の変化は，領域 a と c の和がプラス，領域 d がマイナスの変化となる．このプラスの効果を貿易創出効果と呼び，マイナスの効果を貿易転換効果と呼ぶ．貿易創出効果は，FTA を結ぶことで交易条件が低下し，より多くの貿易を行うことで消費者が得る利益が拡大する効果である．また，マイナスの貿易転換効果は貿易相手国が A 国から B 国に代わることで失われる利益である．

したがって，FTA の締結により C 国の余剰が増大するのか減少するのかは一概には言えない．しかしながら，余剰の減少要因である領域 d は統合後の輸入価格が低いほど小さくなる．したがって，B 国と A 国の価格に格差があまりないことが余剰の増大をもたらす条件と言える．また，余剰の増加要因である領域 a と c は需要曲線と供給曲線の傾きが緩やかなほど大きくなるので，各曲線の弾力性が大きいほど余剰の増大をもたらすと言える．ただし，ここでの議論は C 国が経済統合を締結する相手国が B 国であると仮定していたが，より効率的な A 国と FTA を締結する場合は，小国完全競争下における部分均衡分析での自由貿易の利益を C 国は享受することができ，B 国と締結するよりも貿易余剰は拡大することが分かる[8]．

しかしながら，FTA 締結の効果は輸入国である C 国だけではなく他の国への静学的効果として，**交易条件効果**がある．FTA は非締結国にとって，貿易障壁の高さは変わらなくても，締結国間における差別的な関税引き下げにより相対的に非締結国の財の価格が上昇することで損害を被ってしまうことに注意されたい．

11.3.2 輸入大国にとっての FTA 形成

前項において，輸入小国のケースで FTA の経済効果を検討したが，より非効率な B 国とではなく，A 国と FTA を締結することでより経済厚生を増大させることができるのに，なぜ B 国をパートナーとするのか．また，貿易転換

---

[8] 一般的に，ここでの分析のように輸入競争にさらされている産業は，政府に対して国内産業を保護するように陳情する利益団体となりうる．こうした，経済統合と利益団体が政策決定に影響を与える状況を考慮した分析に関しては，Grossman, G. and Helpman, E. [1995] "The Poltics of Free-Trade Agreemwnts", *American Economic Review*, 85, pp.667-690 等を参照せよ．

効果により関税収入の減少を抑えるためにどうして一律の関税率引き下げを行わないのか．

ここでは，輸入国が右上がりの輸出供給曲線に直面しているようなケースにおいて，このような問題を検討する[9]．

当該国が完全競争下にあり，二つの輸出国から財を輸入している国によるFTA形成の厚生効果を検討する．また，先と同様にC国が輸入国，A国とB国が輸出国であるものとする．ここでは，以下の二つのケースを考察する．

（1）FTA締結前と後で貿易量が不変
（2）FTA締結後に貿易量が拡大

この二つのケースについて図を用いて検討する．

11.3.2.1 FTA締結前と後で貿易量が不変

図11-7において，右下がりの需要曲線DD'は輸入国（C国）の輸入需要曲線を表し，右上がりの$c_A c'_A$線はA国の輸出供給曲線，水平線$c_B c'_B$はB国の輸出供給曲線を表している．初期に輸入国は両輸出国からの輸入に対して非差別的な，つまり均一の輸入従量関税を課している．その関税額をtとする．それゆえ，各国の輸出供給曲線はtだけ上方にシフトするので，当該国が直面する総供給曲線は折れ線$c'_A \alpha c'_B$で与えられる．このとき，均衡は図のE点によって表される．輸入国における貿易余剰は，輸入国の総厚生を構成する関税収入$c'_B c_B E'E$と$\triangle D c'_B E$からなる．

つぎに，関税がtのときC国はA国とFTAを形成することによって経済厚生が悪化するか否かを検討する．いま，A国とFTAを形成すれば，A国からの輸入に対しては関税を賦課しないので，C国が直面する総供給曲線は図11-7の折れ線$c_A \beta c'_B$となる．したがって，FTA形成しても輸入量は変化せず，また，国内価格も変化しない．つまり，貿易創造効果は生じないことが分かる．しかしながら，A国とFTAを形成することで総輸入量は変化しないが，A国

---

[9] 輸入国が輸出供給曲線に直面している場合のFTAの経済効果を分析したものとして，Bhagwati and Panagriya [1996] "Preferential trading areas and multilateralism：strangers, friends or", in J.N. Bhagwati and A. Panagariya（eds），*The Economics of Preferential Trade Agreements*, American Enterprise Institute Press, Washington DCがある．

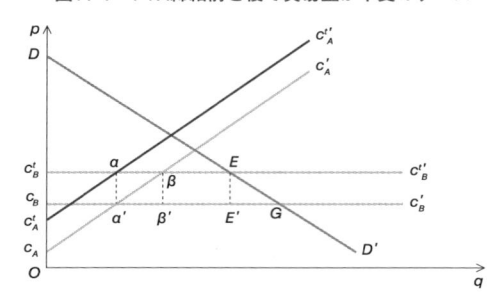

図11-7 FTA締結前と後で貿易量が不変のケース

との貿易量は変化する．図の線分 $\alpha\beta$ だけの輸入量が B 国から A 国に転換することになる．このことから，A 国との FTA の形成により，A 国からの輸入に対する関税収入を失うだけでなく，貿易相手国が B 国から A 国に変化することによって領域 $\alpha\alpha'\beta\beta'$ 分だけの関税収入も失うことになる．つまり，この損失分が先の貿易転換効果により生み出される損失となる．A 国との FTA 形成は，最終的には全体として関税収入 $c'_B c_B \beta\beta'$ を失うことになる．したがって，輸入国は A 国と FTA を形成すると貿易余剰に対してマイナスの効果を持つ貿易転換効果のみしか生じないことになるので，A 国との FTA 形成は C 国の経済厚生を悪化させると言える．

11.3.2.2 FTA 締結後に貿易量が拡大

FTA 締結後に貿易量が拡大するケースが図 11-8 に描かれている．それぞれの曲線は先と同様で，両国に同率の関税を課している場合の均衡点は E 点で表され，国内価格は c'_B，輸入量は線分 $c'_B E$ となる．

ここで，輸入国である C 国が A 国と FTA を締結する場合を考える．A 国と FTA を締結することで輸入国が直面する供給曲線は屈折線 $c_A \gamma c'_B$ となり，新しい均衡点は点となる．このとき，全ての輸入が A 国からとなり，価格は p_A に低下し，FTA 締結前より多く輸入することになる．

このときの厚生の変化は，(1)の場合とは異なり，価格が低下することで輸入が拡大，つまり消費が拡大することで生み出される貿易創造効果が生じることになる．それは，図の領域 $c'_B p_A \beta E$ で表される．一方，A 国と FTA を締結することで，全て A 国からの輸入となるので，締結前に得られていた関税収入（$c'_B c_B E'E$）を全て失うことになる．したがって，A 国との FTA によ

第 11 章 国際相互依存と貿易政策

図11-8 FTA締結後に貿易量が拡大するケース

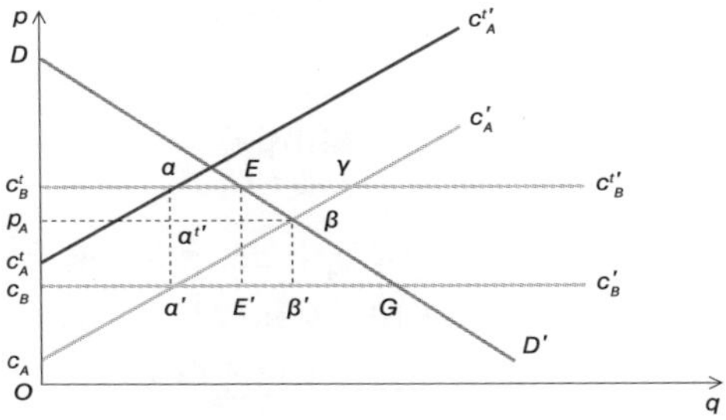

りC国の厚生が改善するかは貿易創造効果と関税収入の損失のどちらが大きいかによる．

11.3.2.3 関税差別化

11.3.1 においては，一律の関税を両輸出国に対して課しているときに，A国とFTAを締結することの経済効果を検討した．しかしながら，当該国が右上がりの輸出供給曲線に直面している場合，11.1の議論から限界輸入費用と限界輸入便益が等しくなるように輸入関税を課すことが最適であった．したがって，二つの国からの輸出供給曲線が異なるのであれば，各国からの限界輸入費用が一致するように差別的な輸入関税を課すことが最適となる．

しかしながら，現実には最恵国待遇の原則から関税差別化をすることはできない．パートナー国との特恵的なゼロの関税を与える経済統合を通じて不完全にしか価格差別を実行することはできない．したがって，輸入国にとって利用できる代替的な政策としては，均一関税かFTAを通じた不完全な関税差別化のどちらかである．

そこでここでは，11.1と同じフレームワークの下で，輸出国に対する最適関税を考え，どちらの国とFTAを締結すれば，より経済厚生を増大させることができるかを考える．輸入国であるC国は，A国の右上がりの輸出供給曲線に直面しているので，輸入国はその独占的需要者としての力を最大限利用することができる．一方，B国は水平の輸出供給曲線である．したがって，11.1の議論から，最適輸入従価関税率は次式となる．

$$t_A = \frac{1}{\varepsilon_x^A} > 0 \qquad t_B = 0 \qquad (11.22)$$

B 国の輸出供給曲線は水平,すなわち輸出供給の価格弾力性が無限大であるから,最適輸入関税はゼロとなる.

したがって,このケースにおける輸入国にとっての最善の戦略は,A 国に対しては(11.22)式で表される輸入関税を賦課し,B 国に対しては関税を賦課しないことが最適となる.つまり,FTA を締結するということは輸入関税をゼロにすることであるから,B 国と FTA を締結し A 国からの輸入に対して最適関税を賦課することで最善政策が実施可能である.

11.3.3 不完全競争下における FTA パートナー選択

前項では,差別的な関税率が低い国と FTA を締結することが輸入国にとって最善となっていた.しかしながら,果たして FTA のパートナーの選択基準としてこれが正しいのであろうか.また,低費用国をパートナーとして選択することが良いのだろうか.そこでここでは,二つの輸出国にそれぞれ一つの企業が存在し,各国から輸入をしている国がどちらの国と FTA を締結するのがより経済厚生を改善することができるのかを検討する.ただし,輸入相手国がどちらであっても同率の輸入関税を賦課している,つまり,一律の輸入関税を賦課している状況から FTA を締結する状況を検討する[10].

輸出国が A 国と B 国であり,それぞれの国に 1 社のみ存在し,C 国へ輸出している状況を考える.各企業の限界費用は一定で,それぞれ c_A, c_B とする.また,各企業の生産量あるいは C 国への輸出量を q_A, q_B とし,輸入国の需要関数を $p = p(Q_T) = \alpha - Q_T$ とする.ただし,$Q_T = q_A + q_B$,α は定数である.このとき,各企業の利潤は次式のように表すことができる.

$$\Pi_i = \{p(Q_T) - c_i - t_i\} q_i, \quad i = A, B \qquad (11.23)$$

したがって,利潤最大化条件式は次式となる.

---

10) 本節の議論は,Kiyono, K. [1993] "Who will be Called Partner?: An Importing Country's Incentive to Form a Free Trade Area", *Economic Studies Quarterly* 44, pp.289-310 による.

第11章 国際相互依存と貿易政策

$$0 = p'(Q_T) q_i + p(Q_T) - c_i - t_i \tag{11.24}$$

次に，輸入国の輸入費用と限界輸入費用を検討する．輸出国の輸出価格は次式となる．

$$p_i^* = p(Q_T) - t = c_i + q_i \tag{11.25}$$

ただし，第二の等号は利潤最大化条件と需要曲線の傾き $p'(Q_T) = -1$ の関係を利用している．したがって，輸入国にとっての総輸入費用と限界輸入費用は次式となる．

$$\text{総輸入費用：} TIC_i = p_i^* q_i = c_i q_i + q_i^2 \tag{11.26}$$
$$\text{限界輸入費用：} MIC_i = c_i + 2q_i = 2p_i^* - c \tag{11.27}$$

ただし，限界輸入費用の第二の等号は（11.25）式を整理して得られる $q_i = p_i^* - c_i$ を利用している．輸入国の国内価格は $p(Q_T)$ であるから，一律の関税を課している場合，

$$p(Q_T) - t = p_A^* = p_B^*$$

が成立している．また，このときの限界輸入費用の差は，

$$MIC_A - MIC_B = (2p_A^* - c_A) - (2p_B^* - c_B) = c_B - c_A \tag{11.28}$$

となる．したがって，B国よりA国の限界費用が高ければ（$c_A > c_B$），A国よりもB国からの限界輸入費用の方が高い，つまり（11.28）式が負となる．

B国からの限界輸入費用の方が高いということは，B国からの輸入をA国からの輸入に代替することでより低い費用でC国は輸入することができるようになると言える．したがって，一律の関税を課している場合，輸入国にとってFTAを締結するならば限界輸入費用の低いA国と締結するほうがB国と締結するよりも経済厚生上良いことになる．

この結果は，最初に提示した問題，「低費用国」とFTAを締結することが輸入国にとってより最適となるのかという問題に対し，逆の結果となっている．つまり，A国企業の限界費用がB国企業の限界費用より高いとき，A国からの限界輸入費用はB国からの限界輸入費用より低いため，経済厚生の観点からFTAのパートナーとしてA国が選ばれる．これは，国際寡占下において

輸出企業が独占レントを得ているために，このレントが海外に流出するので輸入国の厚生を悪化させる要因になっている．したがって，その独占レントが海外に流出することを抑制するために輸入関税を課す誘因が輸入国に働く．特に，低費用輸出国企業は高費用輸出国企業よりも多額のレントを獲得するので，輸入国はより高い関税を課す誘因を持つ．その結果，より低い費用の輸出国とFTAを形成するより高い費用の輸出国とFTAを形成することを輸入国は選択することになる．これは，高費用輸出国とFTAを形成することで形成前の関税率が変化しなかったとしても，低費用輸出国企業の関税込みの費用条件が相対的に低下し，流出するレントが減少するからである．

以上のことから，不完全競争の場合は高費用輸出国とFTAを締結する傾向があると言える．これは，世界全体の厚生の観点から生産面の非効率を拡大させるという意味では望ましいとは言えない．したがって，地域貿易協定が世界全体の厚生を改善する方向に働かない可能性がある．自由貿易を達成し，世界全体の厚生を高めるためには多角的な自由貿易交渉により自由貿易を推進していくことが望ましいと言える．

11.3.4　FTAのその他の議論

FTAのその他の問題としては，FTAが世界的な貿易自由化にとって補完的か，あるいは代替的なのかという問題がある．WTOは多角的な貿易自由化を促進することを目的としているが，果たしてFTAはどうなのであろうか．WTO/GATTでは，24条によりFTAの締結に参加した国々がお互いに無関税で貿易取引を行う場合であれば認めている．これは，FTAの締結がやがて多角的な貿易自由化をもたらすという意味で認め，その意味ではFTAが世界全体での貿易自由化を補完する役割を担いうるという考えに立っていると言える．経済統合が世界全体の貿易自由化に対して補完的である場合，そうした経済統合を**ビルディング・ブロック**と呼ぶ．

一方，FTAなどの経済統合が世界全体の貿易自由化を阻害する場合の経済統合を**スタンブリング・ブロック**と呼ぶ．経済統合がスタンブリング・ブロックとなる要因としては，地域的な経済統合が進む中で，域外との貿易が減少し，世界全体がブロック化してしまう可能性がある．また，各国が複数のFTAを締結することから生じてしまう多種多様な原産地規則が複雑に絡み合って存在

する状態を**スパゲッティ・ボウル現象**と呼び，そのさまざまな原産地規則により行政コストや貿易実務の煩雑化によるコストがますます上昇してしまうことが指摘されている[11]．さらに，FTA の交渉に人材を割くことで WTO の交渉に人材を割けなくなってしまう可能性がある．また，途上国ではそうした人材が少ないためそもそも FTA 交渉のための人材が存在しないとも言える．いずれにしても，このような問題を解消し，経済統合が世界的な貿易自由化にとって補完的となるビルディング・ブロックとなるよう国際的な協調と各国の不断の努力が求められる[12]．

もっと学びたい人のために──参考文献

　一般均衡下における貿易政策戦争に関する議論や 11.2 節における貿易政策戦争に関する更なる議論は，まず注 1) で挙げた文献に当たっていただきたい．

　また，前章の文献案内で挙げた Wong, Rivera-Batiz and Olivia や Feenstra なども薦める．また，Vousden, N. [1990] *The Economics of Trade Protection*, Cambridge University Press も有用である．

　経済統合に関しては，脚注 10) と 11) で挙げた文献や石川城太他著 [2007]『国際経済学をつかむ』(有斐閣)，*Krishna, P.* [2005] *Trade Blocs: Economics and Politics*, Cambridge University Press に取り組んでいただきたい．

---

11) 原産地規則とは，一般に財の原産地，つまりどこの国で生産されたものであるかを決定するためのルールのことである．地域貿易協定によりその国で生産されたものだという証明（原産地証明）を行うことにより，迂回輸入を防止し，協定に基づく特恵貿易が正しく運用されなければならない．しかしながら，最近では財を生産するに当たりさまざまな国で生産された中間財を使用して最終生産物ができ上がるために，どのような要件を満たせばその国の製品であるかということが問題となっている．
12) さらに経済統合に関する議論を知りたい場合には，Panagariya, A.［2000］"Preferential Trade Liberalization: The Traditional Theory and New Developments", *Journal of Economic Literature*, 38, pp.287-331 が有用で，経済統合に関する議論を全般的にサーベイしている．

第 12 章

地球環境問題

キーワード：地球温暖化，限界削減費用，排出量取引制度，炭素税，炭素リーケージ

　本章では国際公共政策問題の一つとしてとらえられる地球環境問題，特に地球温暖化問題を解説する．まず，国際公共政策とは何かを説明し，地球温暖化の基本的知識の確認，地球温暖化を経済学の視点から分析するために必要な基本的な概念の解説を行う．さらに，温暖化対策として現在話題になっている排出量取引，炭素税といった制度を紹介する．また，温暖化対策の議論において，特に国際貿易と密接な関係を持つ炭素リーケージという問題についても説明する．

12.1　国際公共経済学

　本章では地球環境問題を解説する．このテーマは，国際公共経済学の分野で取り扱われる問題の一つである．国際公共経済学では，国際公共財を巡るいろいろな問題を検討するが，まずその定義から考えてみよう．

12.1.1　国際公共財

公共財とは私的財に対峙する財・サービスを指し，後述するように具体的には（1）非競合性，（2）非排除性という二つの特性を持つような財・サービスを指す．したがって，国際的な視点からすれば，国際公共財とは，「非競合性と非排除性が国家間で存在するような財・サービス」と定義される．すなわち，次のような性質を持つ財である．

（1）国際的非競合性

すなわち，ある国の居住者の需要する財・サービスが，他の国の居住者にも同量需要可能であること

（2）国際的非排除性

すなわち，いかなる国の居住者であっても，その財・サービスの需要から排除されることはないこと

12.1.2　国際外部性

国際公共財が特に重要な問題となるのは，それが後述するような負の外部性，ここでは負の国際外部性をもたらす場合である．まず国際外部性の定義は，「ある国に居住する経済主体の経済活動が，市場を経由することなしに他の国に居住する経済主体の経済活動に影響を及ぼす現象」である．特に他の国に居住する経済主体の厚生水準を高める場合を「正の国際外部性」が存在すると言い，反対にそれを低下させる場合を「負の国際外部性」が存在すると言う．負の国際外部性の例としては，たとえば大気汚染物質によって他の国にもたらされる酸性雨の被害，風下の国が受ける黄砂の被害，汚水の排出で川下の国が受ける水質汚染の被害などがある．

特に，負の国際外部性をもたらすような財・サービスの供給は負の国際公共財として認識される場合が多い．そしてそのような負の国際公共財を抑制したり排除したりする財・サービスは，国際公共財として認識されることが多い．たとえばフロンガスの発生からオゾンホールが拡大し，より多くの紫外線の照射を受ける被害が考えられるとき，フロンガス排出を回避するための国際条約

や，回復されたオゾン層は国際公共財である．また，国際的天気予報・地震情報・津波予知情報なども国際公共財である．さらにまた，国際的な通貨危機の回避を意図した安定的な国際通貨制度も国際公共財の一つである．

12.1.3 負の国際外部性としての地球温暖化

本章では，この国際公共財を説明するに当たり，地球温暖化のような地球環境を例にとって，その悪化が各国の居住者にさまざまな負の外部性をもたらすことを念頭に置き，そのような負の国際外部性を回避する方策全体を国際公共財ととらえることにする．以下では地球環境を巡るさまざまな問題を解説する．

12.1.4 地球温暖化

現在，地球環境を巡りさまざまな問題（地球環境問題）が生じている．地球環境問題とは，影響が一地域に留まらず，広範囲，場合によっては地球全体にわたるような環境問題のことを指す．代表的なものとしては，地球温暖化，オゾン層の破壊，酸性雨，海洋汚染等がある．本章では，これら地球環境問題を経済学と関連付けながら考察する．ただし，同じ地球環境問題と言っても，問題の種類により性質・特徴は多様であり，全てを詳細に取り上げることは難しい．そこで本章では，特に**地球温暖化**をテーマに取り上げ，地球温暖化という観点から地球環境問題を考察することにする．地球温暖化はその原因，影響とも地球全体にかかわるものであり，現在最も注目されている環境問題である．また，経済活動とも密接に関係している環境問題であり，経済学において重要な分析対象の一つとなっている．

12.1.5 地球温暖化の原因

まず，地球温暖化全般についての知識を得ておこう．地球温暖化とは人間の活動を起因として地球の平均気温が長期的に上昇していくことを指す．この気温の上昇により，環境，社会，経済にさまざまな悪影響がもたらされる可能性が高いと言われている．気温の上昇に伴いさまざまな気候の変動が生じるため，気候変動（climate change）問題とも言われる．

地球温暖化の原因は，人間の活動から排出される**温室効果ガス**（GHG,

Greenhouse Gas）が増加していることにあると言われている．GHG の排出量が増加し，GHG の大気中濃度が上昇する．その結果，温室効果が強化され，温暖化が起こるというメカニズムである．温室効果とは地球の表面で放射された太陽の熱が大気圏外に逃げるのを防ぐ効果であり，温室効果ガスは，この温室効果を持つ物質のことを指す．さまざまな GHG が存在するが，地球温暖化を考える際には特に二酸化炭素（CO_2）が最も重要である．これは GHG の中で CO_2 の排出量が特に多いためである．

12.1.6　CO_2 排出量増加の原因

GHG，特にその中でも CO_2 の排出量が増加していることが温暖化の原因と考えられているが，その CO_2 増加の原因は，(1) 化石燃料（石油，石炭，ガス）の利用の増加，(2) 森林の伐採の増加にある．特に，産業革命以後，化石燃料を大量に消費する社会が出現したことで，化石燃料利用に起因する CO_2 の排出量が急激に増加したことが地球温暖化の主要な原因と言われている．さらに，途上国における急速な経済成長に伴い化石燃料の利用が急増していることから，CO_2 排出量は現在も留まるところを知らず増加しつつある．

12.1.7　温暖化の現状・将来

「気候変動に関する政府間パネル（IPCC）」という国際機関により温暖化の現状が分析されている．IPCC によれば，現在までの 100 年で地球の平均気温は 0.74℃，平均海面水位は 0.17m 上昇している．さらに，IPCC は将来の温暖化の動向についても見積もっており，温暖化対策が行われないとするなら，今後 100 年で平均気温は 1.8 ～ 4.0℃上昇し，平均海面水位は 0.18 ～ 0.59m 上昇するという試算を発表している．そのような温暖化が進行することで，さまざまな気候変動が生じ，国土，治水，生態系，健康，食糧生産等，社会，環境，経済にさまざまな被害がもたらされる可能性が高いと指摘している．

12.2 外部性と公共財

12.2.1 外部性

　経済学では，温暖化問題を含め環境問題は「外部性」の問題として捉えられることが多い．**外部性**とは，ある主体の行動が別の主体に対して市場を介さない形（金銭的なやり取りを伴わないかたち）で影響を与えることを言う．良い影響を与えるときには正の外部性，悪い影響を与えるときには負の外部性と呼ばれる．

　たとえば，太陽光発電装置を生産している企業が，大幅に生産コストを低下させる生産技術を開発したとする．もし，この技術が他の企業にも無料で利用可能になっているとすると，他の企業は何ら対価を支払わずにこの技術を利用することになるだろう．このような状況は正の外部性が働いている一つの例である．この例のように，技術や知識といったものは一般的に正の外部性を持つことが多いと言われている．

　一方，環境問題は一般に負の外部性の問題ととらえることができる．たとえば，川上の工場から排出される汚水によって川下の漁民，農民が被害を受ける．近くにできた高速道路によって近隣の住民が騒音に悩まされる．ある国で排出された大気汚染物質により，別の国で酸性雨が発生し，林業，農業に損害が生じる．現在の世代が排出したCO_2により温暖化が進行し，将来の世代に損害を与える．以上のような状況で，適切な補償が行われていないなら，負の外部性が生じていることになる．地球温暖化では，ある地域で排出されたCO_2により別の地域も被害を受けることになる．このように負の外部性が国際間で生じるのが地球環境問題の特徴である．

12.2.2 外部性の問題点

　外部性が存在する状況では，市場経済の自由な経済取引に委ねていては社会的に見て望ましい状態が実現しないと言われる．この主張を簡単な例によって確認してみよう．以下では，地球温暖化問題を例にとって議論を進める．温暖化問題なので，外部性としては負の外部性のケースとなる．

温暖化の原因であるCO_2の排出をもたらすガソリンという財を例にして考える．ガソリン100リットルを生産するのに石油会社は1万円の費用を負担しているとする．石油会社（生産者）が直接負担するこの費用のことを「私的費用」と言う．一方，ガソリンの利用からはCO_2が排出され，その結果温暖化が進行することで，将来の世代に損害が生じる．仮にガソリン100リットルの利用により将来の世代は1000円の損害を被るとしよう．この将来世代の受ける損害1000円は負の外部性を通じて生じる費用である．この費用を**外部費用**と呼ぶ．

社会全体として100リットルのガソリンを生産・消費するために負担する費用は，石油会社が直接負担している私的費用1万円に，外部費用1000円を足し合わせたもの，すなわち1.1万円となる．ガソリンという財をどれだけ生産・消費するのが社会全体として望ましいかは，この社会的費用を基に決定されなければならない．しかし，市場経済という仕組みにおいては，生産は生産者の行動によって決定されることになる．その生産者は社会全体での費用ではなく，自分の直接負担する私的費用1万円のみを考慮して生産を決定する．すなわち，本来社会全体としてかかる費用よりも小さい費用を基に生産を決定してしまう．小さい費用を基に生産を決定するのであるから当然生産は多くなる．この結果，社会全体ではガソリンが過剰に生産・供給されることになるのである．

以上のように，（負の）外部性が存在している状況では，外部費用が生じることで生産者の負担する私的費用と社会全体で負担する社会的費用が乖離してしまうが，市場経済では，（社会的費用よりも小さい）私的費用によって生産が決定されるため，本来望ましい水準よりも過剰に生産・供給が行われてしまう．これが外部性の問題点である．市場メカニズムに委ねていては社会的に望ましい状態が実現されない（過剰に生産・消費される）ので，政府が何らかのかたちで介入する必要が生じる．

12.2.3　公共財

地球温暖化は外部性の問題ととらえることができるが，それに加えて，**公共財**に関連する問題でもある．経済学での公共財とは，(1) 非競合性，(2) 非排除性の二つの性質を持つ財のことであった．非競合性とは「ある人が消費し

たとしても，その財を他の人が消費できないということにはならない」という性質であり，非排除性とは「対価を支払わない人が消費できないように，その人を排除することができない」という性質である．

　公共財の例としてよく挙げられるものは一般の道路である．道路はある人が利用したからといって，他の人が利用できなくなるわけではない（あまりに利用が多いと混雑の問題も出てくるが，ここではそれは考慮しない）．よって，非競合性を持っている．また，一般道については数が多いこともあり，対価を支払わない人が利用できなくすること（料金を支払った人のみ利用させること）は難しい．したがって，非排除性も持っている．地球温暖化問題の例で考えれば，公共財に当たるものは「温暖化防止策」である．ある国が温暖化防止のためにCO_2を減少させたとすると，それにより地球全体でのCO_2排出量が減少し，他の国も同じように温暖化対策の恩恵を受けることができる（非競合性）．しかも，その国が温暖化対策の費用を負担しないからといって排除することはできない（非排除性）．温暖化が通常の公共財とは異なるのは，非競合性，非排除性が国というレベルで働くという点である．

　公共財は，非競合性と非排除性という二つの性質により，他の人が費用を負担してくれるのなら，自分が費用を負担しないとしても，他の人と同じように利用することができる．道路の例で言えば，他の人が費用を負担し，道路を整備してくれれば，費用を負担しない人も利用することができる．このため，みなが公共財の供給に必要な費用を負担しようとしなくなり，その結果，公共財の供給が過少になってしまうという問題，いわゆるフリーライダー（ただ乗り）問題が生じる．

　地球温暖化問題でもこの公共財と同じような問題が生じる．地球温暖化の原因は，世界全体でのCO_2排出量の増加である．したがって，温暖化防止には世界全体でのCO_2排出量を削減する必要がある．本来は，各国がそれぞれ自国のCO_2排出量を削減するというかたちにすることが望ましいが，他の国が大量にCO_2削減を負担してくれれば，自らは削減を行わないとしても，温暖化対策の恩恵を受けることができる．この結果，他の国の削減を当てにし，自らは削減しようとしない国が増えるので，世界全体として削減量が過少になってしまう．公共財において，他の人が負担するのを当てにするため，結果的に公共財の供給が過少になってしまうのと同様に，温暖化問題でも各国が他の国の削減を当てにすることで世界全体の削減量（温暖化対策）が過少になるとい

う問題が生じるのである．

温暖化問題のように国際的な公共財の問題では，通常の公共財（一国内での公共財）のケースよりもさらに問題は深刻であると言える．というのは，通常の公共財の場合には，比較的単純な解決策が存在するのに対し，温暖化問題では単純な解決策は現在のところないからである．まず，通常の公共財のケースでは，過少供給になるという問題に対し，市場（民間企業）に公共財の供給を委ねるのではなく，政府が代わりに供給を行うという非常に単純な解決策がある．実際，道路等の公共財は民間企業ではなく，政府により供給されている．地球温暖化についても，仮に世界各国を統制する世界全体の政府に当たる機関があれば，その機関が各国に適切な削減を義務付けるような形にすればよいだけである．しかし，現実にはそのような機関は存在せず，あくまで各国の自発的な取り組みに頼るしかない．この意味で温暖化問題は，通常の公共財の問題よりもさらに困難な要素を含んでいると言える．

12.3 費用便益分析

ある政策を実施することの可否を判断する一つの方法として，**費用便益分析**という手法がある．これは，政策の導入によって生じる便益，及び費用を金銭的に評価し，便益が費用を上回るのなら，政策を導入するべきと判断するという手法である．特に公共事業導入の可否を判断する際に利用される手法であるが，環境政策を議論する際にも利用されるようになってきている．この費用便益を温暖化対策，たとえば CO_2 排出量の削減という政策のケースで考えてみよう．

12.3.1 CO_2 削減の便益

費用便益分析を行うには，その政策の導入により，どのような便益と費用が生じるかを明らかにしなければならない．まず，CO_2 削減の便益は，温暖化の進展による被害をどれだけ減らせるかによって測ることができる．温暖化の進行を放置すれば，環境，社会，経済にさまざまな損害がもたらされる．しかし，温暖化対策を行えば，そのような損害を減少させることができる．CO_2 削減の

便益は，CO_2 削減により温暖化の進行を遅らせることで，これらの損害をどれだけ軽減できるかによって測ることができる．たとえば，温暖化を放置していた場合，将来の世代に 1 兆円の損害が生じるのに対し，温暖化対策を行った場合には，その損害を 2000 億円まで減少させることができるとすると，CO_2 削減策の便益は，損害の減少額，つまり 8000 億円となる．

12.3.2 CO_2 削減の費用

CO_2 削減の便益の方は非常に分かりやすい．一方，CO_2 削減の費用とは何だろうか．これは大きく分けて，（1）省エネ機器への移行費用，（2）所得・利潤の減少という二つがある．

12.3.2.1 省エネ機器への移行費用

CO_2 を減らすということは，すなわち化石燃料の利用を減らすということである．化石燃料を減らす第一の方法は，エネルギーを利用する既存の機器を，より省エネルギーな機器に置き換えるということである．具体的には，燃費の悪い車をハイブリッド自動車に買い替える，電気を大量に消費する白熱灯を蛍光灯に買い替えるというような行動である．移行費用とは，このような行動に伴い，生じる費用である．既存の機器をまだ利用することができるにもかかわらず，買い替えるという場合には，当然余分な費用がかかってくることになる．また，ちょうど買い替えの時点において買い替える場合であっても，ハイブリッド自動車等の省エネルギー機器は通常のものよりも価格が高いことが多い．よって，そのような場合でも余分な費用が生じることになる．

12.3.2.2 所得・利潤の減少

CO_2 削減（エネルギー利用の削減）のためにまず考えられるのは，上で述べた省エネ機器への移行費用である．実際，このような方法で，ある程度の削減には対応できる．しかし，より多くの CO_2 を削減しようとした場合はどうであろうか．たとえば，ある運送会社を考えよう．この会社は運送サービスの提供のためトラックを利用し，CO_2 を排出している．仮にこの会社が CO_2 削減を求められたとしよう．

この会社は，CO_2 削減のためまず所有しているトラックの半分を新型の燃費

の良いトラックに買い替えた結果，4トンのCO_2排出を削減できたとする．さらに残りの半分も全て新型に買い替えると，追加的に4トンのCO_2を削減することができたとする．8トンのCO_2削減で十分なら，これで話は終わりであるが，もしさらに多くのCO_2削減を求められたらどうであろうか．既にトラックを新型に買い替えてしまったので，買い替えによってCO_2を削減することはこれ以上できない．このような状況になった場合，残る手段は運送サービスの提供を減らすということしかない．運送サービスの提供を減らせば燃料の利用は減るので，その分CO_2を削減することができる．

　CO_2削減を行わないときに，この企業は1000万円の利益を計上していたが，CO_2削減のためにサービスの提供を抑制した結果，この利益が600万円に減少してしまったとする．本来1000万円の利益を得ることができたにもかかわらず，CO_2の削減のために400万円分の利益を失ってしまったという意味で，この400万円はCO_2削減の費用とみなせる．(2)の費用はこのように本来得ることのできた利益，または所得をCO_2削減のために手放すことになるという意味での費用である（このような費用を経済学では機会費用という）．

12.3.3　国全体での削減費用

　温暖化対策を考える際には，個別の企業や家計の削減費用だけではなく，国全体での削減費用を考える場合がある．たとえば，日本全体のCO_2削減目標を議論する際には，日本全体として削減費用がどれだけかかるかということが重要になる．単純に考えれば，国全体での削減費用は個々の企業と家計が負担する(1)と(2)の費用を合計することで求められるであろう．しかし，この考え方には問題がある．(1)の移行費用を単純に合計してしまうと，費用を過剰に見積もってしまうからである．

　たとえば，車をガソリン自動車からハイブリッド自動車に買い替えた場合を考えよう．この車の買い替えは，車の所有者にとっては温暖化対策のための費用となる．しかし，ハイブリッド自動車を生産している企業にとっては売上の増加につながる．同様に，ある人が自宅に太陽光発電装置を新たに設置する場合，その設置費用はその人にとっては当然費用となるが，太陽光発電装置を生産・販売している企業にとってはやはり売上の増加となる．このように，ある人・企業にとっては温暖化対策の費用に当たることが，別の人・企業（特に，

省エネ機器を生産しているような企業）にとってはプラスの意味を持つ場合が多々ある．このため，国全体での削減費用を考える際に，個々の経済主体の削減費用を足し合わせていくと，費用を過剰に見積もってしまうことになるのである．以上のような理由から，国全体での温暖化対策の費用（負担）を評価する際には，個々の企業・家計の削減費用を考慮すると同時に，省エネ産業へのプラスの効果は差し引く必要がある．

12.3.4　費用・便益分析

上述のようにCO_2削減には便益もあるが，一方で費用も生じるため，一概にCO_2を削減すればよいというものではない．よって，費用便益分析の考え方に従い，費用と便益を比較し，望ましいCO_2の削減水準を求めればよいということになる．ただし，CO_2削減（温暖化対策）という政策に費用便益分析を適用するには非常に難しい問題がある．最も大きな問題は，CO_2削減政策というケースでは，その便益を測るのが非常に難しいという点である．これは，温暖化の影響が極めて長期，かつ多岐にわたるということによる．地球温暖化は数十年，数百年という非常に長期のスパンで，世界各地における環境，社会，経済に影響を与える性質の問題である．このためそもそも温暖化により損害がどれだけ生じるかを正確に評価することが難しい．そして，損害を正確に評価できなければ，CO_2削減の便益（CO_2削減でどれだけ損害が減るか）を評価することもできない．以上のような問題があるため，温暖化対策の費用便益分析は非常に困難な作業ではある．しかし，費用便益分析をしなければどれだけCO_2を削減すべきなのかという重要な問題を議論することが難しいので，不完全ながらも温暖化対策の費用便益分析が行われるようになってきている．

12.4　費用効率性

12.4.1　費用効率性とは

CO_2削減を行うにはさまざまな手段があるが，その手段によって削減のための費用が変わってくる．たとえば，日本がCO_2を25%削減しようとしたとき，

Aという手段ならGDPは1％しか減らないが、Bという手段なら5％も減少するというようなことである。同じだけCO_2を削減するのなら、当然費用（負担）が小さい手段が望ましい。ある一定の削減目標を達成するための最も費用の小さい手段は何かということを**費用効率性**の問題という。この費用効率性については、**限界費用均等化原理**という考え方がある。以下、この限界費用均等化原理について説明する。

12.4.2 限界削減費用

限界費用均等化原理を説明するには、まず**限界削減費用**（MAC, marginal abatement cost）という概念について理解しておく必要がある。「限界削減費用」とは、追加的に1トンのCO_2を削減するときにかかる費用のことを意味する。図12-1は限界削減費用の例である。横軸はCO_2の削減量（トン）、縦軸は限界削減費用（円）を表している。図では、1トン目の限界削減費用は200円、2トン目は300円、3トン目は400円という値となっている。これは次のように解釈する。たとえば、3トンのときの限界削減費用は400円である。これは2トン削減している状況から、さらに追加的に1トン削減するには、400円の費用がかかるということを意味している。「3トン目の1トン」を削減する費用であって、「3トン」の削減費用ではないことに注意してほしい。同様に、6トンの限界削減費用が1000円であるが、これは5トンから追加的にもう1トン削減するための費用（6トン目の削減費用）が1000円ということである。やはり、6トン削減するための費用ではないことに注意してほしい。

図では、限界削減費用は削減量が増加するほど高くなっている。これは同じ1トン分の削減にかかる費用が、削減量が多いほど（既にたくさん削減しているときほど）高くなるということを意味する。このように、限界削減費用は削減量の増加に伴い逓増するという性質を持つと考えられている。これは、以下のような理由による。

たとえば、ある企業がCO_2排出量を5トン減らさねばならないとしよう。5トン削減するには、当然まず1トン減らさねばならない。この企業はこの1トン目の削減をどのような手段によって削減するだろうか？ここで、1トンのCO_2を減らすのに次の四つの手段があるとする。

第12章 地球環境問題

図12-1 限界削減費用の例

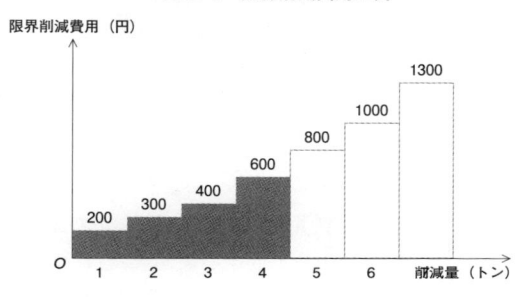

- 手段A：1トン減らすのに1000円
- 手段B：1トン減らすのに1500円
- 手段C：1トン減らすのに2000円
- 手段D：1トン減らすのに2500円

　このような選択肢が存在する状況において，1トンの削減を行うとしたら企業はまず一番費用の小さい手段Aを選択するであろう．さらに，もう1トン減らすとなると，2番目に費用の低い手段Bを選択し，さらに1トン削減するには手段Cと続くであろう．

　以上のように，削減を行う際，企業は費用の小さい手段をまず選ぶのが普通である．このため削減量が増加するほど限界削減費用は高くなるという関係が成り立つのである．逆に言えば，削減が進むほど，費用の低い手段はもう残されておらず，費用の高い手段を選ばざるを得なくなるのである．以上の性質は一般に広く成立すると考えられており，そのため限界削減費用は削減量の増加とともに逓増すると仮定される．

12.4.3　総削減費用

　以上，限界削減費用について説明したが，費用としては「総費用（総削減費用）」という概念もある．これはある一定量の削減を行う際にかかる全ての費用である．たとえば，3トンの削減の総費用と言ったら，3トンの削減にかかる全体の費用のことを指す．この総削減費用と限界削減費用は密接な関係を持っている．両者の関係を以下で考えよう．たとえば，4トン削減することの

総費用を考える．4トン削減することの総費用は次のように分解することができる．

> 4トン削減することの総費用＝1トン目にかかる費用＋2トン目にかかる費用
> 　　　　　　　　　　　　　＋3トン目にかかる費用
> 　　　　　　　　　　　　　＋4トン目にかかる費用

つまり，4トン削減することの総費用は，1トン目にかかる費用，2トン目にかかる費用，3トン目にかかる費用，4トン目にかかる費用を合計したものである．ここで，1トン目にかかる費用とは，限界費用の定義より「1トン目の限界費用」に等しい．同様に，2トン目にかかる費用とは「2トン目の限界費用」に等しい．よって，4トン削減することの総費用は，4トンまでの限界削減費用を合計したものということになる．つまり，

> 4トン削減することの総費用＝1トンのときの限界費用＋2トンのときの限界費用
> 　　　　　　　　　　　　　＋3トンのときの限界費用
> 　　　　　　　　　　　　　＋4トンのときの限界費用

である．この関係より，図12-1の数値例において，4トンの総削減費用は

> 4トンの総削減費用＝200＋300＋400＋600＝1500円

となる．同様に，6トンの削減を行うための総費用は，6トンまでの限界費用を合計した 200＋300＋400＋600＋800＋1000＝3300円という値となる．

次に，限界費用と総費用の関係を図12-1で考えてみよう．グラフは1トンずつ（1という幅）で描かれているので，グラフの下側の面積（高さ×幅）はそのまま限界費用の額に等しくなる．よって，4トンの総費用は，4トンまでのグラフの下側の面積を足し合わせたもので表現できる．これはグラフで青色になっている部分の面積である．同様に，6トンの削減を行うための総費用は，6トンまでのグラフの下側の面積に等しい．

ここまで非常に単純なケースを例に取って説明してきたが，より一般的なケースを考えてみよう．図12-2は図12-1をより一般化したものである．図12-1では1トンずつでグラフを描いていたが，図12-2では横軸の削減量を大きく取っているため，限界削減費用の上端の部分だけを滑らかにつないだ曲線（限界削減費用曲線）として表現している．ただし，考え方は図12-1の場合と

図12-2　限界削減費用曲線

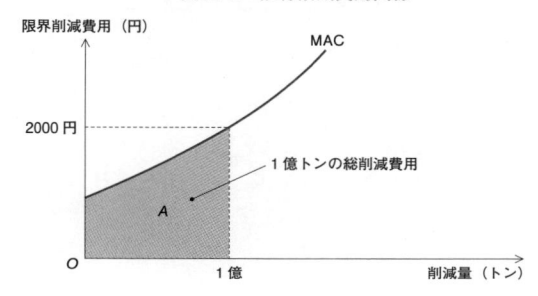

同じである．たとえば，図12-2では1億トンの限界削減費用が2000円となっているが，これは1億トン目の1トンの削減に2000円かかるということである．また，図12-1のケースと同様に，限界削減費用曲線の下側の面積は総削減費用に等しくなる．例えば，1億トンの削減のための総費用は1億トンまでの限界費用曲線の下側の面積（図のAの面積）で表現できる．

12.4.4　限界費用均等化原理

前節で，限界削減費用の説明をしたが，CO_2を削減する際に本来問題となるのは，総削減費用，つまり全体としてどれだけの費用がかかるかである．しかし，費用効率性の問題を考察する際には，この限界削減費用という概念が重要な意味を持つ．費用効率性の具体的な例を利用しながら，これを考えよう．

まず，企業Xと企業Yという二つの企業があるとする．この二つの企業は生産活動のために化石燃料を利用しておりCO_2を排出している．ここで，政府が温暖化対策のため，この二つの企業のCO_2排出量を全体で100トン減らしたいと考えたとしよう．二つの企業で100トン減らすわけであるので，減らし方（削減の割り当て方）には多くの組み合わせがある．たとえば，

(1) 企業Xと企業Yがそれぞれ50トンずつ減らす
(2) 企業Xが90トン，企業Yが10トン減らす
(3) 企業Xが20トン，企業Yが80トン減らす

等である．二つの企業の削減の合計が100トンになるような組み合わせは，ど

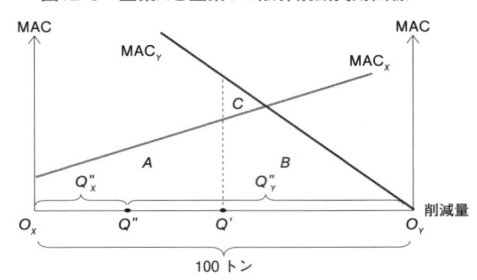

図12-3 企業Xと企業Yの限界削減費用曲線

れも政府の目標にかなった割当方である．ただし，どのような組み合わせかによって全体としての削減費用が変わってくる．この場合の費用効率性の問題とは，全体の削減費用（二つの企業の削減費用の合計＝企業 X の総削減費用＋企業 Y の総削減費用）を最小化するには，100 トンの削減を二つの企業にどのように割当てたらよいかという問題となる．

この問題は先ほどの限界削減費用曲線の図を利用することで分かりやすく説明することができる．図 12-3 は，企業 X と企業 Y の限界削減費用（MAC）を一つの図に書き込んだものである．MAC_X が企業 X の限界削減費用曲線，MAC_Y が企業 Y の限界削減費用曲線である．図 12-2 と同様に，横軸は削減量（トン），縦軸は限界削減費用を表している．企業 X の MAC については図 12-2 と全く同じように見ればよいが，企業 Y の MAC については右側を原点とし，逆向きに MAC のグラフを書き込んでいる．よって，企業 Y の MAC は左右逆方向に解釈する．企業 X と企業 Y は異なった技術を持っているため，二つの企業の限界削減費用曲線は異なった形状になる．

横軸の幅は 100 トンに取っている．このことから，横軸上の各点は 100 トンの削減の二つの企業への割当を表すことになる．たとえば，横軸のちょうど真ん中の点 Q' は，企業 X と企業 Y がそれぞれ 50 トンずつ削減する組み合わせを表している．同様に，Q'' という点は企業 X，企業 Y がそれぞれ Q_X''，Q_Y'' だけ削減するという組み合わせを表している．

この図を利用すれば，各割当における全体の削減費用を簡単に表現することができる．たとえば今，Q' という割当，つまり企業 X，企業 Y がそれぞれ 50 トンずつ削減する割当にしたとする．図 12-1，図 12-2 で学んだように，各企業の総削減費用は限界削減費用曲線の下側の面積で表現できた．よって，Q'

第 12 章 地球環境問題

図12-4 費用効率的な削減割当

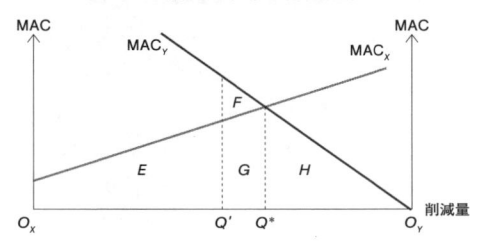

という割当の下での企業 X の総削減費用は図の A の面積となる．同様に，企業 Y の総削減費用は図の B と C を足し合わせた面積で表される．二つの企業の総削減費用を足し合わせたものが全体の削減費用となるので，「$A+B+C$」の面積が全体の削減費用ということになる．他の割当の組み合わせの場合でも，まったく同じように考えればよい．

さて，今考えているのは，この全体の削減費用を最も小さくするのはどのような割当かという問題であった．結論から言うと，二つの企業の限界削減費用が等しくなる（均等化する）割当方が全体の削減費用を最小にする割当方となる．つまり，図 12-4 の Q^* という割当方にすることで，全体としての削減費用を最小にすることができる．

Q^* で全体の費用が最小になることを理解するため，Q^* 以外の割当方と比較をしてみよう．たとえば，Q' という割当方にしたとすると，E の面積が企業 X の総削減費用，$F+G+H$ の面積が企業 Y の総削減費用となるため，$E+F+G+H$ が全体の削減費用となる．Q' という割当方では，企業 X の限界削減費用は，企業 Y の限界削減費用を下回っており，両者は等しくなっていない（均等化していない）．限界削減費用の定義に従えば，これは追加的な 1 トンの削減を行うのに，企業 Y の方が企業 X よりも多くの費用がかかるということを意味する．よって，このような場合には，企業 Y の削減を減らし，企業 X の削減を増加させることで全体の削減費用を少なくすることができる．実際，Q' のときの全体の費用は $E+F+G+H$ であるが，ここから企業 Y の削減を減らし，企業 X の削減を増やして，Q^* という組み合わせに変更したとすると，全体の削減費用は $E+G+H$ の面積になる．削減量を増やす企業 X の削減費用は G だけ増加するが，削減量を減らす企業 Y の削減費用が $F+G$ だけ減少

するので，全体として F に等しいだけ削減費用を減らすことができる．

二つの企業の限界削減費用が均等化されていない状況では，常に同じ議論が成立する．結局，それ以上全体の削減費用を小さくすることができない，つまり全体の削減費用が最小化されているのは，両企業の限界削減費用が均等化されている（等しくなっている）状況（Q^* という割当方）ということになる．このように，全体の削減費用を最小にする条件において，限界削減費用という概念が重要な意味を持つことから，以上の考え方は「限界費用均等化原理」と呼ばれている．

12.4.5 限界費用均等化原理の応用

前項では，二つの企業の CO_2 削減という例で考えたが，限界費用均等化原理の考え方は企業レベルでのみ成立するものではなく，さまざまな状況に応用することが可能である．たとえば，日本全体で CO_2 削減を行う際に，日本全体での削減の費用を最も少なくするには，各産業にどのように削減を割当てればよいかという産業レベルでの問題にも応用できる．限界費用均等化原理に従えば，この場合，各産業の限界削減費用が等しくなるように割当てればよいということになる．

また，国際間での CO_2 削減割当の問題にも応用できる．たとえば，世界全体での削減費用を最小にする形で，世界全体で10億トンの CO_2 を削減しようとするとき，それを各国にどのように割当てればよいかという問題である．この国際間での削減割当の議論は，実際の温暖化対策交渉の際に重要な問題になっている．たとえば，1997年に採択された京都議定書では，先進国を中心とした国々が CO_2（GHG）を削減する義務を負うことになり，各国に対し一定の削減が割当てられた．限界削減費用均等化原理に従えば，世界全体での削減費用が少なくなるようにするには，各国の限界削減費用が均等化するように割当てるべきだが，京都議定書における削減割当てでは各国の限界削減費用は大きく乖離すると言われている．これは，京都議定書における削減割当が費用効率的な割当になっていないということを意味している．

12.4.6 排出規制の手段

CO_2 の排出を規制するにはさまざまな方法が考えられるが，大きく分けて，（1）規制的手段，（2）経済的手段の二つがある．規制的手段とは，「基準等を設定することで，企業・家計の排出する CO_2 を直接コントロールしようとする方法」である．たとえば，「一つの企業の1年間に排出する CO_2 の量を1万トンまでに制限する」という規制である．図 12-3，図 12-4 の例で考えれば，政府が企業 X，企業 Y の削減量を直接決める規制方法である．

一方，経済的手段とは，「直接個々の企業・個人の排出量をコントロールするのではなく，インセンティブに影響を与えることで間接的にコントロールするような方法」のことである．インセンティブとは「自発的に行動するための動機づけになるもの」を指す．この経済的手段の代表的な例として，「排出量取引制度」と「炭素税」がある．これまでの環境問題では規制的手段が利用されることが多かった．しかし，地球温暖化問題においては，規制的手段ではなく，経済的手段の方が適していると言われている．この主張を**排出量取引制度**，**炭素税**という例を使って説明しよう．

12.5 排出規制

12.5.1 排出量取引とは？

排出量取引制度と言ってもさまざまなバリエーションがあるが，最もオーソドックスなものは以下のような制度である．まず，政府が CO_2 の総排出量にキャップ（上限）を設定し，キャップに等しいだけの排出権を発行する．たとえば，国全体での CO_2 排出量を 10 億トンに制限したいときには，10 億トン分の排出権を発行する．排出権とは，CO_2 を排出する権利（許可証）のことであり，企業はこの排出権を保有していないと CO_2 を排出することができない．そして，政府は発行された排出権を何らかの方法によって企業に配布する．排出権を配布された企業はその保有量に応じて CO_2 の排出量を調整しなければならない．ただし，排出権は排出権市場で売買することが可能であるので，初期の保有量では不足している企業は購入し，逆に余っている企業は売却するこ

とができる．排出権価格は，通常の財と同じように，排出権市場における需要と供給の関係によって決まってくる．

12.5.2 排出量取引の特徴

以下，排出量取引制度の特徴をまとめてみよう．まず，排出権を市場で売買することができるということは，誰がどれだけ排出するかは市場での取引により決まってくるということを意味する．逆に言えば，政府は個々の企業の排出量を規制しないということである．この点は，個々の企業の排出量を直接コントロールしようとする規制的手段との大きな違いである．一方，総排出量については，政府はそれをコントロールすることができる．なぜなら，配布された排出権の量以上には排出できないからである．

排出量取引では，規制的手段とは異なり，個々の企業の排出量には何も規制を行わない．しかし，それでも個々の企業は自らの排出量を削減するインセンティブを持つことになる．というのは，排出量取引という制度の下では，排出量を削減し，排出権を販売すれば収入を得ることができる（排出権の購入量を減らせば購入費用を減らせる）ため，排出量を減らすことが自らにとって得になりうるからである．このように，企業の収入・費用に影響を与えることで，自発的に CO_2 排出量を削減しようとする行動を導き出す（削減するインセンティブを生み出す）政策を「経済的手段」と呼ぶ．一方，規制的手段では一定の基準さえ守れば，それ以上削減したとしても企業には何の得にならない．したがって，規制的手段では基準以上に削減するインセンティブな存在しない．

12.5.3 全体の削減費用の最小化

費用効率性の問題を考えた部分で述べたように，同じだけの CO_2 削減を行うのなら，できるだけ削減費用が少なくなる仕組みが望ましい．排出量取引という制度において，削減費用がどうなるかを考えよう．そのためまず排出量取引制度において個々の企業がどう行動するかを考えよう．

ある一つの企業を考える．この企業の CO_2 削減量と限界削減費用の関係が図 12-5 で表されているとする．また，この企業はまったく削減を行わないとすると Q' に等しいだけ CO_2 を排出するとする．この場合，たとえば Q^* だけ

第 12 章　地球環境問題

図12-5　排出量取引制度の下での企業の行動

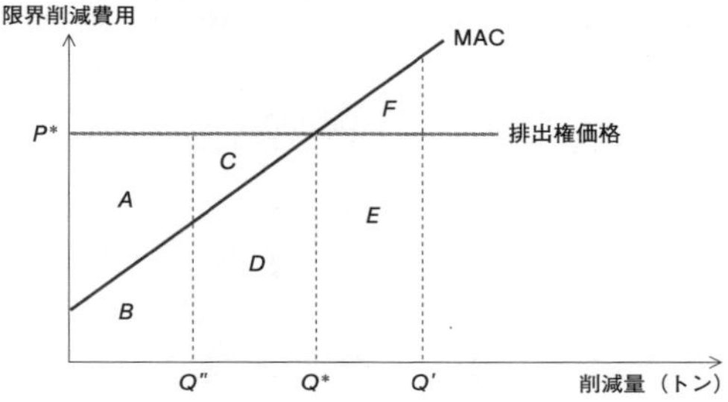

削減を行ったとすると，$Q' - Q^*$がCO_2の排出量ということになる．排出量取引制度が実施されており，この企業はCO_2を排出するのなら，排出権を保有していなければならないとする．さらに単純化のため，この企業は当初排出権をまったく所有していないとする．よって，排出量に等しいだけの排出権を購入しなければいけないことになる．最後に，排出権価格は，排出権市場で決まっており，それは図のP^*という水準で与えられているとする．

以上の設定の下でこの企業がどう行動するかを考えよう．まず，企業がQ''だけ削減を行ったとする．このとき削減費用は図のBの面積で与えられる．また，Q''まで削減ということは，CO_2排出量は$Q' - Q''$ということになり，それに等しいだけの排出権を購入することになる．排出権価格はP^*なので，排出権の購入費用は$C + D + E$で与えられる．結局，企業が負担する費用（＝削減費用＋排出権購入額）は$B + C + D + E$となる．

次にQ^*まで削減を行った状況を考えよう．このとき削減費用は$B + D$となり，排出権購入額はEとなるので，全体の費用は$B + D + E$となる．Q''まで削減するケースと比較するとCの分だけ費用が少なくて済むことが分かる．

さらに削減量を増加し，Q'まで削減したとする．このとき排出量はゼロとなり排出権購入額はなくなるので，全体の費用は削減費用$B + D + E + F$に等しくなる．Q^*のケースと比較すると，Fだけ費用が増加してしまうということがわかる．Q''，Q'以外の削減量を選んだ時も，以上と同じ議論が成り立つので，結局，企業にとって費用（削減費用＋排出権購入額）が最小になる削減量は，限界削減費用が排出権の価格に等しくなるQ^*ということになる．

次に，企業が当初Q'に等しい排出権を保有しているケースを考えてみよう．最初から排出権を保有しているので，このケースでは排出権を販売するという

選択肢もある．まず，Q'' まで削減するケースを考えると，削減費用は B となるが，削減量 Q'' に等しい排出権を販売することができ，それにより $A+B$ に等しい収入を得ることができる．よって，結局企業の費用は $B-(A+B)=-A$ となる．つまり，削減費用を上回る排出権収入が得られるので，企業はネットで見て A に等しいだけの収入を得ることができる．同様に，Q^* まで削減したケースを考えると，削減費用 $B+D$ に対し，排出権販売額は $A+B+C+D$ となり，ネットで見ると $A+C$ の収入を得ることができる．Q'' まで削減したケースと Q^* まで削減したケースを比較すると，Q^* まで削減したケースの方が C の分だけ収入が多い．さらに，Q' まで削減したケースを考えると，削減費用 $B+D+E+F$ に対し，排出権販売額は $A+B+C+D+E$ となり，ネットの収入は $A+C-F$ となる．Q^* まで削減するケースの方が F の分だけ収入が多いことが分かる．以上より，最初に Q' だけの排出権を保有しているケースであっても，Q^* まで削減するのが望ましいことが分かる．よって，このケースでも企業は限界削減費用が排出権の価格に等しくなるところまで削減を行うということになる．

　以上の議論が示すように，排出量取引という制度の下では，各企業は自らの限界削減費用が排出権価格に等しくなる水準まで削減を行うことになる．各企業がこのような行動をとり，しかも排出権市場で決まる排出権価格はどの企業にも共通であるので，排出量取引の下では，全ての企業の限界削減費用が均等化する（等しくなる）ことになる．限界費用均等化原理で見たように，これは経済全体での削減費用を最小化するための条件であった．よって，排出量取引は，削減費用を最小化する削減方法ということになる．このように費用効率的であるということが，温暖化対策において，排出量取引という制度が特に注目されている理由の一つとなっている．

　排出量取引制度では，個々の企業の削減量については何も規制がされない．また，個々の企業は自分にとっての損得（支払う費用をいかに少なくするか）のみを考えて行動するだけであり，全体としての費用については何も考慮しない．しかし，排出量取引では，企業が自らの利益を考え行動し，排出権市場で排出権が売買されることで，全ての企業の限界削減費用が自然に均等化する状態が成立し，結果として全体での削減費用が最小化されることになるのである．

　以上のように，排出量取引制度は一定の削減を行うに当たって最小の削減費用を実現する政策であるが，それでは規制的手段はどうであろうか．まず，規

制的手段を利用しても，同じように削減費用を最小化することは原理的には可能である．たとえば，図12-4の例では Q^* という割当方が費用効率的な割当方であったが，直接企業の排出量をコントロールする規制的手段では，そのまま Q^* という割当を選択すればよいだけである．しかし，現実の温暖化対策において規制的手段によって削減費用最小化を実現するのは難しいと言われている．まず，第一に規制的手段によって費用最小化を実現するには，企業の限界削減費用についての情報（各企業の限界削減費用曲線についての情報）を持っている必要がある．図12-4の例で言えば，どの割当方で二つの企業の限界削減費用曲線が交わるかが事前に分かっていなければならない．そのような企業内部の技術的な情報を政府が正確に判断するのは難しいと言われている．さらに問題であるのは，CO_2 の場合その排出源となる企業が膨大な数となるということである．狭い地域での少数の企業からの排出が原因となっている環境問題と異なり，温暖化問題ではほぼ全ての企業，家計が CO_2 を排出しており，排出源の数が極めて多い．少数の排出源しか存在しない場合には，各企業の限界削減費用の情報を調べ，費用最小化を実現する割当を指定することも可能かもしれないが，極めて多数の排出源が存在する場合には，各企業の情報を得ることも困難であるし，仮に情報を入手できたとしても，それに応じて企業毎に適切な削減量を指定するということは現実的に不可能である．これまでの環境問題においては，規制的手段という手法が用いられることが多かったが，温暖化対策においては以上の理由により，規制的手段で費用効率的な状態を実現することが難しい．これが，温暖化対策において，これまでの規制的手段ではなく排出量取引（さらに，後に説明する炭素税）が注目されている理由である．

12.5.4 国際的な排出量取引

限界費用均等化原理のところで検討したように，世界全体での CO_2 削減費用を最小化するには，各国の限界削減費用が均等化されるような形で削減を行わなければならない．しかし，各国の限界削減費用が均等化するように削減の割当を決めるのは難しい．実際，京都議定書で決められた各国の削減割当では，各国における限界削減費用に大幅な差が生じると言われている．しかし，国際間の排出量取引を導入することで，各国の限界削減費用が均等化する状況を実現することができる．

たとえば，A国，B国という二つの国があり，それぞれ国内でCO_2削減のため排出量取引を導入しているとする．国際間の排出量取引がない場合には，国内排出権市場で各国における排出権価格が決まる．仮にA国では1000円／トン，B国では2000円／トンという排出権価格が成立しているとする．排出量取引の下では，限界削減費用＝排出権価格が成り立つので，これはA国，B国において限界削減費用が一致していないことを意味する．したがって，世界全体としてCO_2削減の費用は最小化されていないということになる．

以上のような状況において，国際間での排出量取引が可能になったとする．これにより企業は，国内だけではなく，海外とも排出権の売買を行うことができるようになる．すると，通常の財・サービスと同様に，価格の高い国（B国）が価格の低い国（A国）から排出権を購入するようになる．この裁定取引は両国の間の排出権価格に差が存在する限り続くので，結局両国において排出権の価格が一致することになる．これにより両国において限界削減費用が均等化し，費用最小化が実現されることになる．このように国際間で排出量取引を導入することで世界全体でのCO_2削減費用を最小化することができるのである．

12.5.5 排出量取引の長所と短所

これまでの議論を踏まえ，排出量取引という制度の長所をまとめると，(1) 総排出量をコントロールすることができる，(2) 全体の費用が最小化されるような仕組みを備えている（限界削減費用均等化が実現する）という点である．一方，排出量取引には短所も存在する．まず，排出権の価格が不安定になりやすいという問題がある．株価が株式市場で決まるように，排出権の価格は排出権市場での取引で決まることになる．投機的な動機で排出権の取引が行われた場合，排出権価格が不安定になる可能性がある．第二に，排出権を取引する制度（取引のルール，市場等）は存在していないことから，一から新たに制度を整備する必要があるという問題がある．

12.5.6 炭素税とは

炭素税は排出量取引と並ぶ代表的な経済的手段である．炭素税とは，文字通り「二酸化炭素の排出量に応じて税金をかけるという政策」である．たとえば，

1トンのCO_2を排出することに対し，1000円の税金をかけるというような政策である．ただし，CO_2の排出量を直接測り，税をかけるのは難しいため，実際に行われる際には化石燃料への税という形をとる．たとえば，ガソリン1リットルを利用した場合，2.3kgのCO_2が排出される．この関係から，1トンのCO_2に対する1000円の税は，1リットルのガソリンに対する2.3円の税と同じことが分かる．他の化石燃料についても，その利用量とCO_2排出量には固定的な関係が存在しているので，CO_2に対する税を化石燃料に対する税に変換することができる．

12.5.7　炭素税の効果

たとえば，ガソリンに対する税というかたちをとった炭素税が導入されたとする．炭素税の分だけガソリンの価格は上昇することになる．この価格の上昇に対し，人々は車を使わなくなる，燃費の良い車に替える等の行動をとる．その結果，ガソリンの消費量が減少し，CO_2の排出量が減少する．つまり，炭素税とは「意図的に価格を上昇させることで，エネルギーの消費量を抑制し，それによってCO_2の排出量を減少させる」という政策である．

12.5.8　炭素税の特徴

炭素税では排出量については何も規制されない．言い換えれば，税を支払う限りは，いくらでもCO_2を排出してよい．しかし，排出量を減らすほど，支払う税金の額が少なくなるため，自ら排出量を削減するインセンティブが生じる．このように，炭素税は，排出量取引と同様に，人々・企業のインセンティブに影響を与えることで間接的にCO_2排出量をコントロールする政策であるので，経済的手段に分類される．

また，排出量取引と同様に，炭素税も費用効率的な政策である．つまり，炭素税という政策でも，全ての削減主体の限界削減費用が均等化するという状態を実現できる．これは図12-5においてP^*を炭素税の税率と読み直すことにより簡単に示すことができる．P^*という炭素税率の下でQ''まで削減を行ったとする．削減費用Bに対し，炭素税の支払いは$C + D + E = (Q' - Q'') \times P^*$であるので，企業の負担は$B + C + D + E$となる．一方，$Q^*$まで削減をした

ときには，同様の計算によって，企業の負担は $B+D+E$ となる． Q^* まで削減をするケースの方が C の分だけ負担が小さい．同じようにして Q' まで削減をするケースと Q^* まで削減するケースを比較すると，後者の方が F だけ負担が小さくなる．したがって，炭素税のケースでは限界削減費用が炭素税率 P^* に等しくなるところまで削減を行うのが企業にとって最も望ましいということになる．各企業が同様に行動し，しかも炭素税率は全ての企業にとって同じであるので，炭素税の場合でも全ての企業の限界削減費用が均等化する状態が実現し，全体としての削減費用が最小化されることになる．このように炭素税も排出量取引と同様に最小費用を実現する仕組みを有した政策であり，優れた温暖化対策と考えられている．

12.5.9 排出量取引と炭素税の比較

炭素税も排出量取引も（1）インセンティブに影響を与えることで間接的に規制する経済的手段，（2）どちらも費用効率的な削減方法であるという共通点はあるが，同時に異なる点もある．両者の相違点，長所・短所は表 12-1 にまとめている．

まず，排出量取引は総排出量をコントロールできるのに対し，炭素税では総排出量を正確にコントロールするのが難しい．これは，排出量取引が排出量全体にキャップをかける仕組みであるのに対し，炭素税はエネルギー価格の上昇を通じて間接的に排出量に影響を与える政策であることによる．また，排出量取引では排出権価格が不安定になりやすく，その結果企業の負担が予測しにくいが，炭素税では逆に負担を予測しやすい．排出量取引では排出権の価格が不安定なら排出権購入額も不安定になり，ある一定の排出権を購入するのにいくら負担すればよいかが予測しにくくなる一方，炭素税では CO_2 1 単位当たりの税率が固定されているため炭素税としてどれだけ支払えばよいかが確定しているからである．さらに，排出量取引では排出権を売買する市場等，これまでに存在しない制度を構築する必要があるが，炭素税はエネルギーに対する税という形で実施されるので，既存のエネルギー課税の仕組みを利用すればいいという利点がある．他にも細かい違いは存在するが，いずれにせよ二つの政策はそれぞれ長所・短所を持っており，どちらが優れた政策かは一概には言えない．

第12章 地球環境問題

表12-1 排出量取引と炭素税の長所と短所

	排出量取引	炭 素 税
長所	・CO_2の総排出量をコントロールしやすい	・企業が負担する費用が予測しやすい（負担が安定的） ・既存の制度（エネルギー課税）の延長として実施できる．
短所	・排出権価格が不安定となりやすく，企業の負担が予測しにくい． ・これまでにない新しい制度を整備する必要がある．	・総排出量を正確にコントロールするのが難しい．

12.6 炭素リーケージ

12.6.1 リーケージとは

温暖化問題では**炭素リーケージ**（炭素の漏れ）と呼ばれる問題がある．リーケージとは，ある国においてCO_2の排出規制を導入したときに，別の地域でCO_2の排出量が増加してしまう現象を指す．

12.6.2 リーケージの原因

リーケージが起こる原因には，（1）比較優位の変化，（2）企業の移動，（3）エネルギーの国際価格の変化の三つがある．

12.6.2.1 比較優位の変化

CO_2排出に規制を設ける国では，炭素税や排出量取引等の制度が導入される．炭素税や排出量取引はCO_2の排出にお金を支払わなければならない制度であるので，CO_2を大量に排出するエネルギー集約産業（たとえば，電力，鉄鋼，化学製品，セメント等の産業）は生産コストの大幅な上昇に直面し，価格を引き上げる必要が出てくることもある．国際間の貿易が存在しない状況では，これは単に国内での産業の再編をもたらすのみであるが，現在のように国際間の貿易が盛んに行われている状況では，国際間での産業の再編が引き起こされることになる．たとえば，日本の企業は日本の国内市場において，海外からの輸入品

との競争に直面している．また，海外市場においても他の国の製品との競争に直面している．日本国内での排出規制によりエネルギー集約財の価格が上昇することで，日本の企業は国内市場と海外市場の両方において他の国の製品との競争で不利な立場に置かれることになる．その結果，日本企業の生産するエネルギー集約財が海外で生産されるエネルギー集約財との価格競争に負け，国内でのエネルギー集約財の生産が減少し，海外での生産が増加することになる．CO_2 を大量に排出する産業が海外に移ることになるので，海外の CO_2 排出量が増加することになる．

各国の生産・貿易パターンは技術や生産要素賦存量等に依存して決まるが，それに加え CO_2 の排出規制の存在が企業の費用条件の変化を通じ比較優位に影響を与え，生産・貿易パターンを変化させることで，リーケージが生じるのである．

12.6.2.2　企業の移動

「比較優位の変化」は排出規制導入に伴う費用の上昇により，国内のエネルギー集約産業の生産が減少し，逆に海外での生産が増加するという効果であった．さらに，現在のように国境を越えた企業の活動が盛んに行われている状況では，単に国内の生産が減るだけではなく，企業自体が規制のない海外に移動してしまうということも起こりうる．その結果，国内でのエネルギー集約財の生産がさらに減少し，海外における生産が増加する．これによりさらなるリーケージが生じることになる．

12.6.2.3　エネルギーの国際価格の変化

石油，石炭，ガス等の化石エネルギーは供給が一部の国に集中していることから，国際的な取引が活発に行われている財である．このため，ある一部の国における需要の変化は，国際価格の変化を通じて，その他の国における需要に影響を与えることになる．

たとえば，A 国で CO_2 規制を導入すると，A 国での化石燃料への需要が減少する．これは需要と供給の関係を通じて国際的なエネルギー価格の低下をもたらす．すると CO_2 規制を導入しない B 国では低価格になった化石燃料をより多く利用するようになる．その結果，B 国では CO_2 の排出量が増加することになる．このようにエネルギーの国際価格の変化を通じてもリーケージが生

じる.

12.6.3 リーケージの問題点

温暖化は地球全体での CO_2 排出量の増加が原因となっている．したがって，ある国でいくら CO_2 を減らしたとしても，それによって別の国で増えてしまっては温暖化対策として意味がなくなってしまう．これがリーケージという現象が問題となる理由である．特に，リーケージが強く働いた場合には，A 国で減らした CO_2 の量以上に，B 国で CO_2 の排出量が増加するということもありうる．このような場合には，A 国で温暖化対策を行ったことで逆に温暖化を進行させてしまうという結果になってしまう．以上の理由から，ある国において温暖化対策を実施するときには，それによりどれだけリーケージが生じるか，またいかにリーケージを小さくするかを考える必要がある．

12.6.4 リーケージの対応策

さまざまなリーケージ防止策が考案されているが，代表的なものとして，(1) エネルギー集約産業の負担を軽減する措置をとる，(2) 国境調整措置を導入するという対策がある．リーケージの原因の一つは，排出規制が国内のエネルギー集約産業の生産コストを上昇させ，海外との価格競争力を低下させ，その結果，国内生産が減少し，海外に生産が移行してしまうというところにあった．(1) の対策は，国内のエネルギー集約産業が国際競争において不利な立場にならないように負担を軽減する措置をとるということである．たとえば，炭素税のケースではエネルギー集約産業には税を免除する，排出量取引のケースではエネルギー集約産業には排出権を無償で配布するというような措置のことである．

一方，(2) の措置は，海外からの輸入品に対し，その生産から排出された CO_2 の量に応じて何らかの規制（例えば，関税等）を課すというものである．輸入品に対して CO_2 の量に応じて規制をかければ，海外での生産に対しても CO_2 排出規制をかけているのと同じ効果が生まれるので，国内から海外への生産のシフトが起こりにくくなる．

ただし，以上の二つの対策には問題点もある．まず，(1) については，エ

ネルギー集約産業以外の産業の負担が重くなるという問題がある．エネルギー集約産業に優遇措置をとるということは，エネルギー集約産業における CO_2 排出量の削減を少なくするということになる．これは結局その他の産業で CO_2 をたくさん削減するということを意味する．つまり，エネルギー集約産業を優遇するということは，同時にその他の産業の負担を重くするということにつながるのである．

また，(2) の対策については，WTO の規定との整合性の問題がある．国境調整措置は形式としては，政府による貿易への介入という形をとる．WTO の規定では貿易への介入は原則禁止とされており，温暖化対策のために貿易に規制をかけることが WTO の規定に反する可能性があるという問題が指摘されている．

もっと学びたい人のために――参考文献

外部性，公共財といった概念については，普通のミクロ経済学のテキストであれば扱われている．排出量取引，炭素税等の環境政策，温暖化対策について詳しく学びたい方は，Charles D. Kalsted（細江守紀・藤田敏之訳）［2001］『環境経済学入門』（有斐閣）や Barry C. Field（秋田次郎，猪瀬秀博・藤井秀昭訳）［2002］『環境経済学入門』（日本評論社）等の環境経済学のテキストを読んでほしい．

温暖化対策の費用便益分析については，William D. Nordhaus ［2008］ *A Question of Balance*, Yale University Press. や Nicholas Stern ［2007］ *The Economics of Climate Change: The Stern Review*, Cambridge University Press が有名な書籍である．

また，さまざまな観点から地球環境問題を分析した研究が収められた書籍として清野一治・新保一成編 ［2007］『地球環境保護への制度設計』（東京大学出版会）がある．

索　引

欧文

ABMI（アジア債券市場育成イニシアチブ）　173
CMI（チェンマイ・イニシアチブ）　172
CO_2 排出量の削減　318
de jure と de facto 為替レート　42
EMS（欧州通貨制度）　169
EMU（欧州通貨同盟）　170
IMF　149
　——・ブレトンウッズ体制　25,149
IS 曲線　114
IS バランス・アプローチ　92
J カーブ効果　53
LM 曲線　115
SDR（特別引出し権）　152

ア行

アウトライト取引　13
アジア通貨危機　159,172
アセット・マーケット・アプローチ　70
アブソープション・アプローチ　99
一物一価の法則　65
インター・バンク市場　39
オーダー・フロー　79
オーバーシューティング・モデル　72
オファーカーブ　233

カ行

外貨準備増減　14
外国通貨建てレート（外貨建てレート）　44
外国独占下
　——における関税と割当の同値命題　275
　——の貿易　260
外国貿易乗数　96
外部性　315
　国際——　312
寡占競争
　——におけるクールノー型数量競争　278
　——における輸出補助金政策の効果　282
カバー　11
為替リスク　6
為替レート　4,35
　外国通貨建て——（外貨建て）　44
　銀行間——　45
　先物——　9,42
　直物——　9,42
　自国通貨建て——（邦貨建て）　44
　実質——　45
　対顧客——　45
　——減価　45
　——増価　45
　——制度　161
　並行——（ブラックマーケット——）　44
関税差別化　305
関税戦争　292
関税と割当の同値性（小国）　226
関税と割当の非同値性（大国）　291
窮乏化成長の理論　254
金利裁定式　12
金利平価条件　58
　カバー付き——　58
　カバーなし——　61
経済政策の国際協調　186
経済統合　298
経常移転収支　15
経常収支　14
限界費用均等化原理　322
効果的市場分類の原理　142
公共財　316
厚生経済学の第 1 基本定理　221

厚生経済学の第2基本定理　222
購買力平価説　63
　　絶対――　65
　　相対――　66
国際外部性　312
国際金融市場　4
国際金融のトリレンマ　165
国際公共財　312
国際収支　14
国際通貨　40
国際流動性　28
国内独占下
　　――における関税と割当の非同値命題　276
　　――の貿易　269
国内独占保護の関税政策の効果　272
国民所得決定　85
固定に対する恐れ　166

サ行

サービス収支　15
裁定（鞘取り）　12,66
最適通貨圏　166
最適輸出入制限　288
　　――（外国の最適輸出量）　290
　　――（自国の最適輸入量）　288
先物為替予約　42
サブプライムローン問題　176
直先スプレッド　12
資金循環勘定　20
市場介入　39
資本収支　14
自由貿易均衡　222
自由貿易地域（FTA）　299,300,302,308
従量税と従価税　226
消費平準化　108
情報
　　公的――　75
　　私的――　77
ストック・アプローチ　48
ストルパー＝サミュエルソン定理　246
スミソニアン合意（スミソニアン体制）　29,153

スワップ取引　13
スワン図　143
政策割当問題　138,139
生産可能性フロンティア　210

タ行

対外均衡　127
対外資産負債残高　18
対内均衡　127
炭素税　334
地球温暖化　313
中間的な制度　165
超過収益率（リスクプレミアム）　69
通貨危機　157
ディスカウント　13
投機取引　40
独占下の関税と割当の非同値性　274

ナ行

ニクソン・ショック　29,153

ハ行

排出量取引　329
ハイパワードマネー　22
反響効果　102
比較生産費説　236
比較優位　231,237
ファンダメンタルズ　70,77
フォワードプレミアム・パズル　62
不胎化介入　23
フューチャーズ　43
プラザ合意　31,155
プレミアム　13
フロー・アプローチ　48
ヘクシャー＝オリーン＝サミュエルソン・モデル（要素賦存比率理論）　242
ヘクシャー＝オリーン定理　244
ヘッジ　11
変動に対する恐れ　166
貿易収支　15
貿易創出効果　302

貿易転換効果　302
貿易利益　224, 239
　　──（交換の利益）　225
　　──（特化の利益）　226
ポートフォリオ・バランス・アプローチ　68
ポリシー・ミックス　138

マ行

マーシャル＝ラーナー条件　24, 50
マーストリヒト条約（欧州連合条約）　170
マイクロストラクチャー・アプローチ　72
マネタリー・アプローチ　67
マンデル＝フレミング・モデル　119
メキシコ通貨危機　158

ヤ行

ユーロ　171

要素価格均等化定理　251
要素価格フロンティア　246

ラ行

ラーナーの対称性定理　230
リーケージ　337
リスクプレミアム　121
リプチンスキー定理　252
流動性のジレンマ　29, 152
両極の解　165
ルーブル合意　156
レント奪取関税　263

ワ行

割当戦争　296

執筆者紹介　執筆順

秋葉弘哉（あきば・ひろや）　第1章，第5章（5.2〜5.4）
　編著者紹介欄参照

竹田憲史（たけた・けんし）　第2章
　1970年東京都生まれ．1994年早稲田大学政治経済学部卒業．2004年 University of Wisconsin-Madison 経済学研究科博士課程修了（Ph.D 取得）．日本銀行金融研究所エコノミストを経て，現在，青山学院大学国際政治経済学部准教授．主著 "Lending Channels and Financial Shocks: The Case of Small and Medium-Sized Enterprise Trade Credit and the Japanese Banking Crisis," (with Gregory F. Udell), *Monetary and Economic Studies*, 25 (2), pp.1-44, 2007, "Experimental Analysis on the Role of a Large Speculator in Currency Crises," (with Kumi Suzuki-Löffelholz and Yasuhiro Arikawa), *Journal of Economic Behavior & Organization*, 72 (1), pp.602-617, 2009.

北村能寛（きたむら・よしひろ）　第3章
　1975年三重県生まれ．1998年早稲田大学社会科学部卒業．2006年早稲田大学大学院経済学研究科博士後期課程修了．博士（経済学）．富山大学経済学部講師を経て現在，富山大学経済学部准教授．主著「外国為替市場におけるボラティリティ波及効果に関する一考察」，清野一治編『金融・通貨制度の経済分析』（2008年，早稲田大学出版部），"Testing for intraday interdependence and volatility spillover among the euro, the pound and the Swiss franc markets", *Research in International Business and Finance*, 24 (2), pp.158-171, 2010.

佐藤綾野（さとう・あやの）　第4章，第5章（5.1）
　1968年北海道生まれ．1992年日本女子大学家政学部卒業．1999年早稲田大学政治経済学部卒業．2005年早稲田大学大学院経済学研究科博士課程単位取得満期退学．新潟産業大学講師などを経て，現在，高崎経済大学准教授．主著『Krugman ターゲット理論の実証的検討』（季刊政策分析，3（1&2），pp.19-29, 2008年），『先物プレミアムの非対称性とリスクプレミアム』（証券経済研究第60号，pp.121-133, 2007年）．

飯田幸裕（いいだ・ゆきひろ）　**第6章**
1971年宮城県生まれ．1997年早稲田大学政治経済学部卒業．2006年早稲田大学大学院経済学研究科博士後期課程単位取得満期退学．現在，二松学舎大学国際政治経済学部国際政治経済学科専任講師．主著 "Monetary Unions and Endogeneity of the OCA Criteria", (with Hiroya Akiba), *Global Economic Review*, 38 (1), pp.101-116, 2009. "The Optimal Exchange Rate Regime for a Small Country", (with Hiroya Akiba and Yoshihiro Kitamura), *International Economics and Economic Policy*, 6, pp.315-343, 2009.

中田勇人（なかた・はやと）　**第7章**
1975年東京都生まれ．1998年早稲田大学教育学部卒業．2003年一橋大学大学院商学研究科単位取得満期退学．明星大学経済学部講師を経て，現在，明星大学経済学部准教授．主著『マクロ経済学と経済制度』共著（早稲田大学出版部，2005年），『グローバリゼーション下の経済・政策分析』共著（有斐閣，2004年）．

杉山泰之（すぎやま・やすゆき）　**第8章，第9章**
1972年静岡県生まれ．1997年法政大学（第2部）経済学部卒業．2008年大阪大学大学院経済学研究科博士後期課程修了．博士（経済学）．現在，帝京平成大学現代ライフ学部助教．主著「排出税，汚染削減装置投入に対する補助金と国際貿易」，日本国際経済学会機関誌『国際経済』投稿第8号，pp.57-76, 2003. "Ecological Dumping under Foreign Investment Quotas," *Journal of Economics*, (with Muneyuki Saito), 98 (2), pp.137-153, 2009.

斉藤宗之（さいとう・むねゆき）　**第10章，第11章**
1972年東京都生まれ．1998年明治学院大学経済学部卒業．2009年大阪大学経済学研究科博士課程修了．博士（経済学）．現在，奈良県立大学地域創造学部講師．主著 "Ecological dumping under foreign investment quotas", *Journal of Economics*, (with Yasuyuki Sugiyama), 98 (2), pp.137-153, 2009.

武田史郎（たけだ・しろう）　**第12章**
1971年長野県生まれ．1995年早稲田大学政治経済学部卒業．2003年一橋大学大学院経済学研究科単位取得退学．関東学園大学経済学部講師を経て，現在，関東学園大学経済学部准教授．主著 "A CGE Analysis of the Welfare Effects of Trade Liberalization under Different Market Structures," *International Review of Applied Economics*, 24 (1), pp.75-93, 2010. "The double dividend from carbon regulations in Japan", *Journal of the Japanese and International Economies*, 21 (3), pp.336-364, 2007.

《編著者紹介》

秋葉　弘哉（あきば・ひろや）

1945年　群馬県生まれ．
1968年　東京都立大学経済学部卒業．
1979年　ニューヨーク州立大学大学院博士課程修了，Ph. D(Economics)．拓殖大学政経学部専任講師，助教授，新潟大学経済学部教授を経て，
現　在　早稲田大学政治経済学術院教授．

主要業績

"Monetary Unions and Endogeneity of the OCA Criteria", *Global Economic Review* 38(1), March 2009, pp.101-116(with Yukihiro Iida)．
"The Optimal Exchange Rate Regime for a Small Country", *International Economics and Economic Policy* 6(3), October 2009, pp315-343(with Yukihiro Iida and Yoshihiro Kitamura)．

ミネルヴァ経済学テキストシリーズ
国際経済学

| 2010年10月15日　初版第1刷発行 | 検印廃止 |
| 2013年10月20日　初版第2刷発行 | |

定価はカバーに表示しています

編著者	秋　葉　弘　哉
発行者	杉　田　啓　三
印刷者	林　　初　彦

発行所　株式会社　ミネルヴァ書房
607-8494　京都市山科区日ノ岡堤谷町1
電話代表(075)581-5191番
振替口座01020-0-8076番

©秋葉弘哉ほか，2010　　　太洋社

ISBN978-4-623-05794-8
Printed in Japan

ミネルヴァ経済学テキストシリーズ（全5巻）

監修：藪下史郎
体裁：A5版・上製

	マクロ経済学	秋山太郎・浅子和美 編著
	ミクロ経済学	成生達彦・酒井良清 編著
＊	金融論	藪下史郎 著
	公共経済学	跡田直澄・須賀晃一 編著
＊	国際経済学	秋葉弘哉 編著

（＊は既刊）

ミネルヴァ書房

http://www.minervashobo.co.jp/